Volker Koop · Tagebuch der Berliner Blockade

Volker Koop

Tagebuch der Berliner Blockade

Von Schwarzmarkt und Rollkommandos, Bergbau und Bienenzucht

1998

BOUVIER VERLAG · BONN

Die Deutsche Bibliothek – CIP-Einheitsaufnahme

Koop, Volker:
Tagebuch der Berliner Blockade : von Schwarzmarkt und Rollkommandos, Bergbau und Bienenzucht / Volker Koop. - Bonn : Bouvier, 1998

ISBN 3-416-02808-2

 Umschlaggestaltung: Michael Fischer, Köln. Satz: Bouvier Verlag, Bonn. Druck und Einband: Druckerei Plump KG, Rheinbreitbach. Gedruckt auf säurefreiem Papier.

Inhaltsverzeichnis

Dokumente

1948

1949

Titelfoto: Ullstein

Vorwort

Gemeinhin wird mit der „Berliner Blockade“ der Zeitraum vom 24. Juni 1948 bis zum 12. Mai 1949 bezeichnet. Tatsächlich aber hatten die Blokkademaßnahmen der Sowjetunion gegen die Westsektoren der deutschen Hauptstadt schon zu Beginn des Jahres 1948 begonnen und waren dann im März wesentlich verschärft worden. Mit dem 24. Juni 1948 kam es dann in gewisser Weise zu einer „Formalisierung“ der Blockade. Selbst die Sowjetunion räumte einen tatsächlich längeren Zeitraum der Blockierung West-Berlins ein, als es in dem Befehl zur Beendigung der Blockade hieß, alle seit dem 1. März 1948 verhängten Behinderungen sollten aufgehoben werden – und nicht die am 24. Juni in Kraft getretenen. Ähnliches gilt für die Luftbrücke, von der es einen „Probelauf“ bereits im April 1948 gegeben hatte, und die andererseits noch bis in den Herbst 1949 fortgeführt wurde.

Der 24. Juni 1948 und der 12. Mai 1949 sind in erster Linie außerordentlich symbolträchtige Tage, sie geben aber keinesfalls die korrekten Daten der „Berliner Blockade“ wieder. Diese zu nennen, ist nicht möglich, die zeitlichen Grenzen waren fließend.

Dennoch beschränkt sich dieses „Tagebuch“ auf diesen Zeitraum, der für den weiteren Verlauf der deutschen Nachkriegsgeschichte von außerordentlicher Bedeutung war, fiel doch in ihn vor allem die schmerzliche Spaltung Berlins für dann über 40 Jahre.

Das „Tagebuch“ beschränkt sich darüber hinaus weitgehend auf das Geschehen in der sich teilenden und dann de facto geteilten Stadt und läßt die Beratungen in Washington, London, Paris und Moskau ebenso unberücksichtigt, wie die Mehrzahl der politischen Diskussionen in den Westzonen um die Unterstützung Berlins.

Anhand von Dokumenten und Zeitungsberichten wird versucht, das Leben in der Stadt halbwegs nachzuzeichnen, wobei auch die Situation der Menschen im Ostteil der Stadt berücksichtigt wird, die in früheren Veröffentlichungen kaum eine Rolle spielte.

Um dieser Kritik vorzubeugen: Das „Tagebuch“ ist nicht als wissenschaftliches Werk konzipiert, was natürlich nichts daran ändert, daß die Fakten korrekt recherchiert und wiedergeben sind. Wer sich intensiv mit dem politischen Handeln zur Blockade und in ihrem Umfeld informieren möchte, kann dieses in dem im Mai erschienenen Buch „Kein Kampf um Berlin?“ tun.

Das „Tagebuch der Blockade“ soll in erster Linie einen Einblick in das Leben einer Großstadt geben, die – wie alle übrigen Teile Deutschlands auch – unter den schwierigen Bedingungen der Nachkriegszeit zu leiden hatte und darüber hinaus mit den zusätzlichen Erschwernissen der russischen Blockademaßnahmen fertig werden mußte. Berlin war zum Zankapfel zwischen den ehemaligen Kriegsverbündeten geworden und entwickelte sich in den elf Monaten der Blockade zum Symbol des Freiheitswillens der West-Berliner.

Das Überleben in einer zumindest teil-blockierten Stadt reduziert sich für viele auf die ständige Sorge um ausreichend Lebensmittel und Brennmaterial. Doch das Leben einer Großstadt umfaßt mehr. Nicht nur Menschen mußten versorgt werden, gleiches galt für die Beschaffung von Heu für die wenigen Milchkühe, deren Frischmilch wiederum dringend für die Säuglinge in West-Berlin benötigt wurde. Für die Winterfütterung der Bienenvölker war Zucker zu beantragen. Nichts im Berlin dieser Zeit war auch nur annähernd „normal", und zwar weder im Ostteil noch im Westteil der Stadt. In den Westsektoren mußten die Menschen mit zwei Mal zwei Stunden Strom täglich auskommen, wurden über die Luftbrücke mit Lebensmitteln versorgt, die sie vielfach gar nicht haben wollten – wie die Trockenkartoffeln etwa –, hatten aber, wenn auch unter mehr oder weniger Schwierigkeiten, die Möglichkeit, sich bei Hamsterfahrten im Berliner Umland zusätzlich versorgen oder mit der begehrten B-Mark in den eigens für sie eingerichteten – wenn dieses auch nicht offen zugegeben wurde – „Freien Läden" im Ostsektor einzukaufen.

Auf der anderen Seite quollen die Regale in den Geschäften des Ostsektors über, doch blieben die Waren den meisten Ost-Berlinern versagt, weil sie sie nicht bezahlen konnten.

Plötzlich fehlten Dinge des alltäglichen Lebens, über die sonst nicht nachgedacht wird. Reifen für die Busse der BVG, Glas und Kitt, Malz für die Brauereien, Bekleidung und immer wieder Kohle oder andere Heizmaterialien. Berlin schuf sich eigens ein Bergbaugesetz, um für den Fall von Braunkohlefunden gewappnet zu sein. Doch obwohl im französischen Sektor zahlreiche Bohrungen niedergebracht wurden, zeigte sich doch, daß aus Berlin kein Kohlerevier werden würde. Statt dessen wurden Branda-Platten erfunden, die mit ihrem Gemisch aus Sägespänen und Kohlengrus, zusammengehalten von simplen Teer, eher Krebs erregten als wärmten. Besonders schmerzlich traf es die West-Berliner, daß sie ihre Wälder, die Parkbäume und die in den privaten Gärten opfern mußten, um ausreichend Brennmaterial für den Winter zu haben, und dennoch fügten sie sich darein, bevor sie sich auf den Handel mit der SED einließen und sich im Ostsektor versorgen – und politisch vereinnahmen ließen.

In einer Stadt mit zwei so unterschiedlichen Währungen wie der West- und der Ostmark mußte der Schwarzmarkt besondere Blüten treiben und tat es auch. Unmengen von Waren wurden auf beiden Seiten beschlagnahmt, doch aus der Sowjetischen Besatzungszone und auch über die Luftbrücke bekamen die Schwarzmarkthändler und Schieber ständig neuen Nachschub.

Nachdem die SED schon relativ früh feststellen mußte, daß die Russen keinen Krieg riskieren würden, um die Westmächte aus der Stadt zu vertreiben, konzentrierte sie sich auf den Machterhalt im Ostsektor und auf die Teilung der Stadt. Sie spaltete Polizei und Feuerwehr, das Gesundheits- und Rettungswesen, die Post und die Justiz und schließlich das 1946 gewählte Parlament. Blanken Terror übte die SED aus und mobilisierte die Straße, sei es bei der Erstürmung des Neuen Stadthauses am 6. September 1948 oder bei dem kommunistischen Putsch am 30. November desselben Jahres. Menschen wurden von Rollkommandos der SED über die Sektorengrenzen verschleppt, und schon 1948/49 wurde an Sektorengrenzen geschossen. Die Flüchtlingswelle nahm ihren Anfang, mit den Straßensperren begann die SED die physische Teilung der Stadt, die sie dann am 13. August 1961 mit dem Bau der Mauer vollendete.

Doch bei allen Spaltungsbemühungen der SED gab es immer wieder Bereiche, in denen noch für lange Zeit Gemeinsamkeiten überdauerten. So etwa im Sport, der noch Gesamt-Berliner Meisterschaften sah, als sich anderswo der Vorhang bereits gesenkt hatte.

Und noch eines fällt auf im blockierten Berlin: Das kulturelle Leben erlebte trotz der Notlage der Stadt geradezu eine Blütezeit, wenngleich die Kinos sich mit ihren Vorstellungen nach den Zeiten der Stromzuteilungen richten mußten oder die West-Berliner Opern- und Theater-Besucher darauf zu achten hatten, daß in den Westsektoren die letzten U- und Straßenbahnen um 18 Uhr ihren Betrieb einstellten.

Der Optimismus der Berliner war in der Zeit der Blockade womöglich stärker ausgeprägt als in späteren Jahren, vielleicht, weil die Not zusammengeschweißt hatte. Die Berliner Messe plante für die Nach-Blockadezeit, die Westsektoren präsentierten sich auf der Hannover-Messe, und in Architekten-Wettbewerben wurde ein Bild des künftigen Berlins gezeichnet, auch wenn an Zement und Bauholz nicht zu denken war.

Das „Tagebuch der Blockade“ kann natürlich nur Aspekte des vielfältigen Großstadtlebens in dieser besonderen Situation nachzeichnen oder gar nur andeuten. Einen Überblick über die Fähigkeit der Berliner, auch mit schwierigen Situationen fertig zu werden und über sich hinauszuwachsen, gibt es dennoch.

November 1998 *Volker Koop*

1948:

Donnerstag, 24. Juni 1948

Was sich seit Monaten schon abgezeichnet hat, machen die Sowjets an diesem Tag wahr. Unter dem Vorwand dringender Reparaturarbeiten sperren sie die wichtige Autobahn zwischen Berlin und Helmstedt. Die elfmonatige Blockade der Berliner Westsektoren hat damit ihren Anfang genommen. Die Sowjetunion reagiert damit auf die Währungsreform in den Westzonen, allerdings noch eher halbherzig. Eisenbahntransporte laufen noch, ebenso der Interzonenschiffsverkehr.

Trotzdem aber bekommen Berlins Hausfrauen die beginnende Blockade bereits in ihren ersten Auswirkungen zu spüren: Die Bewag muß alle Stromlieferungen in die Westsektoren einstellen, der Kochstromverbrauch muß um ein Viertel, der für die Beleuchtung sogar um die Hälfte gesenkt werden.

Schon an diesem ersten Tag der sowjetischen Pressionen macht der amerikanische Militärgouverneur General Lucius D. Clay deutlich daß die Amerikaner Berlin nicht im Stich lassen werden. Nur durch einen Krieg könnten die Russen die USA aus Berlin vertreiben, erklärt er. Um seine Entschlossenheit zu demonstrieren, ordnet Clay den Transport von Lebensmitteln zu den amerikanischen Flugplätzen in Westdeutschland an und bereitet somit die Luftbrücke vor.

Freitag, 25. Juni

Der sowjetische Diktator Stalin zieht die Daumenschrauben an. Sämtliche Braunkohlelieferungen in die Westsektoren werden verboten. Obwohl noch genügend Lebensmittel in den West-Berliner Läden vorrätig sind, wird die Rationierung verschärft. Statt 50 Gramm Kartoffeln soll es künftig zehn Gramm Nährmittel geben.

In Berlin gibt es inzwischen zwei Währungen: Die Deutsche Mark, die mit einem „B“ gekennzeichnet ist, und die „Ostmark“, mit speziellen Kupons überklebte alte Reichsmarkscheine, die die sowjetische Militäradministration herausgegeben hat. Anders als die „Westmark“ hat die „Ostmark“ in ganz Berlin Gültigkeit.

Eine Politik der Nadelstiche nimmt ihren Anfang, und ausgerechnet der sowjetische Oberbefehlshaber Marschall Sokolowski ist davon betroffen. Die amerikanische Militärregierung befiehlt dem Gaswerk Mariendorf, die Gasleitung in den Berliner Süden zu kappen, durch die auch der sowjetische Marschall versorgt wird.

Noch wollen viele nicht glauben, daß es eine völlige Blockade West-Berlins geben wird und hoffen darauf, daß die Transportbehinderungen bald aufgehoben werden. So machen sich von Hamburg aus zwanzig Schlepper auf den Weg nach Berlin, um die Stadt auf dem Wasserweg mit Lebensmitteln und anderen wichtigen Gütern zu versorgen.

Bedeutsam und ein Signal an die Sowjetunion ist der Beginn der „Operation Vittles“. Auf dem Flughafen Tempelhof landen die ersten amerikanischen Flugzeuge mit Lebensmitteln für die West-Berliner.

Sonnabend, 26. Juni

Mit einer Reihe unangenehmer Folgen werden die Menschen in den Westsektoren an diesem Tag konfrontiert. So fließt der Strom im Westteil der Stadt immer spärlicher, so daß der U- und Straßenbahnverkehr stark eingeschränkt werden muß. Außerdem müssen in den West-Berliner Krankenhäusern notwendige Röntgenaufnahmen oder Vorsorgedurchleuchtungen bei TB-Kranken auf ein Minimum reduziert werden. Daneben verbietet die sowjetische Kommandantur die Lieferung von Medikamenten in die Westsektoren; postwendend erteilt auch der amerikanische Stadtkommandant ein entsprechendes Verbot für die West-Berliner Pharma-Industrie. Schließlich wird ein weiterer Nebenkriegsschauplatz eröffnet. Briefmarken aus den Westzonen und aus West-Berlin darf die Ost-Berliner und ostzonale Post ab sofort nicht mehr akzeptieren. Es werden nur noch Postsendungen mit Marken aus der Zeit vor der Währungsreform befördert, und zwar zu einem Zehntel des bisherigen Nennwertes oder mit Marken, die mit dem Hinweis „Sowjetische Besatzungszone" überdruckt sind.

Sonntag, 27. Juni

West - und Ostmark sind zwar erst wenige Tage alt, dennoch aber hat die SED die Gefährlichkeit der starken B-Mark für das kommunistische Regime längst erkannt. Sie geht deshalb mit Razzien gegen Westmark-Besitzer im Ostsektor vor und läßt an diesem Tag 54 Personen, die im Ostteil „B"- gegen die Ost-Berliner Kupon-Mark tauschen wollen, festnehmen.

Keineswegs zur Freude der West-Berliner gehen die Westalliierten mit der Ostmark erheblich großzügiger um. So können in den Westsektoren Lebensmittel, Wohnungsmieten, Strom, Gas, Steuern sowie alle Postgebühren auch in Ostmark bezahlt werden. Dasselbe gilt für die öffentlichen Verkehrsmittel.

Montag, 28. Juni

Eine der Blockademaßnahmen der Russen war, die Frischmilchversorgung West-Berlins einzustellen. Vor allem der SED geht auf, daß dieses ein katastrophaler psychologischer Fehler war, denn vor aller Welt kann so der amerikanische Stadtkommandant Oberst Frank Howley vor einem Säuglingssterben ungeahnten Ausmaßes warnen, für das allein die Sowjets die Verantwortung trügen. Um den Schaden in Grenzen zu halten, bittet Berlins SED-Chef Hermann Matern die Sowjets, wenigstens an die „unschuldig Leidenden, Kinder und Kranke" in ganz Berlin wieder Milch auszugeben.

Noch ist die Blockade nicht so dicht, wie gemeinhin dargestellt, sieben Frachtkähne mit 1.200 t Mehl treffen aus Westdeutschland in Berlin ein. Zugleich aber kann immer mehr von einer wirklichen Luftbrücke gesprochen werden. Inzwischen landet alle acht Minuten ein Flugzeug in Tempelhof, und die britische Royal Air Force verlegt über 100 Transportmaschinen in ihre Besatzungszone. Parallel dazu werden amerikanische Flugzeuge aus aller Welt nach Deutschland beordert, vor allem die neun Tonnen tragende C-54 „Skymaster", die die kleineren „Dakota C-47" ersetzen sollen. Zur Zeit wird damit gerechnet, daß es reicht, wenn täglich 1.100 t Lebensmitteln nach West-Berlin eingeflogen werden.

Opfer der Blockade werden jetzt auch die Berliner Wasserratten. Weil es wegen der Stromsperren zu Störungen der Abwasserpumpen kommt, wird das Strandbad Wannsee als erstes geschlossen.

Die Menschen in den Westsektoren mögen noch nicht so recht daran glauben, daß sie auf Dauer über die Luftbrücke versorgt werden können. Bürgermeister Dr. Ferdinand Friedensburg meint denn auch, bestenfalls könne eine ausreichende Versorgung mit Lebensmitteln erreicht werden, keinesfalls aber könnten genügend Kohlen und andere Brennstoffe eingeflogen werden. Die Skepsis ist durchaus angebracht, denn zum einen dürfen Briefe, die in die Westzonen aufgegeben werden, ab sofort maximal 50 Gramm wiegen, und zum anderen sperrt die Sowjetunion nun auch den Binnenschiffahrtsverkehr zwischen West-Berlin und Westdeutschland.

Dienstag, 29. Juni

Fünfhundert Arbeiter von Daimler-Benz in Marienfelde werden in den Zwangsurlaub geschickt. Der Grund: die ständigen Stromabschaltungen. Vorerst soll der Betrieb für acht Tage stillgelegt werden, dann wird neu entschieden.

Mit der Berlin-Frage sollen sich nach dem Willen der Stadtverordnetenversammlung auch die Vereinten Nationen beschäftigen. Eines der ersten Länder, das diesen Wunsch unterstützt, ist Kolumbien.

Mittwoch, 30. Juni

Die Luftbrücke gewinnt eine neue Dimension. Zwar verkehren noch Postzüge zwischen Berlin und den Westzonen, doch wird erstmals die gesamte West-Berliner Post per Flugzeug nach Westdeutschland gebracht. Noch eher zögernd beginnt auch der Transport von West-Berliner Industriegütern nach Westdeutschland. Die ersten beiden Flugzeuge mit Waren aus Berlin treffen in Frankfurt ein.

Daß die Behauptung der Sowjets, Straßen- und Eisenbahnverbindungen zwischen Berlin und Westdeutschland seien wegen großer Schäden nicht befahrbar, ein bloßer Vorwand ist, wird einmal mehr deutlich. Großbritannien und die USA bieten der Sowjetunion an, bei der Reparatur der Strecken behilflich zu sein. Daß der sowjetische Oberbefehlshaber dieses Angebot ignoriert, versteht sich von selbst.

Jede Möglichkeit, zusätzliche Nahrungsmittel zu erschließen wird genutzt. Dazu gehört auch der Pilzreichtum der Berliner Wälder. Ernährungsstadtrat Paul Fuellsack rechnet damit, daß etwa 350 t Pilze geerntet werden können und teilt der sowjetischen Zentralkommandantur mit, daß hierfür achtzehn Spezialfirmen, sämtlich mit Sitz mit Ostsektor, ausgewählt worden sind.

Erste deutliche Hinweise gibt es darauf, daß die SED die Spaltung der Stadt plant und vorbereitet. Der Polizeiassistent im sowjetischen Sektor, Hans Seidel, spricht davon, die Polizei im Ostsektor müsse von „reaktionären Kräften gesäubert" werden. Dieses bedeutet nichts anderes, als daß in den nächsten Wochen Hunderte von Polizisten im Ostteil der Stadt, die sich dem demokratischen Magistrat verpflichtet fühlen, aus dem Dienst entlassen werden.

April 1948: Noch ist Berlin nicht geteilt: Schnappschuß vom Kurfürstendamm Ostern 1948. (Foto.: F. Eschen, Sächsische Staatsbibliothek)

Die neue „B-Mark“. Nachzählen nach dem Umtausch im Juni 1948 (Foto: BA, Y-1,246-73)

Weißenseer Arbeiter protestieren gegen die Einführung der D-Mark in den Westsektoren der Stadt. (Schöller, BA, Y-1,996-76)

Donnerstag, 1. Juli

Die Sowjetunion hatte die Blockade nur unzureichend vorbereitet. So kommt es, daß in den Westsektoren Nahrungsmittel lagern, die für den Ostteil der Stadt bestimmt sind und umgekehrt. Der russische Major Gubisch befiehlt z.B. Ernährungsstadtrat Fuellsack, 948 t Mehl, die sich noch im Westhafen befinden, in den Ostsektor bringen zu lassen, doch das wiederum untersagen die West-Berliner Stadtkommandanten.

Die Berliner Stadtverordneten denken überhaupt nicht daran, vor den russischen Zwangsmaßnahmen zu kapitulieren. Im Gegenteil. Sie denken an die Zukunft und beschließen die Beteiligung Berlins an der Messe- und Ausstellungs AG Hannover. Im amerikanischen Sektor nimmt die BVG drei neue Omnibuslinien in Betrieb, und wer 125 Westmark aufbringen kann, kann demnächst mit der zivilen Fluggesellschaft British European Airways von Berlin nach Hamburg fliegen.

Dennoch werden die West-Berliner immer wieder schmerzlich an die Blockade erinnert. Zum Beispiel dadurch, daß die britische Militärregierung alle in Gatow für den Lebensmitteltransport eingesetzten Benzinfahrzeuge durch Dieselfahrzeuge ersetzt und die Benzinzuteilung für Zugmaschinen völlig einstellen will.

Freitag, 2. Juli

Opfer der Blockade ist nicht zuletzt die Bevölkerung im Berliner Umland. Um die Brennstoffversorgung in Ost-Berlin zu sichern, befiehlt der sowjetische Garnisonschef Kotikow den Einschlag von 600.000 Raummetern Holz.

Rigoros geht die SED im Ostteil der Stadt gegen alle Polizisten vor, die sich nicht vorbehaltlos zur Sowjetunion und zum Kommunismus bekennen. 126 Polizeiangehörige, die Mitglied der SPD sind und im Kommando der Schutzpolizei sowie in der im Ostsektor angesiedelten Präsidialbereitschaft arbeiten, sind seit Mitte Juni schon entlassen worden. Jetzt beginnt die SED mit der „Säuberung“ der Polizeireviere in Ost-Berlin.

Auch die Feuerwehr gerät ins Visier der Kommunisten. In der Hauptwerkstatt in Weißensee befinden sich derzeit einige Fahrzeuge, die im Westen stationiert sind zur Reparatur, doch die sowjetische Kommandantur untersagt die Rückführung in die Westsektoren.

Sonnabend, 3. Juli

Offen gibt der sowjetische Oberbefehlshaber es nicht zu, aber letztlich kann kein Zweifel daran bestehen: Die Russen denken nicht daran, die Blockade Berlins in absehbarer Zeit aufzuheben. Als der amerikanische Militärgouverneur General Lucius D. Clay und sein britisches Pendant General Brian Robertson Sokolowski in dessen Babelsberger Villa besuchen, lehnt der Russe wiederum sämtliche Angebote zur Unterstützung bei den „Reparaturarbeiten“ an den Verbindungsstrecken zwischen Berlin und Westdeutschland ab. Außerdem signalisiert er, daß nach Abschluß der jetzigen Arbeiten weitere erforderlich werden könnten.

Sonntag, 4. Juli

Die Westmark steht natürlich auch in Berlin hoch im Kurs, doch ordnet die amerikanische Militärregierung an, daß Arbeitnehmer in den Westsektoren nicht mehr als 25 % ihres Lohnes in der begehrten „B-Mark“ erhalten dürfen. Da aber auf dem Schwarzmarkt für eine „B-Mark“ bis zu vier Ostmark geboten werden, stehen sich vor allem die Beschäftigten gut, die im Westen Berlins arbeiten, aber im Ostteil wohnen.

Wenngleich die Zeiten ernst sind, die Berliner haben das Lachen nicht verlernt und wollen es auch nicht. Gelegenheit zum Schmunzeln haben sie im Prinzenpalast Wedding, wo das Lustspiel „Die Pechblende“ unter der Intendanz von Willy Scheffler aufgeführt wird. Unterhaltung ist aber nur ein Anliegen des Theaters. Vor allem will es Jugendliche von der Straße holen.

Montag, 5. Juli

Auf der Elbe bei Wittenberge stauen sich inzwischen 35 Schiffe, die auf dem Weg nach Berlin waren und nun von den Russen aufgehalten werden. Immerhin aber erreicht dennoch ein Lastkahn, beladen mit Weizen, die Stadt. Ein bisher in Berlin weitgehend unbekanntes Flugzeug taucht am Himmel auf: das viermotorige britische Flugboot vom Typ „Sunderland“, das nun in die Luftbrücke integriert wird. Der größte Vorzug der Maschine: Sie benötigt nicht die aufwendige Infrastruktur eines Flugplatzes. Die erste „Sunderland“, die auf dem Großen Wannsee landet, hat 3,5 t argentinisches Rindfleisch an Bord.

Überraschend ist, daß in diesem Stadium der Blockade es vor allem das Ausland ist, das mit Spenden den West-Berlinern helfen will. So stellen die Niederlande Schokolade, Zucker, Butter und Käse zur Verfügung. Ohne ausländische Hilfe wäre auch eine Initiative des Berliner Hauptjugendamtes zum Scheitern verurteilt, das in allen Berliner Bezirken für insgesamt 12.000 Kleinkinder zwischen vier und acht Jahren ein Erholungs- und Fürsorgeprogramm startet. Wesentlich unterstützt wird das Hauptjugendamt dabei durch Lebensmittelspenden der amerikanischen Hilfsorganisation CRALOG. Für die Gesundheit der Kinder besonders wichtig sind die Wikilan-Tabletten, von denen sie in den ersten Wochen täglich drei Stück bekommen.

Aber auch in Westdeutschland werden sich Politiker ihrer Verantwortung für das blockierte Berlin bewußt. Die nordrhein-westfälische Landesregierung will 100.000 t Kohle nach Berlin liefern. Völlig ungeklärt ist allerdings, auf welchem Weg diese Kohle nach Berlin gebracht werden könnte.

Dienstag, 6. Juli

Für den RIAS, den Rundfunk im amerikanischen Sektor, ist der Tag von besonderer Bedeutung. Der Sender ist eine der wichtigsten Informationsquellen im blockierten Berlin überhaupt, vor allem, seitdem er mit Lautsprecherwagen durch die Stadt fährt und auf diesem Weg die Bevölkerung auf dem Laufenden hält. Über 2.000 Gäste nehmen an der Einweihung des neuen RIAS-Gebäudes an der Kufsteiner Straße teil.

Auch Niedersachen will nun den Berlinern helfen. Das Kabinett beschließt, den Menschen in den Westsektoren eine Tagesration zu spenden, allerdings unter der Voraussetzung, daß die gespendeten Lebensmittel nach Berlin gebracht werden können. Davon allerdings kann zur Zeit keine Rede sein.

Mittwoch, 7. Juli

Erstmals wird auch Kohle über die Luftbrücke nach Berlin eingeflogen. Amerikanische Flugzeuge vom Typ „Skymaster“ werden hierfür eingesetzt. Acht Tonnen Steinkohle hat die erste Maschine an Bord.

Während inzwischen immer mehr Güter nach Berlin geflogen werden, fällt der Transport von in Berlin hergestellten Waren in die Westzonen dürftig aus. Gerade einmal zwanzig Flugzeuge mit elektrotechnischen, feinmechanischen und pharmazeutische Produkten sind bisher in Westdeutschland eingetroffen. Dabei ist die Wirtschaft der Westsektoren dringend auf Exporte nach

Westdeutschland angewiesen, um die bereits steigenden Arbeitslosenzahlen in Grenzen zu halten.

Gefährliche Auswirkungen hat die Blockade inzwischen auf das Gesundheitswesen West-Berlins. Betäubungen können kaum noch vorgenommen werden, weil in den Krankenhäusern Äther fehlt. Im britischen Sektor können die Ärzte deshalb nur noch in Notfällen operieren.

Auch auf anderem Gebiet wirkt sich die Blockade zunehmend aus: Im britischen Sektor dürfen die Postämter vorerst keine Pakete mehr annehmen.

Donnerstag, 8. Juli

Die Luftbrücke fordert die ersten Todesopfer: Über dem Taunus stürzt eine amerikanische „Dakota" ab, drei Besatzungsmitglieder sterben bei diesem Unglück.

Weniger die Lebensmittelknappheit ist es, die die West-Berliner belastet, als vielmehr der Mangel an Kohlen und somit an Strom und Gas. Mit mehreren einschneidenden Maßnahmen müssen die Menschen in den Westsektoren nun fertigwerden: Straßenbahnen, Omnibusse, und U-Bahnen bleiben zwischen 18 Uhr und 6 Uhr morgens in den Depots, die West-Berliner Kraftwerke stellen ihre Stromlieferungen an die S-Bahn völlig ein, und Haushalte müssen sich mit zwei Mal täglich zwei Stunden Stromlieferungen bescheiden. Energisch wollen die westlichen Stadtkommandanten Energiesparmaßnahmen durchsetzen. Schaufenster- und Außenbeleuchtungen werden verboten, aus unwichtigen Lampen sind die Birnen herauszudrehen. Überwacht werden diese Verbote durch alliierte und deutsche Polizei.

Selbst Hunde werden jetzt Opfer der sowjetischen Blockademaßnahmen: Aus den Abdeckereien des Ostteils der Stadt darf kein Futter mehr nach West-Berlin geliefert werden. Betroffen davon sind auch 70 Blindenhunde.

Freitag, 9. Juli

Die Versorgung der West-Berliner Haushalte mit Energie wird immer schwieriger. Jetzt werden die Gaskontingente sogar um 50 Prozent gekürzt. Gleichzeitig erklären die westlichen Stadtkommandanten Energieverschwendung zur Straftat. Wer sich an die Verbote nicht hält, wird mit 30tägigen Strom-und Gassperren bestraft und hat drakonische Geldstrafen zu zahlen.

Sonnabend, 10. Juli

Ein Zeichen der Solidarität mit West-Berlin geben schwedische Arbeiter. Sie haben 15 t Haferflocken, 20 Sack Zucker und 240 Packungen Trockenmilch gespendet, die in Hannover eingetroffen sind und nun auf den Weitertransport nach Berlin warten.

Wie unterschiedlich die Versorgung zwischen den Teilen Berlins ist, machen diese Angaben deutlich: Friedrichshainer Haushalte bekommen einen Zentner Braunkohle, während sich in den Westsektoren Familien mit Kindern im Alter bis zu fünf Jahren mit vier Kästen Brennholz bescheiden müssen. Außerdem erhalten die Haushalte in Ost-Berlin je einen Liter Frischmilch, woran im Westteil der Stadt überhaupt nicht zu denken ist.

Um Energie zu sparen, müssen sich die West-Berliner zudem an Einheitsbrote gewöhnen. Gebacken werden dürfen nur noch Mischbrote zu 1.000 und 1.500 Gramm. Pfund-Brote verschwinden aus dem Angebot völlig.

Sonntag, 11. Juli

Auf Unterhaltung sollen die West-Berliner ungeachtet der Blockade nicht völlig verzichten. Trotz der Benzinknappheit hat die amerikanische Militärregierung ein Motorrad- und Autorennen auf der Potsdamer Chaussee in Nikolassee genehmigt. Über 100.000 Berliner lassen sich das Spektakel dieses ersten Rennens nach dem Krieg nicht entgehen. Nicht einmal die Tatsache, daß der Heimweg etwas beschwerlich ist, weil wegen des Strommangels die Bahnen nur in großen Abständen fahren und der Betrieb auf der U-Bahnstrecke Innsbrucker Platz - Warschauer Brücke sonntags völlig eingestellt wurde, kann die Stimmung nicht trüben. Aber nicht nur an Strom fehlt es den öffentlichen Nahverkehrsbetrieben, auch Ersatzteile sind Mangelware geworden. Um so größer ist die Freude bei der BVG darüber, daß das Zweimächtekontrollamt in Frankfurt am Main 400 Autoreifen und Schläuche für den Transport nach Berlin freigegeben hat.

Montag, 12. Juli

Lügen kennzeichnen alle Mitteilungen der Russen und der SED, soweit sie den Zustand der Verkehrsverbindungen zwischen Berlin und Westdeutschland angehen. Vor ein paar Tagen hatten sie erklärt, die Rathenauer Schleuse müsse gesperrt werden, weil sie beschädigt ist. Eine Besichtigung ergibt, daß davon kein Wort wahr ist. Dasselbe gilt für die Behauptung der Generaldirektion für die ostzonale Reichsbahn, nach der mit Hochdruck an der Reparatur der Eisenbahnstrecke Berlin - Helmstedt gearbeitet wird.

Eine besondere Schikane hat sich die Reichsbahndirektion ausgedacht, um die Berliner Ferienspiele, die an diesem Tag im Stadion Spandau-Hakenfelde eröffnet werden, zu stören: Sie läßt eine Reihe von S-Bahnzügen ausfallen um Schülern und ihren Eltern die Anfahrt zu erschweren. Daß die Berliner Ferienspiele zu einem vollen Erfolg werden, liegt nicht zuletzt an der Unterstützung des Internationalen Roten Kreuzes und von CRALOG, die es mit Spenden ermöglichen, daß in den nächsten Wochen 8.000 Schüler und 12.000 Kleinkinder eine tägliche zusätzliche Mahlzeit erhalten können.

Aber auch Gemeinsamkeiten gibt es noch in der Stadt: Die amerikanische Militärregierung hat zu einem Zeltlager auf der Pfaueninsel eingeladen, und 2.500 Jugendliche aus allen Sektoren nehmen daran teil.

Dienstag, 13. Juli

In Amerika beginnen Gewerkschaften, CARE-Pakete nach Berlin zu schikken. Sie wollen damit ganz gezielt Mitgliedern der Unabhängigen Gewerkschaftsorganisation - UGO - helfen und ihre Leistung bei der Bekämpfung des Kommunismus würdigen.

Der Strommangel zwingt die Lebensmittelfabriken in West-Berlin dazu, ihre Pforten zu schließen. Einzige Ausnahme ist die Märkische Margarinefabrik in Wilmersdorf, die wenigstens noch ihre Rohstoffreserven aufbrauchen darf.

Im britischen Sektor wird den Kühlhäusern der Strom abgedreht, Bestände, die gekühlt werden müssen, werden in das Kühlhaus in der Trebbiner Straße gebracht.

Völlig eingestellt ist der Verkehr auf den Landwegen zwischen Berlin und Westdeutschland weiterhin nicht. So verkehrt regelmäßig ein Pendelbus zwischen Hannover und Berlin. Eine Unbequemlichkeit allerdings gibt es für die Fahrgäste. Zum einen müssen sie in Ost-Berlin ein- bzw. aussteigen, zum anderen die Zonengrenze bei Helmstedt zu Fuß überqueren.

Mittwoch, 14. Juli

Die Arbeit auf den Flugplätzen in den Westsektoren ist außerordentlich begehrt. Denn es gibt nicht nur sicheren Lohn, sondern vor allem zusätzliche

Verpflegung, in jedem Fall aber ein warmes Essen. In diesen Genuß kommen jetzt auch Berufsfeuerwehrleute der Berliner Feuerwehr, die auf dem Flugplatz ihren Dienst aufnehmen.

Eine besondere Rolle im Transportwesen der Stadt spielt die Magistratsflotte, die über 29 Kähne verfügt. Derzeit sind zwar nur sieben Kähne im Einsatz, aber die bringen den Müll der Stadt nach Ketzin, holen Briketts aus Königs Wusterhausen, löschen Kies in Velten oder befördern Mauersteine aus Zehdenick.

Finanziell ist Berlin längst nicht mehr aus eigener Kraft überlebensfähig. Kredite aus Westdeutschland müssen helfen, aber auch eigene Sparanstrengungen sind erforderlich. Deshalb beschließt der Magistrat, daß städtische Dienststellen keinerlei neue finanziellen Verpflichtungen mehr eingehen dürfen. Laufende Bauvorhaben und Enttrümmerungsarbeiten können jedoch weiterlaufen.

Donnerstag, 15. Juli

Direkt von der Blockade betroffen sind etwa 4.000 Westdeutsche, die sich am 24. Juni in der Stadt aufgehalten hatten und nicht mehr in die Westzonen zurückkehren konnten. Für sie ist die Zeit der Unsicherheit nun beendet. Die britische Luftwaffe stellt vier Flugzeuge ab, die ab sofort vier Mal täglich mit jeweils zwanzig Passagieren in Richtung Westen starten. Weitere Beiträge der Briten zur Unterstützung West-Berlins bestehen darin, daß der Flugplatz Faßberg bei Celle in die Luftbrücke integriert und daß schließlich mit dem Bau einer weiteren Betonrollbahn in Gatow begonnen wird.

Mitten im Sommer wartet auf die West-Berliner Wasserratten eine weitere unangenehme Überraschung. Wegen Seuchengefahr müssen jetzt fast alle Berliner Wasserläufe für das Baden gesperrt werden.

Freitag, 16. Juli

In den Westsektoren gehen im wahrsten Sinn des Wortes die Lichter aus. In den Haushalten ohnehin und nun auch auf den Straßen. Nur noch zwischen 6.00 und 8.00 Uhr, von 11.00 bis 14.00 Uhr und von 18.00 bis 21.00 Uhr kann der Druck in den Gasleitungen auf normaler Höhe gehalten werden. Eine Folge ist, daß die Hälfte der 10.000 West-Berliner Gaslaternen nachts nicht mehr eingeschaltet werden.

Streit gibt es um die Lebensmittel, die sich in den Berliner Lagern befinden. Eine Inventur zeigt, daß 400 t Mehl und Nährmittel im Ostteil der Stadt lagern, obwohl sie eigentlich für die Versorgung der West-Berliner bestimmt sind. Umgekehrt werden in den West-Berliner Lagerhäusern 20.000 t Lebensmittel registriert, die theoretisch dem Ostsektor gehören. Daß sie tatsächlich dorthin gebracht werden, ist in dieser Situation allerdings ausgeschlossen.

Einen Beschluß, über den sich die Freunde des Gerstensaftes freuen, faßt der Magistrat. Als Folge der Währungsreform und wegen des kalten Wetters ist der Bierabsatz in den vergangenen Wochen erheblich hinter den Erwartungen zurückgeblieben. Nun wird die Biersteuer gesenkt: für Bier mit einem Stammwürzegehalt pro Hektoliter von 35 auf zehn Mark und für Bier mit einem höheren Stammwürzeghalt von 75 auf 25 Mark. Ziel der Aktion ist, den Bierverbrauch wieder anzukurbeln.

Der Einsatz vieler westdeutscher Politiker für Berlin ist mit ihren Reden kaum in Einklang zu bringen. Auf der Suche nach Finanzierungsmöglichkeiten für die Blockade-Hilfe wird die Idee geboren, zwei Mark von der noch ausstehenden Kopfquote in Höhe von zwanzig Mark für Berlin einzubehalten. Dieser Vorschlag wird vom Länderrat ebenso abgelehnt wie von den Finanzministern und -senatoren ein Initiativantrag, sich zu Gunsten Berlins einzusetzen.

Sonnabend, 17. Juli

Bereits am 25. Juni hatten die westlichen Besatzungsmächte eine Rationserhöhung für die Westsektoren angekündigt. Die Blockade hat diese Pläne zur großen Enttäuschung der Bevölkerung zunichte gemacht. Die Rationen werden vorerst nicht erhöht, und das Hauptemährungsamt muß die schon gedruckten neuen Lebensmittelkarten erst einmal unter Verschluß nehmen.

Eine Einrichtung, die in den nächsten Monaten und Jahren viel für die Berliner tun wird, wird aus der Taufe gehoben: In Frankfurt am Main treffen sich Vertreter der westdeutschen Länder, der beiden Hansestädte Bremen und Hamburg, von Kirchen und karitativen Organisationen und gründen das „Hilfswerk Berlin". Das Ziel des Hilfswerkes, dessen erster Präsident Braunschweigs Oberbürgermeister Ernst Böhme und erster Geschäftsführer Hannovers Oberstadtdirektor Bradtke wird, ist ebenso einfach formuliert wie schwer umzusetzen. Müttern, Kindern, Kranken und alten Leuten in Berlin sollen zusätzliche Lebensmittel verschafft werden. Geld, Nahrungs- und Arzneimittel sollen nicht nur in Westdeutschland, sondern auch im Ausland gesammelt werden.

Im Ostsektor geht unterdessen die Politisierung aller Lebensbereiche - natürlich im Sinne der Kommunisten - voran. Gegründet wird das „Büro für Theaterfragen" dessen Hauptaufgabe darin besteht, Kunst für politische Zwecke zu mißbrauchen und den sozialistischen Zwei-Jahres-Plan durch „eigene Plangestaltung" zu fördern.

Sonntag, 18. Juli

Obwohl unter kommunistischer Herrschaft, erklären sich die Tschechoslowakei und Polen bereit, West-Berlin mit 16.000 t Kartoffeln bzw. 80.000 t Kohle zu beliefern. Bezahlt werden soll in amerikanischen Dollars. Das Geschäft kommt nicht zustande, weil die Russen den Transport der Güter durch die Sowjetische Besatzungszone verbieten.

Eine zusätzliche Schikane hat sich die sowjetische Besatzungsmacht auch für die Besatzung von 30 Lastkähnen ausgedacht, die mittlerweile auf der Elbe bei Wittenberge festgehalten werden. Ihnen wird verboten, die Schiffe zu verlassen, ihre Versorgungslage wird deshalb langsam kritisch.

Zwar trifft das erste mit Kohle beladene Flugzeug der britischen Luftwaffe in Berlin ein, doch ob die Westsektoren über die Luftbrücke mit ausreichend Brennstoffen versorgt werden können, ist mehr als ungewiß. Alle Bestände an festen Brennstoffen, die sich in West-Berlin befinden, werden deshalb „eingefroren". Außerdem werden alle West-Berliner Unternehmen und Privatpersonen von den Stadtkommandanten aufgefordert, Notstromaggregate dem Wirtschaftsamt zu melden.

Die Blockade hat immer verheerendere Auswirkungen auf den West-Berliner Arbeitsmarkt. 2.430 Unternehmen haben inzwischen schließen müssen, 35.570 Mitarbeiter wurden arbeitslos. Aus Kohle- und Energiemangel mußten außerdem 3.250 Betriebe mit fast 40.000 Mitarbeitern zur Kurzarbeit übergehen.

Montag, 19. Juli

Für Freunde von Kuchen, Torten und Zuckerbäckereien ist dieses ein schlechter Tag. Den Bäckereien wird die Herstellung dieser Leckereien wegen der Kohleknappheit verboten. Außerdem müssen etliche Bäckereien ihren Betrieb einstellen, andere werden aus Ersparnisgründen zusammengelegt.

Nicht nur wegen des Energiemangels müssen zahlreiche Firmen schließen oder kurzarbeiten, sondern auch, weil immer noch Maschinen und Ausrüstungen in den Ostsektor verlagert werden. Das wird nun strikt untersagt, ändert aber nichts daran, daß im französischen Sektor die Demontagen, speziell bei Borsig, unvermindert weitergehen.

Dienstag, 20. Juli

Industrielle Arbeitsplätze geraten in den Westsektoren immer mehr in Gefahr. Mit Arbeitsbeschaffungsmaßnahmen wollen die Bezirke dennoch für Beschäftigung sorgen. Sie beschließen ein umfangreiches Programm, in dessen Mittelpunkt Enttrümmerungs-und Aufräumungsarbeiten stehen. Damit sollen in einem ersten Schritt 20.000 Menschen, später dann noch einmal 35.000 bzw. 50.000 Berliner in Arbeit und Lohn kommen.

Mit großem Propagandaaufwand kündigt die ostzonale, von der SED gesteuerte Deutsche Wirtschaftskommission eine Hilfsaktion der Sowjetunion an. 100.000 t Getreide sollen geliefert werden. Versorgt werden sollen damit auch West-Berliner, sofern sie sich offiziell zur Lebensmittelversorgung im Ostteil der Stadt eintragen. Die SED gibt sich der Illusion hin, die West-Berliner würden sich auf diese Weise korrumpieren lassen und will im Ostsektor zusätzliche 2.800 Verkaufsstellen eröffnen.

Ganz anderer Art ist eine Ankündigung der amerikanischen Besatzungsmacht. Sie läßt wissen, daß die in Berlin stationierten Angehörigen der US-Militärregierung künftig pro Monat nur noch 19 Liter Benzin verbrauchen dürfen. Für schwere Lastwagen werden keinerlei Fahrbefehle mehr erteilt.

Einmal mehr werden die West-Berliner Bäckereien und Brotfabriken von den Folgen der Blockade betroffen. Sofern sie beim Backen mehr als 32 bzw. 35 kg Kohle für 100 kg Brot verbrauchen, müssen sie ihren Betrieb schließen.

Mittwoch, 21. Juli

Die Lebensumstände in Berlin fordern ihren Tribut. Nach neuesten Angaben sterben Jahr für Jahr 6.000 bis 8.000 Menschen an Tuberkulose. Derzeit haben 26.000 Berliner offene TB, 50.000 einen negativen Befund. Besonders düster sieht es bei jungen Menschen aus. Jeder dritte Lernanfänger ist an Tuberkulose erkrankt. Das Landesgesundheitsamt spricht gar von Berlin als einer „bevölkerungsmäßig gesehen sterbenden Stadt".

Gleich mit mehreren Aktionen versucht die Sowjetunion die Bevölkerung ganz Berlins für sich einzunehmen. Zum einen überschwemmt sie die Stadt mit riesigen Mengen unversteuerter Zigaretten der Marken Drug, Sonne, Orient, Salve und Drei Sterne. Zwar läßt der Magistrat große Mengen der Zigaretten beschlagnahmen, muß sie aber auf Befehl der sowjetischen Kommandantur zurückgeben.

Zum anderen bereiten die Russen die Gründung der „Handelsgesellschaft Groß-Berlin" vor, deren einzige Aufgabe es sein soll, Handel mit der West-Berliner Wirtschaft zu treiben, sie zu unterwandern und letztlich von der Wirtschaft Ost-Berlins und der sowjetischen Besatzungszone abhängig zu machen. Zu Beginn sollen der Gesellschaft Waren im Wert von 1,5 Millionen Mark zur Verfügung gestellt werden, um das Interesse der West-Berliner Unternehmen zu wecken.

Drittens schließlich ist der sowjetische Oberkommandierende bereit, das im Westteil der Stadt gelegene Werk AEG Turbine mit Strom zu versorgen. Einerseits verfügt AEG Turbine über einen kommunistisch dominierten Betriebsrat, hinzu kommt, daß die ostzonale Wirtschaft dringend auf die Produkte des Werkes - beispielsweise für das Kraftwerk Klingenberg - angewiesen ist.

Donnerstag, 22. Juli

Schon am Vortag hatte der amerikanische Stadtkommandant den Restaurants in seinem Sektor untersagt, Lebensmittelkarten-Abschnitte aus dem Ostsektor Berlins anzunehmen. Diesem Verbot schließt sich jetzt die britische Militärregierung an. Außerdem verbietet der britische Stadtkommandant dem Unternehmen AEG Turbine, Strom aus dem Ostsektor zu beziehen und dafür Turbinen und Ersatzteile in den Osten zu liefern. Begründet wird dieses Verbot damit, daß die Deutsche Wirtschaftskommission, die das Geschäft einfädeln wollte, keine Kompetenz über die Stromverteilung in Berlin besitze.

Nur noch ein paar Tage haben die West-Berliner Zeit, sich endgültig von der Reichsmark zu verabschieden. Denn noch sind entsprechende Pfennig-Münzen im Umlauf. Ihre Gültigkeit sollen sie nach dem Willen der drei westlichen Stadtkommandanten mit dem Bankschluß am 27. Juli verlieren. Nur noch für die Bezahlung von Verbindlichkeiten in Ostmark sollen sie dann verwendet werden dürfen.

Post, die nicht mit Briefmarken mit dem Hinweis „Sowjetische Besatzungszone" überdruckt sind, werden im Ostsektor und in der Ostzone nicht mehr befördert. Die russische Kommandantur ordnet verschärfte Kontrollen aller Postsendungen speziell im Ost-Berliner Postamt 17 an.

Freitag, 23. Juli

Zu einem schweren Zwischenfall bei der Bekämpfung des um sich greifenden Schwarzmarktes kommt es im Lager Schlachtensee der Internationalen Flüchtlingsorganisation IRO. Mit zwei Überfallwagen starten rund zwanzig Polizisten in der Kurstraße eine Razzia, die zu Krawallen führt, an denen sich am Ende beinahe 300 Personen beteiligen. Mit Latten und Steinen gehen die Schwarzhändler auf die Polizisten los, die schließlich die Schußwaffe einsetzen muß, um die Auseinandersetzungen zu beenden.

Augenfälliger kann der Mangel an frischen Lebensmitteln, speziell Gemüse, nicht dargestellt werden. In Marienfelde Süd gibt der Bezirk nicht ausgebaute Straßen frei, damit dort Gemüse angebaut werden kann. Gleichzeitig demonstriert der Ostsektor Überlegenheit, denn hier sollen auf dem Mittelstreifen der Frankfurter Allee in lockerer Folge, wie es heißt, Bäume und Büsche angepflanzt werden.

Ein deutliches Signal an Russen wie SED, daß mit einem Verlassen Berlins durch die westlichen Alliierten keinesfalls zu rechnen ist, setzt General Lucius D. Clay: Einerseits kündigt er eine Erhöhung des täglichen Luftbrükkenvolumens auf durchschnittlich 4.500 t an, zum anderen den Bau eines weiteren Flugplatzes in den Westsektoren, und zwar bei Spandau.

Sonnabend, 24. Juli

Die sowjetische Kommandantur erläßt den berühmt gewordenen „Befehl Nr. 80". Danach sollen sich alle West-Berliner im Ostsektor zur Lebensmittelversorgung eintragen können. Sie sollen im Ostteil der Stadt sowohl Lebensmittel wie vor allem auch Brennstoffe erhalten. Die Sowjetunion will mit diesem Befehl dem inzwischen weltweit erhobenen Vorwurf begegnen, über zwei Millionen West-Berliner als „Geiseln" zu nehmen. Gleichzeitig befehlen die Russen die „Vollendung der Währungsreform", nach der in Ost-Berlin und in der sowjetisch besetzten Zone neue Geldscheine eingeführt und die spöttisch als „Kupon"- oder „Tapeten"-Mark bezeichnete Ostmark aus dem Verkehr gezogen wird. Vier Tage haben die Ost-Berliner Zeit, das Kopfgeld von 70 Mark einzutauschen. Sparkonten dagegen werden vorerst völlig blockiert.

Auf wenig Verständnis stößt eine Liste, die die französische Besatzungsmacht dem Magistrat übergibt. Aufgeführt sind darin die Betriebe, die die Franzosen trotz Blockade und immens steigender Arbeitslosenzahlen in ihrem Sektor demontieren wollen, unter anderem so große Unternehmen wie Borsig, die Deutschen Waffen- und Munitionsfabriken - DWM - und Mauser.

Sonntag, 25. Juli

Einmal mehr fordert die Blockade Menschenleben. Beim Absturz eines amerikanischen Flugzeuges vom Typ C-47 auf ein Wohnhaus in der Handjerystraße in Friedenau sterben die beiden Besatzungsmitglieder.

So schmerzlich derartige Unglücke auch sind, die Luftbrücke muß weitergeführt und ausgebaut werden. Auch formell beschließen die westlichen Militärregierungen nun den Bau eines weiteren Flugplatzes im Westteil der Stadt.

Vor allem der Energiemangel macht den Menschen in West-Berlin zu schaffen. Wird ihnen ohnehin kaum noch Strom zum Kochen oder zur Beleuchtung zugestanden, wird nun noch das Kontingent für die Straßen-Notbeleuchtung auf ganze vier Kilowattstunden monatlich reduziert.

Montag, 26. Juli

Was kaum jemand für möglich gehalten hat, tritt an diesem Tag ein. Die ersten Lastwagen-Konvois mit Lebensmitteln aus den Westzonen treffen in West-Berlin ein. Nicht über die Autobahn, denn von der behaupten die Sowjets ja weiterhin, sie sei nicht befahrbar, sondern auf Straßen durch die sowjetisch besetzte Zone. Vor allem in der Gegend um den Bahnhof Zoo werden die Lebensmittel angeboten, die Händler in Westdeutschland auf eigenes Risiko nach Berlin bringen. Der Magistrat bezahlt die Waren aus westdeutschen Krediten in D-Mark, während die Konsumenten sie gegen die erheblich billigere Ostmark kaufen können. Der Magistrat bewegt sich damit zwar in einer „Grauzone“, stellt aber die Versorgung der Menschen über alle Vorschriften.

Eine neue Dienststelle nimmt im Schöneberger Rathaus ihre Tätigkeit auf, nachdem die SED im Ostsektor immer mehr Polizisten, die ihrer Linie nicht folgen wollen, aus dem Dienst entlassen hat. Fast 500 derart „politisch Gemaßregelter“ gibt es inzwischen, für die jetzt die Zahlstelle in Schöneberg eingerichtet ist. Ohnehin hat sich die SED die Polizei als wichtigstes Instrument ausgewählt, um die von ihr inzwischen geplante Teilung der Stadt einzuleiten. Paul Markgraf, SED-Mitglied und bisher Berliner Polizeipräsident, weigert sich immer wieder, Anweisungen des rechtmäßigen Magistrates auszuführen und wird deshalb vom Dienst suspendiert. An seine Stelle tritt Dr. Johannes Stumm. Beide Entscheidungen werden von der sowjetischen Besatzungsmacht nicht anerkannt.

Blockade-Alltag in Berlin, d.h. unter anderem, daß es zu zahlreichen Unfällen kommt, weil beim Abdrehen von Strom und Gas die Menschen in den Westsektoren oft nicht daran denken, die entsprechenden Geräte auszuschalten. Werden Strom und Gas dann wieder geliefert, sind Explosionen häufig die Folge. Die Berliner Feuersocietät wird deshalb verstärkt auf diese Gefahren aufmerksam machen.

Dienstag, 27. Juli

Die militärische Luftbrücke der Alliierten wird nun durch eine zivile Komponente ergänzt. Die American Overseas Airlines - AOA - nimmt den Frachtbetrieb zwischen Berlin und Frankfurt auf. 88 West-Pfennig verlangt die Gesellschaft pro Kilogramm Fracht. Damit kommen nur hochwertige Güter für diese Form des Transportes in Betracht.

Wenig Gefallen finden Schwarzmarkthändler an dieser Entscheidung der amerikanischen Militärregierung: Sie befiehlt den Bezirksbürgermeistern in ihrem Sektor, nichtamtliche Wechselstuben zu lizensieren und will damit den Geldschiebern wenigstens teilweise den Boden für das illegale Geldwechselgeschäft entziehen. Ebenso wenig erfreut über eine Anordnung der westlichen Stadtkommandanten sind West-Berlins Apotheker. Denn sie haben weiterhin die ungeliebte Ostmark als Bezahlung für Arznei- und Heilmittel zu akzeptieren.

Die Blockade hat Auswirkungen auf alle Bereiche des Lebens in einer Großstadt, auch wenn diese nicht immer im Vordergrund stehen. So beantragt das Institut für Bienenkunde für 21 Bienenvölker je zehn Kilogramm ungeblauten Kristallzucker für die Winterfütterung und bittet gleichzeitig darum, den Zucker dann später nicht gegen Honig kompensieren zu müssen.

Die „Vorzüge" des Sozialismus dagegen will die SED preisen, die im Zeughaus Unter den Linden die „Industrieleistungsschau 1948" eröffnen läßt. 389 Treuhandbetriebe, verstaatlichte Unternehmen also, beteiligen sich an dieser Ausstellung.

Mittwoch, 28. Juli

Die sowjetische Zentralkommandantur hat zwar angeordnet, daß im Ostsektor Lebensmittel in solchen Mengen vorhanden sein müssen, daß theoretisch die West-Berliner sich im Ostteil der Stadt versorgen könnten, doch führt dieser Befehl zu einem heillosen Chaos. Zum einen lassen sich die Menschen aus dem Westteil der Stadt nicht auf dieses fadenscheinige Angebot ein, zum anderen aber verfügt der Ostteil überhaupt nicht über die benötigten Lagerkapazitäten. Bezirksrat Nitt aus Mitte scheut sich nicht, das Problem offen anzusprechen. Fleisch verderbe, weil es nicht gekühlt werden könne, schreibt er, und frisch gelagertes Mehl sei schon wiederholt durch Selbstentzündung in Brand geraten.

Heillose Verwirrung ist auch aus zwei anderen Bereichen zu melden. Der vom Magistrat eingesetzte neue Polizeipräsident Dr. Johannes Stumm erklärt, er habe nun die Amtsgeschäfte übernommen und werde den Sitz des Polizeipräsidiums in die West-Berliner Friesenstraße verlegen, während gleichzeitig mit Unterstützung der Sowjets und der SED der entlassene Polizeipräsident Markgraf für sich reklamiert, er sei der einzig rechtmäßige.

Die Mitarbeiter der Polizei werden ebenso in Gewissensnöte gestürzt, wie die des Ernährungsamtes. Denn dort hat die sowjetische Kommandantur eine „Unterabteilung nach Befehl Nr. 80" installiert und an ihre Spitze das SED-Mitglied Letsch gesetzt. Zwei Drittel aller Mitarbeiter dieses Amtes beanspruchen die Russen für diese Unterabteilung, die zudem schriftlich ihre Loyalität gegenüber dem SED-Funktionär erklären müssen, um nicht entlassen zu werden.

Donnerstag, 29. Juli

Hilfe für Berlin hat auch immer etwas mit Geld zu tun. Finanzstadtrat Harms informiert den Finanzausschuß des Länderrates darüber, daß die Westsektoren in den nächsten Monaten rund 100 Millionen Mark benötigen, um zu überleben. Um`s Überleben geht es den Berliner Fuhrunternehmern, die vom Magistrat verlangen, daß sie wenigstens 50 % ihrer Einkünfte künftig in Westmark erhalten. Ihren Antrag begründen sie damit, daß sie erhebliche Kosten in Westmark aufzubringen haben, so für Benzin, Öl, Zubehör- und Ersatzteile und selbstredend auch für neue Fahrzeuge.

Mit großem Propagandaaufwand informieren die Ost-Berliner Zeitungen ihre Leser darüber, daß die zugesagte sowjetische Hilfe für Berlin nun anläuft. Ein erster Frachter mit Weizen, die „Wolotschajewsk" ist in Rostock eingelaufen. ein zweiter, die „Pulkawo", in Stettin. Davon, daß allerdings die Länder der Sowjetischen Besatzungszone den Hauptanteil der Hilfslieferungen für Ost-Berlin zu leisten haben, findet sich in den SED-gesteuerten Zeitungen natürlich kein Wort.

Freitag, 30. Juli

In immer kürzeren Abständen landen die Luftbrücken-Flugzeuge auf den West-Berliner Flugplätzen, entsprechend mehr Personal muß der Magistrat einstellen und auch bezahlen. Allein auf dem Flugplatz Tempelhof sind inzwischen 1.980 deutschc Arbeiter mit dem Entladen der Flugzeuge beschäftigt. Wenn, wie es die Vorstellungen der Luftbrücken-Verantwortlichen vorsehen, um den 20. August herum eine Tageskapazität von 3.000 t erreicht ist, werden in Tempelhof 2.880 Arbeiter und zusätzlich weitere 200 Fahrer in den Diensten der Luftbrücke stehen.

Scheinheilig bietet die SED-gesteuerte Deutsche Wirtschaftkommission „Hilfe für die Berliner Industrie" an. Über die von ihr gegründete „Handelsgesellschaft Groß-Berlin" mit Sitz in der Französischen Straße offeriert sie den Unternehmen in den Westsektoren insbesondere Rohstoffe, Brennmaterial und Strom an, sämtlich Güter, die im Westteil der Stadt Mangelware sind.

Von einer gewaltigen Detonation werden die Menschen im näheren und weiteren Umfeld des Bahnhof Zoo erschreckt. Nach diversen vergeblichen Versuchen ist es britischen Pionieren endlich gelungen, den Flak-Bunker am Bahnhof Zoo zu sprengen. Zahllose Fensterscheiben gehen zu Bruch, besonders groß sind die Schäden im Zoologischen Garten.

Daß die Arbeitslosenzahlen in West-Berlin immer stärker ansteigen, weil Betriebe wegen des Rohstoff- und Energiemangels schließen müssen, ist bekannt. Dennoch aber gibt es auch in den Westsektoren noch freie Stellen. So sind 1.200 offene Lehrstellen gemeldet, davon allein 349 im Maurerhandwerk.

Sonnabend, 31. Juli

44.000 Sozialhilfeempfänger sind in West-Berlin zu versorgen, 38.240 Menschen arbeitslos, und über 50.000 arbeiten kurz. Die Unterstützung dieser Menschen belastet den Berliner Haushalt auf`s äußerste, gleichzeitig gehen die Steuereinnahmen immer mehr zurück. Nicht zuletzt auch deshalb, weil Waren aus West-Berlin in Westdeutschland nicht besonders gefragt sind. Seit Beginn der Blockade sind Güter im Wert von gerade einmal 11,8 Millionen Mark in die Westzonen ausgeflogen worden.

Dennoch aber normalisiert sich das Leben in der Stadt in Teilbereichen, wenn denn überhaupt von „Normalisierung" gesprochen werden kann. In Berlin gibt es inzwischen wieder 1.533 öffentliche Münzfernsprecher, 587 davon in Fernsprechhäuschen.

Endgültig ist der Abschied der West-Berliner von Erinnerungen an die Reichsmark. Die bisherigen 1-Mark- und 50-Pfennig-Scheine verlieren mit dem Schalterschluß der Banken an diesem Tag ihre Gültigkeit.

Erfreuliches gibt es aus Westdeutschland zu melden. Der Geschäftsführer des Hilfswerkes Berlin gibt bekannt, daß in den Westzonen bereits 6,9 Millionen Tagesrationen Lebensmittel für die Menschen der Stadt gesammelt wurden. Doch so erfreulich dieses auch ist, ist damit keineswegs das Problem des Transportes dieser Spenden nach Berlin gelöst.

Den Wannsee nutzte die britische Luftwaffe als zusätzlichen „Flugplatz". Hier wird ein Wasserflugzeug vom Typ „Sunderland" entladen. (Foto: Signal Corps, U.S. Army)

Generalmajor William H. Tunner, der im Zweiten Weltkrieg die amerikanische Lufttransportflotte kommandierte, die Güter von Indien nach China flog, wurde Ende Juli 1948 zum Leiter der Berliner Luftversorgung ernannt. (Foto: US Air Force)

Um die Stabilität der Flugzeuge nicht zu gefährden, mußte die Kohle in Transportsäcke, vorwiegend ausgediente Seesäcke, verpackt werden. In fünf Minuten konnten die Arbeiter schließlich eine „Dakota“ be- bzw. entladen. (Foto: BA, Y-1182-75)

V/1 - 5314 - Berlin, den 10.7.1948 766

Vermerk für Herrn Ganter-Gilmans
über Herrn Freund

Betr.: Getreideversorgung Berlin.

Nach Mitteilung des Hauptenährungsamtes der Stadt Berlin sind die für den Ostsektor bestimmten Getreide - Mehl - und Nährmittelbestände in den Westsektoren blockiert. Bis zur neuen Ernte benötigt Berlin noch 5.000 to Brotgetreide und 700 t Nährmittel.

Die SMAD hat durch Telegramm vom 9.7. Az. 20/1 - 687 - ,unterzeichnet Drofa, die SMA der Länder wie folgt angewiesen:

Sachsen/Anhalt hat zu liefern im 3. Quartal
bis 1.8. 5.000 t Mehl ohne Futtergetreidezusatz
1.500 t Nährmittel.

Brandenburg hat zu liefern bis 1.8.
3.000 t Mehl (bis 20.7. 1.500 t)ohne Futtergetr.-beimischung
500 t Nährmittel
1.000 t Brotgetreide
1.000 t Gerste

Mecklenburg hat zu liefern bis 1.8.
2.000 t Mehl ohne Futtergetreidezusatz
1.000 t Brotgetreide
800 t Gerste aus UdSSR -Einfuhren

Da Berlin aus allen 3 Ländern Einfuhren an Getreide im 3.Quartal zu bekommen hat, können diese Mengen auf die im Versorgungsbefehl vorgesehenen Mengen angerechnet werden. Zweifelhaft ist jedoch, ob aus Getreide alter Ernte noch genügend Bestände vorhanden sind, um rechtzeitig die Vermahlung durchzuführen.

Die Länderreferenten sind gebeten, sich wegen der Durchführbarkeit mit den Landesregierungen -Handel und Versorgung - unverzüglich in Verbindung zu setzen.

Sonntag, 1. August

Kaum einen Bereich gibt es, auf den Währungsreform und Blockade keine Auswirkungen hätten. Westdeutsche Auftraggeber beispielsweise lassen sich bei der Bezahlung ihrer Berliner Lieferanten Zeit, obwohl die Berliner Unternehmen die Rohstoffe und Halbfertigfabrikate, die sie aus den Westzonen beziehen, unmittelbar zu bezahlen haben. Auf dieses Problem macht Berlins Wirtschaftsstadtrat Klingelhöfer in Frankfurt am Main aufmerksam.

Ganz anderer Art sind die Fragen, mit denen sich das Berliner Bestattungsgewerbe zu befassen hat. Als Folge der Währungsreform setzt es neue Preise fest. Rohe Särge kosten künftig 67,50 Mark, die mit einfachem Anstrich 73 und die mit besserem Anstrich 78 Mark. Wer nicht über Westmark verfügt, kann Zuschüsse bis zu 103 Mark erhalten.

Wenig erfreulich ist die Versorgungslage der E- und Gaswerke in den Westsektoren. Auch wenn die Strom- und Gasproduktion drastisch eingeschränkt wird, reichen die Vorräte bei den E-Werken nur noch zwölf Tage, die der Gaswerke immerhin 18 Tage.

Die westlich lizensierte Presse ist der SED schon seit langem ein Dorn im Auge. Über die Deutsche Wirtschaftskommission läßt sie nun im Ostsektor ein Postzeitungsamt einrichten, das den Vertrieb von Zeitungen in Ost-Berlin im Sinne der SED unter Kontrolle bringen soll.

Wenig Grund zur Freude haben derzeit die Raucher in West-Berlin. Zigaretten sind rar und teuer, und da bringt auch eine Sonderzuteilung von acht Zigaretten kaum Entlastung, die jetzt für die Besitzer gültiger Raucherkarten aufgerufen wird.

Montag, 2. August

Zwei unterschiedlich starke Währungen in einer Stadt rufen nahezu selbstverständlich Schwarzhändler auf den Plan. Um Währungsspekulationen wenigstens teilweise einen Riegel vorzuschieben, genehmigt die britische Militärregierung die Einrichtung von Wechselstuben in ihrem Sektor. Lizensiert werden ausschließlich Bankfachleute. Der offizielle Kurs der B-Mark zur Ostmark wird an diesem Tag mit 1:2,2 angegeben. In den nächsten Tagen werden auch Amerikaner und Franzosen in ihren jeweiligen Sektoren Wechselstuben eröffnen.

Kaum etwas anderes liebt der Berliner so sehr wie seinen Kleingarten. Dennoch aber muß die Erweiterung von Kleingartenparzellen auf dem ehemaligen Tegeler Schießplatz aufgegeben werden. Das Gelände wird für den Bau eines dritten Flugplatzes in West-Berlin benötigt.

Pilze sind in diesen mageren Zeiten eine willkommene Ergänzung der Speisepläne. Die Firma Aschinger erhält vom sowjetischen Stadtkommandanten Kotikow die Genehmigung, 29,5 t Pilze zu marinieren, das Nährmittelwerk Köpenick soll weitere zwanzig Tonnen Pilze trocknen. Um die Versorgung mit Lebensmitteln geht es bei einem Großereignis am Osthafen. Dort nimmt die Mühle wieder ihren Betrieb auf. Sie ist die größte in Berlin und in der Ostzone und kann täglich 500 t Getreide verarbeiten.

Die Kunst hat nach Auffassung der SED der Partei zu dienen, und deshalb überweist das Zentralsekretariat der SED dem FDGB, dem Kulturbund und der Deutschen Verwaltung für Volksbildung je 50.000 Mark. Unterstützt werden sollen damit 2.000 freischaffende Künstler. Gleichzeitig ruft das SED-Organ „Neues Deutschland“ zu einem Bildwettbewerb auf. Ziel ist es, den sozialistischen Zweijahresplan darzustellen und zu verherrlichen.

Dienstag, 3. August

Auch gegenüber dem einstigen Kriegsverbündeten England machen die Schikanen der Sowjets nicht halt. Auf der Havel bei Brandenburg hält sie zwei britische Lastkähne fest und gestattet der Besatzung auch nicht, an Land zu gehen, um sich zu versorgen. Die britische Militärregierung gibt deshalb für die Besatzungen 336 Mittagsmahlzeiten zu je 900 Kalorien frei.

Trotz der Blockade steht Siemens weiterhin mit Ost-Berliner Unternehmen in engen Geschäftsbeziehungen, die nun allerdings weitgehend gestoppt werden. Die britische Militärregierung untersagt die Auslieferung von Telefonverstärkeranlagen an Ost-Berlin. Bisher noch führen zahlreiche Telefonleitungen der Russen und der ostdeutschen Dienststellen durch die Westsektoren, die damit auf diesem Gebiet von den Westalliierten abhängig sind. Mit den Verstärkeranlagen würden die Russen autark und könnten dann unter dem Vorwand „technischer Störungen" in den Telefonverkehr zwischen West-Berlin und Westdeutschland eingreifen, ist die Befürchtung der Briten.

Erstmals tauchen auf dem Berliner Schwarzmarkt gefälschte Ostmark-Scheine auf, deren Existenz die SED allerdings bestreitet. Bei Razzien gegen Schwarzmarkthändler in Mitte werden 29 Personen festgenommen und größere Mengen Zigaretten beschlagnahmt.

Um elternlose Kinder bemüht sich das Hauptjugendamt. Da es die Kinder nicht selbst betreuen kann, sucht es nun Familien, die die Kinder wenigstens an Wochenenden aufnehmen.

Mittwoch, 4. August

450.000 Mark hat der Magistrat für den Bau einer weiteren Rollbahn auf dem Flugplatz Tempelhof ausgeben müssen, die an diesem Tag in Betrieb genommen wird. Konturen nimmt auch der geplante Flugplatz Tegel an, für den die Vermessungsarbeiten in extrem kurzer Zeit abgeschlossen wurden. Mit der Luftbrücke hat auch diese Meldung zu tun: Zur militärischen kommt nun auch eine zivile Luftbrücke, die anfangs aus elf Flugzeugen britischer Fluggesellschaften besteht, später aus bis zu 43. Unabhängig davon hat die American Overseas Airlines allein im Juli auf der Stecke Berlin - Frankfurt 2.575 zivile Passagiere, vorwiegend Geschäftsleute und Magistratsvertreter, transportiert sowie mit 387.000 Pfund Fracht und 24.000 Pfund Post die militärische Luftbrücke entlastet.

In Munster Lager in der Lüneburger Heide warten ehemalige britische Kriegsgefangene auf die Heimkehr nach Berlin. Die Sowjets stellen ihre Geduld auf eine harte Probe. Der Eisenbahntransport verzögert sich, weil die Russen den versprochenen Zug nicht zur Verfügung stellen.

Um eine Attraktion reicher ist von diesem Tag an der Botanische Garten. Das erste große verglaste Schauhaus steht Besuchern offen. Tropische und subtropische Pflanzen sind zu bestaunen, vor allem ein Apfelsinenbaum sowie Bananenstauden und fleischfressende Pflanzen. Profaner sieht es auf den Freiflächen des Botanischen Gartens aus. Hier werden Kartoffeln angebaut, um sie gegen Glas kompensieren zu können.

Donnerstag, 5. August

Die Berliner sind in hohem Maße auf öffentliche Verkehrsmittel angewiesen, weil es kaum Privatautos und vor allem kein Benzin gibt. Doch der Einsatz zum Beispiel von Straßenbahnen ist aus vielerlei Gründen stark eingeschränkt. Zum einen wegen der ständigen Stromsperren, nicht zuletzt aber auch, weil es an Reparaturmöglichkeiten fehlt. Stadtrat Ernst Reuter stellt in einer Übersicht fest, daß an den Reparaturwerkstätten bisher nur die allergrößten Kriegsschäden beseitigt werden konnten. Es fehlt an Zement, Staubkalk, Gips, Draht- und Fensterglas, Kitt, Kleineisen, Zinkblech und Lötzinn. Die Werkstätten werden daher in den nächsten Wochen kaum winterfest gemacht werden können.

Fortschritte dagegen gibt es bei der Organisation der Luftbrücke, die in starkem Maße vom Wetter abhängig ist. Dank des verstärkten Einsatzes von Radar allerdings spielen die Wetterbedingungen nach US-General Tunner, dem Chef der Luftbrücke, eine immer geringer werdende Rolle.

Während in den Westsektoren die Zahl der Arbeitslosen beunruhigende Ausmaße annimmt, lockt die SED mit offenen Arbeitsplätzen in Ost-Berlin. Offene Stellen gebe es vor allem im Baugewerbe, in der Bekleidungs- und in der Metallindustrie und beim Eisenbahnoberbau.

Ohne Rücksicht auf die Opfer, die die Länder der Sowjetischen Besatzungszone bringen müssen, überzieht die sowjetische Militäradministration diese Länder mit Lieferverpflichtungen für Berlin. Thüringen, Sachsen und Brandenburg müssen nach einem entsprechenden Befehl unverzüglich 51.000 Paar Schuhe bereitstellen, dazu 275.000 m baumwollartige und Kammgarngewebe sowie Kunstwolle, 130.000 Paar Strümpfe, 10.000 Paar Handschuhe und zwei Tonnen Nähgarn.

Freitag, 6. August

Immer stärker wird der psychische und physische Druck, den die SED auf die Polizisten ausübt, die sich nicht zu ihr bekennen. Zusätzlich läßt die SED jetzt das Haus des rechtmäßigen Polizeipräsidenten Dr. Johannes Stumm, den sie nicht anerkennt, im Bezirk Prenzlauer Berg beschlagnahmen. Den Mietern, die in einem Haus der Frau des Polizeipräsidenten wohnen, verbietet sie die Mietzahlung. Eine Reihe von Polizisten, die sich zum legalen Polizeipräsidenten bekennen, wird aus den Westsektoren in den Ostteil der Stadt verschleppt.

Häufiger als bisher ohnehin schon, müssen die Küchen in den Westsektoren kalt bleiben. Das Kochstromkontingent wird halbiert. Außerdem wird in der Zeit von 21 Uhr bis 5 Uhr der Gasdruck derart abgesenkt, daß an ein Einschalten der Gaslaternen in den Straßen West-Berlins nicht mehr zu denken ist. Der Energiemangel führt auch dazu, daß alle Kohlenvorräte von Bäckereien und Brotfabriken abtransportiert und zu den wenigen noch arbeitenden Betrieben gebracht werden.

Weil auch das Geld knapp ist, verfügt der Magistrat einen Einstellungsstopp für den öffentlichen Dienst. In der Hauptverwaltung des Magistrats sowie in den Bezirken stehen derzeit 120.000 Angestellte und 60.000 Arbeiter auf den Lohnlisten

Auf der anderen Seite lesen die West-Berliner in den Zeitungen des Ostteils immer wieder von verlockenden Angeboten. So ordnen die Russen an, daß in Ost-Berlin dem Brotmehl 50 Prozent ukrainisches Weizenmehl beizumischen ist.

Ein glückliches Ende nimmt die Odyssee ehemaliger Kriegsgefangener, die nicht nach Berlin hatten zurückkehren können. Für 21 von ihnen hat die Stadt Frankfurt Flugmöglichkeiten besorgt, sie treffen auf dem Flugplatz Tempelhof ein. Beendet ist auch der Zwangsaufenthalt der Besatzung einer Barkasse, die die Russen seit dem 14. Juli auf der Elbe bei Wittenberge festgehalten hatten. Mit dem Boot war ein Vertreter der britischen Militärregierung gefahren, um sich dort über die Lage der Besatzungen einer großen Zahl von Lastkähnen zu informieren, die weiterhin an der Weiterfahrt gehindert werden.

Sonnabend, 7. August

Offen ausgesprochenes Ziel der Deutschen Wirtschaftskommission und damit der SED ist es, die West-Berliner Wirtschaft für sich zu vereinnahmen und von ihr abhängig zu machen. Aus diesem Grund hat sie die „Handelsgesellschaft Groß-Berlin“ gegründet, die schon in den ersten Tagen ihrer Existenz auf beachtliche Erfolge verweisen kann. West-Berliner Geschäftsleute, insbesondere von Großunternehmen, geben sich am Sitz der Gesellschaft geradezu die Klinke in die Hand und haben eine Vielzahl von Verträgen abgeschlossen. So zum Beispiel die Zehlendorfer Spinnstoffabrik, die zehn Tonnen Zellstoff in den Osten liefern will und dafür 1.000 t Kohle bekommt.

Schlechter dran sind da Firmen, die entweder für den Osten nicht interessant sind oder deren Geschäftsführungen und Belegschaften mit dem Handel mit der Deutschen Wirtschaftskommission nichts im Sinn haben. So muß die Margarinefabrik Stolzer in der Ackerstraße an diesem Wochenende ihren Betrieb einstellen und ihre noch vorhandenen restlichen Rohstoffe der Märkischen Margarine Fabrik überlassen.

Mit großem propagandistischen Aufwand versucht die SED immer wieder, die Bevölkerung der Westsektoren dazu zu bewegen, sich im Ostteil der Stadt zur Lebensmittelversorgung eintragen zu lassen. Das Ergebnis ist für Russen und SED niederschmetternd. Gerade einmal 21.000 West-Berliner haben sich bisher im Ostsektor registrieren lassen. Auf einer Funktionärssitzung beklagt der Berliner SED-Vorsitzende Matern, daß noch nicht einmal alle SED-Funktionäre, die im Westteil Berlins wohnen und im Ostteil arbeiten, dem Aufruf der eigenen Partei gefolgt sind.

Eine Überraschung wartet auf West-Berliner Kinder. Für den 9. August hat die britische Militärregierung die Generalprobe für einen Großen Zapfenstreich angesetzt und aus diesem Grund den Magistrat angewiesen, 15.000 Tüten Bonbons zu je 120 g zu packen. Von fünf Tonnen Bonbons, über die der Magistrat verfügt, werden dafür 1,8 t in Anspruch genommen, über die Verwendung der übrigen 3,2 t soll später entschieden werden.

Sonntag, 8. August

Mitten im Sommer wird den Berlinern eine der wenigen Freuden, die wenigstens nichts kosteten, genommen: In den Havelseen wird das Baden verboten. Weil durch die ständigen Stromabschaltungen die Abwasserpumpen in der Stadt nicht mehr richtig arbeiten, sind die Seen derart verschmutzt, daß aus gesundheitlichen Gründen das Baden in ihnen nicht mehr verantwortet werden kann.

Ablenkung gibt es für viele Berliner dennoch. An diesem Wochenende gastiert im Naturtheater Rehberge das Renaissance Theater mit Shakespeares „Wie es Euch gefällt", im Nollendorf Theater wirbelt „Die Czardasfürstin" über die Bühne, und in der Freilichtbühne am Waldsee können sich die Jüngeren und Jüngsten bei „Schneewittchen" und bei „Aschenputtel" vergnügen.

Das alles kann jedoch nicht vergessen lassen, daß Kommunisten die Teilung der Stadt vorantreiben und der Terror gegen politisch mißliebige Polizisten sogar noch gesteigert wird. Der suspendierte Polizeipräsident Markgraf, der allein von Russen und SED gestützt wird und nur im Ostsektor das Sagen hat, läßt eine große Zahl von Polizisten verhaften, die sich zum Dienst beim legalen Polizeipräsidenten Stumm in der West-Berliner Friesenstraße gemeldet haben, aber noch im Ostsektor wohnen.

Ein Rekord ist schließlich von der Luftbrücke zu melden. Erstmals innerhalb von nur 24 Stunden sind mehr als 4.000 t Kohlen und andere Güter, exakt 4.254, nach Berlin eingeflogen worden. Eine wichtige psychologische Grenze ist damit überschritten.

Montag, 9. August

Gepflegt auszusehen, soll in Berlin erschwinglich bleiben. Der Magistrat legt deshalb Höchstpreise für den Frisörbesuch fest. Männer haben für den einfachen Schnitt 65 Pfennig zu zahlen, für Damen wird es mehr als doppelt so teuer. Von ihnen werden 1,50 Mark verlangt, wobei in diesem Preis dann Schnitt und eine Wasserwelle enthalten sind.

Um erheblich mehr Geld geht es bei der Einrichtung eines eigenen Postscheckamtes Berlin-West in der Dernburgstraße. Die westlichen Stadtkommandanten reagieren damit darauf, daß die SED beim Postscheckamt in der Dorotheenstraße die Guthaben von 78.000 in den Westsektoren lebenden Berlinern gesperrt hat. Guthaben in einer Höhe von 270 Millionen Mark sind damit für die Betroffenen unerreichbar und verloren.

Ihre eigene Ansicht vom Hund als dem „besten Freund des Menschen“ haben 230 West-Berliner, die im französischen Sektor nach Einbrüchen sowie bei Feld- und Forstdiebstählen von Diensthunden der Polizei gestellt wurden. Auf dem Hof des neuen Polizeipräsidiums in der Friesenstraße werden die vierbeinigen „Hilfspolizisten“ präsentiert. 31 sorgen im amerikanischen Sektor für Ordnung, 30 im britischen und 19 im französischen.

Dienstag, 10. August

Nachrichten sind in West-Berlin Mangelware geworden. Der Rundfunk fällt wegen der ständigen Stromsperren als Informationsquelle weitgehend aus, wenn auch RIAS-Reporter mit Lautsprecherwagen ständig in der Stadt unterwegs sind. Um so wichtiger sind die Tageszeitungen geworden, die jedoch darunter zu leiden haben, daß sämtliches Zeitungspapier eingeflogen werden muß. Die Haindel-Mühle wird nun aus Augsburg die ersten 50 Tonnen Zeitungspapier an das Druckhaus Tempelhof liefern. Allein die Frachtkosten über die Luftbrücke belaufen sich auf 30.000 Mark, die vom „Tagesspiegel“, dem „Telegraf“ und dem „Kurier“ getragen werden. Diese Zeitungen haben auch die Aufgabe übernommen, 32 t Lebensmittel zu verteilen, die auf Initiative der „Nordsee-Zeitung“ in Bremen gesammelt wurden und von denen die ersten zweieinhalb Tonnen inzwischen in Berlin eingetroffen sind.

Um sich auf die dunkle Jahreszeit vorzubereiten, hat der Magistrat bereits eine Reserve von zweieinhalb Millionen Notlichten angelegt. Nun bittet er die Kommandanten der Westsektoren, weitere Notlichte, vor allem aber Notkocher und Hartspiritusplatten in die Stadt einfliegen zu lassen. Daneben werden noch große Mengen von Haushaltskerzen benötigt. Auch die BVG wartet auf Nachschub, um ihre Busse in Betrieb halten zu können. Sie braucht insbesondere Riesenluftreifen

Mittwoch, 11. August

Unmißverständlich erklärt Amerikas Luftfahrtminister Symington, der sich in Berlin informiert, daß sich die USA keinesfalls aus der Stadt zurückziehen werden. Im Gegenteil. Um die Stadt ausreichend zu versorgen, sind inzwischen 100 der großen Transportflugzeuge vom Typ „Skymaster“ im Einsatz, weitere sollen in die Luftbrücke integriert werden. Darüber hinaus erklärt sich auch Südafrika nach den Worten seines Premierministers Malan bereit, die Berliner im Rahmen der Luftbrücke zu unterstützen.

Mit Riesenschritten kommt der Bau des Flugplatzes Tegel voran. Bis zu 17.000 Menschen sind hier beschäftigt, denen eine tägliche warme Mahlzeit zusteht. Offen ist allerdings noch die Frage, wer für die Verpflegung aufzukommen hat. Vorerst wird der Bezirk Reinickendorf damit beauftragt.

Mit der Ostmark haben die Berliner wenig im Sinn, auch wenn sie nach dem ausdrücklichen Willen der westlichen Militärregierungen in den Westsektoren gültiges Zahlungsmittel ist. Wer sie nicht akzeptieren muß, tut das nicht, und so sieht sich die britische Militärregierung veranlaßt, Schaffner in Straßenbahnen, Autobussen und anderen öffentlichen Verkehrsmitteln ausdrücklich daran zu erinnern, daß sie auch die ostzonale die „Kupon"- oder „Tapetenmark" annehmen müssen.

Die zunehmende Zerrissenheit Berlins läßt sich daran ablesen, daß im Deutschlandhaus am Charlottenburger Reichskanzlerplatz jetzt eine Dienststelle des Hauptemährungsamtes eingerichtet wird, die ausschließlich für die Versorgung der Westsektoren zuständig ist. Zugleich entbrennt ein Streit darüber, in welcher Weise 130.000 Liter Wein, über die das Hauptemährungsamt noch verfügt, auf die Sektoren der Stadt aufgeteilt werden sollen.

Donnerstag, 12. August

Gewalt und Terror sind die Sprache, derer sich Russen und SED zunehmend bedienen. Gegen 18.20 Uhr dringen 70 russische Soldaten und etwa 40 Ost-Berliner Polizisten am Potsdamer Platz im Rahmen einer Razzia gegen Schwarzmarkthändler in den britischen Sektor ein und riegeln die Potsdamer Straße bis zur Linkstraße und Bellevuestraße ab. Passanten werden in S-Bahn-Eingänge gedrängt, 320 Personen auf der Suche nach Westgeld festgenommen und mit Lastwagen und Omnibussen in den Ostsektor gebracht. Beschlagnahmt werden am Ende ganze 1.300 Westmark.

Das Berlin dieser Tage ist nicht nur Tummelplatz für Schwarzmarkthändler, sondern mit seinen zwei Währungen auch für Geldfälscher. Weil inzwischen gefälschte Westmarkscheine mit dem Aufdruck „B" aufgetaucht sind, beschließen die Westkommandanten, den Aufdruck durch eine Perforation zu ersetzen.

Um die Versorgung, wenn auch in völlig unterschiedlichen Dimensionen, geht es bei diesen beiden Meldungen:

Zum wiederholten Male bekommen die Länder der Sowjetischen Besatzungszone die Anweisung der Deutschen Wirtschaftskommission, unverzüglich größere Mengen Getreide nach Berlin zu liefern. Dieses Mal sind es 45.000 t Getreide, die die DWK anfordert.

Um ganze 210 kg weißen Zucker geht es dagegen, bei einer Lieferung, die das Berliner Institut für Bienenzucht bekommt. Damit soll die Winterfütterung der Bienenvölker gesichert werden. Als besonderes Entgegenkommen verzichtet die Militärregierungen der Westsektoren auf eine Kompensation des Zuckers mit Honig.

Es ist nicht die Art der Berliner, zu resignieren. Dieses wird auch erkennbar in einem Architektenwettbewerb, zu dem der Magistrat aufgerufen hat. Im Mittelpunkt stehen der Wiederaufbau und die Neugestaltung des Gebietes um den Zoologischen Garten. Die Architektenentwürfe werden von diesem Tag an der Öffentlichkeit im Charlottenburger Schloß präsentiert.

Freitag, 13. August

Die Sowjetunion vollzieht einen weiteren, demonstrativen Schritt zur Teilung Berlins und macht deutlich, daß sie die Viermächtekontrolle nur noch begrenzt und allein auf die Westsektoren bezogen akzeptiert. Pünktlich um 9 Uhr morgens läßt sie die russische Flagge vor dem Gebäude der Alliierten Kommandantura einholen und zugleich ihre Posten zurückziehen. Die letzten funktionierenden Viermächte-Einrichtungen sind damit das Kriegsverbrecher-Gefängnis in Spandau und die Alliierte Flugsicherheitszentrale.

Zu erheblichen Störungen kommt es im Luftbrücken-Verkehr. Am Vormittag durchbricht eine viermotorige amerikanische „Skymaster" auf dem Flugplatz Tempelhof einen Zaun und fängt auf der Berliner Straße nahe des S-Bahnhofes Feuer. Personen kommen glücklicherweise nicht zu Schaden, doch stauen sich die Flugzeuge im Luftraum Berlins und der Flugkorridore. Schlechtes Wetter tut ein übriges. Eine dreiviertel Stunde muß ein Flugzeug mit amerikanischen Kongreßabgeordneten über Tempelhof kreisen, weil es wegen der widrigen Witterungsbedingungen nicht landen kann.

Die Schwarzmarkt-Aktivitäten sind in Ost- und West-Berlin gleichermaßen ein drängendes Problem, dem die West-Berliner Polizei ab sofort mit neu aufgestellten Sonderkommandos begegnen will. Zum Einsatz kommen dabei unter anderem fünfzehn fabrikneue Volkswagen, die über die Luftbrücke eingeflogen wurden.

Von der Blockade betroffen sind die unterschiedlichsten Lebensbereiche. Die Katholische Kirche benötigt beispielsweise Mehl zum Backen ungesäuerten Brotes für die Heilige Kommunion. Mit Erlaubnis der amerikanischen Militärregierung erhalten die Hostienbäckerei St. Gabriel in Charlottenburg und die Bäckerei der Benediktinerinnen in Lichtenrade je 400 kg Mehl, die Russisch-Orthodoxe Kirche des Heiligen Fürsten Wladimir in Wilmersdorf sowie die Katholisch Apostolische Gemeinde in der Wilmsstraße je 200 kg Mehl.

Um „Schwarzes Gold" geht es hierbei: Weil aus Gründen der Sicherheit die nach Berlin geflogene Kohle nicht lose, sondern nur in Säcken transportiert werden kann, muß der Magistrat erhebliche Mittel aufbringen. Vorwiegend werden für die Kohle Säcke aus amerikanischen Heeresbeständen benutzt, die sich die amerikanische Regierung jedoch teuer bezahlen läßt. 2,5 $ kostet ein solcher Kohlensack, von denen bisher 486.205 geliefert wurden, weitere 755.000 in München erwartet werden und zusätzlich noch einmal 210.000 in Amerika geordert sind. Die gesamte Aktion kostet damit etwa 5,8 Millionen Westmark.

Sonnabend, 14. August

Beinahe täglich verunglücken in Berlin Menschen, die in den Ruinen der Stadt auf der Suche nach Brennholz sind. Nachdem am Donnerstag ein Arbeiter vom Dach der Synagoge in der Fasanenstraße gestürzt und im Krankenhaus Feldmühle seinen Verletzungen erlegen war, wird dieses Mal im Keller einer Ruine in der Bernauer Straße ein Arbeiter verschüttet und getötet.

Die Zahl der Arbeitslosen in den Westsektoren steigt ständig, doch die französische Militärregierung denkt nicht daran, ihr Demontageprogramm, das weitere Arbeitsplätze kostet, zu stoppen oder gar aufzugeben. Im Mittelpunkt dieser Demontage steht Borsig in Reinickendorf, das nach dem Krieg schon einmal von Russen ab- und dann von den Arbeitern selbst wieder aufgebaut worden war. Allein seit Ende Juli haben die Franzosen weit über 5.000 t Maschinen und andere Geräte vom Borsig-Gelände schaffen und zum Teil in den Tegeler Seen versenken lassen. 300 Borsig-Arbeitern weigern sich, beim Abbau ihres Werkes und damit ihrer Arbeitsplätze mit Hand anzulegen und werden von französischen Offizieren vom Werksgelände gewiesen.

Auch wenn der Verkehr auf den Berliner Straßen sich in Grenzen hält: Die Sperrung der Karl-Liebknecht-Brücke nahe des Berliner Domes macht sich doch empfindlich bemerkbar. Die östlichen Dienststellen lassen die provisorische Holzbrücke demontieren, weil sie den Schiffahrtsverkehr auf der Spree stört.

Sonntag, 15. August

Ob sie wollen oder nicht: Immer häufiger haben die Ost-Berliner im Rahmen von „freiwilligen" Arbeitseinsätzen zur Verwirklichung des sozialistischen Zweijahresplanes beizutragen. An diesem Wochenende sind es 2.000 Lehrer und Schüler der Höheren Polizeischule in Niederschönhausen, die auf Anordnung der SED beim Bau der S-Bahnstrecke Friedrichshagen – Rahnsdorf zu

Hacke und Schaufel greifen müssen. Schon jetzt wissen die Mitarbeiter der Woltersdorfer Straßenbahn, daß sie am kommenden Donnerstag für die „freiwillige“ Aufbauleistung an der S-Bahn eingeplant sind, und aus demselben Grund werden am nächsten Wochenende die Einwohner von Rahnstorf und Groß-Schöneiche auf freie Tage verzichten müssen.

Für die SED ist es nicht nachvollziehbar, daß, abgesehen von einer verschwindend geringen Minderheit, die West-Berliner nicht daran denken, sich im Ostsektor zur Lebensmittel-Versorgung einzutragen. Mit immer neuen Angeboten, denen in der Tat nur schwer zu widerstehen ist, versucht die SED, die Bevölkerung der Westsektoren doch noch umzustimmen. Jetzt läßt sie verkünden, daß alle West-Berliner, die ihre Lebensmittelkarten im Ostsektor beziehen, auf ihre Kartoffelkarten bis einschließlich April 1949 mit Einkellerungskartoffeln beliefert werden. Dieser Verlockung ist um so schwerer zu widerstehen, als die Menschen in den Westsektoren sich nur schwer an die Trockenkartoffeln gewöhnen mögen, mit denen sie aus den Westzonen, aber auch aus Holland, versorgt werden.

Einen Kulturkampf führt die SED im Ostsektor der Stadt. So, wie sie in den Ländern der sowjetischen Besatzungszone Herren- und Gutshäuser abreißen läßt, um die Spuren der „Junkerherrschaft“ zu tilgen, glaubt sie in Berlin durch den Abriß der „Invalidensäule“, die Geschichte umschreiben zu können. Die „Invalidensäule“ hatte an die preußischen Truppen erinnert, die 1848 gegen die Revolutionäre eingesetzt worden waren.

Montag, 16. August

Einst gehörte die Berliner S-Bahn zu den sichersten weltweit überhaupt. Diese Zeiten sind endgültig vorbei, und nicht nur wegen direkten Kriegsschäden. Hinzu kommt ein Materialmangel, der vor allem auf die ständigen Reparationsforderungen der Sowjetunion zurückzuführen ist. Schließlich untersteht die S-Bahn der ostzonalen Reichsbahndirektion, und an deren Spitze steht nicht ein Fachmann, sondern ein SED-Funktionär. Dieses alles führt zu ständigen Betriebsstörungen, zu häufigen Signalstörungen und zu Kabelbränden. Schwere Unglücke sind in dieser Situation nahezu zwangsläufig. Nachdem es in den vergangenen beiden Wochen bereits zu zwei S-Bahn-Zusammenstößen gekommen war, prallen nun im Nord-Süd-S-Bahntunnel erneut zwei Züge aufeinander. Bei diesem bisher schwersten Unglück werden 17 Fahrgäste zum Teil schwer verletzt.

Mehr noch als viele Politiker steht in Westdeutschland die Bevölkerung hinter Berlin. In zahlreichen Kreisen und Städten werden Spenden gesammelt, wobei sich immer wieder die Schwierigkeit ergibt, die Spenden nach Berlin zu bringen. Frachtraum im Rahmen der militärischen Luftbrücke steht hierfür kaum zur Verfügung, und außerdem werden Lebensmittelspenden in der Regel auf die Rationen angerechnet, also nicht zusätzlich verteilt. So ergeht es auch den Lebensmittelspenden, die der Ring Deutscher Pfadfinderinnen im niedersächsischen Stade gesammelt hat und deren Transport in Luftbrücken-Flugzeugen die britische Militärregierung erlaubt hat.

Mit einer neuen Anordnung verschärft die sowjetische Zentralkommandantur ihre Bemühungen, die Stadt zu spalten. Nun untersagt sie die Versetzung von Angestellten der Post aus dem Ostsektor nach West-Berlin, sofern sie nicht zuvor zugestimmt hat. Damit macht sie deutlich, daß sie auch die Postverwaltung, die formell noch für das gesamte Berlin zuständig ist, als geteilt ansieht. Obwohl sowjetische Offiziere in der gemeinsamen Alliierten Flugsicherheitszentrale auch zum sicheren Flugverkehr in den Luftkorridoren zwischen Berlin und Westdeutschland beitragen, unternimmt die Sowjetunion auf der anderen Seite immer wieder Versuche, den Flugverkehr zu stören. Zu einem Beinahe-Zusammenstoß kommt es beispielsweise, als sich im nördlichen Luftkorridor ein sowjetischer Jäger einem britischen Flugzeug bis auf 30 m nähert und in erst in letzter Sekunde abdreht.

Den Hausfrauen im Westteil der Stadt fällt es immer schwerer, warme Mahlzeiten zuzubereiten. Pro Person und Tag werden den Haushalten jetzt nur noch 200 Wattstunden für die Beleuchtung oder 850 Wattstunden an Beleuchtungs- und Kochstrom zugebilligt.

Dienstag, 17. August

Die beiden West-Berliner Flugplätze Tempelhof und Gatow sind einzige Baustellen, obwohl im Minutentakt die Flugzeuge der Luftbrücke landen und starten. Zu Unstimmigkeiten zwischen Magistrat und der britischen Militärregierung kommt es, weil 1.000 Zentner Zement für die Erweiterung des Flugplatzes Gatow beschlagnahmt werden sollen. Der Magistrat weist darauf hin, daß für den Bau der 1.500 m langen und 30 m breiten Start- und Landebahn ohnehin rund 20.000 t Zement gebraucht würden und eingeflogen werden müßten. Sollten die 1.000 Zentner Zement wie vorgesehen beschlagnahmt werden, könne das Aufbauprogramm im britischen Sektor nicht fortgeführt werden. Der britische Stadtkommandant General Herbert zeigt sich den Warnungen gegenüber aufgeschlossen und verzichtet tatsächlich vorerst auf die Beschlagnahme.

Eine neue Rollbahn benötigt auch der Flugplatz Tempelhof. Als „Steinbrüche“ hierfür dienen u.a. stillgelegte Eisenbahnstrecken, von denen es inzwischen in Berlin viel zu viele gibt. An der Cheruskerstraße in Tempelhof beginnt die Bahnmeisterei nun, Eisenbahnschotter aufzunehmen und steht vor einer gewaltigen Aufgabe: Insgesamt 35.000 t Schotter sind angefordert.

Daß sich die Opfer für den Ausbau der Luftbrücken-Kapazitäten lohnen, wird den Berlinern an diesem Tag gleich doppelt demonstriert. Zum einen landet das erste amerikanische Flugzeug vom Typ C-74, das vor allem für den Transport sperriger Güter eingesetzt werden soll, mit 20 t Mehl an Bord, weiter wird an diesem Tag die 50.000ste t Kohle eingeflogen, und drittens schließlich kündigt die American Overseas Airlines den Umbau eines Frachtflugzeuges an, mit dem künftig 55 Passagiere befördert werden können.

Mittwoch, 18. August

In den Bezirksämtern der Westsektoren bereiten sich die Verantwortlichen auf den Winter vor, denn niemand geht davon aus, daß die Blockade bis dahin aufgehoben sein könnte. Nach dem „Winternotprogramm“ im Bezirk Tempelhof werden 13.120 alte Menschen über 65 Jahren versorgt werden müssen, dazu eine unbekannte Zahl weiterer älterer Menschen, die gebrechlich sind und alleine leben. Sofern ausreichend Brennstoffe zur Verfügung stehen, wird der Bezirk eine Reihe von Wärmestuben einrichten, u.a. in den Askania-Baracken und im Altersheim Marienfelde. In Kindertagesstätten sollen dagegen „kältegefährdete Säuglinge“ aufgenommen werden, von denen zur Zeit 2.067 registriert sind. Als weitere Maßnahme, die Bevölkerung einigermaßen über den Winter zu bringen, sind tägliche Massenspeisungen vorgesehen, wobei die im Bezirk vorhandenen Großküchen täglich 40.000 Portionen Suppe zu je 0,75 l kochen und ausgeben können.

Eine Rechnung, die nicht aufgeht, macht die sowjetische Kommandantur auf. Sie bietet zur Versorgung ganz Berlins mit Brennstoffen die Lieferung von 60.000 t Kohlen an. Bei näherem Hinsehen, läßt sich schnell feststellen, daß die West-Berliner dabei schlecht abschneiden würden. Denn allein für die Haushalte des Ostsektor werden im Winter mindestens 57.100 t Kohle benötigt, für alle drei Westsektoren blieben damit gerade einmal 2.900 t übrig.

Für russische Kultur sollen zumindest die Ost-Berliner gewonnen werden. Auf dem Gendarmenmarkt tritt das Alexandrow-Ensemble auf, und 30.000 Berliner sind dabei.

Donnerstag, 19. August

Zu Großeinsätzen gegen den Schwarzmarkthandel rückt Ost-Berlins Polizei aus und geht, unterstützt von russischen Militärpolizisten, teilweise mit äußerster Brutalität vor. Zwar verläuft eine erste Razzia um 15.40 Uhr am Potsdamer Platz noch weitgehend friedlich, doch als die Polizei um 18.15 Uhr erneut erscheint, kommt es zu gewalttätigen Auseinandersetzungen. Sechs bis acht Personen werden verletzt, als die Polizei mit Knüppeln, aber auch mit Schußwaffen, gegen Schwarzhändler wie unbeteiligte Passanten gleichermaßen vorgeht. Ein drittes Mal erscheinen die Ost-Berliner Polizisten, dieses Mal unterstützt von etwa 50 Soldaten der russischen Militärpolizei, gegen 20.30 Uhr am Potsdamer Platz.

Wenn die westlichen Stadtkommandanten schon nichts gegen die Gewaltakte im Ostsektor unternehmen können, wollen sie doch zumindest die kommunistische Propaganda auf den S-Bahnhöfen im Westteil der Stadt nicht länger hinnehmen. Die britische Militärregierung untersagt der Reichsbahn, über die Lautsprecher auf den S-Bahnhöfen weiterhin die Sendungen des kommunistisch gesteuerten „Berliner Rundfunks" zu verbreiten. Die Lautsprecheranlagen auf den Bahnhöfen dürfen jetzt nur noch für Meldungen im direkten Zusammenhang mit dem S-Bahn-Verkehr benutzt werden.

Einen schweren Schlag bedeutet für die West-Berliner Bauwirtschaft das Verbot, Kalk, Glas, Bauholz, Dachziegel und neue Mauersteine aus Magistratsbeständen auszugeben. Laufende Baumaßnahmen dürfen zwar weiter- und zu Ende geführt werden, allerdings werden keine neuen Baugenehmigungen mehr erteilt.

Freitag, 20. August

Ohne Rücksicht auf Sektorengrenzen gehen die Russen bei der Durchsetzung ihrer Ziele vor. Am Engeldamm im Bezirk Mitte dringen sie bei der Verfolgung von Schwarzmarkthändlern in den Bezirk Kreuzberg ein. Erheblich ernster noch ist die Entführung von drei West-Berliner Polizisten, die von russischen Soldaten am Bethaniendamm überfallen und in den Ostsektor verschleppt werden. Den Überfallwagen der Polizisten nehmen die Russen gleichfalls nach Ost-Berlin mit, die Polizisten kommen erst nach drei Tagen wieder frei. Für die Ost-Berliner Zeitung findet dieser Terror natürlich nicht statt, sie spricht statt dessen von Aktionen gegen Schwarzmarktschieber, die friedlich verlaufen seien.

Eines der wichtigsten Transportmittel der Stadt, in der die Eisenbahnstrekken vielfach stillgelegt sind und Autos – zumindest in den Westsektoren – wegen des Benzinmangels kaum zu finden sind, stellt die Magistratsflotte dar. Auch sie wird nun entsprechend der Größe der Sektoren aufgeteilt. Zwei Fünftel der Kapazität entfallen auf den Ostsektor, zwei Motor-, zwei Deck- und vier offene Kähne. Demgegenüber können für die Westsektoren insgesamt achtzehn Kähne eingesetzt werden. Die Bedeutung dieses Verkehrsmittel wird daraus ersichtlich, daß es mit ihnen problemlos möglich ist, die Lebensmittel von den auf der Klaren Lanke wassernden Flugbooten der britischen Luftwaffe zu übernehmen oder von Kladow aus die eingeflogene Kohle zu den Kraftwerken im Westteil der Stadt zu bringen. Ergänzt wird der West-Berliner Anteil der Magistratsflotte durch zwei Kähne, die unter britischer Flagge fahren.

Heftiger Kritik sieht sich die französische Militärregierung wegen ihrer arbeitsplatzvernichtenden Demontagepolitik ausgesetzt. Der Metallarbeiterverband von Groß-Berlin appelliert an den französischen Stadtkommandanten, die Demontage solcher Firmen wie Alkett, Deutsche Waffen und Munition, Mauser, Argus, Maget und insbesondere Rheinmetall Borsig zu stoppen, um nicht noch mehr Arbeitsplätze zu gefährden.

Sonnabend 21. August

Vom Berliner Himmel fallen Süßigkeiten, und eine Legende nimmt ihren Anfang. Beim Landeanflug auf Tempelhof wirft Gail Halvorsen, amerikanischer Luftbrückenpilot, erstmals Schokolade an kleinen selbstgebastelten Fallschirmen ab. Die Aktion „Little Vittles“ ist damit geboren, und in der Einflugschneise des Flugplatzes werden die Kinder von nun an auf Gail Halvorsen warten, der allerdings schnell Nachahmer innerhalb der amerikanischen Luftwaffe findet.

Sorge bereitet dem Leiter der „Unterabteilung nach Befehl Nr. 80“, Paul Letsch, der für die Versorgung Ost-Berlins verantwortlich ist, die Anweisung der sowjetischen Kommandantur, daß keinerlei Kahntransporte mehr über West-Berliner Gewässer geführt werden dürfen, sondern über Fürstenberg geleitet werden müssen. Beträchtliche Mehrkosten und erheblich längere Fahrzeiten sind die Folgen. Letsch fragt nun bei der Kommandantur an, ob nicht wieder der Weg über West-Berlin genommen werden dürfe.

Die Russen haben ganz eindeutig die Weichen in Richtung Teilung der Stadt gestellt, wie mehrere Ereignisse dieses Tages erneut deutlich machen. So entführen sowjetische Militärpolizisten in der Potsdamer Straße drei West-Berliner Polizisten in den Ostsektor. In der Stresemannstraße werden weitere zwei Polizisten ebenfalls durch sowjetische Soldaten niedergeschlagen und in den Ostteil der Stadt verschleppt.

Rigoros geht die SED gegen die Berliner CDU vor. Sie läßt deren Haus in der Jägerstraße im Bezirk Mitte von Polizei besetzen und begründet ihr Vorgehen damit, daß der Abtransport von Akten in den Westen habe verhindert werden müssen. Endlich schließt die Reichsbahndirektion, die unter SED-Kontrolle steht, dreizehn Zweigstellen des Deutschen Reisebüros vom Fahrkartenverkauf aus und untersagt ihnen zudem, irgend welche amtlichen Auskünfte zu erteilen.

Auch innerhalb der eigenen Partei wittern die SED-Funktionäre Verrat und Abweichlertum. Der SED Vorstand setzt eine Kommission mit der einzigen Aufgabe ein, „Parteischädlinge und Parteifeinde“ so schnell wie möglich ausfindig zu machen und aus der SED zu entfernen.

Sonntag, 22. August

Das Vorgehen der sowjetischen Kommandantur gegen West-Berliner Polizisten und auch ihre Verschleppung in den Ostteil Berlins gehören schon beinahe zum Alltag. Nun aber gehen die Russen selbst gegen Repräsentanten der amerikanischen Militärregierung vor. Sie verhaften am Potsdamer Platz den stellvertretenden Direktor der Informationsabteilung der US-Militärregierung Thomas Headen. Gewissermaßen im Gegenzug nimmt britische Militärpolizei den Leiter der Ost-Berliner Kriminalpolizei, Franz Erdmann, fest, gegen den wegen Amtsübertretung und Freiheitsberaubung ermittelt wird.

Erheblich ausweiten will die zivile Luftfahrtgesellschaft American Overseas Airlines ihre Transportkapazität. Sie kündigt an, daß sie auf der Strecke Berlin – Frankfurt künftig 1.000 Passagiere pro Woche befördern will.

Gerade in diesen Blockademonaten wollen die Berliner vom eher tristen Alltag abgelenkt werden, und selbst unter den schwierigen Bedingungen werden ihnen zahlreiche Möglichkeiten geboten. Der Circus Busch spielt in der Stadt und bietet in der letzten Ferienwoche täglich zwei Vorstellungen. Boxveranstaltungen in der Waldbühne am Olympiastadion sind ebenso gut besucht wie eine Veranstaltung des „Berliner Rundfunks", der zu „Musik, Spiel, Gesang und Tanz" in den Großen Sendesaal eingeladen hat. Weniger um Unterhaltung als vielmehr um die Demonstration sozialistischer Leistungsfähigkeit geht es im Zeughaus Unter den Linden. „Ein Jahr deutsche Treuhandverwaltung" ist eine Industrieleistungsschau überschrieben, auf der sich die in Ost-Berlin inzwischen enteigneten Firmen zu präsentieren haben.

Montag, 23. August

Zum Alltag im blockierten Berlin gehört nicht zuletzt, daß in den wissenschaftlichen Instituten der Stadt weiterhin Forschung betrieben wird. Soweit es um die pharmazeutische Industrie geht, werden zahlreiche Versuchstiere benötigt, womit sich immer wieder auch das Problem stellt, ausreichend Futter zu beschaffen. Nach einer Aufstellung des Veterinäramtes sind in den Forschungseinrichtungen 9.803 Mäuse, 23.738 Ratten, 6324 Meerschweinchen, eine Taube und 1.107 Küken registriert, wobei diese Zahlen schon kurz nach ihrer Feststellung überholt gewesen sein dürften.

Wichtiger noch für die Berliner ist der Bestand an Nutztieren, die - abgesehen von Schweinen - ihre Bedeutung weniger als Fleischlieferanten als vielmehr als Milchproduzenten oder als Zugtiere haben. 7.277 Pferde, 8.947 Rinder, 5.193 Schweine, 1.828 Schafe und 13.936 Ziegen wollen gefüttert werden. Eindringlich warnt das Veterinäramt, viele wertvolle Zuchttiere würden den Winter nicht überstehen, wenn das Futterproblem nicht endlich gelöst wird. Das Fehlen von Heu, Stroh und Rüben wird zudem zu einem erheblichen Rückgang der Milchproduktion führen. Am besten sieht es noch im britischen Sektor aus, wo inzwischen 80 Prozent des für den Winter benötigten Futters eingetroffen sind. Aber selbst im Ostsektor, der aus der Sowjetischen Besatzungszone versorgt wird, ist es um ausreichend Viehfutter schlecht bestellt.

Ausgesprochen kurzsichtig sind die Entscheidungen der ostzonalen Deutschen Wirtschaftskommission, die sich anmaßt, auch für den Ostteil Berlins zuständig zu sein. Um aus Propagandagründen in Ost-Berlin ein ausreichendes Nahrungsmittelangebot machen zu können, fehlen den Menschen in den Großstädten und Industriegemeinden der Ostzone Kartoffeln und Frischgemüse. Um den Fleischbedarf halbwegs decken zu können, sind massenweise Milchkühe geschlachtet worden. Das wiederum hat inzwischen zu einer „Fettlücke" von 6.000 t geführt.

Unbestritten jedoch ist die Versorgung Ost-Berlins mit Nahrungsmitteln erheblich besser als die im Umland der Stadt. Um dem sich daraus ergebenden Unruhepotential zu begegnen, kündigt die Deutsche Wirtschaftskommission eine Erhöhung der Lebensmittelrationen zum 1. Oktober an. 200.000 Menschen in den Randgemeinden sollen dann in die Versorgungskategorie I aufgenommen werden. Zusatzkarten werden Schwangeren bereits vom 4. statt wie bisher vom 6. Monat an versprochen, und schließlich soll auch das tägliche Schulfrühstück um fünf Gramm Marmelade erweitert werden.

Dienstag, 24. August

Wiederum fordert die Blockade direkt Todesopfer. Über dem Taunus, nordöstlich von Hanau, stoßen zwei amerikanische Flugzeuge vom Typ C-47 in dichtem Nebel zusammen. Die vier Besatzungsmitglieder sterben.

Obwohl eigentlich gar nicht mehr gültig, sind in Berlin noch erhebliche Bestände an Münzen der verflossenen Reichsmark-Zeit im Umlauf. Vor allem Lebensmittel-Groß- und Kleinhändler werden häufig mit diesen Münzen bezahlt und reichen sie in der Regel bei den Bezirksämtern zum Umtausch ein. Nach einer kontroversen Debatte mit dem Finanzstadtrat willigen die Bezirke, für die die Reichsmark-Münzen keinerlei Wert besitzen, nun ein, dieses Hartgeld auch künftig anzunehmen und auf eigene Rechnung und zu ihren Lasten bei den Bezirkskassen zu hinterlegen und damit aus dem Verkehr zu ziehen. Absehbar ist, daß dieses Geld nur eine Zukunft hat, nämlich eines Tages eingeschmolzen zu werden.

Mehr noch als der Mangel an Lebensmitteln beschäftigt die Militärregierungen in den Westsektoren die Brennstoffknappheit. Um alle Ressourcen auszuschöpfen, genehmigt die französische Militärregierung der Firma Stuck aus Halensee den Abbau von Torfvorkommen, die schon vor einen Jahr prophylaktisch erkundet worden waren.

Die westlich lizensierte Presse ist Russen und SED seit langem ein Dorn im Auge. Wenigstens im Ostsektor soll daher ihr Vertrieb unterbunden werden. Der sowjetische Stadtkommandant genehmigt die Einrichtung einer Berliner Zeitungsvertriebsgesellschaft. Künftig haben damit ausschließlich die Abteilungen des Postzeitungsamtes sowie die kommunistischen Massenorganisationen Einfluß darauf, welche Zeitungen in Ost-Berlin über die Post zugestellt und an Kiosken vertrieben werden. Pressefreiheit ist somit zu einem Fremdwort im Ostteil geworden.

Auch auf anderer Ebene demonstriert Kotikow, daß ihm an Viermächte-Regelungen nicht mehr gelegen ist. Er beordert Bürgermeister Dr. Ferdinand Friedensburg ins Neue Stadthaus und läßt ihm mitteilen, alle Beschlüsse des Magistrats seien rechtsunwirksam, sofern sie nicht von der sowjetischen Besatzungsmacht ausdrücklich genehmigt worden sind.

Mittwoch, 25. August

Über mangelnde Hilfsbereitschaft in den Westzonen können sich die Berliner nicht beklagen. So bietet die Stadt Braunschweig das ehemalige Luftwaffenlazarett Mascherode als Krankenhaus für 200 Berliner Patienten, davon 120 Tuberkulose-Kranke, an. Der Magistrat begrüßt diese Offerte, allerdings läßt er sich bis Januar Zeit, um die ersten Kranken tatsächlich nach Braunschweig zu schicken. Bürgermeisterin Louise Schroeder dagegen muß an diesem Tag die Stadt verlassen, um sich in Hamburg einer Operation zu unterziehen. Daran anschließen wird sich ein zweimonatiger Kuraufenthalt.

In West-Berlin sind die Kohlezuteilungen verschwindend gering und wird Torf abgebaut, um die Energievorräte zu strecken. Im Ostsektor dagegen beginnt die Verteilung von Hausbrand. Haushalte mit einer Person erhalten einen Zentner, Haushalte mit zwei Personen die doppelte Menge, Haushalte mit drei und vier Personen drei Zentner und Haushalte mit fünf und mehr Angehörigen vier Zentner Braunkohlebriketts.

Auf diese Kohlezuteilungen haben auch die West-Berliner Anspruch, die sich im Ostsektor zur Versorgung eintragen lassen. Ihre Zahl bleibt jedoch extrem niedrig. Für den Berliner SED-Vorsitzenden ist dieses Anlaß, auf einer Veranstaltung im Friedrichstadt-Palast Berlins Frauen aufzurufen, ihre Lebensmittel nur noch im sowjetischen Sektor zu beziehen. Das wahre Ziel der SED verbirgt Matern keinesfalls: Der Magistrat soll, so seine offen geäußerte Erwartung, auf diese Weise ausgeschaltet werden.

Montag, 26. August

Mit Unterstützung der sowjetischen Besatzungsmacht mobilisiert die SED die Straße, um die legalen Organe der Stadt unter Druck zu setzen. In Marschkolonnen und auf Lastwagen läßt sie Arbeiter heranschaffen, um die für 14 Uhr angesetzte Stadtverordnetensitzung im Neuen Stadthaus zu verhindern. Die aufgehetzten Arbeiter verschaffen sich gewaltsam Zugang zu dem Gebäude und besetzen den Plenarsaal. Die Ost-Berliner Polizei greift nicht ein, West-Berliner Polizei kann nichts anderes tun, als starke Kräfte an den Sektorengrenzen zusammenzuziehen, um einen Marsch der Demonstranten in den Westteil Berlins zu verhindern. Als die Ausschreitungen gegen das demokratisch gewählte Parlament bekannt werden, versammeln sich Zehntausende von Berlinern aus allen Teilen der Stadt vor dem Reichstagsgebäude, um gegen den zunehmenden Terror der SED zu protestieren.

Die politischen Reaktionen lassen nicht auf sich warten. Stadtverordnetenvorsteher Otto Suhr fordert die Einrichtung eines neutralen Gebietes für die Sitzungen des Stadtparlamentes, und West-Berliner Politiker verlangen die Durchführung demokratischer Wahlen in ganz Berlin. Der amerikanische Militärgouverneur, General Lucius D. Clay, handelt sofort. Er verbietet kommunistische Aktionskomitees, die in West-Berlin agieren, und macht den Sowjets unmißverständlich klar, Kommunisten würden „den Teil Berlins nicht übernehmen, über den wir zu bestimmen haben".

Der kommunistische Terror scheint so gar nicht dazu zu passen, daß seit dem 26. Juli bereits wieder Lebensmitteltransporte auf dem Landweg zwischen Westdeutschland und West-Berlin geduldet werden. Für diese sog. „freien Lebensmittel" legt die Abteilung für Ernährung jetzt Regeln fest. Danach werden die Lebensmittel als zusätzliche Lieferungen betrachtet, also nicht auf die Rationen angerechnet. Den westdeutschen Lieferanten zahlt der Magistrat die Waren in Westmark, gestattet jedoch, daß sie in Berlin je zur Hälfte in West- und Ostmark verkauft werden. Die Differenzen begleicht der Magistrat, ohne daß darüber gesprochen wird, aus den Krediten der Westzonen. Bisher hat der Magistrat für diese „freien Lebensmittel" schon über eine Million Westmark gezahlt und bewegt sich damit in einer ausgesprochenen Grauzone. Das Risiko des Transportes tragen die Fuhrunternehmer, die sich allerdings gegen eine eventuelle Beschlagnahme versichern können.

Freitag, 27. August

Am Morgen unternimmt Stadtverordnetenvorsteher Otto Suhr einen zweiten Anlauf, die am Vortag gesprengte Sitzung des Stadtparlamentes durchzuführen. Um 10.07 Uhr eröffnet er die Sitzung, muß sie aber vier Minuten später bereits wieder schließen. Denn erneut ziehen von der SED gesteuerte Demonstranten vor das Neue Stadthaus, hindern Abgeordnete am Betreten des Gebäudes und besetzen schließlich mit Hilfe der SED den Plenarsaal, wo sie eine „öffentliche Sitzung der Arbeiterklasse" abhalten.

In dieser Stadt, deren einer Teil blockiert ist und in der zwei Währungen gültig sind, ist das Problem des Schwarzhandels auf beiden Seiten vorhanden. Aus zwölf Wachtmeistern und zehn Kriminalangehörigen besteht ein motorisiertes Sonderkommando, das von diesem Tag in den Westsektoren gegen den ausufernden Schwarzmarkt vorgehen soll. Bereits am ersten Tag der Existenz dieses Kommandos können 100 Schwarzhändler festgenommen werden.

Aus Berlin sind aber an diesem Tag auch hoffnungsvoll stimmende Signale zu vernehmen: Drei Jahre nach Ende des Krieges werden die Arbeiten zur Enttrümmerung des Reichstagsgebäudes aufgenommen, und auf dem Flugplatz Tempelhof beginnt der Bau einer dritten Rollbahn, um die Möglichkeiten der Luftbrücke auszuweiten.

Auf einer Sitzung in Frankfurt am Main schließlich verzichten die Länder der Westzonen vorübergehend auf die Versteuerung von Zigaretten, die für Berlin bestimmt sind. Sie behalten sich jedoch einen späteren finanziellen Ausgleich vor.

Sonnabend, 28. August

Außerordentlich attraktiv - aber auch begrenzt - ist ein Angebot, das die britische Militärregierung Frauen in ihrem Sektor macht. Gesucht werden 200 Frauen, die Arbeit in britischen bäuerlichen Haushalten, in Krankenhäusern oder in der Textilindustrie finden können. Besonderen Anreiz zur Bewerbung bietet die Tatsache, daß die Frauen ihren Lohn in britischen Pfund erhalten werden und Päckchen nach Deutschland schicken können. Allerdings zeigt sich die britische Militärregierung anspruchsvoll: In Frage kommen nur alleinstehende Frauen oder Witwen, im Alter von 18 bis 29 Jahren, die zudem gesund und „von anständigem Charakter" sein müssen. 37.282 arbeitslose West-Berliner machen verständlich, daß die Zahl der Bewerberinnen die Zahl der angebotenen Stellen bei weitem übersteigt.

Die Berliner sind trotz der widrigen Umstände ausgesprochen zukunftsorientiert. Das wird u.a. deutlich bei der „Grünen Woche", die an diesem Wochenende in den Ausstellungshallen am Funkturm ihre Pforten öffnet und sich in erster Linie an Garten- und Kleintierfreunde wendet. Der Rahmen dieser Ausstellung, die vom Zentralverband der Kleingärtner ausgerichtet wird, ist zwar bescheiden, doch ist sie Attraktion für Tausende von Besuchern.

Sparsam mit Salz müssen die Hausfrauen in den Westsektoren umgehen. Die Militärregierungen verbieten einstweilen den Verkauf von Salz, weil bis zum 1. September eine detaillierte Inventur vorgenommen werden soll. Anschließend werden die West-Berliner mit 400 gr. pro Verbraucher und Monat auskommen müssen.

Sonntag, 29. August

Kastanien und Bucheckern wird es in diesem Herbst in Hülle und Fülle geben. Sie sind wertvolle Rohstoffe, beispielsweise bei der Margarineherstellung, und zudem eine willkommene Einnahmequelle vor allem für Schüler. Mit einer Kastanienernte von 600 t rechnen Forstexperten, und die Zentrale für Drogen und Wildfrüchte ruft in Verbindung mit dem Haupternährungsamt die Schüler der Stadt zum Sammeln auf. Wer fleißig ist, kann ordentlich verdienen. Für 100 kg Kastanien zahlt der Magistrat zehn Ostmark. Wichtiger aber noch dürfte sein, daß es pro zehn Kilo Kastanien in den 250 über die Stadt verteilten Sammelstellen Bezugsscheine über 300 gr. Nährmittel gibt.

Einen kleinen Teil des zusätzlich verdienten Geldes werden die Schüler auf dem großen, mehrwöchigen Volksfest in Treptow brauchen können, wenn auch die Veranstalter des Festes beschließen, in den Sommerferien jeweils mittwochs auf Eintritts- und Fahrpreise zu verzichten.

Finanzen stehen im Mittelpunkt eines Befehls der sowjetischen Kommandatur, mit dem die Spaltung der Stadt auf einem weiteren Gebiet verfestigt wird: Ab sofort ist es verboten, irgendwelche Steuern oder Gebühren vom Ost- in die Westsektoren zu überweisen. Desgleichen dürfen Firmen, die ihren Sitz in Ost-Berlin haben, jetzt nur noch an Finanzämter im sowjetisch besetzten Sektor zahlen.

Montag, 30. August

Beunruhigt zeigen sich West-Berlins Politiker über Gespräche zwischen Vertretern der Westmächte und dem sowjetischen Diktator Stalin. Prinzipiell haben sich beide Seiten darauf verständigt, die Ost-Mark zum in ganz Berlin allein gültigem Zahlungsmittel zu erklären. Voraussetzung zur Umsetzung dieses Vorhabens ist jedoch, daß zuvor die Blockade aufgehoben wird und sich die Militärgouverneure über Einzelheiten einigen. Dazu allerdings kommt es dann nicht. Wie ernst die Situation aber war, wird daraus ersichtlich, daß bereits Einvernehmen darüber herrschte, daß Inhaber von Westmark beim Umtausch in Ostmark keinesfalls benachteiligt werden sollten.

Immer wieder haben von der SED aufgehetzte Unruhestifter versucht, die Stadtverordnetenversammlungen zu stören oder sind gegen einzelne Stadtverordnete teilweise gewaltsam vorgegangen. Sowjetische Militärpolizei und Ost-Berliner Polizisten hatten diesem Treiben tatenlos zugeschaut. Im Sinne der Selbsthilfe kündigt der amtierende Oberbürgermeister Dr. Ferdinand Friedensburg an, daß künftig 200 junge Magistratsangestellte im Rahmen des Hausrechtes auf freiwilliger Basis den Schutz der Sitzungen übernehmen sollen.

Einen massiven Drohbrief bekommt der Leiter der „Unterabteilung nach Befehl Nr. 80“ im Haupternährungsamt, Paul Letsch. Nachdem die Klagen über verdorbene Lebensmittel, die nach Ost-Berlin geliefert werden, kein Ende nehmen, schreibt der sowjetische Major Gubisch, wenn Mitarbeiter der Unterabteilung weiterhin schlechte und verdorbene Waren annähmen, dann würde die Kommandantur dieses „als Handlung gegen die normale Versorgung der Bevölkerung der Stadt Berlin mit den daraus resultierenden Folgen betrachten“. Daß mit dieser Formulierung langjährige Haftstrafen gemeint sind, weiß auch Letsch.

Dienstag, 31. August

Neidvoll blicken viele West-Berliner, die längst haben lernen müssen, mit Trockenkartoffeln zu leben, in den Ostsektor. Dort sind nun Höchstpreise für Frischkartoffeln festgelegt. Danach dürfen Kartoffeln aus der Ostzone oder aus Berliner Anbau pro Pfund maximal 7,5 Pfennig kosten, ein Zentner sogar nur sieben Mark. Zur Zeit zumindest herrscht in Ost-Berlin auch ein Überfluß an Getreide. Weil aus den Ländern der Sowjetischen Besatzungszone sowie über Rostock und Stettin ungeheure Getreidemengen nach Berlin geliefert werden, bekommt der Magistrat erhebliche Schwierigkeiten bei der Lagerung. Er bittet deshalb die Deutsche Wirtschaftskommission, die Getreidelieferungen nach Berlin vorerst zu stoppen, bis wieder ausreichend Lagerraum zur Verfügung steht.

Bemerkenswert ist, daß die West-Berliner Bevölkerung sich von den volleren Läden im Ostteil kaum beeindrucken läßt. Die SED zeigt sich auf Parteisitzungen denn auch außerordentlich enttäuscht darüber, daß sich bisher gerade einmal 21.802 Berliner zur Lebensmittelversorgung im Ostsektor haben eintragen lassen.

Doch wenngleich die Versorgungslage in Ost-Berlin erheblich günstiger als im Westteil der Stadt ist: Auch in den Ostsektoren machen sich Blockade und westliche Gegenmaßnahmen bemerkbar. Weil keine Steinkohle von der Ruhr mehr in die Stadt kommt, muß in Ost-Berlin auf polnische Steinkohle zurückgegriffen werden. Zwar hat die Reichsbahn jetzt erst 20.600 t Steinkohle aus Polen bekommen, doch besitzt diese nur einen erheblich geringeren Heizwert als die von der Ruhr. Außerdem greift die Kohle Heizkessel an und führt zu Kraftwerksausfällen, die nach außen hin nicht zugegeben, intern aber eingeräumt werden.

Nach der Spaltung der Berliner Stadtverordnetenversammlung: Die erste Bank des Magistrats mit Ernst Reuter (2. v.l.) (Foto: BA, Y-1, 396-68)

Wegen Futtermangels konnten während der Blockade in West-Berlin Pferde als Zugtiere nicht mehr gehalten werden. Selbst Milchkühe mußten deshalb vor die Lastkarren gespannt werden. (Foto: dpa)

Aufgenommen von: ... am: 2.8.48 um: 1920 durch: ...

Der Polizeipräsident in Berlin
Nachrichtentechn. Amt

FS-Nr. K 1000/5.48

Befördert an: ... am: ... um: ... durch: ...

Zeitgesch. Sammlung ... Nr. 11017

+ HV RDS LFD NR 5/DAHLMANN --
PRAESIDIALABT. AN ALLE POL. DIENSTSTELLEN. --
DER RECHTSWIRKSAM DES DIENSTES ENTHOBENE POL. PRAES. MARKGRAF VERSUCHT MIT EINEM FERNSCHREIBEN VOM 2.8.48 (TGB. NR. PRAES. ABT. 644/48) DIE DIENSTSTELLEN DER SEKTOR-ASSISTENTEN AUFZULOESEN. DAS FERNSCHREIBEN DES HERRN MARKGRAF HAT KEINERLEI RECHTSWIRKUNGEN. ER IST NICHT IN DER LAGE, IRGENDWELCHE ANORDNUNGEN RECHTSWIRKSAM ZU TREFFEN. DARUEBER HINAUS WUERDE EINE ANORDNUNG IM SINNE DERJENIGEN, DIE HERR

MARKGRAF ZU VERANLASSEN VERSUCHT., MIT DEN GRUNDSAETZLICHEN ANORDNUNGEN DER ALLIIERTEN KOMMANDANTUR BERLIN IM IM WIDERSPRUCH STEHEN. DIE DIENSTSTELLEN DER POLIZEI- SEKTOR-ASSISTENTEN BLEIBEN IN SAEMTLICHEN VIER SEKTOREN DER STADT BERLIN UNVERAENDERT BESTEHEN. IN DEM BISHERIGEN RECHTSZUSTAND TRITT EINE AENDERUNG NICHT EIN. DAS FERN- SCHREIBEN DES HERRN MARKGRAF IST UNBEACHTET ZU LASSEN. --

DER POLIZEIPRAESIDENT IN BERLIN
MIT DER WAHRNEHMUNG BEAUFTRAGT DR. S T U M M

HV FS 1920 DAHLMANN ++

z. d. A. K. 10.30

OFFICE OF MILITARY GOVERNMENT
U.S.Berlin Sector

52 Brentanostrasse
Berlin-Steglitz

11 August 1948

UEBERSETZUNG

Betr. : Sperrung von allen industriellen Rohmaterialien, Verbrauchsguetern und Fertigprodukten

An : Bezirksbuergermeister von 1 - 6

Durch : Verbindungsoffizier von 1 - 6

1. In Anbetracht des gegenwaertigen Notstandes und der kritischen Versorgung mit elektrischem Strom und Rohmaterialien und angesichts der herrschenden Transportschwierigkeiten, sind Sie hierdurch angewiesen, alle Voerraete bei Grosshandel, Betrieben und Speichern an Verbrauchsguetern, industriellen Rohmaterialien und Fertigwaren, die in Ihrem Bezirk lagern, zu sperren.

2. Zugelassene Verbraucher und Verarbeiter koennen schriftliche Antraege auf Freigabe der gesperrten Voerraete bei Ihnen einreichen unter genauer Beschreibung der Vorraete und Angabe des Lagerortes, der beabsichtigten Verwendung und der endgueltigen Bestimmung. Abschriften dieser Antraege muessen an Commerce & Industry Section, Economics Branch, OMG-BS, zur Genehmigung eingesandt werden.

3. Es bleibt Ihnen ueberlassen, ob irgendwelche von den oben genannten Materialien aus Sicherheitsgruenden an andere Lagerhaeuser ueberwiesen werden sollen.

4. Es wird hierdurch angeordnet, dass Sie vollstaendige Bestandsverzeichnisse aller Vorraete bei Grosshandel, Betrieben und Speichern spaetestens zehn Tage nach Empfang dieses Schreibens bei der Commerce & Industry Section, OMG-BS, einreichen.

IM AUFTRAGE DES DIREKTORS:

gez. O.S. CURRAN
Chief, Commerce & Industry Section

Telephon: 26 42 988

H V H V
Q V-1/54.14

Berlin, den 11. August 1948.

An

Abteilung IV

Betrifft: Außerplanmäßige Mehllieferungen nach Berlin

Die Länder hatten eine Auflage für außerplanmäßige Mehllieferungen nach Berlin. Davon waren im Juli 10 000 t zu liefern und in der I. August-Dekade noch 3 300 t. Die weiteren Lieferungen erfolgen nach Abruf. Die Vermahlung für Berlin ist in voller Höhe vorzunehmen und das Mehl als Reserve für Berlin zu lagern.

Die Landesregierungen sollen umgehend die Mühlen angeben, die mit der Herstellung des Mehles beauftragt sind.

Außerplanmäßige Mehllieferungen Berlin.

Land:	Juli	August	Gesamt-soll	nach Meld. v.9.8. zu liefern:	bis 31.7 Mehl geliefert	bleibt als Reserve:	Rest
Brandenbg.	3 000	9 500	12 500	4 200	5740	8 300	[illegible]
Mecklenbg.	2 000	8 000	10 000	3 000	4230	7 000	5770
Sachs.-Anh.	5 000	13 000	18 000	5 700	5700	12 300	12300
Thüringen	-	4 000	4 000	400	1000	3 600	3000
	10 000	34 500	44 500	13 300	16 671	31 200	[illegible]

Ges.-Mehl noch 1500.

In Besprechung mit Dr. [illegible] am 12.8.48 wurde festgestellt, daß SMAD die Bereitstellung einer Mehlreserve für Berlin nicht mehr fordert. Die Einfuhren für Berlin erfolgen nach Plan, sofern nicht außerpl. Mengen aufgegeben und Termine geändert werden.

Ob 12/8.

Kommando der Schutzpolizei
S.Pers.Abt. 2 - G.B.

Berlin, den 23. August 1948

Zeitgesch. Sammlung 11044

An die
Präsidialabteilung

Betr.: Festgenommene Schutzpolizeiangehörige.

1.) Inspektor d.Sch. August H o p p e , PI. Kreuzberg, Rev. 108,
Pol.-Wm. Willi R o t h e r , " " " 108 und
Pol.-Wm. Kurt H a g e m a n n , Verkehrsstaffel Süd,

wurden am 20. 8. 1948, gegen 13.45 Uhr, am Bethaniendamm durch russische MP, die dort den amerikanischen Sektor betrat, festgenommen. Den dort eingesetzten Überfallwagen der Pol.-Inspektion Kreuzberg nahm die russische MP ebenfalls mit.

2.) Pol.-Wm. Ernst L o e s t , P.I. Tiergarten, Rev. 29/30.

Am 21. 8. 1948, gegen 05.20 Uhr, wurde eine Doppelstreife des Pol.-Reviers 29/30 in der Potsdamer Straße (brit.Sektor) von russischer MP aufgefordert, in den russischen Sektor zu folgen. Während Pol.-Wm.Loest unter Bedrohung mit der Schußwaffe festgenommen wurde, gelang es dem 2. Pol-Wachtmeister, sich der Festnahme zu entziehen. Loest wurde in den russischen Sektor gebracht; Verbleib unbekannt.

3.) Die als Zivilstreife eingesetzten
Pol.-Wm. Josef V ö l k l und
" " Günter R i c h t e r , beide Pol.-Inspektion Kreuzberg,

wurden am 21. 8. 1948, gegen 11.20 Uhr, in der Stresemann- Ecke Köthener Straße (amerik. Sektor) von mehreren russischen MP-Soldaten niedergeschlagen und gewaltsam in den russischen Sektor gebracht; Verbleib unbekannt.

M. d. W. b.

[signature]

Zurück am 23. 8. gegen 14 Uhr
Bericht folgt
23/8

VOLUNTEER SCHEME
FOR
RECRUITMENT OF GERMAN WOMEN
FOR
EMPLOYMENT
IN
GREAT BRITAIN

Freiwilligenwerbung
für deutsche Frauen zur Arbeitsaufnahme
in
Grossbritannien

British Ministry of Labour and National Service
Britisches Arbeitsministerium

(North Sea Scheme Leaflet No. 2)
Form O.W. 1

VORBEREITENDER AUSSCHUSS

DER FREIEN UNIVERSITÄT BERLIN

SEKRETARIAT:

BERLIN-DAHLEM,
BOLTZMANNSTRASSE 4
TELEFON: 76 58 41

Uebersetzung

Amt der Militärregierung für Deutschland (U.S.)
Büro des Militärgouverneurs

30 August 1948

Dr. Ernst Reuter
Bülowstr. 33
Berlin-Zehlendorf

Lieber Dr. Reuter !

Ich bin Ihnen für Ihren Brief dankbar, in dem Sie mir in Ihrer Eigenschaft als Vorsitzender dse vorbereitenden Ausschusses für die Gründung einer neuen Freien Universität in Berlin Mitteilung machen.

Ich werde die Entwicklung dieser Universität mit lebhaftem Interesse verfolgen, und ich werde bereitwillig auf jede nur mögliche Weise helfen. Die Ziele, die sie verfolgt, verdienen das entschiedene Interesse aller, die an die akademische Freiheit glauben.

Ihr ergebener
gez. Lucius Clay
General, U.S. Armee
Militärgouverneur.

Mittwoch, 1. September

Notprogramme bestimmen das Leben in den Westsektoren in den verschiedensten Bereichen. Auch für die Wirtschaft hat der Magistrat ein derartiges Notprogramm aufgestellt, das vorsieht, vor allem arbeitsintensive Betriebe mit Kohle und Strom zu beliefern. Dadurch sollen einerseits Arbeitsplätze erhalten bleiben und Steuereinnahmen erzielt werden. Nach den Vorstellungen sollen vorrangig Unternehmen des Maschinen- und Stahlbaus, des Werkzeugmaschinenbaus, der Elektrochtechnik, Feinmechanik und der Optik täglich 120.000 Kilowattstunden Strom erhalten und so in die Lage versetzt werden, pro Monat Güter im Wert von zehn Millionen Mark zu produzieren. Diese Waren sind für den Verkauf in Westdeutschland bestimmt. Die Umsetzung der Magistratspläne ist allerdings davon abhängig, daß nicht nur ausreichend Kohle eingeflogen wird, sondern auch die erforderlichen 150 t Rohstoffe und Halbfertigwaren.

Gerade aber der Energiemangel ist nur schwer zu beheben, wie das Beispiel der Magistratsflotte zeigt. Dort wird der letzte noch mit Kohle geheizte Dampfer außer Dienst gestellt. Die übrigen Kähne sind unterdessen unentbehrlich, zum Beispiel bei der Übernahme von Lebensmitteln aus Flugbooten, die auf der Klaren Lanke wassern, oder beim Transport von Kohle von Kladow zu den Kraftwerken.

Die Reisebüros in den Westsektoren haben einen immer schwereren Stand, seitdem die Reichsbahndirektion ihnen den Verkauf von Fahrkarten verboten hat. Um ihr wirtschaftliches Überleben zu sichern, bittet Stadtrat Ernst Reuter die Zentrale Verkehrsleitung des Vereinigten Wirtschaftsgebietes, sich dafür einzusetzen, daß die Reisebüros wenigstens Fahrkarten für die Eisenbahnstrekken in Westdeutschland verkaufen dürfen. Nur so könnten sie – bis zu einer endgültigen Entscheidung der Berliner Frage – wirtschaftlich durchhalten.

1933 waren von den Nazis die letzten konfessionellen Volksschulen in Berlin geschlossen worden. Nun gibt es sie wieder, wenigstens im Westteil der Stadt. In Charlottenburg, Frohnau, Neukölln und Spandau öffnen die ersten fünf evangelischen Grundschulen, die von 228 Schülern besucht werden.

Donnerstag, 2. September

Zwar werden in Westdeutschland wie auch im westlichen und neutralen Ausland gewaltige Mengen an Spenden für Berlin gesammelt, doch immer wieder stellt sich die Frage, wie diese Spenden die Empfänger in den Westsektoren der Stadt erreichen können. Nur wenige Organisationen, wie etwa CARE, können es sich leisten, die teuren Frachtraten der zivilen Fluggesellschaften zu zahlen, und die Luftbrücke selbst fällt für den Transport weitgehend aus. Auf eine entsprechende Anfrage schreibt der britische Stadtkommandant General Herbert, es sei zwar zu begrüßen, daß so viele „Liebesgaben“ für Berlin gespendet würden, doch seien Verpackung und Größe in vielen Fällen geradezu „verschwenderisch“. Außerdem müßten z.B. Lebensmittelspenden in den allgemeinen Lebensmittelvorrat integriert werden, was bei den Spenden meistens unmöglich sei. Die enttäuschende Botschaft des Generals: Für private Spenden gibt es in den Flugzeugen der Luftbrücke keinen Platz. Nichts einzuwenden hat der britische Stadtkommandant dagegen, daß zivile Handelsflugzeuge in Anspruch genommen werden.

Ungeachtet dieser Transport-Schwierigkeiten übergibt der Chefredakteur der Essener „Neuen Ruhrzeitung“ Bürgermeister Ferdinand Friedensburg 10.000 Mark, die Arbeiter im Ruhrgebiet nach einem Aufruf von elf Zeitungen an Rhein und Ruhr gesammelt haben.

Aus politischen Gründen sind Russen und SED bestrebt, möglichst große Zahlen von West-Berlinern zu nennen, die sich im Ostteil der Stadt versorgen lassen. Doch von den 2,63 Millionen Menschen in den Westsektoren haben sich gerade einmal knapp 22.000 im Ostsektor angemeldet. Der Berliner SED-Chef Matern moniert denn auch auf einer internen SED-Vorstandssitzung, daß noch nicht einmal alle SED-Mitglieder und -Funktionäre, die in West-Berlin wohnen, der Aufforderung des sowjetischen Stadtkommandanten gefolgt sind. Hinzu kommt nach Feststellung der Leiter der Hauptkartenstellen, daß selbst die offiziellen Zahlen insofern nur wenig Aussagekraft haben, weil die SED inzwischen selbst eine Doppel- und sogar Dreifachversorgung von West-Berlinern duldet, um die Zahlen aus durchsichtigem Interesse zu „schönen".

Freitag, 3. September

Mit allen Mitteln versuchen die Russen – zu Lasten der Bevölkerung in der Sowjetischen Besatzungszone –, der Öffentlichkeit ein ausreichendes Versorgungsangebot vorzugaukeln. Mit einem Federstrich befiehlt die sowjetische Militäradministration bis zum 31. Dezember die Herstellung von 400.000 Hektolitern zwölfprozentigen Starkbieres, von 40.000 Hektolitern Likör und von 300 Millionen Zigaretten. Der Bierpreis wird mit sechs Ostmark je Liter festgesetzt, der für die Zigaretten mit achtzig Pfennig pro Stück. Daß Ost-Berliner mit einem monatlichen Durchschnittsverdienst, der bei etwa 200 Mark liegt, weniger als Konsumenten in Betracht kommen, sondern vor allem West-Berliner oder diejenigen, die über die B-Mark verfügen, liegt auf der Hand. Um die Anordnung erfüllen zu können, müssen auf sowjetischen Befehl bis zum Jahresende 500 t Hopfen eingeführt werden. Ungeachtet der realen Möglichkeiten und der schwierigen Versorgungslage, die in den Ländern der Sowjetischen Besatzungszone weitaus schwieriger ist als in Berlin, befiehlt der sowjetische Oberkommandierende Sokolowski auch noch die Erhöhung der Rationen für 1,5 Millionen „Werktätige" in der Ostzone sowie für 200.000 Menschen im Berliner Umland.

Auf der einen Seite versuchen die Kommunisten die Menschen mit verlokkenden Angeboten zu korrumpieren, auf der anderen Seite drohen sie den demokratischen Kräften mit Gewalt. 500 Arbeiter der Groß-Berliner Vieh- und Schlachthöfe sowie 6.800 Bauarbeiter der Gemeinwirtschaftlichen Baugesellschaft Groß-Berlin richten – gelenkt von der SED – eine „ernste Mahnung" an die Stadtverordneten und fordern sie auf, sich der „Verpflichtung gegenüber der Berliner Bevölkerung" bewußt zu werden. Mit einem solchen Vorgehen will die SED die Bevölkerung psychologisch auf die von ihr längst beschlossene Teilung der Stadt vorbereiten.

Von erheblicher psychologischer Bedeutung ist auch die Entscheidung der amerikanischen Militärregierung, die Lebensmittelrationen für die in Berlin stationierten amerikanischen Militärangehörigen zu kürzen und damit ein Zeichen der Solidarität zu setzen.

Gleichzeitig erlaubt der britische Stadtkommandant die Einrichtung von Läden, in denen „freie Lebensmittel" verkauft werden. Es handelt sich um „überschüssiges Gemüse und Obst", das auf dem Landweg aus Westdeutschland gebracht und nicht auf die Lebensmittelrationen angerechnet wird. Vor allem in der Gegend um den Bahnhof Zoo sollen solche Läden eröffnet werden, um die vielen Händler von der Straße zu bekommen. Auf eigenes Risiko transportieren vornehmlich westdeutsche Lieferanten diese „freie Lebensmittel" mit Lastwagen-Konvois durch die Sowjetische Besatzungszone. Wenn auch Russen und ostdeutsche Stellen in der Regel die Konvois ungehindert passieren lassen, werden doch immer wieder Lastwagen beschlagnahmt. Derzeit stauen sich vor der sowjetischen Kommandantur Prenzlauer Berg 35 beschlagnahmte „Blockadebrecher".

Sonnabend, 4. September

Die Hoffnungen der Berliner in allen Teilen der Stadt, am 24. Oktober ein neues Stadtparlament wählen zu können, zerschlagen sich. Im Bewußtsein, daß die SED bei wirklich freien Wahlen eine vernichtende Niederlage erleiden würde, verbietet der sowjetische Stadtkommandant dem Hauptamt für Statistik und Wahlen sämtliche weiteren Vorbereitungen für die Wahlen.

Als erste Berliner Verwaltung hatte die SED schon Ende Juli die Polizei gespalten. Doch die Berliner wollen noch immer nicht den SED-Funktionär und illegalen Polizeipräsidenten Markgraf als den rechtmäßigen anerkennen. Nun soll das Zentralkomitee der SED einschreiten. Ost-Berlins Polizei-Vizepräsident Lehmann bittet darum, in Funktionärskreisen der Partei doch darauf aufmerksam zu machen, daß Markgraf der einzige wirkliche Polizeipräsident sei. Demgegenüber werde, so klagt Lehmann, durch die ständigen Aufrufe der Stumm-Polizei in Rundfunk und Presse der Eindruck erweckt, als sei Dr. Johannes Stumm der Polizeipräsident der Stadt.

Daß Propaganda und Realität keineswegs übereinstimmen, weist ungewollt die ostzonale Deutsche Wirtschaftskommission nach. Sie hat für den Zeitraum vom 31. August 1948 bis zum 31. Juli 1949 einen Berliner Getreidebedarf von 2,1 Millionen Tonnen errechnet. Diesem Bedarf steht die verschwindend geringe Menge von 100.000 t Getreide gegenüber, die die Sowjetunion Berlin und der Ostzone „gespendet" hat.

Nachdem das Veterinäramt kürzlich den Bestand an Versuchstieren in den Forschungseinrichtungen der Westsektoren ermittelt hat, bittet es nun die amerikanische Militärregierung, das benötigte Futter freizugeben. Gebraucht werden u.a. 46.573 kg Hafer, 17.919 kg Kleie, 3.995 kg Trockenmilch, 8.238 kg Mischfutter sowie 6.813 kg Kartoffeln.

Sonntag, 5. September

Auf Denunziation setzt die SED im Ostsektor, um wenigstens dort ihre Herrschaft abzusichern und beispielsweise gegen mißliebige selbständige Geschäftsleute oder Hausbesitzer eine Handhabe zu schaffen. In gemeinsamen Aktionen gehen Ost-Berliner Polizei und Weißenseer „Betriebsarbeiter und werktätige Frauen" gegen sogenannte Schwarzhändler vor, wobei jedoch alle die, die der SED im Weg sind, unter diesem Begriff subsumiert werden können. Die Ost-Berliner „Tribüne" z.B. schreibt: „Weiter so! Der sowjetische Sektor von Berlin muß energisch und schnell von allen Parasiten geräumt werden!" und bezeichnet den gemeinsamen Einsatz von Polizei und Denunzianten „als ein Stück vorbildlicher Vorarbeit für ein einheitliches, wirklich demokratisches Groß-Berlin".

Montag, 6. September

Die SED sieht sich ihrem Ziel der Spaltung der Stadt ein Stück nähergekommen. Für 12 Uhr ist eine Sitzung der Stadtverordnetenversammlung einberufen, doch erneut stürmen kommunistische Demonstranten das Neue Stadthaus. Sie überwältigen Magistratsordner, verprügeln westliche Zeitungsvertreter und besetzen den Sitzungssaal. Erst nachdem die Demonstranten das Gebäude verlassen haben, riegelt es die Ost-Berliner Polizei ab, die bisher tatenlos den gewalttätigen Ausschreitungen zugesehen hat. Statt nach den Rädelsführern des Aufruhrs zu suchen, verhaftet sie Magistratsmitarbeiter und Ordner und durchsucht die Räume des amerikanischen Verbindungsoffiziers.

Noch für den selben Tag beruft Stadtverordnetenvorsteher Otto Suhr die Stadtverordneten erneut zu einer Sitzung ein, dieses Mal in das Studentenhaus

„Taberna Academica“ am Steinplatz im britischen Sektor. Wenn auch für die SED-Fraktion Plätze freigehalten werden, läßt sich keiner der SED-Abgeordneten im Studentenhaus blicken. Einstimmig sprechen sich die Abgeordneten der demokratischen Parteien für Neuwahlen am 14. November aus, um endlich wieder zu geordneten Verhältnissen zu kommen.

Die Stadt treibt auf die Spaltung zu, doch können Alltagsentscheidungen nicht aufgeschoben werden. Mit der Fischversorgung beschäftigen sich die Ernährungsdezernenten der Bezirke und beschließen, daß alle Fischgeschäfte, die eine Mindest-Kundenzahl nicht erreichen, schließen müssen. Um Fisch geht es auch vor West-Berliner Gerichten, die Lebensmittelkleinhändlern nun aktenkundig einen Anspruch auf die Belieferung mit Fischmarinaden bestätigen.

Dienstag, 7. September

Wenn die Sowjetunion die Westmächte schon nicht aus ihren Sektoren vertreiben kann, setzt sie nun voll auf die Teilung der Stadt. Nach der Sprengung der für den gestrigen Tag anberaumten Sitzung der Stadtverordneten durch kommunistische Demonstranten, umstellt Ost-Berliner Polizei in den Abendstunden das Neue Stadthaus. Offiziere der westlichen Besatzungsmächte dürfen das Gebäude weder betreten, noch verlassen. Die Sowjetunion scheut sich nicht, selbst den stellvertretenden amerikanischen Stadtkommandanten und zweithöchsten Repräsentanten der USA in Berlin, Oberst Babcock, auf dem Weg zum Stadthaus durch sowjetische Militärpolizei verhaften und ihn stundenlang festhalten zu lassen.

Nicht absehbar ist, ob und wann die Stadtverordneten wieder im Neuen Stadthaus tagen können. Der Ältestenrat beschließt, so lange keine Sitzungen mehr im sowjetischen Sektor einzuberufen, wie dort noch Mitarbeiter des Magistrats verhaftet sind und das Stadthaus von Ost-Berliner Polizei besetzt ist.

Mit der Neufestsetzung von Lebensmittelpreisen befaßt sich derweil die Magistratsabteilung für Ernährung. Für 100 kg Trockenkartoffeln aus Übersee berechnet die Abteilung dem Großhandel 93,88 Ost-Mark, der Kleinhandel muß bereits 101,88 Mark zahlen und der Verbraucher schließlich 120 Mark. 100 kg Kartoffelpuder kosten den Endverbraucher 144 Mark, während es Maggi-Erbssuppe bereits für zehn Pfennig je Würfel gibt.

Für wenige Tage war es den West-Berliner nicht möglich, Pakete nach Westdeutschland zu schicken. Nun können sie wieder Pakete mit einem Gewicht bis zu vier Kilogramm aufgeben, die über das Postamt Charlottenburg 2 nach Gatow gebracht und über die Luftbrücke ausgeflogen werden. Sparen können die Menschen in den Westsektoren, wenn sie ihre Briefmarken im Ostsektor kaufen und die Post auch dort aufgeben. Allerdings können sie dann sicher sein, daß diese Post intensiv durch russische und ostdeutsche Stellen kontrolliert wird.

Mittwoch, 8. September

Offensichtlich hat sich die Sowjetunion damit abgefunden, daß sie die Westmächte nicht aus deren Sektoren vertreiben kann. Sie konzentriert sich darauf, den Ostsektor völlig und ausschließlich ihrer Kontrolle zu unterwerfen. Mit sowjetischer Billigung durchsuchen Polizisten unter dem Vorwand, West-Berliner Polizisten hätten Waffen in dem Gebäude versteckt, das Neue Stadthaus. 19 Magistratsordner, die sich auf dem Weg vom Neuen Stadthaus in den französischen Sektor befinden, werden gemeinsam von russischen Militärpolizisten und Ost-Berliner Polizei festgenommen. Der sowjetische Stadtkommandant scheut sich nicht, damit sein Ehrenwort zu brechen, denn er hatte dem französischen Stadtkommandanten General Ganeval den freien Abzug dieser Magistratsbediensteten ausdrücklich zugesichert. Damit befinden sich bereits fünfzig Mitarbeiter des Magistrats in russischer Haft. Zusätzlich verstärken Russen und SED den Druck auf leitende Persönlichkeiten und Angestellte im Ostsektor. Vor allem in der Verwaltung und im Schuldienst kommt es zu einer Entlassungs- und Verhaftungswelle.

In einer solchen politisch angespannten Lage ist es schwer, in der Stadt Zeichen von Alltag und Aufbruch zu finden, und doch gibt es sie. Da Fernzüge auf den West-Berliner Bahnhöfen nicht mehr halten dürfen, ist der Bahnhof Friedrichstraße zum Tor nach Berlin geworden. Hier gehen die Wiederaufbauarbeiten an der Empfangshalle und an der S-Bahnhalle zügig voran und sollen schon bis zum 1. November abgeschlossen sein. Wiederhergestellt ist auch die Potsdamer Brücke. Wenn die BVG Straßenbahnschienen verlegt hat, wird sie wieder dem Verkehr übergeben. Schließlich richtet die BVG für ihre Mitarbeiter einen ganz speziellen Service ein. Sie hat einen Straßenbahnwagen zu einem fahrbaren Konsumverkaufsstand umgerüstet, der täglich in der Nalepastraße in Oberschöneweide startet und sämtliche Straßenbahnhöfe in allen vier Berliner Sektoren anfahren wird.

Donnerstag, 9. September

Die Berliner rütteln die Welt auf. 300.000 strömen vor dem Reichstag zu einer Kundgebung gegen den kommunistischen Terror von Russen und SED zusammen und fordern die Zugehörigkeit der westlichen Sektoren zu Westdeutschland. Stadtrat Ernst Reuter fordert die westliche Welt auf, zu Berlin zu stehen und die Stadt nicht im Stich zu lassen. Unvergessen ist sein Appell: „Ihr Völker der Welt, ihr Völker in Amerika, in England, in Frankreich, in Italien! Schaut auf diese Stadt und erkennt, daß ihr diese Stadt und dieses Volk nicht preisgeben dürft und nicht preisgeben könnt!“

Unbeeindruckt von dieser Demonstration gegen kommunistische Gewaltherrschaft zeigt sich die Ost-Berliner Polizei. Schon unmittelbar nach Ende der Kundgebung kommt es gegen 18 Uhr am Brandenburger Tor zu gewalttätigen Zusammenstößen, bei denen 222 Menschen verletzt werden, als die Polizei in die Menge feuert. Als Todesopfer beklagt werden muß der 15jährige Wolfgang Scheunemann aus der Ufnaustraße. Unter dem Jubel der Menschen hatte er die sowjetische Flagge vom Brandenburger Tor geholt und war von sowjetischer Militärpolizei beschossen worden. Noch auf dem Weg ins Krankenhaus erliegt er seinen schweren Verletzungen.

Weil die sowjetische Kommandantur weitere Proteste gegen die kommunistische Unterdrückung befürchtet, läßt sie die Kontrollen auf allen Straßen, die aus der Sowjetischen Besatzungszone nach West-Berlin führen, drastisch verschärfen.

Angesichts dieser Entwicklung ist eine Entscheidung der britischen Militärregierung eher unwichtig, dennoch aber für die Bevölkerung in den Westsektoren erfreulich. Im britischen Sektor dürfen Bäckereien wieder Kuchen backen. Allerdings darf hierfür nur die nach dem Backen von Brot ohnehin noch vorhandene Hitze verwendet werden. Verstöße können zur Schließung der Bäckereien führen.

Freitag, 10. September

Berlin steht unter dem Eindruck der gestrigen Kundgebung gegen kommunistischen Terror und die anschließenden Gewalttätigkeiten sowjetischer Militärpolizisten und Ost-Berliner Polizei. Um ähnliche Zwischenfälle zu vermeiden, untersagt die britische Militärregierung alle politischen Versammlungen in unmittelbarer Nähe der Sektorengrenzen.

Die Luftkorridore stellen den einzigen von den Sowjets unkontrollierten Zugang nach West-Berlin dar. Nun fordert der sowjetische Vertreter in der Alliierten Luftsicherheitszentrale die Westmächte auf, den Russen künftig mindestens eine Stunde vor dem Start die Flugdaten aller Luftbrücken-Flugzeuge einschließlich der Namen der Besatzungsmitglieder zu nennen, ein Ansinnen, das umgehend von den Westalliierten zurückgewiesen wird.

Gleichzeitig jedoch lockern die Sowjets ihre Blockademaßnahmen zu Lande. Zwischen Westdeutschland und Berlin können wieder Postzüge verkehren. Da aber die Russen weiterhin an der Lüge festhalten, nach der die Strecke Magdeburg - Helmstedt nicht befahrbar ist, müssen die Züge über Oebisfelde geleitet werden.

Die wirklichen Opfer der Blockade sind längst die Menschen in den Ländern der Sowjetischen Besatzungszone. Sie haben Ost-Berlin mit Lebensmitteln und anderen Gütern zu versorgen und können diese selbst kaum entbehren. Mittlerweile hat sich die absurde Situation ergeben, daß in Ost-Berlin die Lagermöglichkeiten für Getreide z.B. längst erschöpft sind. Zwar hat die Deutsche Wirtschaftskommission deshalb vorerst einen Lieferstop verhängt, doch da die Länder das eigentlich für Berlin bestimmte Getreide nicht selbst verbrauchen dürfen, stauen sich die Getreidemengen nun dort. Die Situation kennzeichnet ein Telegramm der Brandenburger Landesregierung, die dringend um neue Anweisungen bittet, da sie nicht weiß, wohin sie mit dem Getreide soll, das der Berliner Ostsektor nicht mehr abnehmen kann. Durch eigenen Mangel an Lagerkapazitäten sei die Erfassung von Getreide in vielen Kreisen Brandenburgs inzwischen ernstlich gefährdet, telegrafiert die Potsdamer Regierung nach Berlin.

Sonnabend, 11. September

Seit Wochen bereits tobt der „Postkrieg" zwischen den beiden Teilen der Stadt. Obwohl es formell noch eine einheitliche Postverwaltung gibt, werden im Ostsektor ohnehin nur Sendungen angenommen, deren Briefmarken den Aufdruck „Sowjetische Besatzungszone" tragen. Nun teilt die Abteilung für Post- und Fernmeldewesen des Magistrats mit, daß über die Luftbrücke ausschließlich noch solche Briefe ausgeflogen werden, die mit Briefmarken der Westsektoren freigemacht sind. Die übrige Post wird per Bahn nach Westdeutschland gebracht. Das ist für die West-Berliner angesichts des günstigen Umtauschkurses von einer B-Mark zu über drei Ostmark erheblich billiger, hat aber den Nachteil, daß diese Post der sowjetischen Zensur unterliegt.

Rigoros geht die SED im Ostsektor vor, um die Bezirksämter von politisch mißliebigen Mitarbeitern zu „säubern". Jetzt werden in Köpenick und Weißensee sogar 28 Verwaltungslehrlinge entlassen, obwohl ein Teil von ihnen kurz vor dem Ende der Ausbildung steht.

Geradezu zwangsläufig nutzen viele Unternehmen die Umstände der Blokkade, um sich - auch unrechtmäßig - zusätzliche Gewinne zu sichern. Gegenüber der „Berliner Express Gesellschaft" mit Sitz in Gatow hat die britische Militärregierung jedenfalls einen solchen Verdacht. Denn das Unternehmen, das für die Be- und Entladung der Luftbrücken-Flugzeuge verantwortlich ist, berechnet bei Hilfs- und Leistungslöhnen Zuschläge von etwa einem Viertel über den normalen Löhnen, bei Gehältern von einem Drittel, und bei Steuern und allgemeinen Kosten schlägt sie 50 Prozent auf. Der Magistrat soll die Rechnungen der Gesellschaft kritisch prüfen, um die Belastungen für den Haushalt der Stadt zu verringern.

Sonntag, 12. September

Völlig im Zeichen des Gedenkens an die Opfer des Nationalsozialismus steht

Berlin an diesem Sonntag, wenn auch in den beiden Teilen der Stadt in sehr unterschiedlicher Weise. In der Strafanstalt Plötzensee, die den Nazionalsozialisten als Hinrichtungsstätte diente, spricht Stadtverordnetenvorsteher Otto Suhr. Unterdessen hat die SED - nach eigenen Angaben zumindest - 100.000 Menschen mobilisiert, die am „Lustgarten“ an einer Veranstaltung der kommunistisch gelenkten „VVN - Vereinigung der Verfolgten des Naziregimes“ teilnehmen. Allerdings geht es auf dieser Kundgebung kaum um die Verbrechen der Nazis, sondern fast ausschließlich um wütende Attacken gegen den demokratisch gewählten Magistrat der Stadt und gegen die USA. SED-Stadtrat May beordert entgegen der strikten Anweisung des Magistrats Schulklassen zu dieser Kundgebung, die mit Transparenten gegen den „bankrotten Magistrat“ zu demonstrieren haben. VVN-Vorsitzender Geschke droht damit, seine Organisation werde „die Faust gegen alle erheben, die nicht mit dem FDGB für eine bessere Zukunft kämpfen“ und wirft den Amerikanern vor, einen neuen Krieg vorzubereiten. Er liegt damit völlig auf der Linie des sowjetischen Generals Gordejew, der die Amerikaner als „faschistische Kriegshetzer“ beschimpft.

Montag, 13. September

Die sowjetische Besatzungsmacht übt Rache. Unter Ausschluß der Öffentlichkeit verurteilt sie fünf deutsche Teilnehmer der Kundgebung vom 9. September zu Strafen bis zu 25 Jahren Arbeitslager. Vorgeworfen wird den Deutschen „Überfall auf die deutsche Polizei, Angriff auf die sowjetischen Truppen und gewaltsame Entfernung der Sowjetfahne vom Brandenburger Tor“. Eine Verteidigung der Angeklagten durch deutsche Anwälte lehnen die Russen strikt ab. Erst nachdem sich die westlichen Stadtkommandanten für die Verurteilten einsetzen, reduzieren die Russen wenige Tage später auf Zwangsarbeit zwischen einem und acht Jahren.

Demgegenüber denkt die sowjetische Kommandantur noch nicht daran, die Magistratsangestellten freizulassen, die sie nach dem kommunistischen Überfall auf das Neue Stadthaus am 6. September festgenommen hatte.

In dieses Bild paßt, daß mit Zustimmung der sowjetischen Militärverwaltung im Ostsektor seit dem 1. August bereits 348 Verwaltungsangestellte entlassen wurden, weil sie die SED-Politik nicht vorbehaltlos unterstützen. Bürgermeister Dr. Ferdinand Friedensburg deutet an, daß der Magistrat mit gleichen Entlassungen von SED-Mitgliedern aus den West-Berliner Verwaltungen antworten müsse.

Ein neuer Flugzeugtyp erscheint am Berliner Himmel. Es ist die „Fairchild C-82“ der amerikanischen Luftwaffe, von denen die beiden ersten Maschinen von Wiesbaden kommend in Berlin landen. Die „Fairchild“ ist besonders für den Transport sperriger Güter geeignet.

Eine gewisse Entspannung ist im Postverkehr zu registrieren, da der Paket-Verkehr zwischen West-Berlin und Westdeutschland wieder aufgenommen wird. Pakete bis zu einem Gewicht von vier Kilogramm werden dabei über die Luftbrücke befördert, schwerere Pakete bis zu einem Gewicht von sieben Kilogramm können in den Postämtern Ost-Berlins aufgegeben werden und werden auf dem Landweg nach Westdeutschland gebracht.

Dienstag, 14. September

Gleich mehrere Rekorde sind von der Luftbrücke zu melden. Erstmals ist es gelungen, innerhalb von nur 24 Stunden über 5.200 t Güter nach Berlin zu fliegen. Derartige Leistungen bedingen immer kürzere Umschlagzeiten auf den Flugplätzen der Westsektoren. Die durchschnittlichen Entladezeiten pro Flugzeug konnten hier inzwischen auf 27 Minuten reduziert werden.

Da gleichzeitig eine neue Rollbahn auf dem Flugplatz Tempelhof in Betrieb genommen werden kann, ist mit einer weiteren Kapazitätssteigerung der Luftbrücke zu rechnen. Für den Bau sind seit dem 17. August rund 12.000 Tonnen Eisenbahnschotter verarbeitet worden. Noch einmal die gleiche Menge soll als Reserve auf dem Flugplatz gelagert werden. Für die Kosten hat der Magistrat aufzukommen, wobei die Reichsbahn pro Tonne Schotter 23 Mark berechnet. Voraussichtlich wird der Magistrat außerdem etwa 1,5 Millionen Mark für Pflastersteine und Straßenasphalt zahlen müssen sowie weitere 800.000 Mark für die wenigstens provisorische Wiederherrichtung der aufgerissenen und „geplünderten" Straßenzüge. Lediglich 75.000 Kubikmeter Trümmerschutt von Ruinengrundstücken werden, mit Ausnahme der Transportkosten, den städtischen Etat nicht belasten.

Doch wenn auch die Flugzeuge inzwischen in immer kürzeren Abständen in Berlin landen und starten: Routine ist die Luftbrücke keinesfalls. Das wird durch ein Unglück in Erinnerung gerufen, das letztlich noch glimpflich abgeht. Bei Bad Langensalza stürzt eine amerikanische C-47 über dem Gebiet der sowjetischen Besatzungszone ab. Glücklicherweise können sich beide Piloten mit dem Fallschirm retten.

Hinzu kommt, daß sie Sowjetunion immer wieder Stärke auch in den Luftkorridoren demonstrieren will. Beispielsweise dadurch, daß sie jetzt tatsächlich bereits angekündigte Flakmanöver durchführt. Ihre Rechnung, die Luftbrücke dadurch beeinflussen zu können, geht jedoch nicht auf.

Mittwoch, 15. September

Etwa 10.000 Schlüsselkinder gibt es nach Schätzungen des Hauptschulamtes in Berlin, und um diese Kinder will sich das Amt vor allem in den Wintermonaten kümmern. Für diese Kinder, deren Väter gefallen oder noch in Kriegsgefangenschaft sind und deren Mütter tagsüber arbeiten müssen, werden in den Bezirken der Westsektoren 300 Wärmestuben eingerichtet. Da für jede Wärmestube zwei bis drei Helfer benötigt werden, hofft das Hauptschulamt, daß sich möglichst viele Lehrer freiwillig zur Mitarbeit melden. Das Programm, in das 135 Jugendheime einbezogen werden, ist auf die Zeit vom 1. Dezember bis 28. Februar befristet und wird sich wahrscheinlich auf die Westsektoren beschränken können. Dennoch wird es erhebliche Kosten verursachen, wobei 225.000 Mark für die Helfer am stärksten zu Buche schlagen. 35.000 Mark werden für Brennmaterial benötigt. 40.000 Mark für die Beleuchtung und 20.000 Mark für den Kauf von 100 Öfen. Damit die Kinder täglich ein warmes Getränk erhalten können, werden zusätzliche 50.000 Mark gebraucht.

Eine Ankündigung der Deutschen Wirtschaftskommission verspricht einen – wenigstens in diesen Zeiten so zu nennenden – „kulinarischen Höhepunkt". An Stelle einer zweiten Mehlsonderzuteilung gibt es in den Ost-Berliner Läden für 1.400 Gramm Mehlmarken 28 Stück lang entbehrte weiße Schrippen. Das West-Berliner Institut für Lebensmittelchemie rügt zwar am selben Tag die durchweg schlechte Qualität der Lebensmittel im Ostsektor, was allerdings jene, die in den Genuß der Schrippen kommen können, wenig stört.

Gelegentliche Pannen können die Luftbrücke nicht ernsthaft gefährden, obwohl die Ost-Berliner Presse jeden Vorfall, so unbedeutend er auch sein mag, nutzt, um den Zusammenbruch der Luftbrücke zu prophezeien. Durch einen Transformatorendefekt ist der Flugplatz Gatow für einige Stunden ohne Stromversorgung, was die Leistung der Luftbrücke jedoch kaum beeinträchtigt. Zudem versichert der amerikanische Militärgouverneur General Lucius D. Clay, daß durch den Ausbau der Flugplätze Tempelhof und Gatow sowie durch den Neubau des Flugplatzes Tegel ausreichend Kapazitäten vorhanden sein werden, um die West-Berliner auch über die Wintermonate ausreichend zu versorgen.

Donnerstag, 16. September

Erneut machen sowjetische Militärpolizisten mitten in Berlin rücksichtslos von ihrer Schußwaffe Gebrauch. Sie schießen in der Friedrich-Wilhelm-Straße in Tempelhof auf einen 51jährigen Mann, der mit seinem Handwagen und zwei Zentnern Kartoffeln vom Ostsektor zurück auf dem Weg nach Hause ist. Da unmittelbar nach den ersten Schüssen amerikanische Militärpolizisten am Ort des Geschehens sind, ziehen sich die Russen zurück, der 51jährige bleibt unverletzt.

West-Berliner Zeitungshändler weigern sich seit Tagen, sowjetisch lizensierte Zeitungen zu verkaufen und protestieren damit gegen die Maßnahmen von Russen und SED im Ostteil der Stadt, den Zeitungsvertrieb unter alleinige Kontrolle zu bringen. Jetzt soll dieser Boykott erst einmal ausgesetzt werden, um Verhandlungen zwischen dem Magistrat und dem sowjetischen Stadtkommandanten zu ermöglichen. Zwar dulden sowjetische Dienststellen stillschweigend noch den Verkauf westlicher Zeitungen im Ostsektor, andererseits aber fordern die Belegschaften des als Kontrollinstrument neugeschaffenen Zeitungsvertriebsamtes und mehrerer Postämter im Ostsektor, vom 17. September an keinerlei Westzeitungen mehr zu befördern oder zuzustellen. Die Postler begründen diese Forderungen mit angeblich „maßlosen Angriffen“ in den westlichen Zeitungen auf die Sowjetunion“. Da keinerlei derartige Forderungen im Ostsektor spontan erhoben werden können, ist klar, daß die sowjetische Kommandantur zusammen mit der SED auf diese Weise das völlige Vertriebsverbot für freie und unzensierte Zeitungen in ihrem Herrschaftsgebiet vorbereitet.

Auf eine stattliche Bilanz kann die Magistratsflotte in den ersten beiden Septemberwochen verweisen. 12.000 t Güter haben die Kähne transportiert, davon allein 9.000 t auf den Gewässern in den Westsektoren. Noch immer aber werden zwei unter britischer Flagge fahrende Kähne auf der Elbe bei Wittenberge festgehalten. Sie hatten inzwischen zwar Briketts nach Potsdam bringen müssen, werden aber an der Rückkehr nach West-Berlin gehindert. Allen Grund zur Freude haben die beiden amerikanischen Piloten, die vor zwei Tagen mit ihrer C-47 über Bad Langensalza abgestürzt waren, sich aber hatten retten können. Sie treffen wohlbehalten in Frankfurt am Main ein.

Freitag, 17. September

Amerikaner und Briten greifen zu Sanktionen gegenüber den Russen, um sie zur Aufhebung der Blockade West-Berlins zu bewegen. Straßenübergänge von West- nach Ostdeutschland werden gesperrt, jeder Warenverkehr mit der Sowjetischen Besatzungszone unterbunden. Ausgenommen von dieser Gegenblockade ist allerdings noch Berlin. Einer der ersten, der beim amerikanischen Militärgouverneur General Lucius D. Clay vorstellig wird, damit diese Gegenblockade aufgehoben wird, ist der westdeutsche Direktor der Verwaltung für Wirtschaft, Prof. Dr. Ludwig Erhard. Er weist darauf hin, daß die westdeutsche Industrie noch in vielfältiger Weise auf die der sowjetisch besetzten Zone angewiesen ist und die Gegenblockade den wirtschaftlichen Wiederaufbau Westdeutschlands in erheblichem Maße gefährdet.

So, wie sich der Leiter der „Unterabteilung nach Befehl Nr. 80“ in Berlin beim sowjetischen Stadtkommandanten über die Lieferung schlechter und verdorbener Waren nach Ost-Berlin beklagt hatte, rügt nun Berlins Vertreter beim westdeutschen Ausschuß für Ernährung, Landwirtschaft und Forsten gleichfalls das Ausnutzen der Berliner Notsituation durch eine Reihe westzonaler Unternehmen. Auf der einen Seite fordert Magistratsvertreter von Winterfeldt den Länderrat auf, endlich das Trockenkartoffel-Programm wirksam zu unterstützen, zudem führt er Klage darüber, daß viele Firmen nur minderwertige Ware nach Berlin schickten, obwohl die Betriebe für jeden Zentner getrockneter Kartoffeln 180 Westmark erhalten.

Vor allem die britische Militärregierung bemüht sich darum, für kranke West-Berliner Krankenhausplätze in den Westzonen zu beschaffen und ausreichend Plätze in Flugzeugen zur Verfügung zu stellen. Vorläufig 80 Plätze täglich bietet die britische Luftwaffe dem Magistrat in ihren Flugzeugen an.

Ein blinder Passagier sorgt auf dem Luftwaffenstützpunkt Wunstorf für Aufregung. Er hat sich an Bord eines Kohleflugzeuges geschlichen, um auf diese Weise nach Berlin zurückkehren zu können. Ein Monat Gefängnis ist die Quittung für diesen Versuch.

Vergebens kündigen die Redakteure der Ost-Berliner Zeitungen immer wieder an, daß bei dem schlechten Herbstwetter die Luftbrücke zum Scheitern gezwungen sein wird. Zwar herrscht an diesem Tag weitgehend schlechte Sicht in Berlin, doch mit Hilfe neuer Blindflugeinrichtungen funktioniert die Luftbrücke trotzdem.

Sonnabend, 18. September

Die Amerikaner feiern den „Tag der Luftwaffe" und wollen ihn durch besondere Leistungen im Rahmen der Luftbrücke unterstreichen. An einem einzigen Tag werden zusätzlich 5.500 t Kohle in die Stadt geflogen, die als Sonderzuteilung an kinderreiche Familien ausgegeben werden sollen. Zum anderen werden innerhalb von nur 24 Stunden 897 Versorgungsflüge gezählt. Schließlich haben die Amerikaner die Bevölkerung zum „US Air Force Day" auf den Flugplatz Tempelhof eingeladen. 15.000 Berliner nehmen die Gelegenheit wahr, mit den Amerikanern zu feiern.

Aus Furcht, die Züge könnten beraubt werden, hatte die sowjetische Kommandantur es verboten, Lebensmittelzüge aus der Sowjetischen Besatzungszone mit Ziel Ost-Berlin durch die Westsektoren zu leiten. Jetzt muß sie einen Rückzieher machen. Es hat sich gezeigt, daß durch die Umwege über den Berliner Eisenbahn-Außenring sich die Fahrzeiten derart verlängerten, daß große Teile vor allem der Lebensmittel noch in den Waggons verdarben. Nun dürfen mit sowjetischer Erlaubnis diese Züge wieder den kürzesten Weg durch West-Berlin nehmen. Dasselbe gilt für Transporte über die West-Berliner Gewässer. Lediglich Züge mit unverderblichen Gütern wie Kohle und Textilien haben auch weiterhin die zeitraubenden Strecken um West-Berlin herum zu nehmen.

Am 16. September erst hatten West-Berlins Zeitungshändler darauf gehofft, daß in Gesprächen zwischen dem Magistrat und dem sowjetischen Stadtkommandanten Kotikow eine Einigung in der Frage des Vertriebs unzensierter westlicher Zeitung im Ostteil der Stadt erzielt werden könnte. Diese Hoffnung macht die SED nun endgültig zunichte. Im Bezirk Weißensee schickt sie ihre Mitglieder auf die Straße, um aus den Zeitungsständern an den Kiosken sämtliche West-Berliner Zeitungen herauszureißen. Hinzu kommt, daß der Präsident der ostzonalen Reichsbahndirektion, die für die Berliner S-Bahn zuständig ist, sämtliche Verträge mit Zeitungskiosken und Bahnhofsbuchhandlungen über den Verkauf westlich lizensierter Blätter kündigt.

Sonntag, 19. September

Selbst wenn die Stadt in immer mehr Bereichen des Alltagslebens gespalten ist: Es gibt noch Aktivitäten über die Sektorengrenzen hinaus. Dazu gehören die „Allgemeinen Berliner Jugendspiele“, zu denen der RIAS zusammen mit der Magistratsabteilung für Volksbildung in das Berliner Olympiastadion eingeladen hatte. Drei Tage lang hatten sich Jugendliche aus allen vier Sektoren im, wie es heißt, „sportlichen Wettstreit und in der Achtung vor dem Gegner“ getroffen.

Ebenso gibt es weiterhin gemeinsame Kinderverschickungen. Sieben Eisenbahnzüge mit erholungsbedürftigen Kindern aus ganz Berlin hatten bisher in die Schweiz geschickt werden können, wobei diese Züge in der Regel über die Tschechoslowakei fuhren. Nun aber droht das Ende dieser Aktionen. Immer neue Schikanen läßt sich die sowjetische Kommandantur einfallen, um die Transporte zu behindern. So besteht sie auf in russisch geschriebenen Begleitpapieren und läßt Züge stundenlang warten, bis sie endlich Lokomotiven bereitstellt. Im Westteil Berlins wird deshalb überlegt, die Kinder über die Luftbrücke nach Westdeutschland auszufliegen und sie erst dann per Bahn in die Schweiz zu bringen. Das aber würde bedeuten, daß die Kinder aus dem Ostsektor nicht mehr daran teilnehmen könnten.

Mit Riesenschritten kommt der Bau des künftigen Flugplatzes Tegel voran. Bis zu 18.000 Menschen arbeiten hier nahezu Tag und Nacht daran, den Flugplatz in einer Rekordzeit fertigzustellen. Dem großen Plus bei dieser Arbeit, daß es nämlich täglich eine warme Mahlzeit gibt, stehen einige Minuspunkte gegenüber. So sind die sanitären Einrichtungen völlig unzureichend.

Daß jedoch die Luftbrücken-Kapazitäten dringend erweitert werden müssen, ist unbestritten und wird erneut an der leidigen Frage der Beförderung von Spenden sichtbar. Wiederum lehnen die westlichen Militärregierungen die Beförderung von Spenden ab. Weil besonders gespendete Lebensmittel in den Westzonen zu verderben drohen, verhandelt der Magistrat mit zivilen Fluggesellschaften darüber, ob nicht wenigstens zwanzig Tonnen Güter gegen Bezahlung nach Berlin geflogen werden können.

Mit Verspätung beginnt die neue Spielzeit der Städtischen Oper in der Kantstraße unter der künstlerischen Leitung von Heinz Tietjen. Ein früherer Spielbeginn war nicht möglich, weil zuvor eine neue Decke eingezogen und der III. Rang wiederhergestellt werden mußten. Aus dem bisherigen Repertoire stehen die Opern „Fidelio“, „Othello“, „Der Troubadour“, „Aida“, „Carmen“, „Salomé“, „Schwanda, der Dudelsackpfeifer“, „Jeanne d’Arc auf dem Scheiterhaufen, „Josephslegende“ und „Ballettabend“ auf dem Spielplan.

Montag, 20. September

Zu dem bisher schwersten Flugunglück kommt es auf dem Luftbrücken-Flugplatz im niedersächsischen Wunstorf. Kurz nach dem Start stürzt eine viermotorige britische Versorgungsmaschine vom Typ „Avro York“ ab. Keines der fünf Besatzungsmitglieder überlebt.

Wegen der Blockade sind die Russen in Berlin inzwischen weitgehend verhaßt, und der Einfluß der SED ist in den Westsektoren drastisch zurückgegangen. Die SED hat deshalb für sich beschlossen, den Westteil der Stadt für sich aufzugeben und statt dessen ihre Macht, gestützt auf die sowjetische Besatzungsmacht, im Ostsektor auszubauen und zu sichern. Dafür aber braucht sie die endgültige Spaltung der Stadt und bereitet den erforderlichen Putsch nun detailliert vor. Nach dem von der SED beschlossenen Szenario wird die SED-Fraktion in der Stadtverordnetenversammlung deren Vorsteher Otto Suhr zur Einberufung einer außerordentlichen Stadtverordnetenversammlung auffordern. Nach der erwarteten Ablehnung dieses Wunsches wird Suhrs Stellvertreter Geschke zu einer Sondersitzung einladen. In der Sicherheit, daß diese Einladung von den demokratischen Parteien Berlins boykottiert wird, sieht der SED-Plan dann die Einladung Geschkes zu einer illegalen

Sitzung ins Neue Stadthaus vor, an der sich „alle aufbauwilligen Kräfte der Stadt“ beteiligen sollen. Als Termin für diesen Putsch legt die SED die Zeit um den 30. September herum fest. Beschlossen wird außerdem, daß am Tage des Putsches die Betriebe im Ostsektor der Stadt gegen Mittag ihren Arbeitern freigeben müssen, damit diese auf der Straße Druck auf den legalen Magistrat und die demokratisch gewählte Stadtverordnetenversammlung ausüben und der SED eine moralische Rechtfertigung für den Umsturz geben können.

Über alle Umsturzpläne aber vergißt die SED das Feiern nicht. Das Zentralsekretariat der SED bewilligt auf derselben Sitzung, auf der sie die Weichen für den Putsch gestellt hat, 6.000 Mark für ein internes Betriebsfest in Grünau, das jedoch ausdrücklich „ohne Dampferfahrt“ stattfinden soll.

Zum Feiern dagegen ist vielen West-Berlinern nicht zumute. Die SPD-Abgeordnete Ida Wolf spricht sich für eine Erhöhung des Gaskontingentes um 50 Prozent aus, damit in den Haushalten im Westteil der Stadt in den nächsten Monaten wenigstens einmal am Tag eine warme Mahlzeit auf den Tisch kommen kann. Vor allem aber sollten die westlichen Alliierten als Ausgleich für fehlende Frischkartoffeln und knappes Frischgemüse mehr Fett und Zucker einfliegen. Schmerzlich vermissen viele Menschen in den Westsektoren außerdem echten Bohnenkaffee. Statt des Kaffee-Ersatzes sollen die Westmächte deshalb dazu bewegt, werden, Bohnenkaffee und Tee zur Verfügung zu stellen sowie Vitamintabletten mit den Vitaminen A, B und C.

In welcher Notlage sich große Teile der West-Berliner Bevölkerung befinden, macht auch dieser Wunsch deutlich: Es soll in Gesprächen mit den Militärregierungen erreicht werden, vor Wintereinbruch alle Schulkinder wenigstens mit Schuhen zu versorgen.

Dienstag, 21. September

Die amerikanische Hilfsorganisation CRALOG gehört neben CARE zu den für Berlin wichtigsten überhaupt. Die Zusammenarbeit der Hilfsorganisationen untereinander allerdings läßt zu wünschen übrig. Auf einer Sitzung des CRALOG-Komitees regt Sozialstadträtin Margarete Ehlert gemeinsame Tagungen aller Hilfsorganisationen an, kann sich mit diesem Vorschlag aber nicht durchsetzen. Erst einmal solle die Transportfrage geklärt werden, bevor man über ein gemeinsames Vorgehen entscheiden könne, heißt es.

Mit dem Angebot der britischen Militärregierung, chronisch Kranke zur Erholung in die Westzonen auszufliegen, befaßt sich die Dezernentenrunde im Landesgesundheitsamt. Die Offerte wird zwar grundsätzlich begrüßt, allerdings nicht aufgegriffen. Gesundheitsstadtrat Harms will Kranke aus Berlin erst dann ausfliegen lassen, wenn im Winter tatsächlich nicht ausreichend Heizmaterial zur Verfügung stehen sollte. Davon aber kann schon jetzt definitiv ausgegangen werden. Selbst der Kauf von 50.000 Miniaturöfen in Frankfurt am Main ist nur ein Tropfen auf den nicht einmal „heißen Stein“, zumal in den Westsektoren es weniger um die Versorgung mit Öfen als vielmehr mit Heizmaterial geht.

Hunderte von demokratisch eingestellten Mitarbeitern der Bezirksverwaltungen sind in den vergangenen Wochen im Ostsektor von der SED entlassen worden. Als Reaktion darauf beschließt die Bezirksverordnetenversammlung Charlottenburg nun, Beschäftigte, die der SED angehören oder sie unterstützen, in dem Maße zu entlassen, in dem die SED im Ostteil der Stadt gegen Demokraten vorgeht. Die im Ostsektor „politisch Gemaßregelten“ sollen vorerst im Charlottenburger Bezirksamt eine Anstellung finden.

Die Vorbereitungen zur Gründung der Freien Universität gehen zügig voran, und inzwischen beschäftigen sich die Gründungsväter bereits mit der Unterbringung der zu erwartenden Studenten. So beantragt der Vorbereitungsausschuß beim Zehlendorfer Bezirksbürgermeister, Barackenraum im Flüchtlingslager Schlachtensee, wo 150 Studenten Unterkunft finden sollen. Der Ausschuß geht davon aus, daß auch eine Reihe von Studenten aus der Ostzone sich an der Freien Universität eintragen werden, für die es sonst keine Wohnmöglichkeit gäbe.

Mittwoch, 22. September

Die Magistratsabteilung für Ernährung beschäftigt sich mit einer Frage, die es eigentlich gar nicht geben dürfte. Sie legt Preise für „freie Lebensmittel" fest, die auf dem Landweg aus Westdeutschland nach Berlin gebracht werden. Je nach Lage der Dinge, so die Abteilung, werden diese Lebensmittel für die Gemeinschaftsverpflegung oder direkt Einzelhandelsgeschäften zur Verfügung gestellt, wo sie „außerhalb der geltenden Verpflegungsnormen" und ohne Marken verkauft werden. Der Vermerk über die Preisfestsetzungen ist als „streng vertraulich" eingestuft, weil es diesen Handel mit Westdeutschland offiziell gar nicht gibt und weil der Magistrat die Lebensmittel aus Krediten der Westzonen bezuschußt, die hierfür nicht gedacht sind.

In Frankfurt am Main tagt derweil der „Berlin-Ausschuß", dem Vertreter der Westzone und Berlins angehören. Er kommt zu dem Ergebnis, daß Berlin bis zum Jahresende mindestens 100 Millionen Mark an finanzieller Unterstützung, weitgehend in Form von Krediten, benötigt. Offen allerdings ist noch, in welcher Form diese Kredite gewährt werden können. Zwar haben die Finanzminister der westdeutschen Länder Kredite grundsätzlich zugesagt, doch die Bank Deutscher Länder denkt gar nicht daran, die Kredite zu gewähren. Sie sieht in einer allgemeine Zusicherung der Länderfinanzminister keine ausreichende Kreditsicherung.

Wie bei einer solchen Einstellung West-Berlin in den kommenden Monaten die Blockade überstehen soll, ist fraglich, zumal die Versorgung der West-Berliner immer eine Frage des Geldes ist. Das gilt auch für das Rechenexempel, nach dem die Haushalte in den Westsektoren als Minimum für den kommenden Winter vier Zentner Steinkohle-Einheiten benötigen. In der Praxis heißt das, daß ab sofort 120 Tage lang zusätzlich mindestens 1.500 t Kohle pro Tag per Flugzeug nach Berlin gebracht werden müssen.

Eine neue Runde im „Briefmarkenkrieg" läutet die ostzonale Postverwaltung ein. Sie kündigt die Herausgabe von Briefmarken mit den Porträts von überwiegend kommunistischen „Freiheitskämpfern" an. Der Magistrat protestiert zwar bei der Deutschen Wirtschaftskommission gegen diese Pläne, weil er darin einen rechtswidrigen Eingriff in seine Zuständigkeit sieht, kann aber letztlich an dem Vorhaben nichts ändern.

Donnerstag, 23. September

Die West-Berliner sind bescheiden geworden. Und so freuen sie sich, daß der britische Stadtkommandant die Abgabe von Braunkohlenbriketts erlaubt, wenn auch nur ein geringer Teil der Haushalte in den Westsektoren in den Genuß dieser Sonderzuteilung von je einem Zentner Briketts kommt. Berücksichtigt werden nur die Familien, die am 18. September, dem Geburtstag der amerikanischen Luftwaffe, zwei oder mehr Kinder hatten.

Es ist beeindruckend, daß trotz der schlechten Versorgungslage noch immer relativ wenig West-Berliner sich auf das Angebot der Russen zur Versorgung im Ostsektor eingelassen haben. Lediglich 65.000 West-Berliner sind in den Kartenstellen im Ostteil Berlins gemeldet, darunter 10.000 Falkenseer, denen gar keine andere Wahl blieb. Selbst die SED räumt intern ein, daß diese West-Berliner sich weniger wegen der Lebensmittelversorgung im Ostteil angemeldet haben, als vielmehr wegen der Brennstoffknappheit in den

Westsektoren und keinesfalls – und dieses ist noch wichtiger – aus politischen Gründen.

Eine Schwachstelle im technischen Ablauf der Luftbrücken-Versorgung stellt noch immer der zu langsame Umschlag der eingeflogenen Güter dar. So braucht es beispielsweise anderthalb bis zwei Tage, bis Arbeiter, selbst wenn sie in zwei Schichten eingesetzt sind, einen 200-Tonnen-Kahn der Magistratsflotte beladen haben. Nun soll das Tempo beschleunigt werden. Lebensmittel z.B. werden von Gatow nach Kladow gebracht und dort über ein neues Transportband auf die Kähne umgeladen. Mit dem Bau eines weiteren Transportbandes soll der Umschlag weiter beschleunigt und nach Möglichkeit verdoppelt werden. Zudem kündigt die britische Militärregierung an, künftig in verstärktem Maße Rohstoffe einzufliegen. Damit wäre vor allem der West-Berliner Industrie geholfen, die nicht nur unter Energiemangel leidet, sondern zahlreiche Betriebe hat schließen müssen, weil sie über keine Rohstoffreserven mehr verfügt.

Punkt für Punkt „arbeitet" die SED ihr Spaltungsprogramm ab. Im Ostsektor sowie auf den im Westsektor liegenden S-Bahnhöfen, die der ostzonalen Reichsbahndirektion unterstehen, läßt sie in den Kiosken von Ost-Berliner Polizei sämtliche West-Zeitungen beschlagnahmen.

Freitag, 24. September

Zunehmend beginnen die westlichen Bezirke mit Gegenmaßnahmen auf die Spaltungsbestrebungen der SED zu regieren. Nachdem der Bezirk Charlottenburg bereits beschlossen hat, sich von SED-Mitgliedern und -Sympathisanten in dem Umfang zu trennen, wie in Ost-Berlin demokratisch eingestellte Mitarbeiter aus dem Dienst entlassen werden, beschließt das Tempelhofer Bezirksamt nun, an Einwohner des Bezirkes, die sich im Ostsektor zur Versorgung eingetragen haben, keine Schuhe und Textilien mehr auszugeben.

Wegen des Mangels eigentlich an allem Nötigen, liegt die West-Berliner Bauwirtschaft nahezu am Boden. Dennoch blickt sie in die Zukunft und präsentiert sich in den Messehallen am Funkturm mit der „Bauleistungsschau 1948". Der britische Stadtkommandant General Herbert eröffnet diese vom Hauptamt für Stadtplanung organisierte Ausstellung, die die Kriegszerstörungen ebenso zeigt, wie die in die Zukunft gerichteten Vorstellungen zum Wiederaufbau der deutschen Hauptstadt.

Mit einem Thema, das Teile der Deutschen noch jahrezehntelang beschäftigt, wird der amtierende Oberbürgermeister Dr. Ferdinand Friedensburg konfrontiert. Der „Allgemeine Radio-Bund Deutschland" beklagt sich schriftlich darüber, daß im allgemeinen Sprachgebrauch sich zunehmend der Begriff „Ostzone" als Bezeichnung für die Sowjetische Besatzungszone durchsetzt. Durch einen solchen Sprachgebrauch, so die Befürchtung, könnten künftige gesamtdeutsche Regelungen, insbesondere im Hinblick auf die Oder-Neiße-Grenze, vorweggenommen werden.

Auch das Berliner Schulwesen kann inzwischen als gespalten betrachtet werden. Während in den Westsektoren Lern- und Lehrmaterial Mangelwaren ist, stellt die ostzonale Deutsche Wirtschaftskommission den Schulen im Ostteil der Stadt eine Million Schulhefte sowie 60 t Papier zur Herstellung von weiteren Heften und Notizbüchern zur Verfügung. Außerdem werden den Schulen in Ost-Berlin 5.000 Glühbirnen, 250 cbm Schnittholz und 50 t Zement für dringlichste Reparaturen, die noch vor Wintereinbruch erledigt werden müssen, bewilligt.

Sonnabend, 25. September

Die Versorgungslage mit Brennmaterialien ist in den Westsektoren katastrophal. Zwar wird immer mehr Kohle eingeflogen und auch zaghafte Versuche, Torf abzubauen, sind aufgenommen worden, doch sieht sich die französische Militärregierung gezwungen, weitere drastische Energiesparmaßnahmen zu befehlen.

In allen öffentlichen Gebäuden muß die Raumbeheizung so weit wie möglich hinausgeschoben werden. Weder in Fabriken, Anstalten, städtischen Gebäuden und selbst in Krankenhäusern darf „Brennstoff irgendwelcher Art" zum Heizen von Räumen verwendet werden. Rechtzeitig sind, so Militärregierung, Maßnahmen zu ergreifen, um die Heizungs- und andere Anlagen vor Frostschäden zu bewahren, beispielsweise durch das Umwickeln von Wasserrohren mit Lumpen oder Stroh.

Mit dem bevorstehenden Winter beschäftigt sich nicht zuletzt die BVG. Sie braucht für den Winterbetrieb erhebliche höhere Stromkontingente und nimmt in dieser Frage Gespräche mit den drei westlichen Stadtkommandanten auf.

Die Hoffnungen auf eine bessere Versorgung mit Kohle richten sich unterdessen auf ein zusätzliches Transportband an der Umschlagstelle Kladow. Mit 1.600 t Kohle sollen jetzt hier täglich die Kähne der Magistratsflotte beladen werden können.

Für das Weihnachtsfest, das zwar erst in einem Vierteljahr gefeiert werden kann, spart schon jetzt die amerikanische Hilfsorganisation CRALOG. Im Westhafen lagern Kuchenmehl-Spenden der CRALOG, die aber erst einmal nicht angetastet, sondern für Weihnachten aufgespart werden sollen. Keinen Aufschub dagegen duldet ein anderes Problem. Das CRALOG-Hilfskomitee wird Verhandlungen mit dem Spandauer Viehhof aufnehmen, um wenigstens die Blindenhunde in den Westsektoren ausreichend füttern zu können.

Sonntag, 26. September

In dem Pamet-Lichspielen in der Bülowstraße 6 im amerikanischen Sektor läuft gerade der Film „Carmen", als es zu einem der schwersten Unglücke in der Berliner Nachkriegszeit kommt. Die Decke des Kinos stürzt ein und begräbt die Besucher unter sich. In dem mit 366 Plätzen restlos ausverkauften Kino sterben 18 Menschen unter dem Trümmern. 30 werden schwer, 30 weitere leicht verletzt.

Es gehört schon fast zur Berliner Nachkriegstradition, daß die britische Luftwaffe West-Berliner Kinder zur Erholung nach Westdeutschland fliegt. Nach längerer Unterbrechung werden diese Flüge nun wieder aufgenommen, wobei die britische Luftwaffe wöchentlich 840 Plätze zur Verfügung stellt. Ausdrücklich werden keine kranken Kinder ausgeflogen, sondern unterernährte und erholungsbedürftige. Und ebenso ausdrücklich wird darauf verwiesen, daß es sich keinesfalls um eine „Evakuierung" handelt, wie die Ost-Berliner Zeitungen ihren Lesern immer wieder suggerieren wollen. Bei der Auswahl der Kinder, die in Westdeutschland vornehmlich bei Pflegeeltern untergebracht werden, werden strenge Maßstäbe angelegt. So dürfen sie keine Bettnässer sein, und sie dürfen bisher keine wesentlichen Schwierigkeiten in der Erziehung bereitet haben. Für viele Eltern, wie auch die Kinder selbst, ist die Entscheidung, ob sie das Angebot der Briten annehmen nicht ganz einfach. Denn offen ist, wann die Kinder nach Berlin zurückkehren können. Der Frachtraum in den Flugzeugen wird auf den Flügen nach Berlin für Lebensmittel, Kohle und andere Güter gebraucht, da ist für die Kinder kein Platz. Sie werden daher in der Mehrzahl das Ende der Blockade in Westdeutschland abwarten müssen, und wann dieses ansteht, weiß niemand.

Diese Probleme haben die Berliner Eltern nicht, die ihre Kinder in die Ferienlager der SED-Nachwuchsorganisation FDJ geschickt haben. Rund

20.000 Kinder und Jugendliche vor allem aus dem Ostsektor hatten in den großen Sommerferien die FDJ-Einladung angenommen. 3.000 von ihnen treffen sich an diesem Tag im Friedrichstadt-Palast, um Erinnerungen auszutauschen und ganz speziell, um eine „Dankadresse" an den sowjetischen Stadtkommandanten Kotikow zu richten. Parallel zu den Kinder-Ferienlagern hatte der kommunistische FDGB einen Feriendienst eingerichtet. 17.000 Berliner FDGB-Mitglieder hatten in den letzten Wochen von den Ferienangeboten Gebrauch gemacht.

In krassem Gegensatz zu diesen „Wohltaten" stehen die täglichen politischen Aktivitäten der Berliner SED. Sie verstärkt den Einsatz von Bahnpolizisten, die in den S-Bahn-Zügen Reisende nach West-Zeitungen zu durchsuchen und die unerwünschten Blätter zu beschlagnahmen haben. Immer häufiger kommt es dabei zu tätlichen Auseinandersetzungen.

Montag, 27. September

Den sowjetischen Propagandisten und denen der SED kommt die steigende Arbeitslosigkeit in den Westsektoren außerordentlich gelegen. Zufrieden verbreitet die sowjetische Zentralkommandantur denn auch, daß sich in jeder Woche etwa 300 arbeitslose West-Berliner in den Betrieben des Ostsektors zur Arbeit melden. Sie sind dort hochwillkommen und erhalten nicht nur Zuteilungen an Bekleidung, Gemüse und Brennstoffen, sondern zusätzlich noch eine tägliche warme Mahlzeit.

Zwar erhoffen sich Russen und SED von der Umgarnung der West-Berliner Arbeitslosen Propagandaeffekte, doch treten diese nur in begrenztem Maße ein. Größere Effekte erhofft sich die SED daher von 32 Parteifunktionären, die jetzt auf Beschluß des Vorstandes in den Westsektoren die Parteiarbeit verstärken sollen.

Dienstag, 28. September

Als ob Magistrat und die vielen privaten Hilfsorganisationen nicht schon genug Schwierigkeiten hätten, z.B. Spenden außerhalb der militärischen Luftbrücke nach Berlin transportieren zu lassen, kündigt die American Overseas Airlines an, daß sie sich künftig Flugkarten und Frachtgut auf der Strecke Frankfurt – Berlin nur noch in Devisen, also in amerikanischen Dollar, bezahlen lassen wird. Nur noch in wenigen Sonderfällen, deren Notwendigkeit von der amerikanischen Militärregierung zu bestätigen ist, wird die Gesellschaft eine Bezahlung in Westmark akzeptieren.

Das Problem fehlenden Transportraumes führt auch dazu, daß der Magistrat zwar für zwei Millionen Mark in westdeutschen Fabriken Textilien gekauft hat, diese aber nicht nach Berlin gebracht werden können. Sobald Flugraum für Konsumgüter bereitgestellt werden könne, so die in dieser Situation wenig tröstliche Auskunft der Militärregierungen, könnten die Textilien in Westdeutschland abgerufen werden.

Daß die West-Berliner in dieser Lage gegenüber den Verlockungen, die sie fast täglich aus dem Ostsektor erreichen, standhaft bleiben, ist keinesfalls selbstverständlich. Nun veröffentlicht die sowjetische Zentralkommandantur die Meldung, daß die Kapazitäten der Nährmittelfabriken in Ost-Berlin wesentlich erweitert worden sind. Eine neue Margarinefabrik könne nicht nur die gesamte Berliner Fabrik versorgen, sondern auch noch einen Teil der Bevölkerung der Sowjetischen Besatzungszone. Außerdem erhielten die Menschen in Ost-Berlin nun Verpflegung nach erhöhten Rationssätzen, läßt der sowjetische Stadtkommandant verkünden. Die Zahl der West-Berliner, die sich angesichts dieser günstigen Versorgungslage innerhalb von nur acht Tagen zum Lebensmittelbezug im Ostteil der Stadt angemeldet habe, sei doppelt so hoch wie im gleichen Zeitraum des Vormonats, verbreitet die Kommandantur, verschweigt aber wohlweislich absolute Zahlen.

Eine Bestandsaufnahme über die Kriegsschäden in der Stadt haben die Westmächte aufstellen lassen und ermächtigen nun den Magistrat, alle Gebäude abreißen zu lassen, die zu über 65 Prozent beschädigt sind und kaum mehr instandgesetzt werden können. Für den Abriß kommen danach im amerikanischen Sektor 15.022 Gebäude, im britischen 5.956 und im französischen 9.900 Gebäude in Betracht. Da aber im Berlin dieser Tage selbst Ruinen bewohnt sind, macht der Magistrat von der Abrißgenehmigung keinen Gebrauch. Zudem wird das Programm zum Jahresende noch einmal überdacht, die meisten der zum Abriß freigegebenen Häuser dann doch repariert.

Mittwoch, 29. September

Wenn es um die finanzielle Unterstützung West-Berlins geht, geben sich die westdeutschen Länder außerordentlich zugeknöpft, auch wenn Amerikaner und Briten sie nun entlasten. Alle Lebensmittel, Rohstoffe oder Kohlen sollen aus den Erlösen der Importe nach Deutschland beglichen werden. Die Deutschen haben damit nur die Kosten für das Be- und Entladen der Flugzeuge sowie die Löhne der Arbeiter auf den Flugplätzen zu übernehmen. Dennoch aber verhalten sich die westdeutschen Politiker reserviert, und Hamburgs Bürgermeister Max Brauer provoziert mit seinem Vorschlag sogar einen Eklat. Er regt an, wöchentlich 20.000 Berliner aus der Stadt zu evakuieren und denkt dabei vor allem an Kinder, Kranke und alte Menschen. Er könne sich vorstellen, daß Hamburg 5.000 der wöchentlich Evakuierten aufnehme. Sowohl der amerikanische Militärgouverneur Lucius D. Clay wie auch sein britischer Kollege General Brian Robertson weisen den Vorschlag strikt zurück. Die Berliner hätten ihren eigenen Stolz, „in der Schlacht um Berlin" machen die Gouverneure Brauer klar, und General Clay bietet dem Hamburger Bürgermeister sein Flugzeug an, damit er sich einmal ein paar Tage in Berlin umsehen kann.

Ein Blockade-Notprogramm hat inzwischen der neu ins Leben gerufene Industrie-Ausschuß West-Berlin aufgestellt. Er setzt sich dafür ein, die westlichen Sektoren verstärkt mit Rohstoffen, Kohlen und elektrischer Energie zu versorgen, damit während der Blockadezeit wenigstens eine 40-Stunden-Arbeitswoche aufrechterhalten werden kann. Die Bedeutung dieses Planes wird durch die Tatsache unterstrichen, daß bisher schon fast 4.700 Betriebe in den Westsektoren haben schließen müssen und 35.000 Menschen dadurch arbeitslos wurden.

In letzter Minute entgehen in Berlin 25 Männer einem schlimmen Schicksal. Sie sind von den Russen zwangsverpflichtet worden und sollen unter menschenunwürdigen Umständen im Uranbergbau Aue eingesetzt werden. Als der Transportzug auf dem Weg in den Süden der Sowjetischen Besatzungszone auf dem Bahnhof Zoo hält, gelingt den Männern die Flucht.

25 Lastwagen, die mit Lebensmitteln beladen aus der Ostzone in den Ostsektor unterwegs sind und dabei durch West-Berlin fahren, werden von den westlichen Militärbehörden beschlagnahmt. Die Nahrungsmittel werden den Ernährungsämtern der westlichen Bezirke zur Verteilung überlassen.

Donnerstag, 30. September

Die kommunistische Ideologie braucht Märtyrer, und die SED hat sie in der Person von elf Polizisten gefunden, die bei ihrem Einsatz gegen die Demonstranten am 9. September vor dem Reichstagsgebäude verletzt worden waren. Als Lohn für ihren Einsatz gegen die Bevölkerung dürfen sie einen 14tägigen Urlaub auf Rügen antreten.

Mit dem „Postkrieg“ in Berlin befassen sich Währungsexperten des westdeutschen Länderrates. Große Mengen überdruckter Briefmarken, die in Berlin mit der billigen Ost-Mark erhältlich sind, werden im Westen gegen die begehrte D-Mark verkauft. Die Gewinne der Schieber sind gewaltig, und Fachleute sehen sogar eine Gefährdung der westdeutschen Währung. Der Rechtsausschuß greift zu einem harten Mittel: Er läßt die Marken ohne jede Entschädigung für ungültig erklären.

Ganze 2.558 zivile Personenwagen sind derzeit im amerikanischen Sektor zugelassen, im britischen 1.248 und im französischen 917. Gemessen daran ist der Ostsektor keineswegs untermotorisiert, denn hier sind 2.417 private Personenwagen zugelassen. Daneben bewegen sich auf den Berliner Straßen insgesamt 2.250 Motorräder, 100 Krankenwagen, 171 Busse sowie 20.309 Lastwagen und Kipper.

September 48: Zur Spaltung der Stadt hatte die SED auch die Straße mobilisiert. Kommunistische Parteigänger stürmten am 6. September 1948 das Neue Stadthaus. (Foto: BA, Y-1, 1805/70)

Prof. Ernst Reuter, Stadtrat für Verkehr, rief nach dem kommunistischen Sturm auf das Neue Stadthaus am 9. September die Völker der Welt auf, Berlin nicht im Stich zu lassen. (Foto: Bundespresseamt)

„Geordnetes Chaos" auf dem britischen Flugplatz Gatow. (Foto: Royal Air Force)

Um die Versorgung West-Berlins zu sichern, mußten auch große Mengen von Ersatzteilen für die Luftbrücken-Flugzeuge eingeflogen werden. (Foto: Royal Air Force)

auptabteilung II, C-9. J. Hofmeister

Berlin, den 2. September 1948.

Getreide - Bedarf vom 1.August 1948 bis 31.Juli 1949.

1.)	Für Bevölkerung	
	a) für Brot (alte Ration, Bevölkerungszahl III. Quartal 1948)	1.5o2.ooo t
	b) für Nährmittel (alte Ration, Bevölkerungszahl III.Quartal 1948)	275.ooo t
	c) für Kaffee-Ersatz (alte Ration, Bevölkerungszahl,III.Quartal 1948)	39.5oo t
	d) Sonderzuteilungen (Weihnachten, Ostern)	14.ooo t
2.)	Für Industrieverbrauch (Malz, Spiritus u.sonst.)	9o.ooo t
3.)	Für Futterzwecke	8o.ooo t
4.)	Für SMA	75.ooo t
	SMA - Reserve	25.ooo t
		2.1oo.5oo t

Verbesserungen:

1.)	Erhöhung der Personenzahl nach Befehl 234 um o,5 Mill. Personen ab 1.1o.1948		16.6oo t
2.)	Erhöhung der Brotration Gruppen 1 bis 4 um 5o g pro Tag ab 1.Oktober 1948	Gruppe 1	4.44o t
		" 2	14.82o t
		" 3	29.14o t
		" 4	77.o3o t
3.)	Erhöhung der Nährmittelration Gr. 2 Kat.I um täglich 1o g ab 1.1o.1948		1.o4o t
	Erhöhung Gr. 4 und 5 ab 1.1.1949 um 1o g täglich		33.8oo t
4.)	Kaffee-Ersatz ab 1.1.1949 für die ganze Bevölkerung (ohne Berlin) um 25 g monatlich		3.6oo t
5.)	Umstufung der Randgebiete Berlin von Kat.II auf Kat.I (2oo.ooo Personen) ab 1.1o.1948		3.45o t
6.)	Rrhöhung der Zusatzversorgungsdauer für werdende und stillende Mütter (um 2 Monate) ab 1.1o.1948		67o t
7.)	Erhöhung der Zusatzversorgten ambulanten Tbc-Kranken von 95.ooo auf ca. 175.ooo ab 1.1o.1948		45o t
		Zusammen:	2.285.54o t
	Aufkommen voraussichtlich		2.334.55o t
		Reserve:	49.olo t .

A. Lue 7.9.48

bt138

642

DVHV
Abt V/ 5504
Eing. am: 10.9.
Abt. Lt
50
1

8.9. 1355

[F]ernschreibvermittlung

dwk bln
fs nr. 2377/48 8.9.48 13.40/meyer
abt.handel und versorgung potsdam, den 8.9.1948
gz: 2321-dwk 4889 zim..345/boh/.schw.-

- - - - - - - - - - - - - - - -

Deutsche Wirtschaftskommission
f. d. sowjetische Besatzungszone
Eing. 9. SEP. 1948 1195
Hauptverwaltung
Handel und Versorgung

zonenversorgung b e r l i n
= = = = = = = = = = = = = = = =

magistrat berlin erklaert fuer die restlichen zwanzigtausend tonnen getreide laut versorgungsplan fuer das dritte quartal verfuegungen nicht erteilen zu koennen. durch diese verladesperre ist wegen lagerraummangel weitere erfassung in verschiedenen kreisen ernstlich gefaehrdet.um anderweitige abdisponierung von zwanzigtausend tonnen roggen als ersatz fuer berlin wird dringend gebeten.

regiepotsdam
- 2321-

s t r e i t ++

5514

VORBEREITENDER AUSSCHUSS

DER FREIEN UNIVERSITÄT BERLIN

XXXXXXXXX
Sozialreferat
Gri/Sche.

BERLIN-DAHLEM, den 21.9.48
BOLTZMANNSTRASSE 4
TELEFON: 76 58 41

Herrn
Bürgermeister Schott

(1)Berlin-Zehlendorf
Bezirksamt

Betr.: Zuteilung von Barackenraum im Unrra-Lager, Schlachtensee.
Bezug: Unterredung des Unterzeichneten mit dem Hauptsachbearbeiter im Wohnungsamt Zehlendorf, Herrn Lehmann am 20.9.1948.

Antrag

Wir bitten um Zuweisung von Baracken-Wohnraum im Unrra-Lager, Schlachtensee für ca. 150 Studierende, welche wir dort in einem gemeinschaftlichen Wohnprojekt zusammenzufassen planen.

Begründung: Aufgrund der allgemeinen politischen und wirtschaftlichen Situation Berlins und der Ostzone müssen wir mit einer grösseren Anzahl von Studierenden aus der Ostzone rechnen, die in Berlin keine Wohnmöglichkeiten haben und möglichst billig und dabei zweckmässig untergebracht werden müssen. Wir glauben, dass dies in dem Ihrer Verfügung unterstehenden ehemaligen Unrra-Lager am günstigsten durchzuführen ist.

Daher bitten wir Sie, uns bei der durch Sie vorgenommenen Verteilung entsprechend unserem Antrag berücksichtigen zu wollen.

Hochachtungsvoll

gez. Grimke
Sozialreferent

A 1

Bestände an Kraftfahrzeugen mit Fahrberechtigung in Groß-Berlin

einschließlich der vorübergehend stillgelegten, ausschließlich der gelöschten Fahrzeuge
nach dem Stand vom 30. September 1948
(im wesentlichen nach den Angaben des Kraftverkehrsamtes)

Fahrzeugart	Sektor					
	Amerikan.	Britisch	Bi-Sektor	Französisch	Sowjetisch	Gesamt
Krafträder						
bis 250 ccm Hubraum	443	269	712	124	444	1 280
über 250 ccm Hubraum	320	169	489	136	345	970
Krafträder insgesamt	763	438	1 201	260	789	2 250
Personenkraftwagen						
bis 2,5 l Hubraum	—	—	—	—	—	—
über 2,5 l Hubraum	—	—	—	—	—	—
Personenkraftwagen insgesamt	2 558	1 248	3 806	917	2 417	7 140
Krankenkraftwagen insgesamt	35	15	50	9	41	100
Kraftomnibusse insgesamt	53	43	96	24	51	171
Lastkraftwagen und Kipper						
Nutzlast bis 1 t einschl.	3 809	2 008	5 817	1 578	3 978	11 373
Nutzlast 1,1 bis 2 t einschl.	1 020	538	1 558	423	1 066	3 047
Nutzlast 2,1 bis 4 t einschl.	1 565	825	2 390	648	1 634	4 672
Nutzlast 4,1 bis 5 t einschl.	272	143	415	113	284	812
Nutzlast über 5 t	136	71	207	56	142	405
Lastkraftwagen u. Kipper insges.[1]	6 802	3 585	10 387	2 818	7 104	20 309
Kraftstoffkesselwagen insgesamt	4	26	30	—	5	35
Zugmaschinen (einschl. Sattel-, Raupen- und Hilfsschlepper)	658	506	1 164	314	780	2 258
davon in der Landwirtschaft	(—)	(—)	(—)	(—)	(—)	(—)
Sonstige Kraftfahrzeuge insgesamt	172	96	268	63	169	500
Kraftfahrzeuge insgesamt	11 045	5 957	17 002	4 405	11 356	32 763
Kraftfahrzeuganhänger insges.[2]	2 225	1 737	3 962	983	2 216	7 161

[1]) Einschließlich Elektro-Fahrzeuge
[2]) Zulassung läuft z. Zt. bei dem Kraftverkehrsamt

Freitag, 1. Oktober

An diesem hundertsten Tag der Blockade bieten die Westsektoren ein höchst unterschiedliches Bild, gibt es doch Baustellen, die so gar nichts miteinander zu tun haben. Auf der einen Seite wird aufgebaut, nämlich auf den Flugplätzen, auf der anderen Seite setzt die französische Besatzungsmacht ungerührt ihre Demontagepolitik fort.

Bisher hat der Magistrat 2,3 Millionen Mark für den Bau von Start- und Rollbahnen auf den West-Berliner Flugplätzen ausgeben müssen. Pflastersteine, Grünstein, Edelsplitt und Ziegelbruch sind mit dem Geld bezahlt worden. Nicht weniger Mittel werden aufgebracht müssen, um die Straßen und Bürgersteige, die nun für den Flugplatzausbau aufgerissen wurden, notdürftig wieder herzurichten und zu sichern und später endgültig wieder auszubauen. Gleiches gilt für die stillgelegten Eisenbahnstrecken, deren Schotter für die Flugplätze gebraucht wird und die, wie die Strecke nach Witzleben im Bereich der Charlottenburger Rönnestraße, einstweilen als Steinbruch dienen. Die Ergebnisse dieser Arbeiten werden zunehmend sichtbar, beispielsweise in 60 neu betonierten Flugzeug-Standflächen auf dem Flugplatz Gatow.

Gleichzeitig aber geht die Demontage der Borsig-Werke im französischen Sektor weiter. Auf Befehl der französischen Besatzungsmacht sollen 2.000 Objekte, darunter 500 funktionsfähige Maschinen demontiert und zu einem großen Teil nach Jugoslawien gebracht werden. Über 2.000 t Material im Materialwert von 80.000 t sind dagegen nicht wieder sinnvoll verwendet, sondern in den zurückliegenden Monaten in den Tegelern Seen versenkt worden. Dazu sind bereits elf wertvolle Maschinen der Firma Maget, ebenfalls in Tegel, auf Befehl der französischen Besatzungsmacht nach Norwegen abtransportiert worden.

Bislang haben Russen und SED sich noch an den Vorbereitungen der mittlerweile für den 14. November vorgesehenen Neuwahlen zur Stadtverordnetenversammlung beteiligt. Mit der Einstellung jeglicher Mitarbeit machen sie überdeutlich, daß es auf lange Zeit keine Gesamt-Berliner Wahlen mehr geben soll.

Sonnabend, 2. Oktober

In den S-Bahnhöfen der Westsektoren ist es in den vergangenen Tagen immer wieder zu teilweise auch gewalttätigen Auseinandersetzungen zwischen Reisenden und Ost-Polizisten gekommen, die jede West-Zeitung, derer sie habhaft werden konnten, beschlagnahmten. Dieses Vorgehen der Ost-Berliner Polizei wollen die westlichen Stadtkommandanten nicht länger tatenlos hinnehmen und schicken ihrerseits West-Berliner Polizei in die S-Bahnhöfe, um die Fahrgäste vor Übergriffen zu schützen und einen ungehinderten Verkauf von westlich-lizensierten Zeitungen in den Bahnhofkiosken zu sichern.

Über 80.000 Tuberkulose sind in der Stadt registriert, doch die Hoffnung vieler von ihnen, demnächst zur Erholung nach Westdeutschland fliegen zu können, zerschlägt sich vorerst. Ungeachtet der Tatsache, daß in dem Braunschweiger Krankenhaus Mascherode, einem früheren Luftwaffenlazarett, 120 Betten zur Verfügung stehen und weitere 100 Betten in Goslar, teilt die britische Militärregierung dem Landesgesundheitsamt mit, daß derzeit über die Luftbrücke keinerlei Personen ausgeflogen werden können, die krank sind und ein Heilverfahren benötigen, das in Berlin nicht verfügbar ist.

Demgegenüber aber könnten weitaus mehr kranke und erholungsbedürftige Kinder nach Westdeutschland geflogen werden, wenn der Magistrat die entsprechenden Angebote der britischen Militärregierung ernst nehmen würde. Dieses jedenfalls ist einer Rüge des britischen Stadtkommandanten zu entnehmen, der auch darauf hinweist, daß für kranke Kinder ausreichend Betten in Westdeutschland zur Verfügung stehen.

Blockade heißt auch weiterhin nicht, daß die West-Berliner von der Umwelt abgeschnitten wären. Abgesehen davon, daß sie die Möglichkeit haben, im Ostsektor einzukaufen, decken sich die West-Berliner so gut und so oft es eben geht, im Umland ein oder fahren gar nach Sachsen oder Mecklenburg. Diese „Hamsterfahrten“ sind der SED zunehmend ein Dorn im Auge, haben sie doch zur Folge, daß die Bevölkerung in den Westsektoren das sowjetische Angebot, sich im Ostteil der Stadt zu versorgen, überhaupt nicht aufzugreifen brauchen. Entsprechend polemisiert der Berliner SED-Vorsitzende Matern gegen diese „Hamsterfahrten“ und spricht von „200.000 zersetzenden Berlinern“, die allein in nur vier Wochen ca. 100.000 t Gemüse und Kartoffeln aus der Sowjetischen Besatzungszone geholt hätten. Matern droht damit, diese „hanebüchene Ausplünderung“ der Ostzone zu stoppen.

Unterdessen verlieren SED und die übrigen kommunistischen Organisationen in den Westsektoren mehr und mehr an Boden. Allein im amerikanischen Sektor haben 80 Prozent der FDGB-Mitglieder ihre Mitgliedsbücher zurückgegeben. Wenn der Einfluß in West-Berlin schon schwindet, zementiert die SED ihre Machtposition in Ost-Berlin. So tritt in Treptow SPD-Bürgermeister Erwin Bennewitz zurück, nachdem auf Druck der SED sämtliche SPD- und CDU-Bezirksräte aus ihren Ämtern geworfen wurden.

Sonntag, 3. Oktober

Zunehmende Bedeutung in der Arbeit der West-Berliner Polizei gewinnt die Bekämpfung des Schwarzmarkthandels. Allein im September sind nach einem Bericht von Polizeipräsident Dr. Johannes Stumm 2.090 Schwarzmarktschieber festgenommen worden. Um die Polizei besser für ihre Aufgaben zu rüsten, wird die West-Berliner zusätzlich 2.000 Pistolen sowie 100.000 Schuß Munition erhalten.

Ein hitzig diskutiertes Thema bleibt weiterhin die Demontagepolitik der Franzosen in ihrem Sektor. Nun meldet sich die Unabhängige Gewerkschaftsorganisation - UGO - zu Wort und äußert öffentlich ihre Erwartung, daß sich kein Berliner Arbeiter an der Borsig-Demontage beteiligt.

Mit einer Wohltätigkeitsveranstaltung wollen Berliner Künstler erwerbsunfähigen Erwachsenen, Gebrechlichen und durch Blockade arbeitslos Gewordenen helfen. Im Friedrichstadt-Palast treten im Rahmen eines bunten Vormittags u.a. Sonja Ziemann, Rosi Seegers, Adi Appelt, Kurt Reimann, Jupp Flohr und Marta Hübner auf.

Für die Christen der Stadt ist dieser Sonntag ein ganz besonderer Tag. In einem Gottesdienst in der nach Abschluß des ersten Bauabschnittes notdürftig wiederhergestellten Marienkirche in der Nähe des Alexanderplatzes hält Probst Dr. Grüber die erste Predigt. In den letzten Monaten sind im Vorraum neun und im Kirchenschiff vier Fenster neu verglast worden, ein Innenanstrich steht bevor. Die bisherige Restaurierung hat 750.000 Mark gekostet, weitere 300.000 Mark werden noch gebraucht.

Montag, 4. Oktober

Zum zweiten Mal muß ein schon festgesetzter Termin für Neuwahlen zur Stadtverordnetenversammlung aufgegeben werden. Wegen sowjetischer Behinderungen der Wahlvorbereitungen werden Wahlen nicht am 14. November und vor allem nicht in allen Sektoren stattfinden können.

An den Viermächte-Status Berlins fühlen sich die westlichen Stadtkommandanten weiterhin gebunden. Konsequenz ist, daß die West-Berliner Polizei, die den Schutz von Reisenden auf den S-Bahnhöfen in den Westsektoren übernommen hat, nun wieder abgezogen wird.

Gleichzeitig will die sowjetische Militäradministration die West-Berliner mit einem besonderen Angebot zu ködern. Sie beschließt die Einrichtung von staatlichen Läden im Ostsektor der Staat, die einerseits den Schwarzmarkt austrocknen und zugleich die West-Berliner Kaufkraft abschöpfen sollen. Als „Erstausstattung" dieser Läden, die sich allein schon wegen der hohen Preise an die Verbraucher aus den Westsektoren richten, sind im vierten Quartal 1.000 t Kunsthonig, 20.000 t Backwerk, 25 bis 50 t Kaffee, 125.000 t Briketts, 2.159 Akkordeons, 1,5 Millionen Paar Strümpfe und Socken sowie drei Millionen Meter Textilien, dazu 12prozentiges Bier, Likör und Zigaretten vorgesehen.

Völlig anders geartet dagegen ist die Bestelliste des Landesgesundheitsamtes für die Bevölkerung West-Berlins. Drei Millionen Tabletten Antineuralgica, 10.000 kg DDT-Pulver zur Läusebekämpfung werden ebenso dringend benötigt wie weiterer Grippeimpfstoff. 50.000 Personen können mit dem vorhandenen Impfstoff geschützt werden, in erster Linie sollen dieses Polizeiangehörige sein, aber auch medizinisches Personal. Gebraucht wird aber auch Schwefeldioxyd zur Behandlung räudekranker Pferde. Fortgeführt werden muß schließlich die Ratten- und Wanzenbekämpfung.

Dienstag, 5. Oktober

Die westdeutschen Länder sollen zwar für die Finanzierung der blockierten Berliner Westsektoren aufkommen, sie tun sich aber weiterhin damit schwer. Zwar genehmigt der Finanzausschuß für Oktober einen Kredit in Höhe von 20 Millionen Mark, jedoch wird es damit nicht getan sein. Neue Finanzierungsquellen kommen ins Gespräch, so das „Notopfer Berlin", das nach ersten Überlegungen von allen westdeutschen Haushalten in einer Höhe von 50 Pfennig monatlich aufgebracht werden soll.

Auf den S-Bahnhöfen ist die Verwirrung komplett. Nachdem am Vortag die westlichen Stadtkommandanten die West-Berliner Polizei, die zum Schutz der Reisenden eingesetzt worden war, abgezogen hatten, übernehmen West-Polizisten nun wieder die Bewachung der Bahnhöfe. Zusätzlich sollen eigene Bahnhofswachen eingerichtet und mit Kriminal- und mit Schutzpolizei besetzt werden. Als Standorte sind die S-Bahnhöfe Zoo, Spandau-West, Gesundbrunnen, Anhalter Bahnhof und Wannsee vorgesehen.

Gerade einmal 400 t Kohle stehen den West-Berliner Krankenhäusern im kommenden Winter zur Beheizung der Räume zu. Ist dieses schon wenig genug, geht es freipraktizierenden Ärzten, Tierärzten, Zahnärzten und Dentisten in den Westsektoren noch schlechter, denn bei ihnen ist selbst die Bereitstellung von Petroleum und Kerzen noch völlig ungeklärt. Unsicher ist auch, in welcher Weise die 290 Apotheken in West-Berlin weiterarbeiten können. Viele Medikamente sind kälteempfindlich und müssen in geheizten Lagern aufbewahrt werden. Sie werden zentral in den Arzneimittellagern Dahlem und Charlottenburg deponiert, die hierfür 150 Zentner Kohle erhalten. Weitere 300 Zentner Kohle werden Auslieferungslagern und Großhandlungen zugestanden.

Anderer Natur sind die Vorbereitungen in Betrieben, die keine Kohle zur Beheizung der Arbeitsräume erwarten können. Sie stellen sich auf die Ausgabe von Heißgetränken ein und werden Holzroste, Strohmatten und Strohschuhe für ihre Arbeiter ausgeben.

Mittwoch, 6. Oktober

Im Mittelpunkt aller Diskussionen, wie der kommende Winter überstanden werden kann, steht immer wieder die ausreichende Versorgung mit Brennstoffen. Die Berliner sind sehr wohl bereit, Opfer auf sich zu nehmen und haben dieses inzwischen häufig auch tun müssen. Nun aber sind sie geschockt: Die drei westlichen Stadtkommandanten befehlen den Einschlag von 350.000 Raummetern Holz. Dieses bedeutet, daß bis zum 31. Januar 1949 zwei Drittel aller Berliner Wälder abgeholzt werden müssen, um 200.000 Raummeter zu gewinnen. Daneben muß jeder zweite Baum in Straßen, Parks und Gärten für die restlichen 150.000 Raummeter Axt und Säge zum Opfer fallen.

Obwohl sich schnell Widerstand gegen dieses konkrete Vorhaben regt, sind sich die West-Berliner doch im Klaren darüber, daß dringendst Brennmaterial benötigt wird. So richtet der Bezirk Zehlendorf als einer der ersten Notunterkünfte für frostgefährdete Säuglinge ein, weil die elterlichen Wohnungen nicht geheizt werden können.

Für die SED ist die Notsituation willkommener Anlaß für eine Reihe von Propagandaaktionen. Der „Demokratische Frauenbund Deutschlands" bietet unter dem Motto „Kein Kind soll frieren" umgehend Patenschaften in den westlichen Stadtbezirken an und will zusätzliche Wärmehallen einrichten. Etliche West-Berliner Gastwirte sind bereit, Räumlichkeiten dafür zur Verfügung zu stellen. Da der Frauenbund davon ausgeht, daß die westlichen Stadtkommandanten oder Bezirksverwaltungen diese Aktivitäten nicht erlauben, will er notfalls „die Gefährdeten bitten, Gast im Ostsektor zu sein".

Weiterhin ist das Veterinäramt auf der Suche nach Futter für die Nutztiere in der Stadt, aber auch für die Versuchstiere in den Forschungseinrichtungen. Besonders wichtig ist es, getrocknete Rübenschnitzel aus Westdeutschland zu beschaffen, um die 11.177 Rinder und 6.812 Milchkühe, die die einzigen Milchlieferanten sind, füttern zu können.

Die Gegenblockade, die die Westmächte verhängt haben, ist zwar im wirtschaftlichen Bereich noch außerordentlich löchrig, doch das hindert die amerikanische Militärregierung nicht daran, den Berliner Philharmonikern zu verbieten, vor Aufhebung der Blockade im „Berliner Rundfunk" oder in der Sowjetischen Besatzungszone Konzerte zu geben. Ein für den kommenden Sonnabend geplantes Konzert im Großen Sendesaal des „Berliner Rundfunks" muß daher kurzfristig abgesagt werden.

Donnerstag, 7. Oktober

Die West-Berliner wollen den Befehl der Stadtkommandanten zur Abholzung des größten Teiles ihrer Wälder keinesfalls widerspruchslos hinnehmen. Auf die Folgen des Einschlages macht Forstmeister Bouvier vom Berliner Hauptforstamt aufmerksam. Bei der vorgegebenen Menge von 350.000 Raummetern Holz würde ein Kahlschlaggebiet in einer Größe von 12.000 ha geschaffen, dem die Tegeler und Düppeler Forsten, der Grunewald und die Spandauer Wälder fast vollständig zum Opfer fielen. Bouvier warnt vor der Versteppung und Verkarstung großer Teile Berlins, die nicht zuletzt auch zu einem Ende der landwirtschaftlichen Nutzung der Berliner Stadtgüter und Kleingärten führen würde. Schließlich stünde der Beschaffung von Holz, das gerade einmal acht Wochen lang als Anfeuerungsholz ausreichte, eine Aufforstung gegenüber, die ein ganzes Menschenalter oder länger brauchte.

Die Arbeitslosigkeit in den Westsektoren nähert sich der 100.000-Marke. 89.227 Menschen sind nach amtlichen Angaben ohne Arbeit, und in Kürze wird ihre Zahl steigen. Denn von den 16.400 Arbeitern, die noch auf der Baustelle des neuen Flugplatzes Tegel beschäftigt sind, sollen mit Fertigstellung des Flugplatzes bis zum Monatsende 10.000 entlassen werden. Sicher dagegen sind die Arbeitsplätze auf den Flugplätzen Tempelhof und Gatow, wo zwischen 12.000 und 14.000 bzw. etwa 1.000 Berliner Arbeit und Lohn gefunden haben. Ihre Zahl wird sich wahrscheinlich weiter erhöhen müssen, denn mit der Inbetriebnahme des Luftbrücken-Stützpunktes Celle-Wietzenbruch in Niedersachsen kann die Kapazität der Luftbrücke erheblich gesteigert werden.

Russisch ist inzwischen im Ostsektor Berlins zur „führenden“ Fremdsprache avanciert. 40.000 Schülern wird an den Schulen jetzt die russische Sprache beigebracht, nur noch 30.000 die englische.

Freitag, 8. Oktober

Wenn es darum geht, die ostzonale Wirtschaft in Gang zu halten und die Zahlung von Reparationsleistungen an die Sowjetunion zu ermöglichen, ist die Deutsche Wirtschaftskommission durchaus bereit, trotz Blockade mit West-Berlin Geschäfte zu machen. So werden Verhandlungen mit dem Magistrat über die Lieferung von Fernstrom aus dem Kraftwerk Harbke geführt, das direkt an der Grenze zur britischen Zone, aber noch auf Gebiet der Sowjetischen Besatzungszone liegt. Um Stromlieferungen von 40.000 Kilowattstunden geht es bei den Gesprächen, und der Magistrat ist bereit, im Gegenzug ostdeutsche und Ost-Berliner Industrieunternehmen zu beliefern, die für die Deutsche Wirtschaftskommission von Bedeutung sind. Die Verhandlungen finden nun allerdings ein abruptes Ende, weil die sowjetische Kommandantur ihr Veto einlegt.

Eine massive Steuernachzahlung kommt auf die Berliner Brauereien zu. Am 20. Juli war die Biersteuer in allen vier Sektoren gesenkt worden, um den Bierkonsum anzukurbeln und somit Arbeitsplätze zu sichern und höhere Steuereinnahmen zu erzielen. Rückwirkend befiehlt die sowjetische Besatzungsmacht nun jedoch die Wiedereinführung der vorherigen Steuersätze, was für die Brauereien heißt, daß sie für jeden seit dem 20. Juli im Ostsektor Berlins verkauften Hektoliter Bier 25 bzw. 50 Mark Steuern nachzuentrichten haben.

Über zwei Millionen Menschen leben in den Westsektoren, und da sind die 60.000 Paar Schuhe, die die Firma Leiser in Westdeutschland gekauft hat, nicht eben viel. Hinzu kommt, daß noch völlig unsicher ist, wann die Schuhe in Berlin eintreffen werden, da der entsprechende Frachtraum in den Luftbrücken-Flugzeugen noch nicht bewilligt wurde.

Große Teile Berlins sind weiterhin ein Trümmerfeld, und die Berliner müssen mit und in Ruinen leben. Jetzt muß die Friedrichstraße für jeden Verkehr gesperrt werden, weil auch die Ruine des Tobishauses einzustürzen droht.

Sonnabend 9. Oktober

Was zu Beginn der Blockade niemand für möglich gehalten hatte, ist jetzt Wirklichkeit: Durch den Einflug von inzwischen 2.500 t Kohle pro Tag ist es der BEWAG möglich geworden, wieder kleine Kohlenvorräte anzulegen. 48.000 t liegen auf Halde, und bei einem Tagesbedarf von 900 t bedeutet dieses, daß die Westsektoren, wenn auch auf einem äußerst niedrigen Niveau, noch für fast 50 Tage mit Kohle versorgt sind. Grund zum Aufatmen ist diese Entwicklung allerdings noch längst nicht. Denn in den Wintermonaten wird der tägliche Strombedarf auf 120.000 Kilowattstunden ansteigen, der Kohlebedarf damit um rund 30 Prozent. Haushalte werden deshalb auch in Zukunft nur zweimal täglich zwei Stunden Strom geliefert bekommen können. Ebenso schlecht ist die Lage der GASAG, die bei 32.000 t Kohlen-Reserven und einem Tagesverbrauch von 600 t noch etwa 50 Tage Gas liefern kann.

Besonders kritisch stellt sich die finanzielle Situation der BEWAG dar. Seit zwei Monaten schon hat sie die Kohlelieferungen aus Westdeutschland nicht mehr bezahlen können und steckt tief in den roten Zahlen. Einnahmen in Höhe von 8.6 Millionen Mark stehen Ausgaben von 21 Millionen gegenüber. 5,1 Millionen Mark mußten allein für die Bezahlung der Kohle aufgewendet werden, wobei die Kohle aus der Sowjetischen Besatzungszone 31 Mark pro Tonne kostet und die Kohle aus Westdeutschland mit 60 Mark fast doppelt so teuer ist. Seit der Währungsreform und damit seit Beginn der Blockade haben die Gaswerke Neukölln, Mariendorf, Charlottenburg und Tegel 66.500 t Kohle bekommen, die BEWAG 117.000. Überraschend ist, daß in diesem Zeitraum 66.600 t Kohle aus Zechen der britischen Besatzungszone geliefert wurden, aus Zechen und dem Tagebau der Sowjetischen Besatzungszone sogar 155.000 t.

Sonntag, 10. Oktober

Hoffnung gibt es nun wieder für die Berliner Wälder, die nach einem ersten Befehl der westlichen Stadtkommandanten zur Brennstoffversorgung zu etwa zwei Dritteln hatten abgeholzt werden sollten. Der Befehl wird korrigiert, statt der ursprünglich vorgesehenen 350.000 Raummeter Holz sollen nun erst einmal „nur“ 120.000 geschlagen werden. 90.000 Raummeter sollen in den Wäldern gewonnen werden, davon allein 20.000 im Tiergarten, 15.000 bis 20.000 Raummeter durch das Fällen von Straßenbäumen und 5.000 Raummeter werden vom Fällen von Bäumen in Privatgärten erwartet. Derzeit verfügen die West-Berliner Bezirke über einen Holzvorrat von 90.000 Raummetern, der für einen Kasten Holz pro Haushalt reicht. Gebraucht werden aber mindestens für jeden Haushalt drei Kästen. Daß also Holz geschlagen werden muß, steht fest, noch nicht dagegen, welchen Nutzen es bei einem Feuchtigkeitsgrad von 70 Prozent tatsächlich haben wird.

In Hessen sind an diesem Tag unzählige Freiwillige unterwegs, um Spenden für West-Berlin zu sammeln. Das Ergebnis dieses „Hilfstages Berlin“ kann sich sehen lassen. Neben 843.000 Westmark kommen 375 t Lebensmittel und 1.600 Freiplätze für Berliner Kinder zusammen.

Montag, 11. Oktober

Briefmarken als politische Waffe und als Agitationsmittel setzt die Ostzonen-Post ein. Sie gibt Marken heraus, die u.a. Karl Marx, August Bebel, Friedrich Engels und Ernst Thälmann zeigen und auch in Ost-Berlin gültig sind. Der Magistrat protestiert zwar heftig gegen diesen Eingriff in seine Posthoheit, kann aber an den geschaffenen Fakten nichts ändern.

Ungebrochen ist die Hilfsbereitschaft der westdeutschen Bevölkerung. Der Geschäftsführer des Hilfswerkes Berlin, der hannoversche Oberbürgermeister Bradtke, gibt bekannt, daß allein in Bayern schon 150.000 kg Käse und 30.000 kg Kondensmilch gespendet worden sind. Butter, Mehl und Fleisch wurden in den Landkreisen Gummersbach und Lindau gesammelt. Außerdem stellen die Bayern erholungsbedürftigen Berliner Kindern 1.000 Freiplätze zur Verfügung. Die Spender ahnen allerdings nicht, daß die Lebensmittel wegen des fehlenden Transportraumes erst mit erheblicher Verzögerung nach Berlin gebracht werden können. Gebraucht werden in nächster Zeit weniger Lebensmittel, als wegen des bevorstehenden Winters vor allem warme Dekken. Dieses ist um so wichtiger, als in den Westsektoren Krankenhauspatienten empfohlen wird, Wollsachen und Federdecken mitzubringen, weil die Räume kaum noch beheizt werden können.

Um Hilfe für Berlin geht es auch bei Besprechungen im Zweimächtekontrollamt in Frankfurt am Main. Weil die westdeutschen Einrichtungen sich weiterhin mit der Unterstützung Berlins außerordentlich schwer tun, weist das Amt sie kurzerhand an, Berlin vorerst für drei Monate jeweils 50 Millionen Mark zur Verfügung zu stellen.

Überraschend ist diese Feststellung, die den Berlinern allerdings verborgen bleibt: Während die sowjetische Kommandantur sich weigert, Strom nach West-Berlin zu liefern und die Menschen in den Westsektoren unter extremer Stromknappheit leiden, wird gleichzeitig die sowjetische Zentralkommandantur im Ostsektor noch immer mit Strom aus West-Berliner Kraftwerken beliefert. Aus einem internen Bericht der BEWAG geht hervor, daß weiterhin mehr Strom von West- nach Ost-Berlin fließt als umgekehrt. Und die Verfasser des Berichtes meinen sogar: „Spaltungsabsichten scheinen bei den Besatzungsmächten noch nicht vorzuherrschen."

Dienstag, 12. Oktober

Seit Wochen geht die SED im Ostsektor gegen alle Mitarbeiter der Verwaltung vor, die sich nicht vorbehaltlos hinter ihre Spaltungspolitik stellen oder zum Kommunismus bekennen. 1.009 Angestellte und Arbeiter sind in den Bezirksämtern des Ostsektors bereits entlassen worden, ein großer Teil von ihnen wird als „politisch Gemaßregelte" in den Westsektoren versorgt. Über die im Bezirk Tiergarten eingerichtete Beratungsstelle für diese Opfer der SED konnten 400 der Entlassenen in West-Berlin in neue Arbeitsstellen vermittelt werden.

Schwieriger ist die Vermittlung der 507 inzwischen in West-Berlin beurlaubten Bezirksangehörigen, die der SED angehören oder ihr nahestehen. 139 von ihnen haben im Ostsektor eine neue Stelle gefunden, die Mehrzahl aber hat daran gar kein Interesse. Denn im Ostsektor bekämen sie ihr Gehalt in Ostmark ausgezahlt, und da ist ihnen die in Westmark gezahlten Arbeitslosenunterstützung in West-Berlin schon lieber.

Auf die westdeutschen Steuerzahler kommt nach den entsprechenden Beschlüssen der Verwaltung für Wirtschaft und des Länderrates das „Notopfer Berlin" zu, und keinesfalls alle Westdeutschen sind damit einverstanden.

Vor allem die Kommunistische Partei Deutschlands - KPD - schürt die Stimmung gegen dieses Notopfer und bringt in Essen-Borbeck z.B. 450 Frauen zu einer Protestkundgebung zusammen. Das Notopfer wird strikt abgelehnt, weil, so die Frauen, die Besatzungsmächte für die Versorgung der Stadt zuständig seien und nicht die „Werktätigen" Westdeutschlands.

Mittwoch, 13. Oktober

Mehr von psychologischer als von ernährungsphysiologischer Bedeutung ist die Entscheidung der Militärregierungen, vom 1. November an die Rationen in West-Berlin zu erhöhen. Zwischen zwei und 15 Gramm mehr Fett wird es danach pro Person und Tag geben, 15 bis 20 g mehr Zucker und in allen Kartengruppen fünf Gramm mehr Käse. Die West-Berliner stört bei dieser Ankündigung nur am Rande, daß die britische Militärregierung vorsichtshalber darauf hinweist, daß diese Rationserhöhung lediglich als Ausgleich für etwaige Härten im Winter und daher als nur vorübergehend zu betrachten ist.

Wenig Verständnis haben die Bezirksverwaltungen West-Berlins für diese Entscheidung des Magistrats: Sie hatten im Gegenzug für die Entlassung demokratischer Angestellten und Arbeiter in den Ost-Berliner Bezirken ihrerseits SED-Anhänger in den westlichen Bezirksämtern beurlaubt. Der Magistrat besteht jedoch zumindest für die westlichen Bezirke auf der Beachtung von Artikel 22 der vorläufigen Berliner Verfassung, nach der solche Beurlaubungen oder Entlassungen mit eben dieser Verfassung nicht vereinbar sind. Aktueller Anlaß für den Magistratsbeschluß ist das Votum der Tempelhofer Bezirksverordneten, all die Mitarbeiter aus dem Dienst zu entfernen, die durch Äußerungen oder Handlungen gegen die Grundsätze der Menschlichkeit oder gegen Anordnungen von Magistrat und Stadtverordnetenversammlung verstoßen.

Die Einschlagmengen sind zwar reduziert worden, dennoch müssen für die Brennstoffversorgung im Winter immer noch zahllose Bäume gefällt werden. Begonnen wird damit an vier Stellen des Grunewalds, und zwar zwischen Onkel Toms Hütte und Hundekehle am Kleinen Stern, in der Saubucht, nördlich der AVUS und am Torfgraben hinter dem Teufelssee.

Die deutschen Politiker im französischen Sektor wollen sich weiterhin nicht mit der französischen Politik der Demontage wichtiger Betriebe abfinden, weil dadurch Tausende von Arbeitsplätzen vernichtet werden. Die Bezirksverordneten aus Wedding und Reinickendorf kommen sogar zu einer gemeinsamen Sitzung zusammen, um in einer einstimmig angenommenen Entschließung die Franzosen zur Beendigung der Borsig-Demontage aufzufordern.

Endgültigen Abschied nehmen die Ost-Berliner von den 50-Reichspfennig-Münzen. Mit dem heutigen Tag verlieren sie auf Befehl des sowjetischen Oberkommandierenden ihre Gültigkeit

Donnerstag, 14. Oktober

Auch in den Westsektoren werden die alten 50-Reichspfennig-Münzen für ungültig erklärt, nachdem dieses am Vortag schon für Ost-Berlin gegolten hatte. Die Stadtkommandanten wollen damit verhindern, daß nun die Geschäfte im Westteil mit den im Ostsektor ungültigen Münzen überschwemmt werden.

Um die Beseitigung von Relikten aus der Nazi-Zeit ganz anderer Art geht es bei dem Befehl der sowjetischen Kommandantur, alle Gebäude und Ruinen der ehemaligen Reichskanzlei abzureißen. Noch verwertbare Materialien der Kanzlei sind ohnehin schon für den Bau des sowjetischen Ehrenmales in Treptow verwendet worden.

Hinter den Kulissen führen Magistrat und die ostzonale Deutsche Wirtschaftskommission weiterhin Gespräche über eine mögliche Zusammenarbeit. Bei aktuellen Verhandlungen geht es um die Versorgung West-Berlins mit Briketts und Brennholz, wobei das Hauptamt für Gesamtplanung an den Bezug von etwa 300.000 Raummetern Holz denkt. Diese Menge würde reichen, jedem West-Berliner Haushalt einen Kasten Holz zuzuteilen und würde vor allem den schon begonnenen Holzeinschlag in den Berliner Wäldern überflüssig werden lassen. Zusätzlich hofft der Magistrat auf die Lieferung von 100.000 bis 200.000 t Braunkohlenbriketts aus der Sowjetischen Besatzungszone. Damit könnte jeder Haushalt in den Westsektoren fünf bis zehn Zentner Briketts erhalten. Alle Hoffnungen des Magistrats werden jedoch durch die Anordnung der britischen Militärregierung zunichte gemacht, die Verhandlungen unverzüglich einzustellen.

Die Städtische Oper in der Kantstraße begeistert mit einer Premiere. In einer Neuinszenierung ist Mozarts Oper „Cosi fan Tutte“ zu sehen. Die musikalische Leitung hat Robert Heger, Regie führt Georg Reinhardt vom Stadttheater Lübeck.

Freitag, 15. Oktober

Die Berliner Messehallen sind zwar durch Kriegsschäden zu einem großen Teil zerstört, doch wird auch hier intensiv am Wiederaufbau gearbeitet. Ausgebaut werden sollen nun West- und Ostflügel der Hallen IX und dadurch bis zum Frühjahr zusätzlich 80.000 m² Ausstellungsfläche geschaffen werden. Voraussetzung ist aber auch in diesem Fall die Genehmigung von Baumaterialien. Gebraucht werden 1.700 m² Glas, zwei Tonnen Zement und zehn Tonnen Kalkstaub. Die Verantwortlichen des städtischen Eigenbetriebes „Berliner Ausstellungen“ hoffen, daß diese Materialien einschließlich einiger Stahlkonstruktionen bei Demontagen in Spandau „abfallen“. Schwieriger wird es, die 3.000 Raummeter Holz, die für den Aufbau der Halle VIII benötigt werden, aufzutreiben. Ungeachtet all dieser Schwierigkeiten setzt die Leitung des Eigenbetriebes darauf, im kommenden Jahr durch größere und attraktivere Ausstellungen mehr Menschen aus ganz Deutschland als bisher zu einem Besuch Berlins bewegen zu können. Renoviert werden soll deshalb auch das beliebte Funkturm-Restaurant, für dessen Ausbau 180.000 der insgesamt 1,2 Millionen Mark Investitionskosten vorgesehen sind. Für das Restaurant, das täglich von 150 bis 160, an Sonntagen sogar von bis zu 1.000 Gästen besucht wird, soll ein Pächter gefunden werden, der auch die Renovierungskosten übernimmt.

Aktuell jedoch wird eine Weihnachtsverkaufsmesse vorbereitet, zu der sich bereits 60 Firmen angemeldet haben, obwohl feststeht, daß die Ausstellungshallen weitestgehend ungeheizt bleiben werden. Erzgebirgische Märchendarstellungen, Weihnachtsbilder und Riesenmodelle einer Eisenbahn sollen bei der Weihnachtsverkaufsmesse besondere Attraktionen, insbesondere für Kinder, darstellen. Damit zumindest ausreichend Licht vorhanden ist, sagt Verkehrsstadtrat Ernst Reuter der Messe eine Lieferung von zusätzlichen 200 Kilowattstunden Strom täglich bis einschließlich Heiligabend zu.

Sonnabend, 16. Oktober

Kompetenzgerangel führt zwischen den westlichen Alliierten auch und immer wieder zu Luftbrücken-Zeiten zu Reibungsverlusten. In Bremen lagern amerikanische Textilien für die Westsektoren, und die britische Militärregierung erklärt sich bereit, sie über die Air Lift Intake Section in die Stadt bringen zu lassen. Sie lehnt es aber ab, auch 30 Millionen amerikanische Zigaretten, die gleichfalls in Bremen lagern, nach Berlin zu transportieren. Dieses sei Sache der Amerikaner, erklären die Briten. Die Zigaretten müssen deshalb erst auf dem Landweg nach Frankfurt gebracht werden, bevor sie dann mit amerikanischen Flugzeugen nach Berlin geflogen werden.

Obwohl die Ernährung sehr einseitig ist und Frischmilch sowie frische Kartoffeln oder frisches Gemüse auf den West-Berliner Speiseplänen fast völlig fehlen, sind - zumindest in Wilmersdorf - die Schulkinder nicht derart gesundheitlich gefährdet, wie das angenommen werden könnte. Nach Feststellungen des Wilmersdorfer Gesundheitsausschusses kann bei 60 Prozent der Schulkinder der Gesundheitszustand als gut bezeichnet werden, bei 30 Prozent als noch gut, und nur zehn Prozent der Schüler weisen einen schlechten Gesundheitszustand auf. Abgesichts dieser Ergebnisse halten die Amtsärzte des Landesgesundheitsamtes die Verschickung einer größeren Zahl von schulpflichtigen Kindern zur Erholung in die Westzonen für nicht erforderlich. Zusammengestellt werden sollen dagegen Transporte mit kranken und erholungsbedürftigen Erwachsenen sowie noch nicht schulpflichtigen Kindern. Für den Flug in die Westzonen haben Erwachsene sechzehn Mark zu bezahlen, Kinder fliegen frei.

Teuer dagegen ist der Einflug von englischen Zeitungen nach Berlin. Die Firma Wiedenberg & Ackermann ist mit dem Alleinvertrieb beauftragt und beantragt, größere Ostmark-Beträge in Westmark umtauschen zu dürfen. Begründet wird diese Bitte damit, daß neuerdings auf der einen Seite englische Zeitungen in Berlin nur gegen Ostmark verkauft werden dürfen, das Unternehmen aber auf der anderen Seite die Transportkosten an die British European Airways in Westmark zu entrichten hat.

Sonntag, 17. Oktober

Eine besondere Attraktion wollen an diesem Sonntag die amerikanische Hilfsorganisation CARE und eine zivile Fluggesellschaft den Berlinern bieten.

Über den RIAS laden sie zum Flugplatz Tempelhof ein und werfen dort im Rahmen einer Reklameveranstaltung aus der Luft sog. „Schmoos" ab. Doch der Nachmittag endet in einer Beinahe-Katastrophe. An 100 „Schmoo-Luftballons" hängen Karten mit dem vielversprechenden Satz: „Hallo, ich bin ein Schmoo! Vielleicht haben Sie noch nie von mir gehört, aber ich bin ein Fabelwesen aus einer bekannten Cartoon-Serie in Amerika, das jedermann Gutes tut. Überzeugen Sie sich, bringen Sie mich in das Berliner CARE-Büro in Steglitz, Buggestraße 10 a, und Sie werden sehen, daß ich mich in ein Care-Schmalz-Paket verwandele." 30.000 Berliner sind der Einladung gefolgt, und als die Ballons zur Erde fliegen, durchbrechen Schwärme von Kindern die Reihen und laufen auf die Landebahnen, auf denen im Minutentakt die Luftbrücken-Flugzeuge starten und landen, um eine der kostbaren Karten zu ergattern. Eine Reihe der „Schmoo-Ballons" bleibt in Bäumen hängen, und geradezu erbittert versuchen die Besucher dieser Veranstaltung an diese Ballons heranzukommen. Tumulte, bei denen es auch Verletzte gibt, sind die Folge. Für CARE steht fest, daß sich die Organisation künftig nicht mehr an solchen Veranstaltungen beteiligen wird.

Dem guten Willen in Westdeutschland und im Ausland, den Berlinern zu helfen, stehen immer wieder die Transportschwierigkeiten gegenüber. Jetzt stellen die englische Heilsarmee und das englische Rote Kreuz die Sammlung von Lebensmitteln ein, mit denen in erster Linie Kindern, die aus Krankenhäusern entlassen werden, sowie Schwangeren zwischen 18 und 24 Jahren geholfen werden sollte.

Priorität bei den Luftbrücken-Flügen haben in jedem Fall die im Rahmen der Lebensmittelrationen festgelegten Güter sowie Kohlen. Von ihnen sind in den letzten 24 Stunden trotz starken Nebels in Berlin 4.271 t eingeflogen worden.

Montag, 18. Oktober

Erneut sind Todesopfer zu beklagen. Dieses Mal stürzt eine „Douglas C-54 Skymaster" in der Nähe des Frankfurter Flughafens ab. Bei diesem Unglück kommen die drei Besatzungsmitglieder ums Leben.

Als neuer Termin für Wahlen in Berlin, allerdings nur in den Westsektoren, ist der 5. Dezember festgesetzt worden. Die Verabschiedung der Wahlordnung durch den Magistrat ist für Russen und SED Anlaß, die Spaltung der Stadt voranzutreiben. Am Brandenburger Tor beschlagnahmt Ost-Berliner Polizei 62 Fahrzeuge, in den S-Bahnen kommt es zu Handgemengen, als die Polizisten aus dem Ostsektor Fahrgästen Kartoffeln abnehmen wollen. Auch an den Grenzen West-Berlins zum Umland läßt die SED die Kontrollen verschärfen. Wie an den innerstädtischen Sektorengrenzen werden zwischen Lichtenrade und der Ostzone und bei Nowawes Lastwagen vorwiegend mit Lebensmitteln beschlagnahmt.

Die Gültigkeit von zwei so unterschiedlich bewerteten Währungen in Berlin ist aus unterschiedlichen Gründen für Unternehmen wie für die Arbeitnehmer außerordentlich belastend. Die chemische Fabrik Hermsen & Co aus Steglitz bittet nun darum, ihrer Belegschaft einen Teil des Lohnes in Westmark auszahlen zu dürfen. Die Begründung ist stichhaltig: Schuhreparaturen, Zuteilungen, an Seife, Waschmitteln, Nähmaterial und Tabakwaren müssen in Westsektoren zu einem gewissen Prozentsatz in Westmark bezahlt werden. Wer über diese nicht verfügt, muß Ostmark eintauschen und bei dem derzeitigen Kurs den vierfachen Preis entrichten. Dieses Verfahren stelle eine unbillige Härte und Ungerechtigkeit dar, ist die Überzeugung der Unternehmensleitung.

Obwohl in diesen Zeiten Flexibilität erforderlich wäre, um die Folgen der Blockade zu gering wie möglich zu halten, können manche nicht über den bürokratischen Schatten springen. Zwar werden in den Krankenhäusern in den Westsektoren inzwischen sogar Mullbinden ausgewaschen, und 17 t dieses Verbandsmaterials müßten dringend eingeflogen werden, doch verzögern sich die Lieferungen, weil es im Magistrat zu Diskussionen darüber kommt, wer für die Gegenzeichnung des erforderlichen Antrages zuständig ist.

Dienstag, 19. Oktober

Die sowjetische Kommandantur läßt Ost-Berlin mit Zigaretten überschwemmen. Einmal soll damit zwar auch der Schwarzmarkt ausgetrocknet werden, wichtiger aber noch ist es den Russen, die begehrte B-Mark der West-Berliner abzuschöpfen. Hergestellt werden die „Extra" aus Orienttabaken bei Jasmatzi in Dresden. Während für Zigaretten dieser Qualität auf dem Schwarzmarkt 1,20 Mark gefordert werden, kosten die „Extra" 80-Ost-Pfennig pro Stück und damit gerade einmal 20 West-Pfennig. Auch mit anderen Aktivitäten soll der Schwarzmarkt bekämpft werden. So erläßt der Chef der Polizei des Landes Brandenburg im Zusammenwirken mit der Ost-Berliner Polizei den gegen „Hamsterer und Schieber" gerichteten „Befehl Nr. 53". Alle aus der Sowjetischen Besatzungszone nach Berlin fahrenden Lastwagen dürfen nicht mehr die Westsektoren passieren, und die Fahrer müssen russische Propuske vorweisen können. Besonders rigide geht die Brandenburger Polizei auf den Bahnhöfen im Berliner Umland vor. Alle Reisende werden vor Betreten der Bahnsteige durchsucht, die Züge durchkämmt, Güterböden durchsucht und die Gepäckaufbewahrungen auf den Kopf gestellt. Ausdrücklich fordert der SED-Landesvorstand von Groß-Berlin, die Westsektoren von der Zone abzuriegeln und den Warenabfluß aus der Ostzone zu stoppen.

Sechs Wochen nach der großen Kundgebung vor dem Reichstagsgebäude, bei dem hunderttausende Berliner gegen den Terror von Russen und SED protestiert hatten, verurteilt das sowjetische Militärtribunal drei Jugendliche wegen ihrer Teilnahme zu Haftstrafen von einem bzw. anderthalb Jahren. In einem ersten Prozeß hatte das Tribunal Kundgebungsteilnehmer sogar zu Arbeitslager zwischen 15 und 25 Jahren verurteilt, diese Strafen nach der Intervention der westlichen Stadtkommandanten jedoch reduziert.

Die französische Demontagepolitik in Reinickendorf, speziell des Borsig-Werkes, will sich die SED in mehrerer Hinsicht zunutze machen. Sie schlachtet sie propagandistisch aus, und gleichzeitig beschließt sie, Borsig im Ostsektor neu aufzubauen und zu einem Projekt der Berliner SED zu machen. Keimzelle hierfür ist die frühere Fabrik Gebbert & Co. in Wilhelmsruh, wo ehemalige Borsig-Arbeiter bereits damit beginnen, wieder Lokomotiven der Brandenburgischen Eisenbahn zu reparieren.

Der westdeutsche Wirtschaftsrat beschließt endgültig das Gesetz über das „Notopfer Berlin", das monatlich 25 Millionen Mark einbringen soll. Lohn- und Gehaltsempfänger müssen bei einem Verdienst bis zu 500 Mark für jede 100 Mark 60 Pfennig für Berlin zahlen. Außerdem müssen alle Postsendungen mit einer 2-Pfennig-Steuermarke versehen werden. Das Gesetz gilt nur für die amerikanische und britische Zone. Der Wirtschaftsrat fordert daher die Länder der französischen Zone auf, sich dem „Notopfer Berlin" anzuschließen.

Mittwoch, 20. Oktober

Freie Wahlen in ganz Berlin wird die Sowjetunion in keinem Fall zulassen. Das macht der sowjetische Kommandant Kotikow Bürgermeister Ferdinand Friedensburg unmißverständlich deutlich. Zwar meint der russische General, Kommunalwahlen seien erforderlich, weil in den Westsektoren „faschistische Elemente ihr Haupt erhoben" und Berlin „entdemokratisiert" hätten, doch kämen Gesamt-Berliner Wahlen nur dann in Frage, wenn in West-Berlin „elementare" demokratische Freiheiten wieder hergestellt und kommunistische Organisationen wie der FDGB oder der Kulturbund wieder erlaubt seien. Daß die westlichen Militärregierungen zu solchen Konzessionen keinesfalls bereit sind, weiß natürlich auch Kotikow.

Mit allen Mitteln geht die SED in diesen Tagen gegen die West-Berliner vor, die sich im Umland versorgen und sich weiterhin weigern, sich zur Lebensmittelversorgung im Ostsektor einzutragen. 40 Bahnhöfe, so kündigt sie an, sollen abgeriegelt werden, um alle Reisenden kontrollieren zu können. Nur Berliner, die außerhalb der Stadt einen Garten haben und sich entsprechende Ausweise und Transportscheine besorgen und vorweisen können, sollen ohne Schwierigkeiten ihre Lebensmittel in die Stadt schaffen können.

In den noch jungen Vereinten Nationen sieht der Magistrat eine Möglichkeit, der Weltöffentlichkeit den ständig steigenden Terror von Russen und SED und die Unterdrückung Andersdenkender vor Augen zu führen. Er beschließt, die Vereinten Nationen anzurufen und hat dabei als vorrangiges Ziel die Freilassung aller politischen Gefangenen im Auge.

Äußerst willkommen ist der SED ein Besuch des in Israel lebenden Dichters Arnold Zweig in Berlin. Zweig folgt einer Einladung des kommunistischen „Kulturbundes zur demokratischen Erneuerung Deutschlands" und wird in der Jägerstraße im Klubhaus des Kulturbundes empfangen.

Donnerstag, 21. Oktober

Die von den westlichen Militärregierungen verhängte Gegenblockade wirkt sich zunehmend auf Ost-Berlin aus, obwohl Berlin bisher von der direkten Gegenblockade noch ausgenommen ist. Dennoch: Es fehlt vor allem die qualitativ gute Steinkohle aus dem Ruhrgebiet, die durch die schlechtere aus den polnischen Revieren ersetzt werden muß. Die Folgen sind immer wieder Kraftwerksausfälle, wie jetzt im Gaswerk in der Danziger Straße. Acht Tage lang liegt die Produktion still. Alle Haushalte, die in dieser Zeit von der Gaszufuhr abgeschnitten sind, erhalten ersatzweise täglich zwei Kilo Brikett sowie zusätzlich eine Kilowattstunde Strom.

Sind zwei Kilo Brikett wenig genug, ist es mehr, als den Menschen in den Westsektoren zugeteilt werden kann. Dort gehen die Diskussionen um den Holzeinschlag weiter, wobei die Stadtverordneten den Befehl der Militärregierungen übereinstimmend als schweren Schaden in „gesundheitlicher, klimatischer und gefühlsmäßiger Hinsicht" bezeichnen. Sie setzen sich dafür ein, daß erst einmal unter fachmännischer Aufsicht 90.000 Festmeter Holz geschlagen werden sollen, die einschließlich der vorhandenen Reserven für einen Kasten Holz je Haushalt reichen. Offen ist noch, wie das Holz für den dringend benötigten zweiten Kasten beschafft werden kann. Nach Möglichkeit soll nicht das gesamte Holz für Heizzwecke verwendet werden. Die Stadtverordneten hoffen, daß ein Fünftel als Nutzholz für die Bauwirtschaft abgezweigt werden kann.

Eine beeindruckende Zwischenbilanz zu den Baumaßnahmen auf dem neuen Flugplatz Tegel veröffentlicht der Magistrat und gibt bekannt, daß dort in nur zwei Monaten 290.000 Kubikmeter Ziegel, Pflastersteine, Schotter und Splitt verbaut worden sind. Für den Transport der Materialien wurden 7.900 Lastzüge eingesetzt, die auf ihren Fahrten eine Strecke zurückgelegt haben, die nach den Magistratsberechnungen dem 30fachen Erdumfang entspricht.

Mit „Zuckerbrot und Peitsche" gehen die Russen im Ostteil der Stadt vor. Sie mißachten Grundrechte wie Meinungs- oder Pressefreiheit und gewähren gleichzeitig immer wieder materielle Anreize um die Menschen zu korrumpieren. Dieses versucht auch der sowjetische Kommandant Kotikow, indem er die Erhöhung der Löhne und Gehälter für Arbeiter und Angestellte um fünf bis 30 Prozent befiehlt.

Freitag, 22. Oktober

Mit einer spektakulären Aktion geht die West-Berliner Polizei gegen den Schwarzmarkt vor und hat sich als Ziel einer Sonderaktion eine „Hochburg" der Großschieber am Kurfürstendamm / Ecke Schlüterstraße ausgesucht. Bei der Razzia beschlagnahmt sie 48 Personen- und Lastwagen sowie eine große Menge Schwarzmarktwaren. Die konfiszierten Genuß- und Lebensmittel, ein großer Teil von ihnen stammt sogar aus Spendenbeständen, werden die Bezirks-Ernährungsämter in den nächsten Tagen an die Bevölkerung verteilen.

Gegen alles Recht und auch unter Bruch eines dem französischen Stadtkommandanten General Ganeval gegebenen Versprechens hatte die sowjetische Kommandantur am 6. September zahlreiche Magistratsordner verhaften lassen, die sich zum demokratisch gewählten Magistrat bekannt hatten. Drei der seitdem festgehaltenen Magistratsmitarbeiter werden von einem sowjetischen Militärtribunal nun wegen „Anstiftung zum Aufruhr" zu Haftstrafen zwischen einem halben und einem Jahr verurteilt. Das Tribunal gibt sich sogar noch den Anschein der Milde, denn es berücksichtigt den Umstand, die Magistratsordner hätten auf Befehl von Bürgermeister Ferdinand Friedensburg und des – von den Sowjets nicht anerkannten – Polizeipräsidenten Dr. Johannes Stumm gehandelt. Vierzig Magistratsordner sind noch immer in der Gewalt der Russen, zwanzig wurden bisher freigelassen.

Zu einem ungewöhnlichen Mittel, die Vogelschwärme zu vertreiben, die den Flugverkehr auf dem Flugplatz Gatow gefährden, greift die britische Luftwaffe. Sie ordert Jagdfalken.

Mit dem Stadtschloß beschäftigt sich die Baupolizei im Bezirk Mitte. Das schwer beschädigte Schloß droht einzustürzen und wird deshalb an diesem Tag gesperrt.

Sonnabend, 23. Oktober

Seit viereinhalb Monaten ist das Kraftwerk West zwischen Ruhleben und Spandau im Bau, jetzt wird Richtfest gefeiert. Nach seiner Fertigstellung, die für Ende 1949 vorgesehen ist, soll das Kraftwerk täglich 120.000 Kilowattstunden Strom produzieren. Bisher hat die BEWAG rund drei Millionen Mark für den Neubau ausgegeben, der unter schwierigsten Bedingungen entsteht, denn fast alle Baumaterialien müssen über die Luftbrücke eingeflogen werden. Bei Kriegsende war das Kraftwerk West das modernste der Stadt mit einer Tagesleistung von 280.000 Kilowattstunden gewesen und hatte ein Viertel des Berliner Strombedarfes gedeckt, bevor es 1945 – noch vor dem Einzug der Briten in die Stadt – von der sowjetischen Besatzungsmacht demontiert worden war. Der Wiederaufbau war zwar schon vor Verhängung der Blockade beschlossen worden, verzögert sich aber nun durch die erheblichen Schwierigkeiten bei der Materialbeschaffung.

Speziell die Brandenburger Polizei wird zu Bekämpfung des Schwarzmarktes, aber auch zum Vorgehen gegen ganz normale „Hamsterer" eingesetzt. Als sie die Reisenden eines Personenzuges zwischen Berlin – Spandau-West und Oebisfelde kontrolliert, sind nach ihren Angaben von 1.300 Reisenden 77 Prozent „Hamsterer". Zur Abschreckung werden 50 Personen unmittelbar nach der Festnahme von Schnellgerichten zu mehrmonatigen Gefängnisstrafen verurteilt.

Den Paketaustausch zwischen dem Ostsektor und den Westsektoren einzustellen, droht die sowjetische Kommandantur. Die Paketpost, die per Eisenbahn aus Westdeutschland bisher in Ost-Berlin eintrifft, wird mit Lastwagen in den Westteil der Stadt gebracht. Damit will die sowjetische Kommandantur Schluß machen, wenn die westlichen Stadtkommandanten der Abteilung für Post- und Fernmeldewesen nicht mehr Benzin zur Verfügung stellen.

Nach fünfzehnjähriger Abwesenheit kehren Bertolt Brecht und seine Frau Helene Weigel nach Berlin zurück. Beide werden vom Kulturbund in dessen Klubhaus empfangen. Zu Gast in West-Berlin ist der britische Philosoph Lord Bertrand Russell, der im British Information Center am Lehniner Platz über „Wissenschaft und Zivilisation“ spricht.

Sonntag, 24. Oktober

Obwohl der Berliner Zoo im Krieg und auch in den Jahren danach stark gelitten hat, ist er einer der beliebtesten Ausflugsziele der Berliner. Die Tierbestände sind zwar arg geschrumpft, und statt exotischer Pflanzen oder Blumen bekommen die Besucher in den Außenanlagen eher Kartoffeln zu sehen, doch das tut seiner Attraktivität kaum Abbruch. Dennoch macht sich die Leitung des Zoos Sorgen, wie der kommende Winter überstanden werden kann. Die Leiterin, Frau Dr. Heinroth, hofft auf Futterspenden der Berliner, wobei selbst schon Kartoffelschalen für die Schafe, Ziegen und für das einzige noch verbliebene Nilpferd eine wichtige Bereicherung des Futters bedeuten würden. Überhaupt nicht in Frage kommt für die Berliner die Überlegung, die verbliebenen Tiere an Zoologische Gärten in Westdeutschland abzugeben, und sei es auch nur leihweise bis zu besseren Zeiten.

Schon auf einer SED-Sitzung war die Forderung erhoben worden, die Westsektoren von der Zone abzuschneiden. Einen weiteren Schritt auf dem Wege dazu tut die sowjetische Militäradministration. Auf ihren Befehl hin wird auf der Eisenbahnlinie Neukölln - Mittenwalde ein Schienenstück zerstört und die Strecke damit unpassierbar gemacht.

Zu einer außerordentlichen Sitzung kommen die Stadtverordneten zusammen, um sich mit der steigenden Zahl von Arbeitslosen zu befassen. Sie verlängern die Zahlung der Arbeitsausfallunterstützung vorerst bis zum 31. Dezember.

20 nicht-kommunistische Berliner Journalisten schließen sich zum „Berliner Presseverband“ zusammen. Auf der konstituierenden Hauptversammlung wählen sie Paul Löbe zu ihrem ersten Vorsitzenden. Der Indoktrination dagegen dient die „Woche des Kulturbundes“, die in der Staatsoper eröffnet wird. Auf der Auftaktveranstaltung nehmen u.a. Johannes R. Becher, Arnold Zweig, Hanns Eisler und Max Pechstein eine wichtige Rolle ein.

Montag, 25. Oktober

Angesichts der Brennstoffknappheit in den Westsektoren versteht es sich beinahe von selbst, daß Kohle gestohlen wird, wo immer dieses nur möglich ist. Weitgehend sicher vor Diebstählen ist sie, so lange sie sich auf den Flugplätzen befindet. In dem Augenblick jedoch, wo die beladenen Lastwagen die Flugplätze verlassen, mag niemand mehr für die Sicherheit der Kohle garantieren. Die Polizei-Inspektion Spandau will gegen die zunehmenden Kohle-Diebstähle angehen und gibt ein „Merkblatt für den Transport der Luftbrükkenkohle“ heraus. „Kraftfahrer, Ihr befördert volkswirtschaftlich lebenswichtige Güter! Schützt diese vor Diebstahl. Bei jedem Hilferuf unterstützt Euch die Polizei bereitwilligst“, heißt es darin. Detailliert festgelegt sind die Routen, die die Kohle-Lastwagen zu fahren haben, jede Abweichung ist den Kraftfahrern strikt untersagt. Verboten ist es auch, mit vollen Lastwagen nach Schichtwechsel in die Garagen zu fahren; erst ist die Ladung abzuliefern. Bei Diebstählen, Verkehrsunfällen, aber auch bei Fahrzeugpannen oder sonstigen Ereignissen, die die Fahrt unterbrechen, muß sofort das örtlich zuständige Polizeirevier benachrichtigt werden, die dann die Kohlen zu sichern hat.

Schwarzmarkthändler, die 400 Zentner Zwiebeln nach West-Berlin schaffen wollen, nimmt die Ost-Berliner Polizei auf dem Straßenbahnhof Oberschöneweide fest. Die Zwiebeln werden beschlagnahmt.

Während im französischen Sektor die Borsig-Demontage vorangeht, wird ein neues „Borsig"-Werk im Ostsektor aufgebaut. Das Gelände von Bergmann - Wilhelmsruh hat die SED für das neue Werk ausgewählt, und Betriebsleitung und Betriebsrat fordern die Belegschaft auf, daß sie sich in „freiwilligen" Sonnabends- und Sonntagsschichten an dem Aufbau beteiligt. Aus dem Ostsektor konnte die SED westlich-lizensierte Zeitungen mit Unterstützung der sowjetischen Kommandantur bereits verbannen, aber das reicht ihr nicht. Mit einer Kundgebung der „fortschrittliche Presse" soll gegen die, wie die SED es sieht, „Kriegshetze" in den West-Berliner Zeitungen protestiert werden. Die Kundgebung soll am 27. Oktober stattfinden, beschließt das Zentralsekretariat der SED.

Dienstag, 26. Oktober

Die Vereinten Nationen befassen sich zwar mit der Berliner Frage und verabschieden auch eine Resolution, in der die Sowjetunion aufgefordert wird, die Blockade aufzuheben, aber die Entschließung bleibt ohne Konsequenzen, denn erwartungsgemäß wird sie umgehend von Moskau zurückgewiesen.

Wie wenig die Sowjetunion auf die Forderung der Vereinten Nationen gibt, demonstriert sie vor Ort in Berlin. Russische Militärpolizisten ziehen am Brandenburger Tor auf und kontrollieren Fahrzeuge wie Passanten. Besonderes Augenmerk richten sie auf West-Berliner, deren Pässe seit Juni mit einem „B" gestempelt sind. Es kommt zu zahlreichen Verhören, wobei der berüchtigte sowjetische Geheimdienst NKWD sich vor allem für die Wehrmachts-Vergangenheit der Festgenommenen interessiert. Daß die sowjetische Kommandantur überhaupt nicht daran denkt, die Sperren und Blockade-Maßnahmen zu lockern, demonstriert sie mit weiteren Beispielen. Sie läßt die Kontrollpunkte an den Sektorengrenzen ausbauen und winterfest machen und untersagt zugleich die Annahme von Paketen aus dem Westteil der Stadt in den Ost-Berliner Postämtern. Zusätzlich erhöht die SED den Druck auf Mitarbeiter in den Ost-Berliner Bezirksverwaltungen, die sich noch immer nicht zur Sowjetunion bekennen mögen. Für die von der SED Entlassenen wird im Bezirksarbeitsamt Kreuzberg eine zentrale Beratungsstelle eingerichtet, die die Betroffenen in neue Stellen in den Westsektoren vermitteln soll.

Darauf haben die am 6. September beim Sturm kommunistischer Demonstranten auf das Neue Stadthaus festgenommenen Magistratsordner lange warten müssen: Fast sieben Wochen wurden sie von der sowjetischen Kommandantur festgehalten. Nun kann Bürgermeister Ferdinand Friedensburg die Freigelassenen im Westteil Berlins endlich wieder in Freiheit begrüßen.

Mittwoch, 27. Oktober

Von Überfluß an Brennstoffen für den Winter berichtet der sowjetische Garnisonschef Kotikow, während gleichzeitig in den Westsektoren minimale Mengen Holz statt Kohle ausgegeben werden. Nach Kotikows Darstellung gegenüber Vertretern des Demokratischen Bundes lagern im Ostsektor 115.000 t Briketts, wovon 60.000 bis 80.000 t als Hausbrand an die Haushalte ausgegeben werden. Außerdem würden bis zu 60.000 Raummeter Holz für die Bevölkerung zur Verfügung stehen. Damit aber nicht genug, gebe es in der sowjetischen Zone derartige Mengen an Brennstoffen, daß die Bevölkerung von ganz Berlin ausreichend versorgt werden können, wenn sie sich denn nur im Ostsektor zu Versorgung eintragen würde.

Genau das aber tun die West-Berliner nicht, frieren lieber, als sich von der sowjetischen Politik einvernehmen zu lassen. So wird in Wilmersdorf eine Sonderzuteilung von 230 Klaftern Holz aufgerufen, die die Kohlenstelle zuteilt. Bezugsscheine für je einen Kasten Holz sind beim Gesundheitsamt zu bekommen, wobei dieses Holz für Tbc-Schwerstkranke, asthmakranke Schulkinder und kranke Säuglinge reserviert ist. Darüber, daß sechs Stadtbäder nicht beheizt werden können und deshalb geschlossen werden müssen, spricht schon niemand mehr.

Obwohl die Ost-Berliner und ostzonalen Behörden äußerst rabiat gegen die „Hamsterfahrten“ ins Umland vorgehen, haben die West-Berliner diese Möglichkeit der zusätzlichen Versorgung natürlich noch längst nicht aufgegeben. Jeden Tag beispielsweise machen sich ein paar West-Berliner mit einem Motorkahn vom Westhafen nach Frankfurt/Oder auf den Weg und kehren in der Regel mit Frischgemüse und Frischkartoffeln sowie Brennstoffen unbehelligt zurück.

Pech haben dagegen etliche Berliner, die sich in Sachsen eindecken wollten. Bei Razzien stellt die sächsische Polizei große Mengen Kompensationswaren sicher, die gegen Lebensmittel und Textilien eingetauscht werden sollten. Allein im Bereich des Polizeipräsidenten Chemnitz werden 140 West-Berliner verhaftet. Harte Strafen drohen der Betriebsleitung der Biomalz-Fabrik Patermann in Teltow. Ihr wird vorgeworfen, im September unerlaubt 26.000 Flaschen Biomalz sowie Rohstoffe und weitere Fertigwaren im Wert von 400.000 Mark in die Westsektoren geschafft zu haben.

Donnerstag, 28. Oktober

Erstmals seit Beginn der Transportbehinderungen durch die Sowjetunion ist – mit Ausnahme der Luftbrücke – der Postverkehr mit den Westzonen völlig unterbrochen. Weil die Post der Sowjetischen Besatzungszone zahlreiche für Berlin bestimmte Postwaggons der Reichsbahn zurückhält, ist in den westdeutschen Postämtern die Annahme von Paketen und Päckchen für West-Berlin eingestellt worden.

Um andere Fragen geht es bei einer Sitzung des Ausschusses für das Post- und Fernmeldewesen des Vereinigten Wirtschaftsgebietes. Heftig kritisieren die Mitglieder aus der amerikanischen und der britischen Zone die Einführung der Zwei-Pfennig-Notopfer-Steuermarke, die auf alle Briefsendungen bzw. auch Postkarten geklebt werden muß. Die Deutsche Post hätte aus der Berlin-Hilfe herausgehalten werden sollen, meinen die Sitzungsteilnehmer, besser wäre es gewesen, Güter- und Frachtverkehrstarife mit Zuschlägen für die Berlin-Hilfe zu belasten. Spätestens in drei Monaten, so die Erwartung der Ausschuß-Mitglieder, werde die Steuermarke ohnehin überflüssig.

Viele Berliner Firmen, auch Textilfabriken, müssen wegen Auftrags- und vor allem Rohstoffmangels schließen, aber selbst der Magistrat vergibt Aufträge, die durchaus von West-Berliner Unternehmen erfüllt werden könnten, in die Westzonen. Dieses gilt u.a. für die Ausstattung der West-Berliner Polizei mit neuen Uniformen. Gebraucht werden 53.000 m Uniformtuch, 6.250 m Ärmelfutter, 3.000 Paar Schnürschuhe und 8.000 Paar Socken, die fast ausschließlich bei Firmen in Westdeutschland geordert werden. Über die Beschaffung von Nähseide, Knopflochseide, Gummiband, Hosenschnallen und Knöpfen wird zwar noch verhandelt, aber auch diese Aufträge werden weitgehend außerhalb der Stadt vergeben.

Die Tempelhofer Genossenschaft blinder Handwerker freut sich über eine Wollspende aus der Schweiz, die im Umfang zwar klein, aber doch sehr effektiv ist. Aus der Wolle entstehen 100 Schals, 27 Mützen, 36 Paar Fäustlinge, 22 Paar Pulswärmer, neun Paar Herrensocken und fünf Paar Kinderstrümpfe. Genauso wichtig wie die wärmenden Textilien sind, ist die Tatsache, daß die Blinden sinnvoll beschäftigt werden können.

Freitag, 29. Oktober

Die drei westlichen Militärregierungen fordern den Magistrat auf, einen Plan zur Verteilung von insgesamt 22.000 t Kohle aufzustellen, die im Zeitraum vom 15. November bis zum 1. Dezember an die West-Berliner Haushalte ausgegeben werden soll. Gleichzeitig befiehlt die britische Militärregierung den endgültigen Einschlag von 120.000 Raummetern Holz in den Berliner Wäldern, in den Straßen und Parks sowie in den Privatgärten. Die Hoffnung des Magistrates, es bei einer Einschlagmenge von 90.000 Raummetern belassen zu können, hat sich damit nicht erfüllt. Sorgen bereitet vor allem das Fällen von Bäumen in der Umgebung von Krankenhäusern. So sind derzeit rund 84.000 Tuberkulose-Kranke in den Westsektoren registriert, die nicht in die Berliner Erholungsheime geschickt werden können, die in der Sowjetischen Besatzungszone liegen und wegen der Blockade für die West-Berliner unerreichbar sind. Besonders bedroht sind die Wälder um die Tuberkulosekrankenhäuser Heckeshorn in Wannsee und Havelhöhe in Kladow.

Die Sorge um die Wälder beschäftigt die Menschen in den Westsektoren ebenso wie die Furcht vor der Winterkälte. Den Bezirksverordneten in Tiergarten wird eine Rechnung aufgemacht, nach der es im Bezirk Holzvorräte von 6.000 Raummetern gibt, die ausreichen, um jedem Haushalt einen Kasten Holz zuzuteilen. Bereits seit dem Frühjahr sind im Bezirk keine Braunkohlenbriketts mehr eingetroffen. Besonders düster ist die Versorgungslage in den Krankenhäusern. Das Städtische Krankenhaus Moabit kann im gesamten Oktober mit 160 t Kohle rechnen, das Elisabeth-Diakonissen- und Krankenhaus mit 20 t und das Franziskus-Krankenhaus gar nur mit 15 t Kohle. Daß die Wohnungen im Bezirk im kommenden Winter nur in den seltensten Fällen ausreichend geheizt werden können, steht fest, und daher beschließen die Bezirksverordneten die Einrichtung von 25 Tageswärmehallen für Erwachsene sowie von fünf Wärmehallen für Kleinkinder. Eine weitere Wärmehalle wird es für „Geistesarbeiter" geben, in der zusätzlich Zimmer für kältegefährdete Säuglinge bereitgehalten werden. Schließlich bietet der Bezirk Eltern an, Kleinkinder über Nacht zum Schlafen und zum Aufwärmen in Heimen abzugeben.

Sonnabend, 30. Oktober

Hatten die West-Berliner gehofft, die westdeutsche Politik werde sie engagiert unterstützen, sehen sie sich einmal mehr getäuscht. Deutlich wird dieses am Beispiel der Berliner Zigarettenindustrie. Drei Fabriken gibt es in den Westsektoren, die monatlich 75 Millionen Zigaretten sowie 42.000 kg Rauchtabak herstellen könnten, wenn sie mit Rohtabak beliefert würden. Daran aber ist überhaupt nicht zu denken, obgleich Bürgermeister Ferdinand Friedensburg schon mehrfach den Direktor der Verwaltung für Wirtschaft in Frankfurt am Main, Prof. Ludwig Erhard angeschrieben und um Unterstützung gebeten hat. Bürgermeister Friedensburg kritisiert, daß ausschließlich fertige und bereits versteuerte Zigaretten nach Berlin geschickt werden. Dadurch sind Hunderte von Arbeitsplätzen in den Fabriken vernichtet worden, außerdem entgehen dem Magistrat monatlich zwischen zehn und 15 Millionen Mark Tabak- und Tabakmaterialsteuer sowie zwei bis fünf Millionen Mark anderer Steuern.

Wie wichtig die Steuereinnahmen wären, macht der Notetat des Magistrats für den Monat November deutlich. Danach sind Ausgaben in Höhe von 118

Millionen Mark erforderlich, u.a. 32 Millionen Mark an Besatzungskosten, sechs Millionen für die Arbeitsausfallunterstützung, neun Millionen für Enttrümmerungsarbeiten, 5,2 Millionen Mark für Wohlfahrtszwecke und drei Millionen Mark für Pensionszahlungen. Eingenommen werden im günstigsten Fall jedoch nur 78 Millionen Mark.

Die finanzielle Lage in den Westsektoren wird sich weiter verschlechtern, denn die Arbeitslosigkeit steigt rapide. Selbst ein so traditionsreiches Unternehmen wie die Staatliche Porzellan-Manufaktur in Charlottenburg steht kurz vor dem Aus und setzt den größten Teil ihrer Beschäftigten vorerst bei Aufräumungsarbeiten ein.

Dazu kommt die notwendige Unterstützung für die Opfer der Entlassungswelle im Ostsektor. Bisher hat die SED 22 Stadträte sowie 1.046 Angestellte und Arbeiter, die ihrer Politik nicht folgen wollte, entlassen. Im Gegenzug haben die West-Berliner Bezirksverwaltungen mittlerweile 305 fristlose Entlassungen und 300 Beurlaubungen von SED-Mitgliedern und -Sympathisanten ausgesprochen.

Sonntag, 31. Oktober

Einige ausgewählte Bäckereien, Konditoreien und Gaststätten in den Westsektoren erhalten von den Militärregierungen die Erlaubnis, wieder Kuchen zu backen. Die Vorschriften dabei sind streng. Das Mindestgewicht eines Kuchenstückes muß 55 g betragen. Gebacken werden müssen diese Stücke aus 35 g Mehl und zehn Gramm Zucker, wahlweise ohne oder mit fünf Gramm Fett. Damit nicht genug. „Der Zuckeranfall darf bei Torten, Tortenstücken und Obstkuchen unter entsprechender Markenabgabe auf 20 g, der Fettanteil bei Torten, Tortenstücken und Streuselkuchen auf 10 g erhöht werden", schreiben die Militärregierungen vor. Blechkuchen darf pro Stück 10 bis 25 Pfennig kosten, Stollenarten, Königskuchen, gefüllte Blechkuchen und Streuselkuchen 20 bis 30 Pfennig. Ist für diese Kuchenarten die Bezahlung in Ost-Währung vorgeschrieben, müssen die Käufer bei anderen Kuchen auch einen Westmark-Anteil zahlen. So kosten Kranzstangen mit Füllung 15 bis 25 Pfennig-Ost zzgl. 5 Pfennig-West, gefüllte Taschen und ähnliche Obstkuchen 15 bis 35 Pfennig-Ost zzgl. 10 Pfennig-West und Torten und Tortenstücke 30 bis 50 Pfennig-Ost zzgl. 15 Pfennig-West.

Vom aktiven Sport verabschiedet sich an diesem Tag ein Boxidol: Max Schmeling. In der Waldbühne tritt er gegen den deutschen Halbschwergewichtsmeister Richard Vogt an und bezieht eine deutliche Punktniederlage. Unmittelbar nach dem Kampf erklärt Max Schmeling seinen Rückzug vom Boxsport.

850 Arbeiter und Angestellte, die gesamte Belegschaft der Deutschen Verwaltung des Innern sowie ein kompletter Lehrgang der Höheren Polizeischule Niederschönhausen hätten diesen Kampf, auch wenn sie gewollt hätten, nicht verfolgen können. Denn sie sind zu einer „freiwilligen" Schicht zum Aufbau des neuen „Borsig"-Werkes in Wilhelmsruh beordert worden.

An Sport denken auch kaum 640 Heimkehrer aus der Kriegsfangenschaft sowie Flüchtlinge, die in Wilmersdorf untersucht werden. Ihr Gesundheitszustand ist teilweise erschreckend. Bei 89 werden Kopfläuse festgestellt, bei 12 Kleiderläuse, 24 leiden an Krätze. Mittlerweile verschlechtert sich auch der Gesundheitszustand von immer mehr Wilmersdorfern. Bei 6.200 sind akute Mangelerscheinungen festgestellt worden, sie werden daher künftig Zusatzkrankennahrung bekommen. Im zu Ende gehenden Oktober wurden im Bezirk 70 neue Tuberkulose-Fälle registriert, in neun Fällen verlief die Krankheit tödlich. An zweiter Stelle der Infektionskrankheiten rangiert Gonorrhoe.

Am 1. Oktober 1948 landete das die erste „Fairchild C-82 Packet" in Berlin. Das „flying box car", der „fliegende Lastwagen", brachte Versorgungsgüter aus Wiesbaden. (Foto: Der Sozialdemokrat)

Die Besatzung einer auf der Havel gewasserten „Sunderland" entspannt sich auf dem Dach ihres Flugzeuges, während die Maschine entladen wird. (Foto: British Air Ministry)

Q II C 9.10.1948.

Vorschlag für Rationserhöhungen für Berlin sowjetischer Sektor.

Kartoffeln ab 1.Oktober 1948.

Im Hinblick auf die Ernte, mit Rücksicht auf die politische Lage Angleich an die Zone.

										Zone
I	(1)	von	450 g	um	150 g	auf	600 g			600 g
II	(3)	"	450 "	"	100 "	"	550 "			550 "
III	(4)	"	450 "	"	100 "	"	550 "			550 "
IV	AS (5a)	"	400 "	"	100 "	"	500 "			500 "
IV	AK (5b)	"	400 "	"	100 "	"	500 "			500 "
IV	B (5c)	"	400 "	"	150 "	"	550 "			550 "
IV	C (5d)	"	450 "	"	100 "	"	550 "			550 "

= die Gruppen I und IV B um 150 g, die übrigen um 100 g.

Restbestand lt.Jahresversorgungsplan am 31.Juli rd.69.000 t.
Mehrbedarf für 10 Monate einschl. 5% Schwund rd.40.000 t.

Hpn

Q II C

Berlin, den 9. Oktober 1948.

Vorschlag über Rationserhöhungen ab 1. Januar 1949.

B r o t

I,3	50 g
I,4	50 "

N ä h r m i t t e l

I,3	5 g	II,4	10 g
I,4	10 "	II,5a	10 "
I,5a	15 "	II,5b	10 "
I,5b	10 "		
I,5c	10 "		

Z u c k e r

I,1	15 g	II,1	10 g
I,2	15 "	II,2	10 "
I,3	15 "	II,3	10 "
I,4	15 "	II,4	10 "
I,5a	15 "	II,5a	15 "
I,5b	10 "	II,5b	10 "
I,5c	10 "	II,5c	10 "
I,5d	10 "	II,5d	10 "

	Brot	Nährmittel	Zucker
I,1	–	–	15 g
I,2	–	–	15 "
I,3	50 g	5 g	15 "
I,4	50 "	10 "	15 "
I,5a	–	15 "	15 "
I,5b	–	10 "	10 "
I,5c	–	10 "	10 "
I,5d	–	–	10 "
II,1	–	–	10 "
II,2	–	–	10 "
II,3	–	–	10 "
II,4	–	10 g	10 "
II,5a	–	10	15 "
II,5b	–	10	10 "
II,5c	–	–	10 "
II,5d	–	–	10 "

Hauptabteilung IV　　　　　　Berlin, den 18.Okt.48　　　839
Der Leiter

Herrn
Ganter-Gilmans

Betrifft: Erhöhung der Fettrationen in Berlin.

Das Ernährungsamt der Berliner Westsektoren hat bekanntgegeben, daß ab 1.November für die Wintermonate Erhöhungen in den bisherigen Rationssätzen eintreten, die sich besonders auf F e t t erstrecken. Es werden gewährt:

			Ostsekt.	Wests.
an die Gruppe 1 (4,5 % der Bevölkg. = 54000 im sowj.Sekt.)	statt		30	35 g
" " " 2 (30 % " " = 360000 " " ")	"		15	30 g
" " " 3 (47 % " " = 563000 " " ")	"		10	30 g.

Wenn die beiden bereits von uns beantragten Erhöhungen an Kartoffeln (+ 150 g) und die Zuckererhöhung (+ 15 g tägl.) bis auf einige geringfügige Ausnahmen) von Karlshorst bewilligt werden, so geben wir im der Ostsektor zwar kalorienmäßig mehr als die Erhöhungen der Westsektoren betragen unter Zugrundelegung der Kalorienzahlen des Kontrollrates, aber die psychologische Wirkung einer unmittelbaren Fetterhöhung ist natürlich größer, selbst wenn sie dadurch eingeschränkt wird, daß es in der Veröffentlichung heißt: "nur für die Wintermonate."

Die Berliner Vorräte an Butter würden es erlauben, für die nächsten 3 Monate die gleiche Erhöhung an Fett unmittelbar ebenfalls vorzunehmen. Es wird aber beantragt, mit Rücksicht auf die Absicht, in der gesamten SBZ die Fettrationen zu steigern, lediglich folgende Erhöhungen vorzunehmen:

Kartengruppe 2 (Arbeiter) statt bisher 15 künftig 20 g und
" 3 " " 10 " 15 g.

Es wird um Entscheid gebeten, ob ein solcher Antrag an Karlshorst eingereicht werden soll.

Copie an:
Herrn Freund
" Krüger
Abtlg. I

Stammler

IV A/1 Berlin, den 18. Oktober 1948

Vergleich der Rationen des Ostsektors mit denen des Westsektors von Berlin (Stand 1.11.1948) in Gramm täglich

Gruppe	I		II		III		IV A		IV B		IV C	
	Ost	West	Ost	West	Ost	West	Ost	West	Ost	West	Ost	West
1	2	3	4	5	6	7	8	9	10	11	12	13
Brot	600	600	500	500	400	400	300	300	350	350	350	400
Nährmittel	80	80	60	60	55	50	30	30	45	35	55	40
Fett	30	35	15	30	10	30	20	20	25	25	25	30
Fleisch	100	100	65	65	40	40	20	20	20	20	20	20
Käse	-	5	-	5	-	5	-	-	-	-	-	5
Zucker	40	40	35	40	35	40	25	25	50	40	55	50
Kartoffeln	450	400	450	400	450	400	400	400	400	400	450	400
Vollmilch	-	-	-	-	-	-	750 500	750 500	250	250	100	-
Magermilchpulver	-	-	-	-	-	-	-	-	-	-	-	20
Kalorien	2590	2602	2093	2197	1755	1887	1785 1653	1785 1653	1832	1757	1842	1921

Charlottenburger! Augen auf!

Hier zeigen wir Euch den Spitzenkandidaten der SPD, Herrn Bürgermeister Horlitz

Wir fragen:

Herr Bürgermeister Horlitz, warum werden aus dem Bezirksamt Charlottenburg planmäßig SED-Mitglieder entfernt?

> Weil es dem Herrn Bürgermeister Horlitz nicht angenehm ist, vor Mitgliedern einer anderen Partei Rechenschaft ablegen zu müssen.

Herr Bürgermeister Horlitz, warum haben Sie gegen Lindenberg keine Verleumdungsklage angestrengt, als er behauptete, Ihnen auch von den „freien Kartoffeln" abgegeben zu haben?

> Sie schweigen zu diesem Fall, trotz dieses offensichtlichen Skandals und stellen sich sogar noch schützend vor Lindenberg, weil er Mitglied der SPD ist.

Herr Bürgermeister Horlitz, was würden Sie tun, wenn der Herr Bezirksrat Tenner SED-Mitglied wäre und zum Fall Lindenberg geäußert hätte: „Warum solche Anfregung, geschoben wird doch überall."

> Sie hätten bestimmt diesen „bösen Sedisten" sofort fristlos entlassen. Aber so — — — — Schwamm drüber.

Herr Bürgermeister Horlitz, welcher Art sind die „Sitzungen", die Sie regelmäßig mit Ihren SPD-Genossen in Ihrem Dienstzimmer abhalten?

> Während vor der Tür die Heimkehrer und Flüchtlinge Schlange stehen und warten müssen, bis der Herr Bürgermeister seine Parteisitzung beendet hat, beraten Sie mit Ihren Kandidaten schon vor der Wahl über die Verteilung der Posten.

Herr Bürgermeister Horlitz, was tun Sie zur Behebung der Wohnungsnot in Charlottenburg?

> Es ist ein Skandal! — In Siemensstadt am Königsdamm und Schweigerweg steht ein gewaltiger Neubaublock mit etwa 1300 Zimmern, nur 175 Räume sind davon bewohnt.

Warum bekümmern Sie sich nicht um den Ausbau dieses Wohnblocks? Mit wenigen Mitteln wäre dies möglich.

Die Bevölkerung fordert mit Recht, daß die Ausgabe von Baustoffen für Bars, Cafés und Luxusläden sofort eingestellt wird. Die Materialien sind für den Ausbau von dringend benötigten Wohnungen bereitzustellen.

Charlottenburger! Macht Schluß mit diesem verantwortungslosen Verhalten in der Bezirksverwaltung.

Wählt am 20. Oktober Bezirksverordnete, die saubere Antifaschisten und wahre Demokraten sind und eure Interessen vertreten.

Es gibt nur einen Weg, um mit dieser Cliquenwirtschaft in der Charlottenburger Bezirksverwaltung aufzuräumen. Den Weg der Einheit und der Neugestaltung mit der Sozialistischen Einheitspartei Deutschlands.

Wählt die Kandidaten der Liste 2

(161) [illegible] Druck: [illegible], Berlin NO [illegible] Ts 130 16. [illegible] [illegible]

SPD-Mitglieder

aus dem Kreise Charlottenburg treten zur
Sozialistischen Einheitspartei
über

Erklärung!

In den nachstehenden Ausführungen möchten wir die Gründe unseres Übertritts von der SPD zur SED klarlegen. Vorausgeschickt sei, daß diese Gründe nicht auf eine besonders wirksame Propaganda der SED oder auf die unbestreitbar großen Erfolge der SED in Wirtschaft und Verwaltung zurückzuführen sind, sondern ausschlaggebend für uns ist die Abweichung der Berliner SPD von der geraden Linie des kämpferischen Marxismus.

Wiederholt wurde von SPD-Genossen erklärt, der Marxismus sei veraltet und auf die heutigen Verhältnisse nicht mehr anwendbar. Diese Gedanken haben schon einmal der Reaktion und somit dem Faschismus die Wege geebnet und das deutsche Volk in ein grauenhaftes Unglück gestürzt. Soll sich all das Vergangene noch einmal wiederholen?

Die Genossen, die so sprechen, haben aus den Fehlern nicht gelernt. Sie erkennen nicht, daß nur die Uneinigkeit der Arbeiterschaft zum Sieg der Kriegshetzer führt.
Im Antifa-Block hat die Berliner SPD zusammen mit der LDP und CDU den Vorschlag der SED zur Enteignung der Berliner Kriegsverbrecher nicht angenommen. Das bedeutet, daß die SPD den Konzernherren und Kriegsverbrechern den Rücken stärkt.

Die Berliner Arbeiterschaft aber hat mit ihrem Proteststreik die strenge Bestrafung der freigesprochenen und zu mild bestraften Kriegsverbrecher in Nürnberg gefordert.
Will die Berliner SPD sich gegen den Willen der Arbeiterschaft stellen?

Der 20. Oktober muß auch in Berlin über seine große Bedeutung der Kommunalwahlen hinaus zu einer einmütigen Kampfansage an alle Kriegsverbrecher werden, die noch in Freiheit sind. Die Sozialistische Einheitspartei wird auch aus diesen Wahlen als die stärkste Partei hervorgehen, weil sie die Partei des Neuaufbaues und des Sozialismus ist.

Um an diesem demokratischen Neuaufbau Deutschlands mitzuhelfen, traten wir zur SED über.

Leopold Maltz, BVG, Königin-Elsabeth-Straße
Franz Blüthgen, BVG, Königin-Elisabeth-Straße
Wolfgafig Maaß, BVG, Königin-Elisabeth-Straße
Franz Bendig, BVG, Königin-Elisabeth-Straße
Karl Böker und Frau Luise Böker, Charlottenburg, Wallstraße 107
Günther Schrader, Charlottenburg
Alfred Otto, Charlottenburg, Heinrich-von-Stephan-Straße 17
Dr. Theodor Hannemann, Charlottenburg, Witzlebenstraße 2
Richard Domsch, Westend, Spandauer Chaussee, Kolonie Bismarcksruh
Erich Wienandt, Charlottenburg 2, Knesebeckstraße 95
Martha Streich, Kontoristin, Charlottenburg, Pestalozzistraße 71
Alex Konkalewski, Oberingenieur, Charlottenburg, Niebuhrstraße 62
Emil Prell, Schlosser, Charlottenburg, Christstraße 7
Hermann Hein, BVG, Charlottenburg, Königin-Elisabeth-Straße

Berlin wählt Liste 2
Sozialistische Einheitspartei

(151) 60028 Druck: G. Buck, Berlin NO 55

Tx 134 16. 10. 1946

Montag, 1. November

Wichtiger als für die tatsächliche Ernährung ist die psychologische Wirkung der Rationserhöhung, die in den Westsektoren in Kraft tritt, beweist sie doch, daß West-Berlin sehr wohl über die Luftbrücke zu versorgen ist, und dieses auch über die Wintermonate. In der Kartengruppe III, die zahlenmäßig die größte ist, gibt es in den Westsektoren jetzt pro Person und Tag 400 g Brot, 50 g Nährmittel, 40 g Fleisch, 30 g Fett, 40 g Zucker, 400 g Kartoffeln und 5 g Käse. Auch im Ostsektor werden die Rationen erhöht, bei Nährmitteln und Kartoffeln liegen sie höher als im Westteil der Stadt, bei Fett und Zucker dagegen niedriger. Berücksichtigt werden muß zudem, daß durchaus nicht immer die Lebensmittel aufgerufen werden, die es nach den Rationssätzen geben sollte, etwa in West-Berlin Kartoffeln, die durch Trockenkartoffeln oder durch Nährmittel ersetzt werden.

Erhöht hat sich inzwischen die Zahl der West-Berliner, die sich im Ostsektor zur Versorgung eingetragen haben. Sie wird jetzt mit 75.471 angegeben. Selbst die SED räumt jedoch intern ein, daß das Motiv hierfür in den wenigsten Fällen eine unzureichende Versorgung mit Lebensmitteln ist, sondern in erster Linie die Sorge vor einem kalten Winter und verbunden damit die Hoffnung, sich im Ostsektor mit genügend Brennmaterialien eindecken zu können.

Die Beschäftigten im Ostsektor haben vom heutigen Tag an mehr Geld in ihrer Lohntüte. Zwischen fünf und 30 Prozent sind Löhne und Gehälter auf Befehl des sowjetischen Kommandanten gestiegen, doch der Effekt für die Betroffenen ist minimal. Die Regale in den Läden sind ohnehin weitgehend leer.

Dienstag, 2. November

In Ost-Berlin wird ein wichtiger Schritt auf dem Weg gefeiert, sich von der westdeutschen Stahlindustrie unabhängig zu machen. Im – enteigneten – Treuhandbetrieb Hartung & Jachmann in Lichtenberg sind der sowjetischen Kommandant sowie eine Delegation aus dem Stahlwerk Henningsdorf beim ersten Stahlanstich dabei. Für die Arbeiter lohnt sich der Tag in vielfacher Weise. Sie erhalten wertvolle Geschenke wie Schuhe, Textilien, Fotoapparate, Radios und Nähmaschinen, die sie sich sonst kaum leisten könnten und die ausgesprochene Mangelware sind.

Ein erster Versuch der Polizei in Spandau den Diebstahl von Kohle auf dem Weg vom Flugplatz Gatow zu den Kraftwerken zumindest einzudämmen, war offensichtlich nicht erfolgreich. Die Bestimmungen für die Fahrer der Kohle-Lastwagen werden deshalb jetzt verschärft. Bleiben die Lastwagen auf dem Weg von Gatow zur Umschlagstelle Kladow oder zu den Kraftwerken mit einer Panne liegen, müssen die Fahrer unverzüglich die Polizei holen. Ist in der Zwischenzeit Kohle gestohlen worden, werden die Fahrzeuge nach Gatow zurückgefahren und die Fahrer vorläufig festgenommen. An die Zielorten der Transporte haben Polizisten darauf zu achten, daß keine gestohlenen leeren Kohlensäcke unter der Kohle versteckt sind. Außerdem wird die Polizei nun in den Straßen, die für die Kohletransporte exakt festgelegt sind, Tag und Nacht verstärkt Streife fahren bzw. gehen.

Im Grunde ist es seit langem überfällig, die Deutsche Mark der Bank deutscher Länder, die Westmark also, zum allein gültigen Zahlungsmittel in den Westsektoren zu erklären. Davor allerdings scheuen die westlichen Militärregierungen weiterhin zurück. Dennoch fordert der Zentralausschuß der Notgemeinschaft der Berliner Wirtschaft diesen Schritt, ohne den es einen wirtschaftlichen Aufschwung in West-Berlin nicht geben kann.

Mittwoch, 3. November

Die westdeutschen Unternehmen haben kaum Interesse an der Trocknung von Kartoffeln und an ihrer Lieferung nach Berlin. Die Verdienstspannen sind ihnen zu gering, und sie stellen lieber Trockengemüse her, weil dieses ein für sie lukrativeres Geschäft ist. Wegen der ausbleibenden Lieferungen können täglich im Schnitt nur 117 t Trockenkartoffeln nach Berlin geflogen werden, zu wenig, wie die Militärregierungen meinen. Sie beauftragen deshalb Prüfer, die sich vor Ort in den Trocknungsbetrieben umsehen und nach den Ursachen für die schleppende Herstellung forschen sollen. Sollte die Produktion von Trockenkartoffeln nicht in kurzer Zeit erheblich erhöht werden, erwägt das amerikanisch-britische Zweimächtekontrollamt in Frankfurt am Main sogar die Festlegung eines Herstellungssolls für jedes der westdeutschen Länder.

Auf andere Weise mit der zögerlichen Haltung westdeutscher Einrichtungen gegenüber Berlin befaßt sich Verkehrsstadtrat Ernst Reuter. In den Westzonen sind die Reichsbahntarife um 40 Prozent erhöht worden, und das hat auch Auswirkungen auf die Kosten der Luftbrücke. Reuter drängt darauf, daß Berlin von dieser Tariferhöhung ausgenommen wird, doch sind die Reichsbahnvertreter der Ansicht, „Frachtvergünstigungen für Berlin könnten unhaltbare Folgen auf tariftechnischem Gebiet haben und zu ähnlichen Wünschen der Bayerischen Ostmark Schleswig-Holsteins und dergleichen". Berlins Anliegen wird abgelehnt.

Obwohl die Kapazität der Luftbrücke in den zurückliegenden Wochen erheblich ausgebaut wurde, ist nicht absehbar, daß auf Dauer genug Kohle eingeflogen werden kann. Andere Ressourcen sollen daher erschlossen werden. Beispielsweise die Torfvorkommen, die bereits vor der Blockade erkundet worden waren. Nach Unterlagen der Zentralstelle für Holzbeschaffung gibt es im Berliner Stadtgebiet Torfvorkommen in einer Größenordnung von 883.000 t, besonders in Steglitz, Zehlendorf und Spandau. Fest steht aber auch, daß nur 20 bis 30 Prozent der Vorkommen tatsächlich abbauwürdig sind.

Donnerstag, 4. November

Eine erhebliche Erweiterung der Luftbrückenkapazität, jedenfalls soweit sie die Infrastruktur am Boden betrifft, ist in Sicht. Tag und Nacht wird an dem neuen Flugplatz Tegel gebaut, und Luftbrückenchef General Tunner kündigt an, daß dieser Flugplatz bereits Mitte November seiner Bestimmung übergeben wird.

Größere Transportmöglichkeiten sind in der Tat erforderlich, denn abgesehen von den Lebensmitteln oder den Brennstoffen, die sich die West-Berliner in Ost-Berlin oder im Umland beim „Hamstern" besorgen, müssen fast alle Dinge des täglichen Lebens eingeflogen werden. Dazu gehören auch 30 Millionen Zigaretten, die bisher in Bremen lagerten, nun nach Frankfurt gebracht und dort in Flugzeuge umgeladen werden.

Von der Luftbrücke hängt es schließlich auch ab, wie leistungsfähig die West-Berliner Polizei ausgerüstet werden kann. Ihr Materialbedarf bis April 1949 ist mit 323,5 t angegeben, wobei davon 85,5 t auf Bekleidung entfallen, 25 t auf Bürobedarf, 15 t auf Kraftfahrzeuge sowie eine Tonne auf Schußwaffen und die erforderliche Munition. Welchen Raum der Bedarf für die Polizei einnimmt, wird daraus ersichtlich, daß erst vor wenigen Tagen 25 fabrikneue Volkswagen nach Berlin geflogen wurden, um besonders bei der Bekämpfung des Schwarzmarktes eingesetzt zu werden.

Eine Klarstellung hält die Ost-Berliner Verwaltung für erforderlich. Die Menschen in den Westsektoren sind angesichts der immer schärfer werdenden Kontrollen und der vielen Beschlagnahmen an den Sektorengrenzen und an den Grenzen zur Sowjetischen Besatzungszone erheblich verunsichert. Nun wird festgelegt: West-Berliner benötigen beim Passieren der Sektorengrenzen keinerlei Durchlaßbescheinigung, sofern sie sich im Ostteil der Stadt zur Versorgung angemeldet haben. Für sie gilt auch, daß sie je Familie bei sog. „Einzeltransporten" 58 kg Kartoffeln und 50 kg Kohle pro Person und Haushaltsausweis in den Westteil mitnehmen dürfen.

Freitag, 5. November

Schneller als gedacht, landet auf dem Flugplatz Tegel im französischen Sektor das erste Flugzeug. Nach nur viereinhalb Monaten kann der Flugbetrieb aufgenommen werden, wenn auch die offizielle Eröffnung noch einige Tage auf sich warten lassen wird. An Bord dieser ersten Maschine sind der Befehlshaber der amerikanischen Luftstreitkräfte, Generalleutnant Cannon, und der Befehlshaber des amerikanisch-britischen Luftbrückenkommandos, Generalmajor Tunner. Empfangen werden die Militärs von einer hochrangigen Delegation, der neben dem amerikanischen Militärgouverneur General Lucius D. Clay auch der amtierende Oberbürgermeister Dr. Ferdinand Friedensburg angehört.

Besonders die britische Militärregierung ist es, die immer wieder anbietet, Kranke aus West-Berlin nach Westdeutschland auszufliegen. Auf einer Sitzung des Landesgesundheitsamtes wird dieses Bemühen zwar anerkannt, doch nicht wirklich akzeptiert. So hat die britische Militärregierung dafür gesorgt, daß in den Westzonen für Tuberkulose-Kranke Krankenhausbetten zur Verfügung stehen, doch setzt sich Gesundheitsstadtrat Dr. Harms dafür ein, die ersten 500 Kranken erst dann auszufliegen, wenn wirklich sicher ist, daß die West-Berliner Krankenhäuser im Winter nicht beheizt werden können. Wenigstens soll jetzt eine Liste von 2.000 Kranken zusammengestellt werden, die nach dem Flug eine 24-stündige Bahnfahrt im Sitzen aushalten könnten. Einer der Aspekte, daß der Magistrat in diesem Punkt so zögerlich ist die Tatsache, daß die Kosten für den Krankenhausaufenthalt im Westen in Westmark bezahlt werden müssen. Zum anderen wird es vor Aufhebung der Blockade kaum Rückflugmöglichkeiten geben, so daß niemand weiß, wie lange die Kranken in Westdeutschland werden bleiben müssen.

Tatsächlich geht es nur um ein paar Kilowattstunden Strom, aber für das Bezirksamt Schöneberg sind sie wichtig. Das Amt bittet die Militärregierung, das Rathaus abends mit Strom zu versorgen, um wenigstens das Gebäude beleuchten zu können. In dem Gebäude befindet sich lediglich ein Notstromaggegrat, das für das im Rathaus provisorisch untergebrachte „Theater am Nollendorfplatz" gebraucht wird. Schon mehrfach habe es wegen der unbeleuchteten Treppen und Flure im Rathaus Unfälle gegeben, heißt es in dem Antrag des Bezirksamtes.

Sonnabend, 6. November

Der einzig wirklich „blühende" Wirtschaftszweig in diesen Wochen und Monaten ist der Schwarzmarkt, und in ihm haben sich bemerkenswerte Strukturen gebildet. Die Schwarzmarkthändler haben sich in der Mehrzahl zu Banden zusammengeschlossen, von denen eine den Namen „Immergrün" trägt. 290 Schieber sollen der Bande angehören, die in der Gegend um den Bahnhof Zoo aktiv ist und deren Stützpunkte hauptsächlich zwischen Zoo und Wittenbergplatz zu finden sind. Die „Immergrün"-Mitglieder haben sich einen strengen Ehrenkodex gegeben. Sie warnen sich nicht gegenseitig nur vor der Polizei, sondern unterstützen auch die Familien festgenommener Schieber.

In Ost-Berlin wird die USDP, die Unabhängige Sozialdemokratische Partei Deutschlands, aus der Taufe gehoben werden. Sie soll ein Sammelbecken für alle werden, die wegen ihres Zusammengehens mit und wegen Unterstützung der SED aus der SPD ausgeschlossen wurden. Bezeichnend für ihr Verhältnis gegenüber Kommunisten ist, daß die USPD jede „Agitation“ gegenüber der sowjetischen Besatzungsmacht strikt ablehnt. Auf Räucherfisch schließlich können sich West-Berliner freuen, wenn auch nur verschwindend wenige. 17.000 Faß norwegische Heringe werden zur Zeit in Hamburg verarbeitet und sollen als Räucherfisch in den nächsten Tagen in West-Berlin eintreffen.

Sonntag, 7. November

Glück im Unglück hat die Besatzung einer amerikanischen Transportmaschine vom Typ „Skymaster“. Das Flugzeug stürtzt in der Nähe des niedersächsischen Flugplatzes Faßberg ab, doch die dreiköpfige Mannschaft kann sich mit dem Fallschirm retten.

Frischgemüse und frisches Obst ist in den Westsektoren Mangelware, auch wenn es sich viele West-Berliner im Ostsektor oder im Umland beschaffen. Dem unausbleiblichen Vitaminmangel bei den meisten Menschen wollen die westlichen Militärregierungen mit Vitamintabletten begegnen, die in den Westzonen gekauft werden sollen. Etwa vier Millionen Mark wird der Magistrat dafür ausgeben müssen. Weil die Stadt dieses Geld kaum aufbringen kann, will das Ernährungsamt bei den Militärregierungen vorstellig werden, damit die Vitamintabletten verkauft werden dürfen und so der Haushalt der Stadt entlastet wird.

Wie angespannt die Finanzlage ist, geht daraus hervor, daß der Magistrat jetzt über zehn Millionen Mark für Kosten aufbringen muß, die im direkten Zusammenhang mit der Luftbrücke stehen. Allein 7,8 Millionen Mark davon beansprucht die Abteilung Ernährung. Auf fast 1,1 Millionen Mark steigen durch die Eröffnung des Flugplatzes Tegel die Lohnkosten auf den drei West-Berliner Flugplätzen, und 240.000 Mark schließlich müssen für die Verwaltung des Magistrats-Außenlagers Wunstorf bei Hannover aufgebracht werden.

Beunruhigende Ausmaße nimmt die Säuglingssterblichkeit in den Westsektoren an. Starben bisher in jeder Woche durchschnittlich 40 Säuglinge, waren es im Zeitraum vom 10. bis 16. Oktober 69, wird auf einer Sitzung im Landesgesundheitsamt festgestellt. Bemerkenswert jedoch ist, daß die Zahl der Darmkatarrhe bei 25 Prozent liegt und daraus geschlossen werden kann, daß die Säuglingssterblichkeit nicht durch Störungen in der Ernährung infolge der Blockade sprunghaft angestiegen ist. Und auch diese Tatsache widerspricht der allgemeinen Einschätzung: Kinderlähmung tritt in den Westsektoren zwar häufiger auf als bisher, doch ist dieses nach Überzeugung der Amtsärzte nicht auf die Blockade-Folgen zurückzuführen.

Montag, 8. November

In den West-Berliner Krankenhäusern wird es kalt. Im November benötigten sie zwar 11.000 t Kohle, werden aber nur 6.100 t bekommen. Um einen so sparsamen Gebrauch der Kohle wie nur möglich sicherzustellen, ordneten die britische Militärregierung an, daß in den Krankenhäusern nur wenige bestimmte Abteilungen beheizt werden dürfen. Dazu gehören Kinderstationen, Säle mit Frischopererierten und geburtshilfliche Abteilungen. Noch schlimmer sieht es in den Fürsorgestellen in den Bezirken aus. Dort müssen wegen der Kälte ärztliche Untersuchungen völlig eingestellt werden. Wenig verwunderlich ist, daß es in den Haushalten in den Westsektoren noch kälter werden wird. Gerade einmal 12,5 kg Kohle wird nach Ankündigung von Bürgermeister Ferdinand Friedensburg jeder Haushalt bekommen, Haushalte mit Kindern und Kranken die doppelte Menge.

Auf dem Flugplatz Tempelhof stehen aufwendige Reparaturarbeiten an. Eine Rollbahn hat sich gesenkt, 11.000 cbm Schotter werden gebraucht, um den Schaden zu beheben. Die stillgelegten Eisenbahnstrecken Wilhelmsruh - Wittenau und Hermsdorf - Frohnau werden als „Steinbruch“ dienen.

In der Wilmersdorfer Bloissestraße versuchen zwei sowjetische Militärpolizisten, einen Magdeburger Polizeiangestellten und dessen Sekretärin in den Ostsektor zu verschleppen. Die beiden können sich, unterstützt von Passanten, losreißen und zurück in den Westen fliehen. Als britische Militärpolizei eintrifft, ziehen sich die Russen zurück.

Dienstag, 9. November

Der gesamte West-Berliner Kohle-Einzelhandel ist mehr oder weniger zusammengebrochen. Die Hoffnungen der verbliebenen Händler richten sich auf den zugesagten Einflug von 22.000 t Hausbrandkohle, deren Verteilung, so die Berliner Centrale Kohlen-Organisation, den Händlern für etwa vier Wochen Beschäftigung sichern wird. Offen ist bisher noch, wer überhaupt Kohlen erhalten wird, ob alle Haushalte oder nur bestimmte. Die Centrale Kohlen-Organisation geht davon, daß es zu langen Warteschlangen kommen wird, wenn an jeden Haushalt 12,5 kg Kohle ausgegeben werden sollen.

Mit einer Sonderzuteilung Kerzen kommen die West-Berliner, die sich in den Kartenstellen des Ostsektors angemeldet haben, aus dem Ostteil der Stadt zurück. Haushalte bis zu zwei Personen bekommen 125 g, größere Familien 250 g Kerzen.

Gesundheitsstadtrat Dr. Harms hat sich endlich bereiterklärt, die ersten Tuberkulose-Kranken zur Erholung in die Westzonen ausfliegen zu lassen und damit das britische Angebot anzunehmen. 40 Plätze stellt die britische Luftwaffe pro Tag in ihren Flugzeugen nach Lübeck zur Verfügung. Für den Weitertransport von Lübeck zu den Krankenhäusern in Braunschweig und Goslar wird das Britische Rote Kreuz sorgen. Die Kosten für Unterkunft, Verpflegung und ärztliche Versorgung belaufen sich je Tag und Patient auf vier Westmark. Unabhängig aber von der Zustimmung des Stadtrates wird es noch bis Januar dauern, bis die ersten Kranken tatsächlich nach Westdeutschland ausgeflogen werden können.

Die SED wird sich keinesfalls an den auf den 5. Dezember anberaumten Wahlen zur Stadtverordnetenversammlung beteiligen und unternimmt zugleich Anstrengungen, die Wahlen in den Westsektoren zu boykottieren und nach Möglichkeit auch zu sabotieren. Vorerst beschließt sie einen Boykottaufruf unter dem Motto: „Wer zur Wahl geht, stimmt für den Ruin Berlins und den Krieg.“

Mittwoch, 10. November

Erneut droht die Sowjetunion mit einer Behinderung der Luftbrücke. Immer wieder hat es in den zurückliegenden Wochen Zwischenfälle gegeben - Beinahe-Zusammenstöße oder auch russische Flakmanöver -, die aber letztlich immer glimpflich abgelaufen sind. Gleichzeitig aber haben sowjetische Offiziere innerhalb der gemeinsamen Alliierten Flugsicherheitszentrale in Berlin stets zur sicheren Abwicklung des Luftbrücken-Flugverkehrs beigetragen. Nun kündigen die Sowjets an, sie würden künftig jedes Flugzeug, das sich außerhalb der Flugkorridore und des Gebietes von Groß Berlin befindet, zur Landung auf dem nächstgelegenen Flugplatz zwingen. General Lucius D. Clay antwortet umgehend auf diese Drohung. Für jede Verletzung amerikanischen Flugpersonals und jede Beschädigung amerikanischer Flugzeuge würden die Sowjets verantwortlich gemacht. Clay kurz und unmißverständlich: „Wie beabsichtigen, weiterzufliegen.“

Unterstützung bekommen die West-Berliner auch von anderer Seite: Der neuseeländische Premierminister Frazer, der in der Stadt zu Besuch ist, sagt den Westsektoren die Hilfe seines Landes zu.

Die Freie Universität nimmt Gestalt an. Geheimrat Prof. Dr. Lentz wird zum Ordinarius für Hygiene an der Medizinischen Fakultät bestellt, die im Januar ihre Vorlesungen aufnehmen soll.

Eine der wenigen noch über die Sektorengrenzen hinaus verbliebenen gemeinsamen Aktivitäten ist die Verschickung von Kindern in die Schweiz. 500 Kinder machen sich mit der Eisenbahn auf den Weg in das Alpenland, wo sie von Gasteltern erwartet werden.

Eher kurios mutet die Beschäftigung eines Magistratsangestellten an, der trotz leerer Straßen das (gar nicht vorhandene) Parkplatzproblem im Westen Berlins lösen will. Er kommt zu der Erkenntnis, daß z.B. Autos von Angestellten üblicherweise den ganzen Tag vor den Bürogebäuden abgestellt werden, Besucher dagegen nur für wenige Stunden Parkplätze in Anspruch nehmen. Eine der vielen Formeln, die das Parken in West-Berlin leichter machen sollen, lautet: „Aa x q x p x a x Aa x Ab x p x k x s“. In einer ersten Bewertung zu dieser Arbeit heißt es, die Formeln seien noch „sehr roh“.

Donnerstag, 11. November

Wenn noch einige Sowjets und die Führung der SED hofften, die Westmächte würden sich aus Berlin zurückziehen, werden sie einmal mehr eines anderen belehrt. Ein neuer Luftbrücken-Flugplatz in Westdeutschland nimmt seinen Betrieb auf: Schleswig-Land. Der Flugverkehr nach Berlin wird mit einer britischen Maschine vom Typ „Hastings“ eröffnet. Dieses Flugzeug wird erst seit 1947 in Serie gebaut und seit wenigen Wochen beim Transport Command der britischen Luftwaffe eingeführt. Schleswig-Land ist nun neben Wunstorf, Faßberg, Blankensee, Finkenwerder und Fuhlsbüttel bereits der sechste Flugplatz in der britischen Zone, der der Luftbrücke dient. Auch innerhalb der West-Berliner Flugplätze kommt es zu einer Umstrukturierung, um die Effizienz zu erhöhen. Gatow wird nun vorwiegend für den Einflug von Kohle und Öl umgestellt.

Am 1. November waren, wenn auch minimal, die Fettrationen in den Westsektoren erhöht worden. In einem Papier der ostzonalen Deutschen Wirtschaftskommission war darauf hingewiesen worden, welche wichtige psychologische Bedeutung gerade die Zuteilung höherer Fettrationen auf die Menschen hat. Der Ostsektor soll nun nachziehen. Verteilt wird deshalb eine Fettzusatzration, die je nach Karte zwischen 150 und 450 gr liegt. Diese zusätzliche Ration bekommen auch die West-Berliner, die sich offiziell im Osten Berlins versorgen.

Ganz anderer Art sind die Zuteilungen in den westlichen Bezirken. In Tiergarten gibt es immerhin Frischgemüse. Die Charlottenburger können sich ein Heftchen Süßstoff als Zuckerersatz abholen, und die Spandauer erhalten auf Kaffee-Ersatzmarken zwei Preßkakaotabletten.

Neue Telefonbücher können in den Postämtern West-Berlins abgeholt werden. Voraussetzung ist jedoch, daß gleichzeitig Altpapier abgegeben wird.

Die Ost-Berliner Zeitungen sind voll von Meldungen, nach denen die SED in den Westsektoren verfolgt und in ihrer Arbeit behindert wird. Damit soll vor allem ein Alibi für ein Vorgehen gegen demokratische Parteien im sowjetischen Sektor geschaffen werden. Die Wirklichkeit allerdings sieht anders aus. Nach einer Statistik der Polizei hat die SED allein im amerikanischen Sektor zwischen dem 1. April und dem 31. Oktober 7.315 Versammlungen durchgeführt, von denen nur einige wenige durch Demonstranten gestört wurden. SPD, CDU und LDP haben im gleichen Zeitraum 2.159 Kundgebungen abgehalten, diese drei Parteien zusammen also nur gerade einmal ein Drittel der der Kommunisten.

Freitag, 12. November

Die Vorbereitungen für die Wahlen zur Stadtverordnetenversammlung am 5. Dezember laufen auf Hochtouren, wenn auch nur in den Westsektoren. Auf den Stimmzetteln erscheinen die Namen der Parteien entsprechend der Stärke, die sie bei den Wahlen im Oktober 1946 erreicht hatten. Der Listenplatz 3 wird für die SED freigehalten, obwohl diese sich nicht an den Wahlen beteiligen wird. Im Friedrichstadt-Palast beschließen SED-Funktionäre im Gegenteil eine Resolution, mit der sie die Berliner auffordern, sich nicht an den „Spalterwahlen" zu beteiligen. Kurzerhand erklärt die SED den Wahlsonntag zum „Aufbautag", an dem die Berliner nicht zur Wahl gehen, sondern sich „freiwillig" zu Arbeitseinsätzen melden sollen.

Die westlichen Stadtkommandanten sorgen sich um das Wohl, eher um die Stimmung, der Arbeiter auf den drei West-Berliner Flugplätzen. Sie weisen das Haupternährungsamt an, 59.400 Flaschen Spirituosen zu einem Preis von 3,2 Millionen Ostmark zu kaufen und sie in der ersten Dezember-Dekade an die Arbeiter auszugeben. Innerhalb des Magistrats kommt es zu einer Diskussion darüber, ob diese Spirituosen zu einem niedrigen Preis und somit subventioniert verkauft werden sollen. Stadtverordnetenvorsteher Otto Suhr wehrt sich zwar anfangs vehement gegen eine solche Regelung, weil er meint, die Flughafenarbeiter würden ohnehin schon bevorzugt, muß dann aber nachgeben. Ausschlaggebend für die Subventionierung ist die Erkenntnis, daß sich die Arbeiter sonst „Schnaps in gleicher Qualität sehr wahrscheinlich billiger in offenen Geschäften des Ostsektors" besorgen würden.

„Das ist Berlin" ist der Titel einer Ausstellung, die Bremens Bürgermeister Wilhelm Kaisen in der Hansestadt an der Weser eröffnet. Diese Ausstellung soll in den kommenden Monaten auch in anderen Teilen Westdeutschland gezeigt werden und ein Bild über die Stadt vermitteln.

Das ist Berlin – das heißt in diesen Tagen auch, daß die Schöneberger Haushalte auf Kohlen verzichten müssen und statt dessen für Oktober und November zusammen je 50 kg Kohlengrus als Kochkohlenersatz erhalten werden.

Sonnabend, 13. November

Die Sitzungen des SED-Landesvorstandes werden bestimmt von der Suche nach Wegen, die in den Westsektoren für den 5. Dezember angesetzten freien Wahlen zu beeinflussen oder zu verhindern. Der Vorstand beschließt eine „Kampagne gegen die Spalterwahlen", in deren Mittelpunkt unzählige Veranstaltungen stehen, u.a. bei der GASAG, der BVG, der BEWAG, bei Polizei, Post und bei der Reichsbahn. Gleichzeitig ordnet der SED-Landesvorstand an, daß bei „gegnerischen" Kundgebungen SED-Mitglieder anwesend zu sein haben und nach Möglichkeit das Wort ergreifen. Die Funktionäre verabschieden eine Reihe von Slogans, deren markanteste sind: „Geht nicht zu den Spalterwahlen – Helft am Aufbau!", „Keiner braucht zu frieren. Zwingt eure Bezirksämter, die Kohle aus dem Ostsektor bei uns zu verkaufen!" oder „Berlinerin, fürchte Dich nicht. Kaufe im Ostsektor ein".

Der stellvertretende sowjetische Stadtkommandant Jelisarow glaubt, einen Anlaß zur Beschwerde beim amerikanischen Stadtkommandanten gefunden zu haben. Er wirft der amerikanischen Militärregierung vor, Saboteure hätten immer wieder Kabel an den Reichsbahnstrecken durchschnitten und damit den Zugverkehr gefährdet.

Trotz formal noch einheitlicher Verwaltung ist Berlin auf dem Weg zu einer geteilten Stadt. Dieses wird auch sichtbar durch den Umzug einiger Dienststellen der Magistratsabteilung für Wirtschaft vom sowjetischen in den britischen Sektor. Angesichts der sich ständig widersprechenden Befehle von sowjetischen und westlichen Dienststellen war die Abteilung nahezu handlungsunfähig geworden. Die Abteilung für Wirtschaft ist somit jetzt in der Universitätsstraße im Ostsektor und in der Albrecht-Achilles-Straße in Wilmersdorf vertreten und damit de facto gespalten.

Sonntag, 14. November

Aus Gewichts- und Platzgründen werden Kartoffeln und Gemüse in Westdeutschland und im westlichen bzw. auch neutralen Ausland getrocknet, bevor sie auf dem Luftweg nach Berlin verfrachtet werden. Derzeit lagern in westdeutschen Betrieben 180.000 t Kartoffeln, das entspricht dem Bedarf von neunzig Tagen, um getrocknet zu werden. Für den Magistrat bedeutet diese Vorratshaltung eine große finanzielle Belastung, denn er hat 50 Prozent des Marktwertes der Kartoffeln im voraus zu bezahlen, in diesem Fall zehn Millionen Westmark. Weitere zehn Millionen Mark kosten den Magistrat die Vorratshaltung an übrigen Lebensmitteln, die auf den westdeutschen Flugplätzen gelagert werden und für vierzehn Tage reichen müssen. Diese Reserven haben die alliierten Militärregierungen angeordnet, damit es im Winter bei eventuellen Transportschwierigkeiten auf den westdeutschen Eisenbahnen und Straßen nicht zu Engpässen bei der Versorgung Berlins kommen kann.

Trotz Blockade verlief die Beförderung von Post auf den Eisenbahnstrekken zwischen Westdeutschland und Berlin bisher weitgehend reibungslos. Daß dieser Landtransport aber keineswegs sicher ist, demonstrieren die Russen an diesem Wochenende. Sie lassen 28 Güterwagen, die von Hannover aus mit Post auf dem Weg nach Berlin sind, bei Oebisfelde kurz hinter der innerdeutschen Demarkationslinie aufhalten und durchsuchen.

Der sozialistische Zweijahresplan, den die ostzonale Deutsche Wirtschaftskommission für die Sowjetische Besatzungszone und - unzulässigerweise - auch für Ost-Berlin beschlossen hat, soll unter allen Umständen erfüllt werden. Aus diesem Grunde ist nach sowjetischem Vorbild die „Hennecke-Bewegung“ ins Leben gerufen worden, deren Kernpunkte immer höhere „freiwillige“ Arbeitsleistungen und die Übererfüllung des Solls um gleich mehrere hundert Prozent sind. In Weißensee veranstaltet die SED-Jugendorganisation FDJ jetzt einen ersten „Jungaktivistenkongreß“, mit dem die „Hennecke-Bewegung“ auch in Ost-Berlin Einzug halten soll.

Montag, 15. November

Die sowjetische Kommandantur forciert wenige Wochen vor den freien Wahlen in West-Berlin ihre Teilungspolitik. So entläßt der stellvertretende Stadtkommandant Jelisarow Verkehrsstadtrat Ernst Reuter, obwohl er keinesfalls über die erforderliche Kompetenz verfügt. An Reuters Stelle wollen die Russen einen SED-Funktionär setzen, Heinz Schlicke, bisher zuständig für das Ressort Elektrizitäts- und Wasserversorgung. Die Russen machen es sich einfach und begründen die Entlassung Reuters, die von den drei westlichen Stadtkommandanten nicht akzeptiert wird, mit „Sabotage“.

In ihrem Bestreben, die Wahlen vom 5. Dezember zu verhindern, begehen die Russen einen weiteren Rechtsbruch. Sie lassen das Hauptwahlamt Unter den Linden von Ost-Berliner Polizei abriegeln und anschließend von Mitarbeitern der ostzonalen Deutschen Wirtschaftskommission und Mitgliedern der SED durchsuchen. Gestört werden die Wahlvorbereitungen dadurch allerdings nicht. Im Amt befinden sich keine Unterlagen, die für die Durchführung der Wahlen unentbehrlich wären.

Während die Kommunisten auf der einen Seite Terror ausüben, öffnen gleichzeitig im Ostsektor die ersten „Freien Läden", die Vorläufer der späteren „HO-Läden". Drei Ziele vor allem sind es, die Russen und SED mit diesen Läden verfolgen. Einmal soll den West-Berlinern Überfluß suggeriert, zum anderen der Schwarzmarkt ausgetrocknet und die gleichermaßen begehrte wie verhaßte „B"-Mark abgeschöpft werden. Allein schon die Preise machen deutlich, daß sich das Angebot fast ausschließlich an West-Berliner oder doch zumindest die Besitzer von Westmark wendet. So kostet eine Tafel Schokolade zwischen 18 und 24 Ostmark, für kunstseidene Damenstrümpfe müssen zwischen 27 und 33 Mark, für Herrenschuhe zwischen 150 und 300 Mark gezahlt werden, und dieses bei einem Durchschnittsverdienst der Ost-Berliner von etwa 200 Ostmark monatlich. Für sie sind die wirklich attraktiven und raren Warenangebote unerschwinglich und auch nicht gedacht, wie ungewollt die Ost-„Berliner Zeitung" einräumt. Sie schreibt davon, daß bereits am ersten Tag im „Freien Laden" an der Frankfurter Allee 1.300 Käufer gezählt wurden, von denen jeder im Durchschnitt 60 Mark ausgegeben hat. Daß dieses kaum Ost-Berliner gewesen sein können, läßt sich aus einem anderen Hinweis folgern. Die Ost-Berliner hätten sich die teuren Waren nicht leisten könne, aber beispielsweise Stopftwist für 80 Pfennig je Dogge und Stopfgarn für Herrensocken für 1,50 Mark.

Glück im Unglück hat die Besatzung einer amerikanischen „Skymaster", die nach der Landung auf dem Flugplatz Tempelhof in Brand gerät. Die Crew kann sich retten und kommt mit Verletzungen davon. Zur Zukunft der Luftbrücke äußert sich General Lucius D. Clay. Er rechnet nicht mit einer Aufhebung der Blockade vor Jahresende und kündigt eine Verstärkung der Luftbrücke, soweit es bei dem Winterwetter eben möglich ist, an.

Dienstag, 16. November

Die westdeutschen Ministerpräsidenten haben sich schon häufig von den Militärgouverneuren Clay und Robertson kritisieren lassen müssen, weil ihr Engagement für Berlin als eher zurückhaltend zu bezeichnen ist. Bei einer Besprechung in Frankfurt am Main mahnen sie die Versorgung West-Berlins mit Fleisch an und fordern die verantwortlichen Stellen auf, „die gegenwärtig äußerst unzureichende Lebensmittelerfassung zu beschleunigen", da sie andernfalls eigene Maßnahmen bis hin zur Beschlagnahme von Betrieben ergreifen müßten.

Anziehungspunkte für viele Menschen aus den Westsektoren sind unterdessen die neuen „Freien Läden" im Ostteil der Stadt, von denen der zweite jetzt in der Neuen Königsstraße eröffnet wird. Außerdem wurden zusätzlich zwei „Freie Restaurants" eingerichtet, eines im ehemaligen „Borchardt" in der Französischen Straße, und eines im ehemaligen „Fürstenhof" in der Leipziger Straße. In den „Freien Läden" werden u.a. Textilien, Trikotagen und Lederwaren, Haushaltsartikel, Uhren, Fotoapparate und Radios angeboten. Fahrräder kosten zwischen 400 und 800 Mark – bei einem Umtauschkurs von etwa 1:4 sind diese Dinge für die Ost-Berliner unerschwinglich, für die West-Berliner dagegen sehr wohl.

Gleiches gilt für die „Freien Restaurants". Ein Teil der Speisen sind nur auf Marken zu bekommen, doch markenfrei können u.a. Fisch- und Wildgerichte bestellt werden. So gibt es Wildragout mit Kartoffelklößen für 11,70 und Fisch mit Senfsauce für 7,35 Ostmark, entsprechend ca. drei bzw. weniger als zwei Westmark.

Unterschiedliche Preise hat die Deutsche Wirtschaftskommission für Kartoffeln festgelegt. In der Sowjetischen Besatzungszone kostet das Kilo 48 Pfennig, in den „Freien Läden" im Ostsektor 1,50 Ostmark.

Abgesehen von wenigen zeitlichen Ausnahmen ist die Paketpost aus Westdeutschland bisher per Bahn im Ostsektor eingetroffen und wurde - nach entsprechender gründlicher Kontrolle durch sowjetische Stellen - in die Westsektoren gefahren. Dieses Prozedere hat der sowjetische Stadtkommandant verboten, die West-Berliner müssen ihre Päckchen und Pakete nun persönlich im Postamt N 3 im Osten Berlins abholen.

Mittwoch, 17. November

Erhebliche Auswirkungen hat die Einrichtung von „Freien Läden" auf den Schwarzmarkt in den Westsektoren. Zwischen Wittenbergplatz und Gedächtniskirche stoßen die Händler geradezu panikartig ihre Bestände an massenweise gehorteter Schokolade ab. Eine 100-g-Tafel kostet jetzt nur noch 8,50 Ostmark.

Einschränken müssen die Postämter in den Westsektoren ihre Öffnungszeiten. Weil die Gebäude nicht oder kaum beheizt werden können, sind die Postämter jetzt nur noch zwischen 9 und 15 Uhr geöffnet, die Zweigpostämter ohne eigene Zustellung bleiben ganz geschlossen. Zudem müssen sich die West-Berliner daran gewöhnen, daß die Briefträger nicht mehr zwei- oder gar dreimal täglich, sondern nur noch einmal am Tag ins Haus kommen.

Aufschluß über die Stimmung in den Betrieben Ost-Berlins gibt ein Bericht, den Herbert Weisse aus Hohenschönhausen der SED-Führung schickt. Weisse, der im April in die SED eingetreten ist, weist auf zunehmende Diebstähle von Zucker, Mehl und Nudeln trotz Torkontrolle hin. Vor allem aber beklagt er sich darüber, daß die Situation für ihn persönlich unerträglich geworden ist, nachdem bekannt wurde, daß er der SED abgehört. „Helft uns recht bald, denn die abtrünnigen Genossen haben schon die gesamte Belegschaft scharf gemacht, und wir sind ständigen Anfeindungen ausgesetzt", fordert Weisse den SED-Landesvorstand zum Eingreifen auf.

Donnerstag, 18. November

Die schlechte und vor allem unausgewogene Ernährungslage in West-Berlin wirkt sich immer mehr auf den Gesundheitszustand der Bevölkerung aus. 84.000 Tuberkulosekranke sind gemeldet. Kennzeichnend für die Lage sind Anzeigen, die sich wie diese in den Tageszeitungen finden: „Wer kann helfen? Zur Heilung einer 27jährigen, die an Kehlkopftuberkulose erkrankt ist, benötigt das Neuköllner Krankenhaus dringend 120 g Streptomycin. Meldungen an Professor Zadek, Neukölln." Eine Konsequenz der schwierigen Situation ist der Beschluß der Stadtverordneten, eine längst überfällige „Tuberkulose-Kommission" ins Leben zu rufen, die sich verstärkt um die Bekämpfung der Krankheit und vor allem ihrer Ursachen kümmern soll. Außerdem soll Wohnraum für die steigende Zahl von politischen Flüchtlingen aus der sowjetischen Besatzungszone und aus Ost-Berlin geschaffen werden, die in den Westsektoren Zuflucht suchen.

Wiederum sind es die Briten, die Hilfe anbieten: Sie wollen ab sofort täglich 400 Plätze in ihren Flugzeugen bereitstellen, um wenigstens kranke und unterernährte Kinder zur Erholung nach Westdeutschland auszufliegen. Derzeit befinden sich 3.000 West-Berliner Kinder bei westdeutschen Verwandten, Pflegeeltern oder in Heimen.

Von einem schweren Unglück wird die britische Luftwaffe getroffen. Bei Lübeck stürzt eine „Dakota" über dem Gebiet der Sowjetischen Besatzungszone ab. Ein Besatzungsmitglied überlebt schwer verletzt, doch drei finden den Tod.

So bedrückend solche Unglücke auch sind, die Luftbrücke wird weiter ausgebaut. Die offizielle Einweihung des neuen Flugplatzes Tegel ist ein

Signal an die West-Berliner ebenso wie an Russen und SED, daß sich die drei Westmächte nicht aus Berlin zurückziehen werden.

Wenn sie denn die Westmächte schon nicht aus den Westsektoren vertreiben können, versuchen die Russen auf allen Ebenen West- und Ost-Berlin zu trennen. Sie befehlen die Neuregistrierung aller im Ostsektor zugelassener Fahrzeuge. Wurde die Einheit der Stadt bisher noch durch ein einheitliches „KB"-Autokennzeichen symbolisiert, soll es bei Ost-Berliner Fahrzeugen künftig durch die Buchstaben „GB" - Groß-Berlin - ersetzt werden.

Freitag, 19. November

Ganz offensichtlich bereitet die russische Seite weitere Teilungsmaßnahmen vor. 250 Polizisten aus Sachsen rücken am Morgen in das ehemalige Kommandanturgebäude in Friedrichshagen ein, das erst am Vortag von den Sowjets an die Deutsche Verwaltung des Innern übergeben wurde. Weitere 250 Polizisten werden am Nachmittag in die Unterkunft verlegt. Die Befürchtung, daß die physische Teilung der Stadt verstärkt werden soll, gründet sich auch darauf, daß die russische Zentralkommandantur an den innerstädtischen Sektorengrenzen sechs Kontrollpunkte einrichten läßt, über die allein noch der Kraftfahrzeugverkehr zwischen West- und Ost-Berlin möglich ist. Doch nicht nur in Berlin setzt die Sowjetunion auf Spaltung. Sie unterbricht den gesamten Eisenbahnverkehr zwischen Hessen und Thüringen. 47 Personenzugpaare werden gestrichen, unter ihnen etliche auf den Strecken von und nach Berlin.

Parallel zu dieser Politik, die auf eine Teilung Berlins und Deutschlands insgesamt hinausläuft, hat sich trotz Blockade und Gegenblockade ein reger Handel zwischen Firmen und West-Berlin und der SED-Tarnfirma „Handelsgesellschaft Groß-Berlin" entwickelt. Nicht die Unterbrechung des Handels ist das Ziel der SED, sondern dessen völlige Kontrolle. Seit Gründung der Handelsgesellschaft im August haben West-Berliner Firmen bereits Waren im Wert von 3,8 Millionen Mark nach Ost-Berlin und in die Sowjetische Besatzungszone geliefert und im selben Zeitraum Güter im Wert von 804.000 Mark erhalten. Nicht berücksichtigt sind in diesen Zahlen die Verträge, die ohne Einschaltung der Handelsgesellschaft direkt zwischen Ost- und West-Berliner Unternehmen geschlossen wurden. Welches Interesse Geschäftsleute aus den Westsektoren an Geschäften mit der Handelsgesellschaft haben, zeigt sich daran, daß täglich bis zu 110 Unternehmer in der Französischen Straße vorstellig werden. Die Handelsgesellschaft Groß-Berlin hat sich derart entwickelt, daß sie es sich inzwischen leisten kann, nur noch mit den Firmen in geschäftliche Beziehungen zu treten, die für Ost-Berlin und die Ostzone von besonderem Interesse sind.

In West-Berlin gibt es zwar selten, aber doch bisweilen Grund zum Feiern. So an diesem Freitag, an dem das neue Verlagshaus des „Telegraf" in Betrieb genommen wird. Der britische Stadtkommandant General Herbert übergibt das Gebäude am Bismarckplatz im Grunewald seiner Bestimmung. Täglich können 400.000 Exemplare der Zeitung gedruckt werden gegenüber 500.000 vor Beginn der Blockade.

Sonnabend, 20. November

Immer größere Teile der Kredite, die die Westzonen Berlin einräumen, werden für die Arbeitslosenunterstützung benötigt. Bisher sind schon 33 Millionen Mark Arbeitslosengeld gezahlt worden, für November werden in den Westsektoren weitere zehn Millionen benötigt. Völlig anders ist die Situation im Ostsektor, wo an Arbeitslosengeld für die Monate November und Dezember 300.000 Mark veranschlagt sind. Den über 6.000 in den Westsektoren in

Folge der Blockade stillgelegten Betrieben mit 90.000 Beschäftigten stehen 109 im Ostsektor mit 659 Arbeitslosen gegenüber. Im Ostteil der Stadt werden sogar offene Arbeitsplätze angeboten. So fehlen Facharbeiter in Berufen der Metall- und Gummiindustrie sowie in den Wirtschaftszweigen Textil, Papier, Holz, Bekleidung und Bau. Ungedeckt ist die Nachfrage nach Hausgehilfen und in verwandten Berufen. Schließlich wird mit einem zusätzlichen Personalbedarf gerechnet, wenn in Kürze weitere HO-Verkaufsstellen eingerichtet werden.

Die Situation in den West-Berliner Krankenhäusern kann angesichts des Brennstoffmangels als katastrophal bezeichnet werden. Mit Ausnahme weniger Räume sind sie unbeheizt, und Operationen können nur unter schwierigsten Umständen vorgenommen werden. Eine Verbesserung erhofft sich die amerikanische Militärregierung von 19 Stromaggregaten, die in Westdeutschland lagern und eingeflogen werden sollen.

In den Postämtern des Ostsektors werden alle noch vorhandenen neuen Telefonbücher beschlagnahmt. Grund hierfür ist die Tatsache, daß unter „Polizeipräsidium" nur das in der Friesenstraße, das rechtmäßige - aber von der SED nicht anerkannte - angegeben ist und nicht das des illegalen und von Russen und SED getragenen Präsidenten Markgraf.

Zu einer Verhaftungswelle kommt es bei der Berliner Feuerwehr, die nun ebenfalls vor ihrer Spaltung steht. Die russische Kommandantur wirft Branddirektor Lipstreu vor, er habe unter dem Vorwand eines Löscheinsatzes Feuerwehrfahrzeuge vom Ostsektor nach West-Berlin entführen wollen. Sie läßt ihn wie eine Reihe anderer ihr politisch unliebsamer Feuerwehrleute festnehmen.

Sonntag, 21. November

Etwa 3.000 West-Berliner Kinder erholen sich derzeit in Westdeutschland, und ihre Zahl soll noch vor Eintritt des Winters wesentlich erhöht werden. Das Hauptjugendamt möchte innerhalb kurzer Zeit noch weitere 10.000 Kinder in die Westzonen bringen lassen, doch reicht die Zahl der bereitstehenden Freiplätze nicht aus. Vor allem in den ländlichen Gebieten Westdeutschlands mit frischer Luft soll deshalb verstärkt um die Aufnahme von Berliner Kindern geworben werden. Da die Ost-Berliner Zeitungen inzwischen unterstellen, es handele sich um eine „Evakuierung", stellt das Hauptjugendamt einmal mehr und unmißverständlich klar, daß es sich bei dem Programm um eine Verschickung erholungsbedürftiger und gesundheitlich gefährdeter Kinder auf Zeit handelt.

Nach ihrer Ankunft in Lübeck oder Hamburg werden die Kinder in der Regel tags darauf mit der Eisenbahn zu ihren endgültigen Zielorten gebracht. Eltern wie Pflegeeltern ist klar, daß die Kinder nur in Ausnahmefällen noch während der Blockade nach Berlin zurückkehren können. Eine sorgfältige Auswahl der Kinder, aber auch der Pflegeeltern ist daher unabdingbar. Nach den Richtlinien des Magistrats ist bei den Pflegeeltern in jedem Fall eine eigene Schlafgelegenheit für die Kinder erforderlich. Zur Verschickung können Kinder ab neun Jahre angemeldet werden, ebenso Jugendliche bis zum vollendeten 16. Lebensjahr. Bettnässer und akut kranke Kinder müssen in Berlin bleiben, ebenso Kinder, von denen bekannt ist, daß sie schwer erziehbar sind. Auf der anderen Seite müssen auch die Pflegeeltern in der Lage sein, die Berliner Kinder angemessen betreuen zu können.

Nicht nur Stadtrat Ernst Reuter haben die Russen aus seinem Amt als Verkehrsstadtrat vertreiben wollen, sondern auch Gustav Klingelhöfer als Wirtschaftsstadtrat. Zugleich für die beiden anderen westlichen Militärregierungen weist der britische Stadtkommandant dieses Vorgehen zurück und unterstreicht, daß die sowjetischen Befehle unrechtmäßig sind und weder mit dem

Viermächte-Abkommen noch mit der Vorläufigen Verfassung Berlins in Übereinstimmung stehen.

Unerträgliche und die Sicherheit der Stadt gefährdende Formen nimmt der Streit um die Berliner Feuerwehr an. Zwei eigentlich im Westteil der Stadt stationierte Feuerwehrfahrzeuge werden von der sowjetischen Kommandantur beschlagnahmt. Um weiterem derartigen unrechtmäßigen Vorgehen der Sowjets vorzubeugen, dürfen westliche Feuerwehrfahrzeuge nicht mehr zu Einsätzen in den Ostsektor ausrücken. Außerdem werden die Hauptwache der Feuerwehr in der Kreuzberger Lindenstraße und die Feuerwachen im französischen Sektor unter verstärkten Polizeischutz gestellt, um weitere Entführungsversuche zu verhindern.

Montag, 22. November

Der „Feuerwehrkrieg" erreicht eine neue Dimension. Für die Feuerwachen Spandau, Gatow, Kladow und Staaken werden Sonderbestimmungen erlassen, nach denen dort stationierte Löschzüge nur noch mit einer Ausnahmegenehmigung der britischen Militärregierung in die russische Zone ausrücken dürfen. Der Löschzug Staaken hat jetzt allein den Brandschutz in dem Stadtbezirk Staakens zu übernehmen, der in der sowjetisch besetzten Zone liegt.

Eine endgültige Spaltung bahnt sich auch bei der Reichsbahn an. So läßt die sowjetische Zentralkommandantur einen großen Teil der Akten aus dem Direktionsgebäude am Schöneberger Ufer in den Ostsektor schaffen. Gleiches gilt für Betriebsmaterial, das von West-Berliner Reichsbahnanlagen in den Ostteil der Stadt gebracht wird.

Angehörige der Ost-Berliner Kriminalpolizei treffen sich in einem Lokal in der Landsberger Allee und schmieden Pläne, wie sie zu einer Störung der Wahlen in den Westsektoren am 5. Dezember beitragen können. Kleine Gruppen von SED-Aktivisten sollen vor den Wahllokalen und in öffentlichen Verkehrsmitteln gegen die Wahlen agitieren und am Wahltag an verkehrsreichen Straßen mit Sprechchören gegen die Wahlen polemisieren. Die Kripo-Angehörigen hoffen, auf diese Weise ausreichend psychologischen Druck auf potentielle Wähler ausüben zu können, um diese von der Stimmabgabe abzuhalten.

Eine Besonderheit, die nur im Berlin dieser Blockadezeit erfunden werden konnte, wird an diesem Tag aus der Taufe gehoben: die Branda-Platte. Nach Angaben der Hersteller handelt es sich um eine brikettähnliche Platte, die zu 60 Prozent aus Kohlenstaub, zu 30 Prozent aus Sägespänen und zu zehn Prozent aus Teer besteht. Angeblich hat eine derartige Branda-Platte den Heizwert von drei Braunkohlenbriketts. Voller Zuversicht nimmt die Heizplattenfabrik in Anwesenheit des britischen Stadtkommandanten General Herbert in Spandau den Betrieb auf. Die Vorstellungen laufen darauf hinaus, daß täglich 300.000 Branda-Platten produziert werden können.

Dienstag, 23. November

In den Westsektoren kämpfen die demokratischen Parteien um die Gunst der Wähler und werden dabei von Politikern aus den Westzonen unterstützt. Zu Gast sind der Vorsitzende der bizonalen CDU, Konrad Adenauer, sowie der stellvertretende Vorsitzende der SPD, Erich Ollenhauer. Zu einer Kontroverse kommt es über die Frage, ob Berlin die künftige Hauptstadt Deutschlands sein solle. Während Adenauer der Beantwortung ausweicht und auf die Zuständigkeit der Siegermächte verweist, bekräftigt Ollenhauer den Anspruch der Stadt auf die Funktion als zukünftige Bundeshauptstadt.

An die Ausübung einer solchen Hauptstadt-Funktion denken allerdings zur Zeit die wenigsten Berliner. Sie beschäftigen andere Sorgen. So hat die „Notgemeinschaft der Berliner Wirtschaft" sich mit den Voraussetzungen befaßt, die erfüllt sein müssen, um in den meisten Betrieben West-Berlins wenigstens eine 40-Stunden-Woche durchzuhalten. Nach ihren Berechnungen müßten dafür monatlich mindestens 10.800 t Fertigungs- und Hilfsmaterial eingeflogen werden, dazu 24.000 t Kohle für die Produktion und die Raumbeheizung sowie weitere 4.950 t Kohle für zusätzliche Stromlieferungen und 1.500 t Kohle für eine Steigerung der Gasproduktion. Dieses Programm nimmt sich relativ bescheiden aus, denn die Berliner Industrie hatte sogar einen monatlichen Mindestbedarf von 70.000 t angemeldet.

Erhebliche Ausmaße hat die Verschickung erholungsbedürftiger Kinder angenommen. Täglich treffen in Hamburg 280 und in Lübeck 240 Kinder ein. Jedoch hat sich in den Westzonen eine Reihe von Problemen gezeigt. Da die Eisenbahnverbindungen zu wünschen übrig lassen und den Kindern nicht zu lange Fahrzeiten zugemutet können, sollen in den Ländern der Westzonen Sammeln- und Auffangstellen eingerichtet werden. Damit die Kinder an ihren Zielorten Lebensmittel erhalten, brauchen sie eine „reisemäßige Lebensmittelabmeldung" mit dem ausdrücklichen Vermerk „Erholungsfürsorge 1948".

Mittwoch, 24. November

Mit Weihnachtsvorbereitungen befaßt sich der „Zentralverband der Kleingärtner, Siedler und bodennutzenden Grundbesitzer". Er möchte zu einer „großangelegten Weihnachtsfeier für Sozialrentner, Rentnerinnen sowie Heimkehrer" einladen und bittet u.a. den Schöneberger Bezirksbürgermeister um Spenden für die Feier, die am 18. Dezember im Casino am Funkturm stattfinden soll. Schirmherren sind der Zehlendorfer Bürgermeister Wittgenstein, der Wilmersdorfer Bürgermeister Rieck sowie Diplom-Gärtner Kronberg von der Garten-Inspektion I.

Keinesfalls um „Spenden" geht es dagegen bei Besprechungen im Zweimächtekontrollamt in Frankfurt am Main. Weil die westdeutschen Länder mit ihren Zahlungen für Berlin im Verzug sind, weist das Amt den bizonalen Verwaltungsrat an, bis zum 28. November Bargeld in einer Höhe von 25 Millionen Mark nach Berlin fliegen zu lassen und dem Magistrat zur Verfügung zu stellen. Wie wichtig Bargeldbestände in Westmark in der Stadt sind, zeigt dieses Beispiel: 900 Ärzte kommen in der „Taberna Academica", dem Tagungsort der Stadtverordnetenversammlung, zusammen, um einen angemessenen Anteil ihres Honorares in Westmark zu verlangen. Die Forderung ist nachvollziehbar, weil sie einen erheblichen Teil ihrer Ausgaben gleichfalls in Westmark zu zahlen haben.

Donnerstag, 25. November

Ein neuer Rekord wird im Rahmen der Luftbrücke aufgestellt. Erstmals konnten innerhalb von nur 24 Stunden über 6.000 t Güter nach West-Berlin geflogen werden Überschattet wird jedoch diese Meldung von der Nachricht, daß der Flugzeugabsturz vom 18. November in der Nähe von Lübeck nun ein viertes Todesopfer gefordert hat.

Mit der „Verordnung Nr. 91" erlassen die westlichen Militärregierungen drastische Bestimmungen zur Bekämpfung von Diebstählen. Wer - egal zu welcher Tages- oder Nachtzeit - „ohne Nachweis einen Nachschlüssel, Dietrich, ein Brech-, Stemm- oder Bohreisen oder ein anderes Einbruchswerkzeug mit sich führt, ist einer strafbaren Handlung schuldig", heißt es. Mit Ausnahme der Todesstrafe dürfen Militärgerichte in diesen Fällen jedes andere Strafmaß verhängen.

Plakate zu kleben, ist eine auffällige Angelegenheit, und sie können leicht entfernt werden. Das weiß auch die SED. Zwar beteiligt sie sich nicht am

West-Berliner Wahlkampf, aber sie will ihn stören. Der Landesvorstand beschließt deshalb, kleine Handzettel einzusetzen, die schnell und unauffällig geklebt werden können, und mit denen sie Stimmung gegen die demokratischen Institutionen in West-Berlin oder gegen die Tageszeitungen machen will. „Weg mit der Kriegshetzerpresse" ist auf den SED-Handzetteln zu lesen oder „Der Telegraf will den Völkermord".

Freitag, 26. November

Die SED leitet die letzte Phase der von ihr sorgsam vorbereiteten Teilung der Stadt ein. Delegationen aus 60 Ost-Berliner Betrieben sowie Teilnehmerinnen einer Frauenkonferenz haben beim stellvertretenden Stadtverordnetenvorsteher Geschke den Rücktritt des demokratischen Magistrats zu fordern. Gleichzeitig nutzt SED-Landesvorsitzender Jendretzky eine SED-Landesdelegiertenkonferenz als Forum, um dem Magistrat vorzuwerfen, er sei für die jetzige „unerträgliche Lage" verantwortlich, und alle „demokratischen Kräfte" seien „verpflichtet, im Interesse der Berliner Bevölkerung einzugreifen". Diese Drohung beinhaltet nichts anderes als die Ankündigung des bevorstehenden Putsches gegen den Magistrat.

Währenddessen laufen die Wahlvorbereitungen im Westteil der Stadt weiter. Festgelegt wird eine Öffnungszeit der Wahllokale von 8 bis 18 Uhr. Die Stadtverordneten bedauern, daß der sowjetische Stadtkommandant Kotikow der Bevölkerung in Ost-Berlin die Teilnahme an den Wahlen verweigert.

Nachkriegs- und blockadebedingt sind viele der Straftaten, die sich im West-Berliner Polizeibericht wiederfinden. So gibt sich auf dem S-Bahnhof Charlottenburg ein Polizeiangestellter als Kriminalbeamter aus und zwingt einen 20jährigen Bauzeichner zur Herausgabe von 20 Tafeln Schokolade und zwei Stangen amerikanischer Zigaretten. Auf dem Bahnhof Halensee nimmt die Bahnpolizei bei einer Razzia 34 Schwarzmarkthändler fest und stellt 80 Zentner Kohlen sicher, und bei einem Raubüberfall in der Lüderitzstraße stehlen Unbekannte 20 Ballen Stoff. Ein Zeitungshändler schließlich wird im Ortsteil Kohlhasenbrück von zwei Zivilpersonen angegriffen und über die Zonengrenze entführt. Als Hintergrund wird die Tatsache vermutet, daß der Verschleppte westlich lizensierte Zeitungen vertrieben hat.

Sonnabend, 27. November

Wiederum kommt es zu Kontroversen zwischen den westlichen Ministerpräsidenten einerseits sowie den Militärgouverneuren Clay und Robertson andererseits. General Clay weist auf Engpässe in der Belieferung der Westsektoren mit Fleisch hin, von dem mindestens 1.800 t monatlich in der Stadt benötigt werden. Demgegenüber greift General Robertson das schon häufig angesprochene Thema der Versorgung mit Trockenkartoffeln auf und droht den Ministerpräsidenten, wenn sie ihren Verpflichtungen nicht nachkämen, würden die westlichen Besatzungsmächte notfalls entsprechende Betriebe beschlagnahmen müssen.

Erfreulicher ist die Ankündigung des Zweimächtekontrollamtes, nach der Berlin bevorzugt mit Textilien und Schuhen beliefert werden soll. Außerdem ist die „Hausbrandaktion" weitgehend abgeschlossen. 20.000 t Kohle sind bereits in Berlin eingeflogen worden, der Rest soll in den nächsten Tagen folgen.

Erneut verletzen sowjetische Soldaten die Berliner Sektorengrenzen. Fünf mit Maschinenpistolen bewaffnete Militärpolizisten kontrollieren in der Wollankstraße im französischen Sektor mehrere Lokale und ziehen sich rechtzeitig vor dem Eintreffen sowjetischer Gendarmerie in den Ostsektor zurück.

Sonntag, 28. November

SED-Landesvorsitzende Jendretzky wiederholt seine Forderung nach dem Sturz des Magistrats. Auf einer Landesdelegiertenkonferenz der SED droht er, „der Bankrott der Magistratsmehrheit hat die Schaffung einer einheitlichen Selbstverwaltung zur zwingenden Notwendigkeit gemacht". Dutzende von Belegschaftsversammlungen hätten bereits die „sofortige Absetzung des Spaltermagistrats" gefordert. Dabei ist es die SED, die die Spaltung betreibt, wenngleich sie das mit „49 Losungen gegen die Spaltung Berlins und gegen die Spalterwahlen am 5. Dezember" zu vertuschen versucht.

Trotz der beachtlichen Leistungen der Luftbrücke müssen viele Wünsche offen bleiben. So wartet die BVG auf dringend benötigte Reifen für ihre Busse. 177 Spezialreifen mit einem Gewicht von 15,5 t müssen schnellstens eingeflogen werden. Daneben lagern in Westdeutschland weitere 80 Importreifen, die für Berlin bestimmt sind. Auf 93 Reifen jedoch muß die BVG verzichten, weil nicht genügend Frachtraum zur Verfügung steht. Schweren Herzens muß das Dezernat Kraftfahrzeuge des Magistrats diese Reifen „zur Verteilung für die Länder der Westzone" freigeben. Auf die Bewilligung von Frachtraum wartet auch der Bezirk Schöneberg, der für notwendige Reparaturen vier Tonnen Lötzinn, 150 t Zement sowie 130 t Glas und Kitt benötigt.

Montag, 29. November

Der „Count down" für den kommunistischen Putsch läuft. Wie vor Wochen schon von Russen und der SED festgelegt, fordert der stellvertretende Stadtverordnetenvorsteher Geschke den Stadtverordnetenvorsteher Otto Suhr zur Einberufung einer außerordentlichen Sitzung des Parlaments auf. Da dieser erwartungsgemäß ablehnt, lädt Geschke die Stadtverordneten in die Staatsoper im Admiralspalast ein. Auch das weitere Vorgehen verläuft nach SED-Plan: Die demokratischen Parteien lehnen eine Teilnahme an der Sitzung ab, und Geschke fordert nunmehr mit der Begründung „In dieser Situation darf kein verantwortungsbewußter Mensch abseits stehen", Vertreter der im Demokratischen Block vertretenen Parteien sowie von Betrieben und Massenorganisationen zur Teilnahme an dieser illegalen Sitzung auf. Gleichzeitig ziehen im Ostsektor starke Polizeikräfte aus Ost-Berlin und aus der Sowjetischen Besatzungszone auf, um eventuelle Proteste gegen den geplanten Putsch im Keim zu ersticken.

In welchem Maße Berlin schon geteilt ist, zeigt ein Blick auf das Feuerwehrwesen. Die West-Berliner Feuerwehr darf mit ihren Fahrzeugen nur noch bis an die Sektorengrenzen fahren, vorausgesetzt, die Mannschaften gelten als zuverlässig. Ausdrücklich ist ihnen untersagt, mechanische Leitern über die Sektorengrenze hinaus einzusetzen. Nur Feuerwehrschläuche dürfen über die Grenzen verlegt werden. Die Absurdität der Lage demonstriert diese Anweisung: Bricht ein Feuer aus, dürfen die Löschzüge aus den Westsektoren bis zur Grenze vorfahren, haben die Schläuche auszulegen, zu löschen und zurückzukehren, sobald das zuständige Löschfahrzeug aus dem Ostsektor eintrifft. Nicht anders sieht es im Rettungswesen aus. Alle in den Westsektoren gelegenen Stützpunkte dürfen nur noch Anordnungen des Landesgesundheitsamtes entgegennehmen.

Ein weiteres Zeichen der Solidarität mit Alten, Kranken und Blinden erwartet der Magistrat von den West-Berlinern. Wer sich im Sommer sog. Stockholz - Stubben - oder anderes Holz beschaffen konnte, soll seinen Brennholz-Bezugsausweis abgeben. Damit könnte Bedürftigen ein zusätzlicher Kasten Holz zugeteilt werden. Inzwischen hat in den Westsektoren auch der Holzeinschlag in den Stadtforsten und an den Straßen begonnen, weil auf andere Weise den West-Berlinern nicht der dringend benötigte zweite Kasten Brennholz zugeteilt werden kann.

Dienstag, 30. November

Exakt nach festgelegtem Plan putscht die SED gegen den gewählten demokratischen Magistrat. Um 13.25 Uhr eröffnet der stellvertretende Stadtverordnetenvorsteher Geschke im Admiralspalast eine sog. außerordentliche Stadtverordnetenversammlung. 1.616 Teilnehmer werden angegeben, davon sind gerade einmal 23 als Mitglieder der SED-Fraktion tatsächlich gewählte Abgeordnete. Dem Magistrat wird die „Mißachtung elementarster Lebensinteressen der Berliner“ vorgeworfen, um ihn für abgesetzt erklären zu können. Die kommunistischen Putschisten küren den Brandenburger Landtagspräsidenten Friedrich Ebert zum neuen Oberbürgermeister, nachdem der Vorsitzende der Ost-CDU, Dr. Helmut Brandt, in einem abgekarteten Spiel dem SED-Mann den Vortritt gelassen hat. SED-Vorsitzender Jendretzky macht deutlich, daß die Kommunisten im Ostteil der Stadt die einmal an sich gerissene Macht nicht mehr abgeben werden. Die Gegner Berlins könnten sich darauf verlassen, „daß die demokratischen Kräfte der Stadt, was sie in ihre Hände genommen haben, in ihren Händen behalten werden“. Nach Plan verlaufen auch die Kundgebungen, die die SED organisiert hat. Die Ost-Berliner Betriebe hatten zu einem großen Teil bereits mittags schließen müssen, um die „Demonstranten“ mit Bussen und Lastwagen zur Berliner Universität Unter den Linden zu fahren. 80.000 solcher „Demonstranten“ sind zur Unterstützung des SED-Umsturzes aufgeboten worden.

Trotz dieses die Stadt auf Jahrzehnte spaltenden Vorganges muß die Stadt weiterhin verwaltet werden so gut es eben geht. So wird an diesem Tag ein Fremdenverkehrsbeirat ins Leben gerufen, dem Vertreter des Hotelgewerbes, von Reisebüros, der Reichsbahn sowie private Zimmervermieter angehören. Vorsitzender dieses Gremiums, das den Fremdenverkehr beleben soll, ist Verkehrsstadtrat Ernst Reuter.

Schließlich ordnet die amerikanische Militärregierung an, daß beim Holzeinschlag in West-Berlins Wäldern Benzin-Fahrzeuge überhaupt nicht mehr und Dieselfahrzeuge nur noch dann eingesetzt werden dürfen, wenn sie auf den Flugplätzen verzichtbar sind.

November 48: Der Blockade und dem dadurch bedingten Mangel an Brennstoffen fiel der größte Teil des West-Berliner Baumbestandes zum Opfer. Nicht nur Wälder wurden abgeholzt, auch Bäume an Straßen, in Parks und in Privatgärten. (Foto: dpa)

Ein letztes Winken, bevor Berliner Kinder für unbestimmte Zeit zu Verwandten, Pflegeeltern oder in Kinderheime nach Westdeutschland geflogen werden. (Foto: AP London)

Mit dem Putsch vom 30. November 1948 hatte die SED die Stadt zumindest verwaltungsmäßig gespalten. Unter Bewachung mußten Arbeiter auf dem Potsdamer Platz die Grenze zwischen dem sowjetischen und dem britischen Sektor markieren. (Foto: Henry Ries, Landesbildstelle Berlin)

Akte: Verkehrsfragen

BauWohn III

Berlin, den 10.11.1948
Mo/We.

Zum Umfang der Parkplätze in der City.

Es sei
- H die mittlere Baudichte der City (m)
- h die durchschnittliche Geschosshöhe (m)
- F_o die Grundstücksfläche ohne Strassen (m^2)
- F die Fläche aller Geschosse (m^2)
- f die Fläche einer "Raumachse" (m^2)
- a die Anzahl der Raumachsen auf der Fläche F.

Dann ist

$$F = \frac{F_o \cdot H}{h} \quad \text{und} \quad a = \frac{F}{f} \qquad \text{Mithin}$$

(1) $$a = \frac{F_o \cdot H}{h \cdot f}$$ Bezogen auf 1 ha ist

$$a = \frac{10000 \cdot H}{h \cdot f}$$ = Anzahl der Raumachsen je ha

Wahrscheinliche Werte mögen sein: $H = 9 \quad h = 3,3 \quad f = 20$
dann ist

$$a = \frac{10000 \cdot 9}{3,3 \cdot 20} = 1350$$ Raumachsen je ha

Die eingesetzten Werte können noch differieren; da es sich aber nur um eine rohe Schätzung handeln kann, dürften sie genügen.

Die Zahl a ist nun die Grundlage für die Ermittlung des erforderlichen Parkraums. Ihre Grösse ergibt sich aus technischen Daten, die also von der technischen Stelle angegeben werden können. Als einziges weiteres technisches Datum kann die für einen Wagen erforderliche Parkfläche p (m^2 je Wagen) angegeben werden.

$p = \sim 30\ m^2$ Die gesamte Parkfläche P (m^2 je ha) muss vom Wert a, also der je ha zur Verfügung stehenden Geschäftsfläche abhängen, mathematisch ausgedrückt

(2) $$P = f\ (a)$$

Diese Funktion gilt es aufzustellen.

Zwei grundlegend verschiedene Parkbedürfnisse müssen berücksichtigt werden. Einmal die Wagen der Angestellten selbst, sondann die Wagen der Besucher. Diese beiden Wagenarten sind nicht gleichwertig, denn die Wagen der Angestellten belegen den Parkplatz während der ganzen Dienstzeit, während die der Besucher ihn nur für die Dauer des Besuches in Anspruch nehmen.

- 2 -

Es sei A_a die Anzahl der Angestellten je Raumachse von denen ein Bruchteil ($q < 1$) ein Auto besitzt. Dann ist die Anzahl der Angestelltenwagen je ha (W_a)

$W_a = a \cdot A_a \cdot q$ und die erforderliche Parkfläche

P_a sei die für Angestelltenwagen nötige Parkfläche. Sie ist

$$P_a = W_a \cdot p \quad \text{oder } P_a = a \cdot A_a \cdot q \cdot p \qquad (3)$$

Die Parkfläche für Besucherwagen (P_b) ist zunächst abhängig von der Anzahl der ein Auto benützenden Besucher je Angestellten und Tag (A_b) Die Gesamtzahl der in Rechnung zu stellenden Besucherwagen W_b ist also

$W_b = a \cdot A_b \cdot A_a$ (4) Die Besucher benützen nun den

Parkplatz nur einen Bruchteil der Dienstzeit, dieser Bruchteil sei $k < 1$ Die notwendige Parkplatzfläche ist also nicht gleich $W_b \cdot p$ sondern nur $W_b \cdot p \cdot k$. Dieser Wert ist aber noch nicht richtig, da die Besucher sich nicht gleichmässig über die Dienstzeit verteilen, sondern eine Spitze auftreten wird. Es muss also noch ein Spitzenfaktor $s > 1$ eingeführt werden und es ist

$$P_b = W_b \cdot p \cdot k \cdot s \quad \text{oder } P_b = a \cdot A_b \cdot A_a \cdot p \cdot k \cdot s \qquad (5)$$

Die gesamte Parkfläche ist $P = P_a + P_b$

$$P = a \cdot A_a \cdot q \cdot p + a \cdot A_a \cdot A_b \cdot p \cdot k \cdot s$$

$$P = a \cdot A_a \cdot p \cdot (q + A_b \cdot k \cdot s) \qquad (6)$$

Die Formel (6) ist noch sehr roh. Sie berücksichtigt nicht die Läden. Dies scheint aber unbedenklich, da die Parkfläche für Büros sicher grösser ist als die für Läden, der Wert P also sicher nicht zu klein wird. Bei der Unsicherheit der sonst einzusetzenden Werte scheint dies unbedenklich.

Von der Formel (6) hat die technische Stadtplanung die Werte a und p zu stellen, wie oben ausgeführt. Alle übrigen Werte sind von der Gesamtplanung zu ermitteln und zwar:

1.) Wieviel Angestellte entfallen auf eine Raumachse ? (A_a)
2.) Welcher Bruchteil der Angestellten besitzt ein Auto? (q)
3.) Wieviel Besucher mit Auto entfallen auf einen Angestellten? (A_b)
4.) Welchen Bruchteil der Dienstzeit dauert ein Besuch? (k)
5.) Wie gross ist der Spitzenfaktor? (s)

Die Feststellung dieser Werte wird zweckmässig geschehen durch Ermittlung des Standes von 1939 und entsprechende Vervielfachung.

Dipl.-Ing. [signature]

Währungsumtausch für die Holzbeschaffung

im Bezirk Tiergarten!

Nach den bisher ergangenen Bekanntmachungen ist ein Kasten Brennholz pro Haushalt für die Bevölkerung freigegeben worden, der 4,— DM. kosten soll, wovon 1,— DM. in Westwährung zu entrichten ist. Diejenigen Haushalte, die kein oder nur geringes Westgeld beziehen, können für die Beschaffung des Holzes 1,— DM.-Ost in 1,— DM.-West im Verhältnis 1 : 1 umtauschen. Hierfür kommen nur solche Haushalte in Frage, deren Haushaltungsvorstand

1. Renten- oder Ruhegeldempfänger ist,
2. Arbeitnehmer ist, der von seinem Arbeitgeber nur Ostgeld erhält.

Der Umtausch kann in der Zeit vom 1. bis zum 7. Dezember 1948 **täglich** von 10 bis 14 Uhr an folgenden Stellen vorgenommen werden:

Bochumer Straße 8 c (Turnhalle)
Alt-Moabit 23 (Schule)
Stephanstraße 2 (Turnhalle)
Reichpietschufer 52 (für Tiergarten-Süd).

Um einen übermäßigen Andrang an den Umtauschstellen zu vermeiden, bitten wir, sich bei dem Umtausch an folgenden Plan zu halten:

Umtausch für die Buchstaben	A — E	am 1. 12. 1948
" " " "	F — H	am 2. 12. 1948
" " " "	J — M	am 3. 12. 1948
" " " "	N — Q	am 4. 12. 1948
" " " "	R — S	am 6. 12. 1948
" " " "	T — Z	am 7. 12. 1948
für die Nachzügler		am 8. 12. 1948

Beim Umtausch sind vorzulegen:

1. Bei Rentenempfängern der VAB: die graue Rentenkarte.
2. Bei Ruhegeldempfängern und bei Rentnern, die aus anderen Kassen versorgt werden: der Rentenbescheid.
3. Bei Arbeitnehmern: eine Bescheinigung des Arbeitgebers, daß im Gehalt oder Lohn kein Westgeldanteil gezahlt wird, und das Arbeitsbuch.
4. Krankengeldbezieher: den Krankengeld-Auszahlungsschein.

} außerdem der Haushaltsausweis des Bezirks Tiergarten, auf dem der Name des Haushaltsvorstandes ordnungsmäßig eingetragen sein muß.

Wer den Umtausch nicht selbst vornehmen kann, läßt sich durch einen erwachsenen Beauftragten vertreten, der mit schriftlicher Vollmacht sowie dem Personalausweis und den sonstigen Unterlagen (s. oben) des Empfängers versehen sein muß.

Achtung! — Sozialunterstützungsempfänger.

Alle Sozialunterstützungsempfänger, d. h. alle Personen, die von den Sozialfürsorgestellen laufend unterstützt werden (auch wenn sie daneben noch Rente beziehen), brauchen die obigen Umtauschstellen **nicht** aufzusuchen. Sie erhalten den Umtausch bei ihrer Fürsorgestelle gleichzeitig mit dem Empfang der Dezemberunterstützung.

Berlin, den 30. November 1948.

Bezirksamt Tiergarten von Groß-Berlin — Abteilung für Sozialwesen

Seipold (Bezirksrat).

Mittwoch, 1. Dezember

Berlins Verwaltung ist geteilt. Als der Bürgermeister Ferdinand Friedensburg am frühen Morgen das Neue Stadthaus im Ostsektor betreten will, wird er von Ost-Berliner Polizisten daran gehindert. Sie eröffnen ihm, daß der neue Oberbürgermeister Ebert, der am Vortag von der SED eingesetzt wurde, ein Hausverbot für alle Mitglieder des bisherigen Magistrates verhängt hat. Völlig verunsichert angesichts der neuen und verworrenen Lage sind die Magistratsangestellten. Viele von ihnen kommen erst gar nicht zum Dienst. Andere verlassen das Haus, als die SED von ihnen verlangt, Loyalitätserklärungen für den neuen (Ost-)Berliner Magistrat zu unterschreiben.

In Berlin herrscht politischer Notstand, und in den Westsektoren wird er auch ausgerufen. Die legal gewählten Stadtverordneten beschließen, bis auf weiteres jeden Tag um 11 Uhr in der Tabernica Academica im britischen Sektor zusammenzukommen. Als erste zieht sich die französische Besatzungsmacht aus dem Ostsektor zurück. Der französische Verbindungsoffizier Hauptmann Ziegelmeyer räumt sein Büro in der Parochialstraße.

Wenigstens die Polizei in den Westsektoren soll nunmehr von SED-Mitgliedern oder Sympathisanten freigehalten werden. Nach einem Beschluß der Militärregierungen darf sich ab sofort kein Polizist mehr um ein Amt in einer politischen Partei bewerben oder für ein öffentliches Amt kandidieren.

Unverzüglich beginnt die SED nach dem Putsch, die Spaltung der Stadt in allen Bereichen zu zementieren. So kommt es in den Polizeirevieren des Ostsektors zu erheblichem Andrang, weil nun Antragsformulare für einen neuen „einheitlichen“ Personalausweis ausgegeben werden, der nur im Ostsektor gültig sein wird. Zugleich will der neue Ost-Magistrat die Bevölkerung mit Wohltaten korrumpieren. Als Sofortmaßnahmen soll das Grundkontingent an Kochstrom von 700 auf 1.400 Watt verdoppelt und mehr Strom für die Beleuchtung geliefert werden. Den Haushalten werden 18 Zentner Kohle versprochen, und als Weihnachtssonderzuteilungen werden zusätzliche 500 g Mehl sowie 250 g Süßigkeiten pro Person angekündigt.

Donnerstag, 2. Dezember

Auch in den Westsektoren sollen die Gastkontingente erhöht werden, und zwar um 50 Prozent. Tatsächlich hört sich dieses mehr an, als es ist, denn die erste Person in einem Haushalt wird nunmehr täglich 0,29 Kubikmeter Gas bekommen, jede weitere 0,145 Kubikmeter. Wie schwierig die Versorgungslage insbesondere bei den Brennstoffen ist, läßt sich an dem Notprogramm des Bezirks Schöneberg ablesen. Vorbereitet wird eine Winternotspeisung für 5.000 Schöneberger. Die Mahlzeiten werden an zwanzig Stellen ausgegeben, die zugleich auch als Wärmehallen dienen. Insgesamt stehen 46 Räume als Wärmehallen bereit, jedoch werden 20 bis 25 von ihnen erst bei wirklich extremer Kälte geöffnet. Im Bezirk sind 65 Raummeter Holz freigegeben worden, von denen 35 alten, alleinstehende Menschen und 30 Raummeter Schwerkranken vorbehalten sind. Im Rahmen dieses Notprogrammes wird jeder Haushalt monatlich drei Kerzen und drei Liter Petroleum bekommen. Außerdem kauft der Bezirk 25.000 Petroleumlampen sowie Material für den Eigenbau von Öfen, Ofenrohre und Petroleumkocher. Schweren Herzen wird auch dem Einschlag von weiteren 14.600 Raummetern Holz zugestimmt. Anders ist es nicht möglich, jedem Haushalt den dringend benötigten zweiten Kasten Brennholz zuzuteilen.

Trotz der Teilung der Stadt durch den SED-Putsch gibt sich Stadtrat Ernst Reuter hinsichtlich der Versorgung der Stadt zuversichtlich. Bei den Versorgungsbetrieben habe noch keine Teilung stattgefunden, berichtet er. Strom-, Gas- und Wasserversorgung sowie der öffentliche Verkehr scheinen danach zumindest vorerst gesichert. Auch der französische Stadtkommandant General Ganeval verbreitet (Zweck-) Optimismus. Nach seinen Worten reichen die Lebensmittel in den Westsektoren für 34, Kohlen in den öffentlichen Betrieben für 31 Tage. Zugleich kündigt Ganeval einen neuen Flugplan im Rahmen der Luftbrücke an. Vom 15. Dezember an soll durch kürzere Flugzeiten die Kapazität der Luftbrücke weiter gesteigert werden. Ein großes Kompliment macht der französische General den Arbeitern, die in nur viereinhalb Monaten den Flugplatz Tegel gebaut haben. Sie hätten eine „fast ägyptische Arbeit" geleistet.

Freitag, 3. Dezember

Siebzehn Tote, sieben Schwer- und acht Leichtverletzte fordert ein Zugunglück im Bahnhof Falkensee, als gegen 6 Uhr morgens ein aus Rostock kommender Zug auf einen haltenden Vorortzug auffährt. Der Fernzug hat den Bahnhof Falkensee bereits durchfahren und prallt dann auf den aus Spandau kommenden Vorortzug, von dem die ersten beiden Wagen ineinandergeschoben werden. Sieben der Getöteten kommen aus Spandau, zwei aus Charlottenburg

Schwierigkeiten bereitet die Versorgung Berlins nicht nur den Ländern der Sowjetischen Besatzungszone, sondern auch – wenngleich in geringerem Maße – den westdeutschen Ländern. So ist Bayern mit größeren Fleischlieferungen in Rückstand geraten. Die Lücken sollen mit Rückgriffen auf Vorräte aus Schleswig-Holstein und Niedersachsen vorübergehend ausgeglichen werden. Zurückzuführen sind die Versorgungslücken vor allem darauf, daß die Rationen in den Westsektoren zum 1. November erhöht wurden, also mehr Lebensmittel eingeflogen werden müssen, und daß die Bemühungen der Länder der französischen Besatzungszone nach Einschätzung des Magistrats eher „unzureichend" sind.

Rigoros macht sich die SED im Ostsektor daran, ihre Macht zu festigen. Unter dem Stichwort „Demokratisierung der Verwaltung" entläßt sie alle Magistratsangestellten, die sich weigern, sich durch Loyalitätserklärungen zum SED-Teilmagistrat zu bekennen. Auch der amerikanische Verbindungsoffizier räumt nun sein Büro im Neuen Stadthaus, die verwaltungsmäßige Teilung der Stadt scheint damit akzeptiert.

Kriminelles Vorgehen gehört zum Repertoire der SED. In der Lanke-Werft kommt es zu einem Zwischenfall, als Angehörige der Ost-Feuerwehr das Feuerlöschboot „Köpenick", das derzeit überholt wird, in den Ostsektor entführen wollen. Das Vorhaben mißlingt zwar, aber ab sofort wird das Boot jeden Abend zur Wasserschutzpolizei und morgens zurück in die Werft gebracht, um weiteren Entführungsversuchen von vornherein zu begegnen.

Ausgerechnet vor Weihnachten gibt es weitere Behinderungen im Postverkehr zwischen Westdeutschland und West-Berlin sowie der Sowjetischen Besatzungszone. Zugelassen sind jetzt nur noch Sendungen mit einem Gewicht bis zu 50 g. Lediglich Geschenkpakete aus dem Ausland sind von diesen Bestimmungen nicht berührt.

In den Westsektoren werden die Gaskontingente für private Haushalte auf 75 Prozent der Lieferungen der Vor-Blockadezeit erhöht, aber von einer „Entwarnung" auf dem Energiesektor kann keine Rede sein. Denn gleichzeitig müssen wegen der Energieknappheit alle U- und Straßenbahnen schon um 18 Uhr ihren Betrieb einstellen.

Sonnabend, 4. Dezember

Die Polizei in den Westsektoren ist einen Tag vor den Wahlen zur Stadtverordnetenversammlung und zu den Bezirksversammlungen in den westlichen Bezirken nervös. Es gibt ernstzunehmende Hinweise darauf, daß von SED-Rollkommandos eine Reihe führender West-Berliner Politiker entführt werden sollen. Besonders gefährdet scheinen der Vorsitzender der LDP, Carl-Hubert Schwennicke, der SPD-Landesvorsitzende Franz Neumann sowie einige Jugendreferenten in den Bezirken. Sie werden unter Polizeischutz gestellt. Außerdem werden alle Streifen, Posten und Funkstreifen zu erhöhter Aufmerksamkeit aufgefordert. Allein im amerikanischen Sektor sind tagsüber 26 Funkwagen eingesetzt, nachts 40. Im britischen Sektor verfügt die Polizei über sechs Funkstreifen.

In allen Teilen West-Berlins sind SED-Kolonnen unterwegs, um Plakate gegen die Wahlen zu kleben. Im Bezirk Reinickendorf werden z.B. 34 Personen, darunter der Leiter der Suchdienststelle Wittenau, dabei gestellt und festgenommen.

Dieser Sonnabend ist für die Freiheit von Forschung und Lehre West-Berlin von überragender Bedeutung. Mit einer Feierstunde im Titania-Palast wird die FU, die Freie Universität, eröffnet. Neben dem amerikanischen Militärgouverneur Lucius D. Clay und Ernst Reuter spricht der amerikanische Dichter Thornton Wilder. Geheimrat Professor Dr. Friedrich Meinecke als erster Rektor muß der Feierstunde aus Krankheitsgründen fernbleiben. Seinen Aufruf an die Studenten, die Idee der Freiheit und die Idee der Persönlichkeit zu verteidigen, überträgt der RIAS vom Krankenbett in den Titania-Palast.

Sonntag, 5. Dezember

Ganz im Zeichen der Wahlen stehen die Westsektoren an diesem Tag, der zu einem Triumph für Demokratie und Freiheit und zu einer katastrophalen Niederlage für die russische Besatzungsmacht und die SED wird.

Um möglichst vielen West-Berliner die Gelegenheit zur Stimmabgabe zu geben, werden die Stromsperren in den Westsektoren zwischen 16 und 17 sowie von 20 Uhr bis montags 2 Uhr aufgehoben. Während in den Westsektoren das Sonntagsfahrverbot zwischen 8 und 24 außer Kraft gesetzt wird, bekräftigt der Ost-Berliner Polizeipräsident dieses Verbot ausdrücklich für seinen Machtbereich, den Ostsektor.

Da Anschläge gegen Wahllokale oder Wahlurnen befürchtet werden und die Polizei davon ausgeht, daß diese in der Dämmerung geschehen könnte, wird das Stromnetz in den Stadtteilen, in denen Wahllokale liegen, bereits um 15.30 Uhr eingeschaltet, um die Abstimmungslokale und die nächste Umgebung ausreichend beleuchten zu können. Außerdem werden von 16 Uhr bis zum Ende der Stimmabgabe um 18 Uhr alle Wahllokale durch Doppelposten der Polizei bewacht. Schließlich begleitet Polizei auch den Transport der Wahlurnen von den Stimmlokalen bis zu den Bezirksämtern, um ihren Diebstahl zu verhindern.

Erfolglos hatte die SED die Bevölkerung aufgefordert, den Wahlen fernzubleiben und statt sich dessen am „Aufbau-Sonntag" zu beteiligen: 83,6 Prozent der West-Berliner machen von ihrem Stimmrecht Gebrauch und erteilen den Kommunisten eine Abfuhr. Die SPD erhält, 64,5 % und damit 76 Sitze, die CDU 19,4 % und 26 Sitze und die LDP 16,1 % und somit 17 in der neuen Stadtverordnetenversammlung.

Die Freude über den Sieg der Demokratie ist an diesem Tag jedoch nicht ungetrübt, denn wiederum fordert die Blockade Todesopfer. Kurz nach dem Start vom niedersächsischen Flugplatz Faßberg stürzt eine amerikanische „Skymaster" ab, die mit Kohlen auf dem Weg nach Berlin war. Drei Besatzungsmitglieder sterben.

Montag, 6. Dezember

Durch den SED-Putsch vom 30 November und auch als Ergebnis der freien Wahlen in den Westsektoren schreitet die Teilung Berlins immer rascher voran. Die Belegschaft der BEWAG beschließt, von der Luisenstraße im Ostsektor in den Sitz der Hauptverwaltung im Shell-Haus in der Bendlerstraße im Bezirk Tiergarten umzuziehen. Die von der SED angeordnete Polizeiüberwachung in der Luisenstraße hatte jede Arbeit unmöglich gemacht und war auch nach Androhung eines Streikes nicht aufgehoben worden.

Aus denselben Gründen siedelt auch die Pädagogische Hochschule von der Invalidenstraße im Bezirk Mitte in die Marienfelder Straße in Lankwitz um. Von 59 Dozenten beteiligen sich 48, von 1.150 Studenten 919 an der Übersiedlung nach West-Berlin. Auch von einer einheitlichen Post kann längst nicht mehr die Rede sein. Jetzt werden die Lastwagen, die bisher die in den Westsektoren aufgegebene Sendungen zum Postamt N 4 im Ostteil der Stadt gebracht hatten, zurückgeschickt. Als Begründung wird den Fahrern mit auf den Weg gegeben, der Postaustausch sei bis auf weiteres eingestellt. Damit besteht eine funktionierende Postverbindung zwischen den Westsektoren und Westdeutschland nur noch über die Luftbrücke.

Trotz Blockade und Gegenblockade aber hat es stets geschäftliche Beziehungen zwischen West-Berlin und dem Ostsektor bzw. der Sowjetischen Besatzungszone gegeben, an denen auch der Magistrat selbst beteiligt war. Unbemerkt hatte das Brückenbauamt des Magistrats immer wieder Flöße mit Rundholz für den Einsatz als Rammpfähle über den Teltowkanal nach West-Berlin bringen lassen. Dieses Geschäft wird abrupt beendet, als ein Ost-Berliner Polizist einen solchen Floßtransport bemerkt, den Flößer auffordert am östlichen Ufer des Kanals anzulegen, dieser aber in aller Eile mit seinem Floß in Richtung des amerikanischen Ufers stakt. Da dieser Vorfall nun offiziell wird, kommt die russische Kommandantur nicht umhin, derartige Geschäfte zu verbieten und den Magistrat aufzufordern, das Holz zurückzugeben.

Öffnungszeiten für die Vorweihnachtszeit legt Ost-Berlins Polizeipräsident Markgraf fest. Am Silbernen und Goldenen Sonntag müssen die HO-Geschäftsstellen und Warenhäuser im Ostsektor zwischen 13 und 17 Uhr öffnen. Für den 24. Dezember ordnet Markgraf die Öffnung der Geschäfte bis 17 Uhr an, Lebensmittelgeschäfte dürfen am Heiligabend keine Mittagspause machen.

Dienstag, 7. Dezember

Zum zweiten Mal wird Ernst Reuter zum Berliner Oberbürgermeister gewählt. Vor anderthalb Jahren, am 24. Juni 1947, hatten ihn die Stadtverordneten schon einmal in dieses Amt gewählt, doch hatte die sowjetische Besatzungsmacht die Wahl nicht anerkannt. Mehr als nur einen Wermutstropfen bedeutet jedoch die Tatsache, daß Berlin de facto nun über zwei Oberbürgermeister verfügt: Über Ernst Reuter in den drei Westsektoren und über Friedrich Ebert im Ostsektor.

Den Russen und der SED ist durch die Wahlen vom 5. Dezember vor Augen geführt worden, daß sie in der Bevölkerung keinerlei Rückhalt hat. Verstärkt werden daher die Anstrengungen, über „Lockangebote“ die Menschen für sich einzunehmen. Als Vehikel dafür dienen in erster Linie die „Freien Läden“, in denen nun Möbelstoffe zu einem Meterpreis zwischen 70 und 100 Mark sowie Couchmodelle für 320 Mark angeboten werden. Ost-Berliner Zeitungen berichten, daß mit den Läden vor allem dem Schwarzmarkt ein schwerer Schlag versetzt worden sei.

Um die Zukunft des Tierbestandes in den Westsektoren sorgen sich die 151 Tierärzte, die im Westteil der Stadt arbeiten. Gemeldet sind 5.178 Rinder, 3.854 Pferde, 3.434 Schweine sowie 678 Schafe und 8.829 Ziegen, die nicht nur als Fleisch- und Wollieferanten, sondern insbesondere als Frischmilch-Lieferanten wichtig sind. Die wenigen Schlachtungen finden im Schachthof Spandau und in den Efha-Werken in Neukölln statt. Für Milchpasteurisierungen werden die Bolle-Meierei in Alt-Moabit sowie die Meierei Spandau in Anspruch genommen, aber bei weitem nicht ausgelastet. Wie sehr das Veterinärwesen von der Spaltung Berlins betroffen ist, zeigt dieses: Bei einer Besprechung im Landesgesundheitsamt gehen die Teilnehmer davon aus, daß sich der Leiter des Veterinäruntersuchungsamtes wahrscheinlich für den Ostsektor entscheiden wird wie auch einige Veterinär-medizinische Assistenten und Laboranten. Störungen im Veterinärwesen der Westsektoren werden jedoch nicht erwartet, da sämtliche Amtstierärzte im Westen bleiben wollen.

Der Kohlenmangel in West-Berlin hat zur Folge, daß an den Bahnstrecken nicht nur Kohle, die von den Zügen gefallen ist, aufgesammelt wird, sondern daß auch versucht wird, von den fahrenden Zügen Kohle zu stehlen. Bei diesem Versuch kommt zwischen den Bahnhöfen Witzleben und Westend ein 18jähriger beim Abspringen zu Fall und gerät unter den Zug, wobei ihm der linke Arm abgetrennt wird.

Mittwoch, 8. Dezember

Bisher hatten Kinder aus allen vier Sektoren noch gemeinsam an Erholungsaufenthalten in der Schweiz teilnehmen können. Das hat nun ein Ende, da die östliche Seite darauf besteht, daß die Züge mit den Kindern auf dem Rückweg nicht mehr über Westdeutschland, sondern über die Tschechoslowakei fahren. Den völligen Bruch forciert die ostzonale Deutsche Wirtschaftskommission auch im Bereich des Berliner Postwesens. Sie untersagt Ost-Berliner Dienststellen jeglichen Kontakt mit Postlern im Westteil der Stadt.

Noch immer hat der SED-gesteuerte „Berliner Rundfunk“ seinen Sitz im Haus des Rundfunks in der Masurenallee im britischen Sektor. Die Bezirksverordneten fordern in einer außerordentlichen Sitzung die britische Militärregierung auf, den Sender aus dem Gebäude zu weisen und das Haus einer anderen Bestimmung zuzuführen.

West-Berlins Hausfrauen werden mit einer negativen Nachricht überrascht. Die Französische Militärregierung verfügt, daß ab sofort Hefe nur noch an Bäckereien und Großbäckereien zur Herstellung von markenpflichtigen Backwaren ausgegeben werden darf. Generell aber können die West-Berliner nach fünf Monaten der Versorgung mit Lebensmittel über die Luftbrücke relativ optimistisch in die Zukunft blicken. Die Mehlvorräte reichen für 28 Tage, Nährmittel für 44, Kartoffeln für 28 und Fett für 42 Tage. Fleisch und Fisch sind für 35 Tage vorhanden, Zucker für 59, Kaffee-Ersatz für 52, Vollmilchpulver für 50 und Trockengemüse schließlich für zwölf Tage. Erheblich niedriger dagegen sind die Vorräte an Brennstoffen. Sichtbarer Ausdruck hierfür ist, daß am Breitenbachplatz im amerikanischen Sektor jetzt mit dem Holzeinschlag begonnen werden mußte.

Notsituationen erfordern auch Kreativität. So baut eine Hamburger Werft alte Torpedorohre zu lebensrettenden Eisernen Lungen um. Die ersten dieser Eisernen Lungen, die pro Stück 6.300 Mark kosten, sind in Berlin im Einsatz, und zwar im Krankenhaus am Barbarossa-Platz.

Donnerstag, 9. Dezember

Unabhängig davon, daß die West-Berliner noch über lange Zeit mit Lebensmitteln versorgt werden müssen, sind sie keinesfalls immer zufrieden mit dem, was sie aus Westdeutschland erhalten. Dieses gilt für die Mengen an Trockenkartoffeln, aber auch für die Massen an Fleischkonserven, die eingeflogen werden. Der Bitte von Magistratsvertreter von Winterfeldt, die Westsektoren künftig weniger mit Konserven als vielmehr mit Gefrierfleisch zu versorgen, will die Einfuhr- und Vorratsstelle entsprechen.

Schneller als erhofft werden konnte, wird der Postverkehr zwischen Ost- und West-Berlin doch wieder aufgenommen. Andererseits jedoch verlangt der Ost-Magistrat für alle Kraftfahrzeuge, die in den Ostsektor fahren, eine Zusatzfahrgenehmigung. Beladene Fahrzeuge der privaten Wirtschaft benötigen zusätzlich eine Erlaubnis des Ost-Berliner Industrie- und Handelskontors und dürfen erst wieder nach West-Berlin fahren, wenn sie an festgelegten Kontrollpunkten ausgiebig kontrolliert wurden.

Mit Sonderbriefmarken will die westdeutsche Postverwaltung zusätzliche Gelder für Berlin aufbringen. Herausgegeben werden sollen zwei Zuschlagmarken, die das Brandenburger Tor zeigen und für die Zuschläge von 5 bzw. zehn Pfennig verlangt werden. Viel Geld kann aus den Erlösen allerdings kaum erwartet werden, denn die Gesamtauflage der beiden Marken liegt gerade einmal bei knapp 1,6 Millionen Stück.

Neutralität wahrt das Schwedische Rote Kreuz. Und so kann Ost-Berlins Oberbürgermeister Ebert Vertreter der schwedischen Organisation empfangen, um mit ihnen die Verteilung einer Spende für 50.000 Kinder im Ostteil der Stadt zu besprechen.

Nichts macht die Unterschiede in der Brennstoffversorgung zwischen West- und Ost-Berlin deutlicher als diese beiden Nachrichten: Auf dem Schlesischen Güterbahnhof läuft ein Zug mit 800 t einer Braunkohlenbrikett-„Spende“ sächsischer Bergarbeiter ein. Gleichzeitig muß die 2. Große Strafkammer des Kriminalgerichtes in Moabit um 12 Uhr eine Verhandlung vertagen, weil die Kälte im Gerichtsgebäude unerträglich geworden ist.

Obwohl gerade im Ostsektor gegen Schwarzmarkthändler drakonische Strafen verhängt werden, ist für viele die Verlockung doch zu groß. Ein Hausobmann hatte sich durch fingierte Namen 132 Lebensmittelkarten besorgt und sie zum größten Teil auf dem Schwarzmarkt verkauft. Das Schöffengericht Berlin-Mitte verurteilt ihn nun zu fünf Jahren Zuchthaus und 20.000 Mark Geldstrafe.

Das Zugunglück, das sich am 3. Dezember auf dem Bahnhof Falkensee ereignet hatte, fordert ein 18. Todesopfer. Inzwischen steht fest, daß die Toten in einem Gemeinschaftsgrab in Spandau beerdigt werden sollen.

Freitag, 10. Dezember

Aus Furcht vor Repressalien und Festnahmen durch die Ost-Berliner Behörden fliehen immer mehr Menschen in die Westsektoren Berlins. Die Bezirke sind inzwischen mit der Unterbringung und Versorgung der politischen Flüchtlinge überfordert und bitten den Magistrat, Flüchtlingslager einzurichten.

Die Teilung Berlins verfestigt sich nahezu täglich. Nachdem der von den Russen eingesetzte Leiter des Rettungsdienstes, Fritz Jedzik, erklärt hatte, wer nicht eine Loyalitätserklärungen für den kommunistischen Teil-Magistrat unterschreibe, könne sich als entlassen betrachten, wird in den Räumen des Landesgesundheitsamtes ein „Rettungsamt West“ eingerichtet. 43 Prozent der Arbeiter und 40 Prozent der Angestellten des Rettungsdienstes hatten sich trotz der Entlassungsdrohung für eine Arbeit unter dem rechtmäßigen Magistrat entschieden.

Für das Überleben der West-Berliner Reisebüros setzt sich der Magistrat bei den westlichen Stadtkommandanten ein. Er bittet darum, Ost-Berliner Reisebüros den Verkauf von Fahrkarten für die Westzonen zu verbieten und gleichzeitig den West-Berliner Reisebüros zu erlauben, Fahrkarten für die Westzonen, gültig von der Zonengrenze bzw. ab Bückeburg, Hamburg und Frankfurt zu verkaufen.

Für die Verbindung West-Berlins mit den USA ist dieser Freitag von Bedeutung. Entsprechend feierlich ist die Eröffnung des direkten Funkverkehrs zwischen Berlin und New York von der ersten nach dem Krieg in Deutschland gebauten Funksendestation am Kramstaweg in Zehlendorf.

Gegen den erbitterten Widerstand der SED waren in den Westsektoren zum Schuljahresbeginn die ersten evangelischen Konfessionsschulen zugelassen worden. Das Komitee für Erziehungsfragen der drei Westmächte bestätigt nun die Zulässigkeit dieser Konfessionsschulen, obwohl sie dem Berliner Schulgesetz widersprechen. Auch die katholische Kirche erwägt nun, die Einrichtung eigener Konfessionsschulen zu beantragen.

In dichtem Nebel stürzt in der Nähe von Königstein über dem Taunus eine amerikanische „Skymaster" ab. Ein Besatzungsmitglied kommt ums Leben, zwei können schwer-, zwei leicht verletzt gerettet werden.

Sonnabend, 11. Dezember

Erneut wird die Luftbrücke von einem schweren Unglück betroffen. Diesesmal stürzt eine „Douglas RD-5" der Amerikaner - wiederum über dem Taunus - ab. Fünf Besatzungsmitglieder können sich retten, für den Piloten dagegen kommt jede Hilfe zu spät.

Mit „Zuckerbrot und Peitsche" geht die SED im Ostsektor vor. In den Ost-Berliner Bezirksämtern werden die Arbeitsbedingungen für alle, die sich nicht zur SED bekennen, immer unerträglicher. Bezirksräte und ein Amtsarzt in Prenzlauer Berg beschließen zurückzutreten, weil sie dem Druck der SED nicht mehr gewachsen sind.

Gleichzeitig aber kündigt die SED die Eröffnung weiterer „Freien Läden" noch vor Weihnachten an. Im ehemaligen Verkaufshaus Israel in der Königstraße entsteht ein Geschäft für Textilien und Süßwaren, im ehemaligen Kepa-Kaufhaus in der Prenzlauer Allee ein Textilgeschäft. Für die Politik des neuen und illegalen Ost-Berliner Magistrats wird auch mit dem Hinweis geworben, daß im Vorratslager der HO im Aschinger-Haus Schokolade und Kakao eingetroffen sind. Das Pfund Kakao wird 80 Mark kosten, eine 100-g-Tafel Schokolade 20 Mark. Angekündigt wird zudem die Lieferung von Backpflaumen, für die ein Pfundpreis von zehn Mark festgesetzt ist.

Auch in dieser Blockadezeit verstehen es die Berliner, zu feiern. So haben die Sportjournalisten zum Ball der Sportpresse in die renovierten Zoo-Festsäle eingeladen. Der Eintritt kostet 20 Mark, dunkler Anzug ist gewünscht. Für die besseren Angebote wie Wein, Kuchen und Würstchen werden ausschließlich Westmark verlangt, während Brühe und Kräutertee auch gegen Ostmark abgegeben werden.

Blinden Klavierstimmern bietet die Versicherungsanstalt Berlin Beschäftigung. Sie gibt bekannt, daß gut ausgebildete blinde Fachkräfte zum Stimmen von Klavieren und für kleinere Reparaturen jederzeit telefonisch angefordert werden können.

Sonntag, 12. Dezember

Mit Sonderzuteilungen belohnt im Ostsektor die SED über die von ihr beherrschte Deutsche Wirtschaftskommission all die, die an der Umsetzung des Zweijahresplanes mitwirken. Auf ihren Antrag hin genehmigt die sowjetische Zentralkommandantur eine Tonne Zigaretten „zur Anspornung des Sammelns von Weinflaschen". 144 kg Tabak, wenn auch nur aus Tabakrippen, sollen Ost-Berliner Imker bekommen, und zwar 50 g Tabakrippen für jedes Bienenvolk.

Ungeachtet der eigenen Möglichkeiten werden die Länder der Sowjetischen Besatzungszone mit immer neuen Forderungen zur Belieferung Ost-Berlins überzogen. So muß die Firma Mifa in Sandershausen 600 Invalidenfahrstühle, 630 Fahrräder und 120 98-Kubikzentimeter-Hilfsmotoren für

Fahrräder nach Berlin liefern. Das Land Sachsen-Anhalt hat 216 t Seifenpulver „Milva, besserer Qualität“ abzugeben, um die Regale in den „Freien Läden“ Ost-Berlins füllen zu können.

Bescheidenheit ist inzwischen in den Westsektoren zu einer Tugend geworden, ohne die die Menschen dort kaum überleben könnten. So sind die Schöneberger froh, daß wenigstens in beschränktem Umfang Textilien, Schuhe und Decken aus Spenden und Ankäufen aus amerikanischen Militärbeständen verteilt werden können. Gemessen an anderen West-Berliner Bezirken geht es Schöneberg noch einigermaßen gut. Die Energieversorgung ist nicht so problematisch wie anderswo, weil der Anteil der Großindustrie nur bei 50 Prozent der Wirtschaft liegt. Kleinbetrieben und Handwerkern kann deshalb 20 Prozent des früheren Stromverbrauches geliefert werden. Zudem verfügt der Bezirk noch über eine Reserve von 2.000 t Braunkohlebriketts und 700 t Steinkohle, die für Bäckereien reserviert sind. Diese Situation erlaubt es dem Bezirk zur Zeit noch, Straßen- und Parkbäume für die Brennholzversorgung nur dort zu fällen, wo ohnehin eine Auslichtung geplant war. Außerdem setzt der Bezirk 650 Arbeitslose zu Enttrümmerungsarbeiten ein.

Sieben Kämpfe stehen auf dem Programm des letzten Nachwuchs-Boxabends des Jahres in den Messehallen unter dem Funkturm. Vier der Kämpfe enden unentschieden, einer nach nur 45 Sekunden durch k.o. Das Bemerkenswerte an diesem Boxabend ist nach übereinstimmender Auffassung der Besucher die Kälte.

Montag, 13. Dezember

Beim amerikanischen und beim britischen Stadtkommandanten hat sich die Einsicht, die Westsektoren zu einer verwaltungsmäßigen Einheit zusammenzuschließen ebenso durchgesetzt, wie beim Magistrat. Eigentlich sollte diese Thema heute von allen drei westlichen Stadtkommandanten beraten werden, doch auf Wunsch der Franzosen wird dieses Gespräch vertagt.

Auch Oberbürgermeister Ernst Reuter spricht sich auf seiner ersten Pressekonferenz in dieser Funktion für die Aufhebung der Sektorengrenzen in West-Berlin aus. Die Einführung der Westmark als in West-Berlin allein gültige Währung sowie den Ausbau der Luftbrücke bezeichnet Reuter als unabdingbare Voraussetzungen für eine Normalisierung des Lebens in der Stadt.

Eher um eine inzwischen zum alltäglichen Problem gewordene Frage geht es bei dieser Entscheidung der Militärregierungen: Zwar sind inzwischen strenge Sicherheitsvorschriften befohlen worden, um den Diebstahl von Kohle von Lastwagen zu verhindern, doch auch die Kohlelager der Kraftwerke sind Ziele der Diebe. Sie sollen jetzt besser geschützt werden, und deshalb müssen nun neue Zäune um die Kraftwerke gebaut werden. Für das Unterspree-Kraftwerk ist ein neuer 2,3 m hoher Zaun geplant, der Zaun um das Kraftwerk Alt-Moabit muß verstärkt und zusätzlich mit Stacheldraht versehen werden.

Um die Produktionen zu steigern, forciert die SED im Ostteil der Stadt die „Hennecke-Bewegung“. Ihre Jugendorganisation hatte in Weißensee bereits einen „Jungaktivisten-Kongreß“ veranstaltet, nun führt der kommunistische FDGB in den Borsig-Werken Wilshelmsruh die erste Berliner „Aktivisten-Tagung“ durch.

Zwei Millionen Ostmark muß der Magistrat in Westmark umtauschen und bittet um die entsprechende Erlaubnis der Militärregierungen. Benötigt wird das Geld zur Bezahlung einer größeren Menge von Schuhen, die in Westdeutschland bestellt sind und bis zum 31. Januar ausgeliefert werden sollen.

Dienstag, 14. Dezember

Mit harter Hand „säubert“ die SED die Ost-Berliner Verwaltungsdienststellen von allen Mitarbeitern, die sich ihr nicht beugen wollen. Mehr als tausend Postbedienstete, die im Westen Berlins wohnen, aber im Ostsektor arbeiten, sind bereits entlassen worden. Weitere 3.400 Post-Mitarbeiter sollen in den nächsten Tagen die von der SED verlangten Loyalitätserklärungen für den illegalen Ost-Berliner Magistrat unterschreiben. Tun sie das nicht, droht ihnen ebenfalls die Entlassung. Unabhängig von den menschlichen Schicksalen, berührt dieses Vorgehen die West-Berliner Post auch in finanzieller Hinsicht, weil sie die entlassenen Ost-Postler weiter beschäftigen und bezahlen soll.

Zehn Tage sind es noch bis Weihnachten, und wenn die Militärregierungen nicht mehr Strom bewilligen, droht es ein trauriges Weihnachtsfest zu werden. Der Magistrat bittet deshalb die britische Militärregierung, dem „Wunsch des Beirates für Kirchliche Angelegenheiten und der Berliner Bevölkerung folgend“, zusätzliche Stromzuteilungen zu genehmigen. Nach seiner Vorstellung könnte jeder Haushalt zwei Mal zwei Stunden Strom erhalten, wenn von Heiligabend bis zum zweiten Weihnachtstag zwischen 16 und 24 Uhr jeweils die Hälfte des Stromnetzes eingeschaltet würde. Benötigt würden hierfür zusätzliche 200 t Kohle. Den gleichen Wunsch äußert der Magistrat auch bereits im Hinblick auf Silvester und Neujahr.

Wegen des Kohlemangels werden in den Westsektoren Schulen geschlossen oder zusammengelegt. Dieses betrifft z.B. die städtische Berufsschule in der Wilmersdorfer Joachim-Friedrich-Straße, die jetzt für die Dauer der Heizperiode in die Schule in der Babelsberger Straße verlegt wird, um nur noch ein Gebäude beheizen zu müssen. Von der Kohleknappheit betroffen ist auch das Postamt in der Steglitzer Mariendorfer Straße, das für den Rest des erst gerade begonnenen Winters schließen muß.

Eine ungewisse Zahl von Berliner Kindern und Frauen befindet sich zur Zeit in Österreich, sei es zur Erholung, sei es, weil sie von der Blockade überrascht wurden. Ihnen wird jetzt die Möglichkeit zur Rückkehr nach Berlin geboten. Anträge müssen bis zum Jahresende beim Hauptamt für Umsiedler und Heimkehrer gestellt werden.

Mittwoch, 15. Dezember

Wegen des großen Ansturms müssen die „Freien Läden“ im Ostteil Berlins auf Anordnung der Deutschen Wirtschaftskommission nun zwischen 8 Uhr und 22 Uhr abends geöffnet sein. Hatten die beiden Läden in der Frankfurter Allee und am Alexanderplatz in den ersten beiden Wochen nach Eröffnung Mitte November einen Gesamtumsatz von 600.000 Mark, sind es jetzt täglich bis zu 75.000 Mark. Der Vorweihnachtszeit entsprechend sind besonders begehrt Kuchenbrot und Kunsthonig. Nur für wenige erschwinglich sind Herrenanzüge für 630 Mark, Damenschuhe für 230, Radios für 450 und Fotoapparate für 400 bis 700 Ostmark. Ein großer Teil der Waren findet sich kurz nach dem Kauf als Angebot in den Westsektoren wieder. So wird auf einer Funktionärskonferenz der SED darüber geklagt, daß West-Berliner sich in den „Freien Läden“ z.B. Schreibmaschinen für 800 Ostmark kaufen, für die sie 200 Westmark zahlen mußten. Diese Schreibmaschinen würden dann „unter dem Funkturm“ für 300 oder 400 Westmark wieder verkauft und nach Westdeutschland gebracht. Die Schieber hätten dann zwischen 100 und 200 Westmark verdient und besorgten sich dafür dann wieder neue Ware im Ostsektor.

In anderen Kategorien denken die Ost-Berliner, die die „Freien Läden“ aufsuchen. Immerhin aber gibt es auch für sie Erschwingliches, beispielsweise „Herrensocken, Wolle plattiert, in guter Qualität“ zum Preis von zwei bis drei Mark und „linksgewirkte Damenstrümpfe“ von 1,90 Mark aufwärts.

Für einige Monate Abschied nehmen müssen die Berliner von den britischen Flugbooten, die längst zu einem vertrauten Bild geworden sind. Der

Grund ist einfach und nachvollziehbar: Das Landegebiet auf der Havel droht zuzufrieren.

Eine ungewohnte Tätigkeit übt der britische Stadtkommandant General Herbert aus. Als „Straßenbahnfahrer“ der Linie 75 zerreißt er symbolisch das Band auf der neu errichteten Freybrücke in Spandau und übergibt sie damit dem Verkehr. Damit ist die seit Kriegsende unterbrochene Straßenverbindung über die Havel zwischen Stadtzentrum und Spandau wiederhergestellt.

Donnerstag, 16. Dezember

Ungeachtet der Blockade und der von Russen und SED herbeigeführten Teilung der Stadt hat der kommunistische „Berliner Rundfunk“ weiterhin seinen Sitz im „Haus des Rundfunks“ in der Masurenallee im britischen Sektor und strahlt sein Programm über Sendetürme aus, die in am Rande des Flugplatzes Tegel, im französischen Sektor also, stehen. Zumindest die Ausstrahlung der Programme wird jetzt jäh gestoppt. Um 10.45 Uhr erschüttert eine Detonation die Luft, und die Sendetürme sinken in sich zusammen. Der französische Stadtkommandant General Ganeval hat sie sprengen lassen und begründet seinen spektakulären Befehl damit, die Sendetürme hätten den Flugverkehr gefährdet. Geboren wird an diesem Tag die Legende, nach der Ganeval dem sowjetischen Garnisonschef Kotikow auf die Frage, wie er die Sendetürme habe sprengen können, geantwortet habe; „Mit Dynamit.“ Für den „Berliner Rundfunk“ - und damit auch für die SED - ist die Sprengung der Sendeanlagen ein herber Rückschlag, ist doch erst vor kurzem eine neue 120 m hohe Leichtmetallantenne errichtet und in Betrieb genommen worden. Das Programm des „Berliner Rundfunks“ ist trotz des Ausfalls der Tegeler Anlage nur für wenige Stunden unterbrochen. Bereits um 22 Uhr nimmt er über Notsender sein Programm wieder auf.

Auch auf anderem Gebiet machen die westlichen Alliierten deutlich, daß sie sich nicht aus Berlin vertreiben lassen. Einerseits wird die 5.000ste Landung eines britischen zivilen Luftbrücken-Flugzeuges gemeldet, zum anderen kündigt die amerikanische Luftwaffe an, die Zahl der großen C-54-Flugzeuge im Rahmen der Luftbrücke deutlich zu erhöhen.

Beinahe täglich kommt es bei dem Versuch, sich mit Holz oder Kohle für den Winter zu versorgen, in den Westsektoren zu schweren Unfällen. Beim Aufsammeln von Kohle auf dem Fürstenbrunner Bahngelände wird ein Arbeiter von einer Lokomotive überrollt und stirbt noch am Unfallort. Als ein 35jähriger Mann auf der Berliner Allee von einem Anhänger springt, erleidet er lebensgefährliche Verletzungen.

Gegen den Einfluß und auch Terror der SED richten sich zwei Beschlüsse der Tiergartener Bezirksverordneten. Sie beschließen die Abberufung von Bezirksrat Möhlenkamp, der der SED angehört, und die Erfassung aller von der SED im Bezirk genutzten Räume und Zeitungsfilialen.

In der Sowjetischen Besatzungszone preßt die SED derweil das Letzte aus den Bauern heraus, um Ost-Berlin mit Lebensmitteln zu versorgen. Zusätzlich zu dem ohnehin schon hohen Soll, müssen die Bauern nun bei sog. „Solidaritäts-Aufkauftagen“ auch noch die letzten Reserven abliefern. In Brandenburg sind bei einem solchen „Solidaritäts-Aufkauftag“ in 27 Städten und Landkreisen 23.361 dz Kartoffeln, 1.320 dz Getreide und Hülsenfrüchte, 446 dz Fleisch, 388 Stück Großvieh, 5.737 Stück Kleinvieh, 10.445 Stück Geflügel und 29.231 Eier abgeliefert worden. Die Aktion betitelt die SED zynischerweise: „Der Bauer reicht Berlin die Hand.“

Freitag, 17. Dezember

Mit erheblich verschärften innerstädtischen Transportbestimmungen behindern die Russen den Warenaustausch zwischen den Sektoren. Private Firmen benötigen für alle beladenen Fahrzeuge, die die Sektorengrenzen passieren sollen, eine Genehmigung der Zentralkommandantur, und selbst der Transport von privatem Eigentum ist nur noch mit entsprechenden Propusken erlaubt. Auch in den öffentlichen Verkehrsmitteln geht die Ost-Berliner Polizei massiv gegen Fahrgäste vor. Sie verstärkt das Personal an den Übergangsstellen und durchsucht das Gepäck der Fahrgäste in den Straßenbahnen insbesondere nach westlichen Zeitungen und „B"-Mark.

In den Bezirken Ost-Berlins nimmt die SED einen radikalen Austausch der Bezirksräte vor. Alle demokratischen Kräfte werden entlassen und durch SED-Funktionäre ersetzt. Obwohl in Ost-Berlin die Bezirksparlamente – anders als im Westteil der Stadt – nicht neu gewählt wurden, kommen an diesem Freitag in Köpenick und Treptow die Abgeordneten zu außerordentlichen Sitzungen zusammen und wählen jeweils SED-Kader als Bezirksbürgermeister.

Zwei Aktivisten hatten nach der Sprengung der Tegeler Sendeanlagen dafür gesorgt, daß der Berliner Rundfunk bereits abends gegen 22 Uhr sein Programm wieder aufnehmen konnte. Diese beiden Fernmeldetechniker erhalten von der Hauptverwaltung für Post- und Fernmeldewesen dafür eine Prämie von je 400 Mark. Die beiden verzichten auf das Geld und wollen es zur Unterstützung streikender französischer Bergarbeiter weiterleiten, weil deren „Kampf sich gegen die gleichen Kräfte richtet, die die Sprengung des Senders in Berlin verursachten".

Wieder kommt ein junger Berliner bei der Suche nach Brennholz ums Leben. Ein 16jähriger stürzt aus dem 3. Stock einer Ruine in der Aschaffenburger Straße und wird dabei tödlich verletzt.

Die Branda-Platten, die seit kurzem in einer Fabrik im britischen Sektor produziert werden, sind jetzt vom Institut für Lebensmittel, Arzneimittel und gerichtliche Medizin unter die Lupe genommen worden. Untersucht wurden „Branda-Platten alt, rd. 380 gr, dunkelbraun, nach Teer riechend, mit Sägespänen durchsetzt, schnittfest", sowie „Platten frisch, 400 gr, dunkelbraun, schwach nach Teer riechend, mit Sägespänen durchsetzt, bröckelig".

Die Analyse ergibt, daß die Platten Teerprodukte und sehr aschereiches Kohlengrus enthalten. Der ungefähre Heizwert der Platten beläuft sich auf 7.000 cal bei den alten Platten, auf 6.400 cal bei den neuen. Die Behauptung des Herstellers, jede Branda-Platte habe einen Heizwert von 16.731 cal und damit von fünf Preßkohlen ist damit maßlos übertrieben und falsch. Allerdings bescheinigen die Fachleute des Institutes, daß die aus Altstoffen hergestellten Platten durchaus ihren Wert als Ergänzung der Brennstoffe besitzen. Den Preis von 69 Ost-, also 23 Westmark für 200 Platten und damit etwa 80 Kilogramm bezeichnet das Institut demgegenüber als überhöht.

Sonnabend, 18. Dezember

Wichtigstes politisches Thema an diesem Tag ist die Räumung des Dorfes Stolpe durch die Franzosen. Betroffen sind 400 Einwohner sowie acht Bauern, die nun, dreieinhalb Jahre nach Kriegsende, doch noch unter sowjetische Herrschaft geraten. Die Russen hatten den Franzosen das 615 Hektar große Gebiet und angrenzende Ländereien 1945 zur Anlage eines Flugplatzes überlassen. Das ist jetzt hinfällig. 150 Arbeitskräfte werden eingesetzt, um das „Camp Kleber" von Baumaterialien, Eisenrohren und großen Mengen Glas zu räumen. Französische Soldaten treiben das Vieh, 17 Pferde, vier Ochsen, einen Bullen, 49 Kühe, sechs Stück Jungvieh und sieben Kälber, in den französischen Sektor. Die West-Berliner und der Magistrat sind entsetzt, hatten sie sich doch vergebens gegen die Rückgabe Stolpes an die Russen gewehrt. Vor allem der Magistrat fürchtet, daß es nun auch an anderen Stellen der Berliner Grenzen zu derartigen „Korrekturen" kommen kann.

Dennoch verdrängen die Berliner keinesfalls, daß Weihnachten vor der Tür steht. „Zu Gunsten des Schornsteinfeger Clubs" werden für die Weihnachtstage u.a. diese Veranstaltungen angekündigt: das Lustspiel „Diener zweier Herren" im Titania-Palast mit Hugo Schrader, Alice Treff und Kurt Fischer-Fehling sowie die Filmaufführung „Die besten Jahre unseres Lebens" in der Filmbühne Wien mit Myrna Loy in der Hauptrolle. Der Filmbesuch kostet zwischen zwei und sechs Mark, wobei allerdings jede Eintrittskarte auch gleich noch als Los dient.

Abwechslungsreiche Stunden erleben 500 alte Menschen, Rentner und Heimkehrer, die der Zentralverband der Siedler und Kleingärtner ins Casino unter dem Funkturm eingeladen hat. Winteräpfel, Tüten mit Hülsenfrüchten und Körbe voller Gemüse sind eine der Überraschungen. In einer Tombola gibt es zudem Fausthandschuhe, Kaninchenfelle und Gläser mit eingemachtem Obst zu gewinnen.

Eine Propagandaschau veranstaltet die SED auf dem Schlesischen Güterbahnhof. Ein erster Lebensmittel-Zug mit 60 Waggons trifft aus Mecklenburg-Vorpommern ein und wird vom Ost-Berliner Magistrat begrüßt. Weitere 640 Waggons sollen in den nächsten Wochen eintreffen, gefüllt mit Lebensmitteln, von denen sich die Bauern im Rahmen der „Solidaritäts-Aufkauftage" hatten trennen müssen. Auch in 26 Kreisen Sachsen-Anhalts und in 20 Kreisen Thüringens ist es inzwischen zu derartigen Aufkauftagen gekommen.

Sonntag, 19. Dezember

Die Zwischenfälle an den Sektorengrenzen nehmen kein Ende. In der Nacht zum Sonntag werden am Ritterfalkdamm / Potsdamer Chaussee zwei West-Berliner Polizeiwachtmeister von einem russischen Offizier beschossen. Obwohl vier Schüsse auf die Polizisten abgeben werden, bleiben sie unverletzt.

Mit der Sprengung der Tegeler Sendetürme hat die französische Besatzungsmacht für Aufsehen gesorgt und deutlich gemacht, daß sie in ihrem Sektor das alleinige Sagen hat. Das demonstriert sie auch mit der Fortsetzung der Demontagen, insbesondere des Borsig-Werkes. Der Berlin-Ausschuß der Westzonen wendet sich an das Frankfurter Zweimächtekontrollamt mit der Bitte, auf die Franzosen einzuwirken, die arbeitsplatzvernichtende Demontagepolitik aufzugeben. Immerhin sind allein bei Borsig 3.600 Arbeitsplätze gefährdet.

Mit mehreren Razzien geht die Ost-Berliner Polizei gegen den Schwarzmarkt vor. In der Friedrichstraße beschlagnahmt sie in einer Wohnung über 40.000 Zigaretten, 430 Tafeln Schokolade sowie in einer anderen Wohnung desselben Hauses 6.000 Zigaretten und knapp 600 Schokoladen. Über 100.000 Zigaretten sollen zwei Männer in die Westsektoren verschoben haben, die in Pankow festgenommen werden.

Einen Teil der beschlagnahmten Waren verwendet die Ost-Berliner Polizei demonstrativ zur Belohnung von „Aktivisten". Ost-Berlins Polizeipräsident Markgraf übergibt jedem Arbeiter der Lokomotivfabrik Gebbers & Co in Niederschönhausen fünf Schachteln Chesterfield und eine Tafel Schokolade als Anerkennung für die Fertigstellung der ersten in diesem Werk generalüberholten Lokomotive.

Viele Bereiche des Alltagslebens in Berlin sind inzwischen geteilt, der Fußball glücklicherweise noch nicht. Vor 10.000 Besuchern im Poststadion besiegt Berlins Tabellenführer die Mannschaft von Dresden-Friedrichstadt mit 2:1 Toren.

Auch das Kulturleben blüht in diesen schwierigen Zeiten. Erstmals wird nach Kriegsende wieder Wagners Oper „Die Meistersinger von Nürnberg" aufgeführt. In der Staatsoper singen in der Inszenierung von Wolf Völker und unter der musikalischen Leitung von Joseph Keilberth unter anderem Jaro Prohaska, Tiana Kemnitz, Ludwig Suthaus und Helmut Krebs. Premierenstimmung herrscht in der Städtischen Oper, wo die Uraufführung von Werner Egks „Circe“ mit Karina Kutz, Hans Beirer, Josef Hermann, Josef Greindl und Wilhelm Schirp auf dem Programm steht.

Montag, 20. Dezember

In der Flemingstraße stürzt die Vorderfront eines Ruinenhauses zusammen und begräbt vier Personen unter sich. Zwei Männer werden getötet, zwei mit schweren Verletzungen ins Moabiter Krankenhaus eingeliefert.

Immer mehr schulische Einrichtungen werden in die Westsektoren verlagert, weil ein ungehindertes Arbeiten in Ost-Berlin nicht mehr möglich ist. Das gilt für die Oberschule für Berufstätige, die an den Nikolsburger Platz zieht ebenso, wie für die Meisterschule für Graphik und Buchgewerbe, die ihren neuen Standort in Schöneberg findet. Auch die Drogisten-Fachschule, die Textil- und Modeschule, die Uhrmacher-Schule, die Bekleidungs-Gewerbeschule und die Schule für das Nahrungsgewerbe ziehen in die Westsektoren um. Unterdessen kündigt der Bezirk Mitte an, daß alle Dozenten, die der SPD angehören, mit ihrer Entlassung zu rechnen haben.

Das Schwedische Rote Kreuz kann nach einer Pause wieder die Kleiderspenden für notleidende Berliner aufnehmen. Vorrangig werden bedürftige Alte, Kranke, Invaliden, Heimkehrer und Flüchtlinge bedacht. 40 Prozent der Spenden stehen Frauen zur Verfügung, 40 Prozent Männern und 20 Prozent Kindern. Unterwäsche kann nur in Ausnahmefällen ausgegeben werden, Mangelware sind auch Damenstrümpfe.

Etwas mehr Licht gönnen die westlichen Stadtkommandanten der Bevölkerung im Westteil Berlins. Sie geben zusätzlich 200 t Kohle zur Stromerzeugung über Weihnachten frei.

Geschenke für 10.000 West-Berliner Kinder werden im Rahmen der „Operation Santa Claus“ über die Luftbrücke eingeflogen, und natürlich bemüht sich auch die SED, Weihnachten für sich zu vereinnahmen. Der von ihr beeinflußte Demokratische Frauenbund hat für die 90 Kinder des Waisenhauses Britz Anzüge, Mäntel, Kleider, Strümpfe, Wäsche und 650 Mark gesammelt, kann sie aber nicht übergeben, weil Bezirksstadtrat Raddatz diese Bescherung untersagt. Gleich 3.000 Kinder hat die FDJ in den Friedrichstadt-Palast eingeladen. Die Weihnachtsfeiern in diesen Tagen können kaum noch gezählt werden: Fast 2.000 Kinder feiern gemeinsam mit amerikanischen Fliegern in der Mess Hall des Flugplatzes Tempelhof und bekommen Päckchen mit Süßigkeiten, wollenen Handschuhen, Pullovern, Schals oder bunten Socken, 300 Kinder werden im Haus des British Information Centre bewirtet, und in den Titania-Palast hat die amerikanische Militärregierung zu einem großen Weihnachtsliedersingen eingeladen. Rechtzeitig vor Weihnachten gibt es eine weitere erfreuliche Nachricht. Zwischen West-Berlin und Westdeutschland nimmt ein Schnellpost-Dienst seine Tätigkeit auf.

Dienstag, 21. Dezember

Ausführlich hat sich das Hauptamt für Gesamtplanung mit der Frage befaßt, ob durch den Einsatz von Notstromaggregraten die Stromknappheit in West-Berlin wenigstens teilweise behoben werden könnte. Herausgestellt hat sich, daß mit kleinen Aggregaten selbst bei nur 70prozentiger Auslastung erheblich mehr Strom erzeugt werden kann, als beim Einsatz von Kohle. Diesem Plus stehen allerdings dreifach höhere Kosten gegenüber, weil mehr Öl importiert werden müßte. Aus diesem Grunde sind auch die West-Berliner Kraftwerke nicht auf Öl umgestellt worden, lediglich die Kraftwerke Charlottenburg und Wilmersdorf haben eine zusätzliche Ölfeuerungsanlage erhalten. Nach überschlägigen Rechnungen könnten alle Notstromaggregrate täglich 500.000 Kilowattstunden Strom erzeugen und benötigten hierfür 15 t Öl. Mit der gleichen Menge Kohle dagegen können lediglich 200.000 Kilowattstunden erzeugt werden.

Abgesehen aber von den Energiekosten ist nicht sicher, ob es in West-Berlin überhaupt genügend Aggregate gibt, um sinnvoll eine Stromerzeugung damit aufzunehmen. Nach einem entsprechenden Aufruf des Magistrates waren gerade einmal 2.156 Aggregate gemeldet worden. Das Hauptamt für Gesamtplanung geht von einem erheblich höheren Bestand aus und nimmt an, viele Besitzer solcher Aggregate haben sich nicht gemeldet, weil sie eine Beschlagnahme fürchten.

Wenig vorweihnachtlich geht es an den innerstädtischen Sektorenübergängen und in den öffentlichen Verkehrsmitteln zu. Allein in den Straßenbahnen beschlagnahmt die Ost-Berliner Polizei an diesem Tag 22 Zentner Kohle, 7,5 Zentner Kartoffeln, fünf Zentner Kohlenanzünder, 22 Weißbrote, zwei Zentner Zwiebeln, dazu Äpfel, 100 Sektgläser, 30 Pakete Tabak und 35 kg Kupfer.

Durch den Auszug der sowjetischen Vertreter hat die Alliierte Kommandantura schon vor Monaten aufgehört, de facto zu bestehen. Nun wird sie wiederbelebt. Die Alliierte Kommandantura wird nach einem Beschluß der westlichen Stadtkommandanten mit sofortiger Wirkung ihre Arbeit wieder aufnehmen, auch wenn die Russen sich nicht daran beteiligen.

Mit aller Härte geht die Justiz im Ostsektor gegen Schwarzhändler vor. Ein Ehepaar, das einige hundert Zentner Mehl in den Westen verschoben haben soll, wird vom Schöffengericht Mitte zu Zuchthausstrafen von zehn bzw. drei Jahren und zu Geldstrafen von 100.000 und 400.000 Mark verurteilt.

Mittwoch, 22. Dezember

Um französische Besatzungspolitik geht es an diesem Tag gleich mehrfach. Nachdem die Franzosen das Dorf Stolpe an die sowjetische Besatzungsmacht zurückgegeben haben, befürchtet der Magistrat, ähnliches könne auch an anderen Stellen der Berliner Außengrenzen geschehen. Insbesondere, so seine Sorge, könnten die auf dem Gebiet der Ostzone gelegenen Exklaven betroffen sein. Um sich in jedem Fall darauf einstellen können, erhalten die Fachabteilungen den Auftrag, die Rechtslage an den Grenzen zu überprüfen.

Ferner soll die französische Militärregierung gebeten werden, so viel noch brauchbare Teile wie nur möglich von den gesprengten Tegeler Sendeanlagen des „Berliner Rundfunks" bergen zu lassen. Ohnehin sind seit Tagen bereits Mitarbeiter des „Berliner Rundfunks" dabei, noch funktionsfähige Teile aus dem weitgehend unversehrten Sendegebäude auszubauen und in den Ostsektor zu schaffen. Bedauernd muß schließlich das amerikanisch-britische Zweimächtekontrollamt in Frankfurt am Main dem Magistrat mitteilen, daß es nichts gegen die französischen Demontagen in Reinickendorf unternehmen kann. Jeder Militärgouverneur könne Fragen der Demontage und Reparationen in seiner Zone bzw. in seinem Sektor gesondert behandeln, heißt es. Da ist es schon beinahe belanglos, wenngleich dennoch willkommen, daß der Befehlshaber der französischen Zone, General Koenig, bereit ist, sein Flugzeug zur Beförderung von Weihnachtspost zur Verfügung zu stellen.

Daß Berlin besetzt ist, demonstrieren auch die Briten. Sie befehlen dem Magistrat, das alliierte Kriegsverbrechergefängnis in Spandau zu renovieren. Das Schlafquartier der Wachen – Haus 24 – braucht einen neuen Anstrich, außerdem soll die Heißwasseranlage um einen neuen Warmwasserkessel erweitert werden. Die Briten erwarten, daß die Arbeiten Anfang Januar beginnen und so schnell wie möglich beendet sind.

Donnerstag, 23. Dezember

Die wieder ins Leben gerufene Alliierte Kommandantura genehmigt den Einflug von sechs Tonnen Bekleidung der amerikanischen Hilfsorganisation CRALOG sowie von zwei Tonnen „Liebesgaben" anderer Einrichtungen. Außerdem gestattet sie den Einflug von monatlich drei Tonnen Spenden der Heilsarmee. Daß dieses nur ein Tropfen auf den heißen Stein ist und die Not nicht wirklich lindern kann, liegt auf der Hand, und so bittet Sozialstadträtin Margarete Ehlert die Militärregierungen, im Januar wenigstens fünf Tonnen Textilien einfliegen zu lassen. Vor allem warme Wolldecken, warme Bekleidung für werdende Mütter, Männerkleidung und Säuglingswäsche werden benötigt.

Außerdem weist Stadträtin Ehlert auf die Notwendigkeit hin, so bald wie möglich 85 t zusätzlicher Lebensmittel über die Luftbrücke nach Berlin zu schaffen. Zwar konnten 100.000 alte Menschen und 49.000 Kleinkinder vom Internationalen Roten Kreuz mit Zusatzmahlzeiten verpflegt werden, doch gibt es eine Reihe von Personengruppen, die im Winter auf besondere Hilfe angewiesen sind. Dazu gehören 7.000 hilfsbedürftige Blinde, Doppelamputierte, Hirnverletzte und andere völlig Hilflose sowie 10.000 völlig Entkräftete, erschöpfte Heimkehrer, Schwerkranke und Genesende nach langer Krankheit. Sie sollen nach den Vorstellungen der Stadträtin ebenso versorgt werden wie Familien in drückender Armut. Gedacht ist daran, jedem Betroffenen ein Lebensmittelpaket mit fünf Kilogramm Milch, Zucker, Eipulver, Fett und Fleisch zu geben.

Leichter fällt der SED-gesteuerten „Sozialhilfe Groß-Berlin" die Unterstützung Notleidender. Sie will in diesen Tagen 14.000 alte Menschen und Kinder in allen vier Sektoren bescheren und den Alten Gutscheine über je zehn Pfund Kartoffeln und einen Zentner Kohle überreichen.

Ungerührt setzt die SED im Ostsektor die Säuberungsaktionen in den Bezirksämtern fort. Sowohl im Bezirk Mitte wie auch im Bezirk Friedrichshain werden die bisherigen Bürgermeister durch SED-Funktionäre ersetzt

Freitag, 24. Dezember

Die Stadt sieht nicht so trist aus, wie es in dieser Blockadezeit zu erwarten wäre. Viele Berliner, auch die aus den Westsektoren, haben sich Weihnachtsbäume aus dem Berliner Umland besorgt und dafür zwischen drei Mark für eine kleine Fichte bis zu 15 Mark für eine Blautanne bezahlt.

Ein Entgegenkommen bedeutet es für die im Kriegsverbrechergefängnis Spandau Verurteilten, daß sie an diesem Heiligabend zum ersten Mal zu einem gemeinsamen Gottesdienst zusammenkommen dürfen. Normalerweise haben sie ihre Strafen streng voneinander isoliert zu verbüßen.

Mehr Berliner Geschäftsleute und Politiker als gemeinhin angenommen, sind per Flugzeug zwischen Westdeutschland und den Westsektoren unterwegs. Die Reisen sind schon vor Antritt strapaziös, denn bevor die Fluggäste zum Flugplatz Gatow gefahren werden, müssen sie erst einmal stundenlang im internationalen Reisebüro im Deutschlandhaus warten. Um diese Wartezeit etwas angenehmer zu gestalten, bewilligt die britische Militärregierung die Bereitstellung von Getränken, falls mehr als sechs Stunden gewartet werden muß. Der Bahnhofsmission, die den Warteraum betreut, werden aus Magistratsbeständen zwei Kilogramm Tee, fünf Kilogramm Kaffee sowie je zehn Kilogramm Trockenmilch und Zucker zugestanden.

Heilfroh sind 200 Berliner, die wegen schlechten Wetters tagelang in Bückeburg festgehalten wurden und nicht nach Berlin zurückfliegen konnten. Mit einem Sonderflugzeug werden sie rechtzeitig vor Weihnachten in die Stadt zurückgebracht.

Trotz der Weihnachtstage wird die BVG in West-Berlin den Straßen- und U-Bahnverkehr um 18 Uhr einstellen. Besser haben es die Menschen im Ostsektor, wo der Straßen- und U-Bahnverkehr je nach Bedarf noch verstärkt werden soll und die nachts verkehrenden Straßenbahnen zusätzliche Anhänger erhalten. Völlig problemlos ist das Fahren in den Straßenbahnen weiterhin nicht, denn die Ost-Polizei durchsucht in den Wagen der Linien 1, 21 und 74 das Gepäck der Fahrgäste und beschlagnahmt sämtliche Westzeitungen, derer sie habhaft werden kann.

300 Mitarbeiter des „Berliner Rundfunks" waren in den letzten Tagen damit beschäftigt, das Sendegebäude auf dem Gelände der gesprengten Sendetürme in Tegel „auszuschlachten". Sie beenden an diesem Tag ihre Arbeit.

Wenn auch die SED und der von ihr installierte Teil-Magistrat immer wieder suggerieren möchte, in Ost-Berlin sei alles zum Besten bestellt, entspricht dieses bei weitem nicht der tatsächlichen Lage. Auch in Ost-Berlin frieren Menschen, und deshalb sollen 107 Wärmestuben für „unbeaufsichtigte, kältegefährdete Schulkinder" eingerichtet werden. 80 solcher Stuben gibt es bisher, die täglich von 9 bis 17 Uhr bzw. sonnabends von 9 bis 14 Uhr geöffnet sind. Sollte es besonders kalt werden, sollen diese Schulkinder täglich ein warmes Getränk bekommen.

Sonnabend, 25. Dezember

Demonstrativ besuchen Politiker und Hollywood-Stars die Westsektoren. Im Titania-Palast sprechen der amerikanische Vizepräsident Allen Barkley, Heeresminister Kenneth Royall und Luftwaffenminister Stuart Symington vor amerikanischen Soldaten. Auftritte des Komikers Bob Hope und des Komponisten Irving Berlin sind zweifellos die Höhepunkte dieses Abends. Vor seinem Abflug nach Berlin hatte Barkley das amerikanische Volk aufgefordert, die Hilfsaktionen speziell für die Kinder in den besetzten Gebieten Deutschlands und Österreichs zu unterstützen, da sie für den brutalen Krieg nicht verantwortlich und die künftigen Bürger ihrer Heimatländer seien.

Weihnachtlich geht es im Lustgarten zu. Auf dem Weihnachtsmarkt sind eine Tierparade des Circus Barley zu sehen und Vorführungen der Bärengruppe Crockers. Außerdem treten die Schöneberger Sängerknaben mit Weihnachtsliedern auf.

Wenig von einer friedvollen Stimmung ist dagegen in anderen Bereichen des Berliner Lebens zu spüren. Zu chaotischen Zuständen kommt es auf den Strecken des Eisenbahn-Westringes um Berlin, weil auf Befehl der sowjetischen Kommandantur nur noch Kali-, Zement- und Leerzüge durch West-Berlin geleitet werden dürfen. Da die Strecken des Westringes dem Zugaufkommen nicht gewachsen sind, kommt es zu Staus und damit verbundenen langen Fahr- und Wartezeiten und letztlich zum Verlust von Lebensmitteln, die in den Waggons verderben.

Sonntag, 26. Dezember

Viele West-Berliner nutzen die Weihnachtstage, um ihre Verwandten und Freunde im Ostsektor zu besuchen und sich bei dieser Gelegenheit auch gleich mit Waren einzudecken, die im Westteil der Stadt Mangelware sind. Entsprechend überfüllt sind die öffentlichen Verkehrsmittel. Für die Ost-Berliner Polizei ist dieses Anlaß, am Nachmittag die Gepäckkontrollen auf den U- und S-Bahnhöfen zu verschärfen. Alle Reisenden, die Koffer, Pakete oder Rucksäcke bei sich haben, müssen die Züge verlassen, selbst kleinste Mengen an Lebensmitteln und Kohlen werden beschlagnahmt, wenn die Fahrgäste nicht nachweisen können, daß sie zur Versorgung offiziell in den Kartenstellen des Ostsektors eingetragen sind. Auch die Brieftaschen werden kontrolliert und Westgeld eingezogen.

Montag, 27. Dezember

Mit brutaler Gewalt gehen Polizisten des Ostsektors gegen Fahrer und Beifahrer eines Lastwagens vor, der auf dem Weg vom Ostsektor in den amerikanischen Sektor unterwegs ist. Sie beschießen das Fahrzeug, das im US-Sektor zum Stehen gekommen ist, zerren den Beifahrer aus dem Wagen und schleppen ihn auf Ost-Berliner Gebiet. Auch der Fahrer wird unter Androhung von Waffengewalt gezwungen, in den Ostsektor zu zurückzufahren. Beiden gelingt jedoch schließlich die Flucht.

Die schikanösen Kontrollen des Vortages auf den S- und U-Bahnhöfen in der Nähe der Sektorengrenzen werden fortgesetzt. Zwölf Ost-Berliner Polizisten besetzen die Fahrkartenausgabe des S-Bahnhofes Friedrichstraße, ähnlich sieht es auf den anderen Bahnhöfen aus. Fast durchweg wird das Gepäck von West-Berliner Reisenden beschlagnahmt.

Ruhig verläuft das Weihnachtsfest dagegen für die Berliner Feuerwehr. Weniger Weihnachtsbaumbrände als in den Jahren zuvor werden gemeldet, zu Großbränden kommt es überhaupt nicht.

Von Weihnachten kaum etwas haben die Mitarbeiter eines von den Sowjets beschlagnahmten Bergbaubetriebes in Nachterstedt. Sie müssen Sonderschichten einlegen, um 800 t Kohle zusätzlich abzubauen, die Ost-Berlin „gespendet" werden sollen.

Entschieden worden ist über Weihnachten auch die Berliner Fußball-Herbstmeisterschaft. Rund 15.000 Zuschauer erleben im Poststadion das Meisterschaftsspiel Viktoria Tempelhof gegen Wilmersdorf. Nachdem die Tempelhofer bereits 3:0 geführt hatten, müssen sie sich am Ende mit einem 3:3 zufrieden geben. Damit hat Wilmersdorf den Titel gewonnen.

Ein besonderes Ende findet das Rennen um den „Großen Weihnachtspreis der Amateure" auf der Mariendorfer Trabrennbahn. Überraschend leicht siegt „Corudy", doch sein Sieg hat Konsequenzen. Da das Pferd seine Vorlaufzeit zu kraß überbietet, erhält sein Besitzer ein vierwöchiges Startverbot.

„Kaninchenfell gegen Zucker" - solche Angebote kann es nur in Notzeiten geben, gemacht wird es an diesem Tag den Ost-Berlinern. Je nach Größe und Beschaffenheit der Felle werden zwischen 75 und 300 g Zucker abgegeben.

Um andere Mengen geht es bei erneuten Razzien der Ost-Berliner Polizei gegen Fahrgäste auf den U- und S-Bahnhöfen im Ostsektor. Vom U-Bahnhof Potsdamer Platz wird der Einsatz von 20 Polizisten gemeldet, neun riegeln den S-Bahnhof ab. Auch an den Straßenübergängen zu den Westsektoren gehen die Polizisten gegen tatsächliche oder vermeintliche Schwarzmarkthändler und Schieber vor. Beschlagnahmt werden an diesem Tag zwölf Lastwagen mit 50 Zentnern Kartoffeln, 100 Zentnern Kohle, 500 Flaschen Spirituosen, dazu Medikamente, Radios und Textilien.

Den Schwarzmarkthandel und das „Hamstern" hat inzwischen das Kulturleben als Thema entdeckt. In der neueröffneten „Kleine Bühne am Zoo" laufen die letzten Vorbereitungen für die Premiere des Stückes „Liebe, Zucker und Brillanten", bei dem es sich um ein „musikalisches Spiel aus dem Berlin von heute" handelt.

Offensichtlich Nachschub für den Schwarzmarkt wollten unbekannte Einbrecher beschaffen, die aus der Märkischen Treuhandgesellschaft in den Chausseestraße 300 Paar Schuhe, 1.200 Paar Damenschuhe, Herrenanzüge, Damenjacken und 100.000 Rasierklingen der Marke „Energie" gestohlen haben.

Für den Bau einer dritten Rollbahn auf dem Flughafen Gatow werden große Mengen Schotter benötigt. Abgefahren werden sie von der stillgelegten Industriebahnstrecke in Ruhleben.

Verlegt werden soll der Sitz des Berliner Stadtkontors aus dem Ostsektor in die Bezirksbank Charlottenburg im britischen Sektor. Der Direktor, Felix Goerlich, begründet den Schritt damit, daß die Deutsche Wirtschaftskommission, die Deutsche Notenbank und auch die Ost-Berliner Polizei in unerträglicher Weise versucht hatten, Einfluß auf die Geschäfte des Stadtkontors zu nehmen.

Dienstag, 28. Dezember

Grossisten und Einzelhändler müssen sich von noch vorhandenen Reserven an neuen Reifen und Schläuchen für Motorfahrzeuge, Anhänger und Motorräder trennen und sie beim Magistrat abliefern. Ausgestattet werden sollen damit vor allem Fahrzeuge, die auf den Flugplätzen zum Transport der eingeflogenen Güter oder in der Bauwirtschaft eingesetzt werden.

Gebühren für Einschreiben und Pakete, die für Empfänger in Westdeutschland bestimmt sind, müssen in den West-Berliner Postämtern ab sofort in Westmark bezahlt werden. Die Postverbindungen lassen weiterhin erheblich zu wünschen übrig. Vergeblich hat der Magistrat bei den Westalliierten den Einsatz eines täglichen Flugzeuges ausschließlich zur Postbeförderung verlangt. Zwar trifft täglich ein Bahnpostwagen mit rund 2.000 Paketen aus den Westzonen in Ost-Berlin ein, doch werden die Pakete im Auslandspostamt NW 17 von den Russen kontrolliert. Außerdem stauen sich in Westdeutschland inzwischen Hunderttausende von Paketen, weil die Sowjets immer wieder den Transport behindern.

Auch die Studenten der Technischen Universität im britischen Sektor haben für das Wintersemester 25 Prozent der Studiengebühren in Westmark zu entrichten, ebenso müssen sie alle von der TU gelieferten Chemikalien und andere für Experimente erforderlichen Mittel in Westmark bezahlen.

Mittwoch, 29. Dezember

Die kritische Versorgungslage mit Brennstoffen zwingt den Magistrat, den Einschlag von weiteren 70.000 Raummetern Holz anzuordnen, um jeden Haushalt in den Westsektoren mit einem weiteren Kasten Holz beliefern zu können. Damit erhöht sich die Menge des Einschlages auf nunmehr bereits 190.000 Raummeter. Um den Schaden in den Wäldern, Parks und Gärten so gering wie möglich zu halten, stimmt der Magistrat Untersuchungen zur Ermittlung von Braunkohlevorkommen innerhalb des Stadtgebietes zu. Die Initiative hierfür geht vor allem von Bürgermeister Dr. Ferdinand Friedensburg aus.

Zu Zwischenfällen besonderer Art kommt es im Zusammenhang mit den Razzien Ost-Berliner Polizisten gegen Fahrgäste der U- und Straßenbahnen. Als in der Straßenbahnlinie 3 ein Ost-Polizist den Fahrer auffordert zu halten, damit die Fahrgäste aussteigen und ihr Gepäck kontrolliert werden kann, erhöht der das Tempo und fährt mit hoher Geschwindigkeit über die Bornholmer Brücke in den französischen Sektor. Der Polizist springt aus der fahrenden Straßenbahn und verletzt sich dabei. Auf dem U-Bahnhof Bernauer Straße schließen junge Leute den Wagen ab, in dem ein Ost-Berliner Polizist gerade Fahrgäste kontrolliert und zwingen ihn auf diese Weise, mit in die Westsektoren zu fahren. Dort wird der Polizist von aufgebrachten Fahrgästen verprügelt, bevor er in den Ostsektor zurückkehren kann.

Die Ost-Polizei geht inzwischen so weit, daß sie selbst Alpenveilchen beschlagnahmt. Eine Panne unterläuft ihr, als sie die Fahrer von vierzig Lastwagen zwingt, zur Kontrolle auf das Gelände der Konsumgenossenschaft in Lichtenberg zu fahren. Unter den beschlagnahmten Lastwagen ist auch ein mit Briketts beladener, dessen Fracht für die Villa des sowjetischen Oberkommandierenden Sokolowski in Babelsberg bestimmt ist.

Stillgelegt ist jetzt der Görlitzer Bahnhof im amerikanischen Sektor. Die Vorortzüge, die bisher von hier aus fuhren, verkehren jetzt ab Grünau im Ostsektor.

Große Mengen Nähgarn werden in den nächsten Tagen in West-Berlin zu haben sein. Die Alliierte Kommandantura weist Oberbürgermeister Reuter an, 650.000 Rollen Nähgarn, die im britischen Sektor lagern, so bald wie möglich zu verteilen. Haushalte mit zwei Personen sollen gegen Vorlage der Lebensmittelkarte zum Preis von 15 Pfennig eine Rolle erhalten.

Donnerstag, 30. Dezember

Die westlichen Stadtkommandanten genehmigen die bereits angekündigte Verlegung des Berliner Stadtkontors in den britischen Sektor. Den Angestellten überlassen sie die Entscheidung, ob sie im Westen oder im Osten der Stadt arbeiten und wohnen wollen.

Ein tristes Ende nimmt das Jahr für das Teppichhaus Herpich in der Leipziger Straße. Weil die kommunistische Handelsorganisation im ersten Stock einen „Freien Laden" für Textilien einrichten will, zwingt sie das Teppichhaus zur Räumung. Die übrigen Räumlichkeiten will die HO als Zentrale nutzen.

Voller Zuversicht begleitet Bürgermeister Dr. Ferdinand Friedensburg die ersten Probebohrungen auf der Suche nach Braunkohle, auch wenn im günstigsten Fall frühestens im Herbst 1949 mit dem Abbau begonnen werden könnte. Im Süden der Stadt, bei Marienfelde, sowie im Norden an der Bahnstrecke Wilhelmsruh - Wittenau gibt es Braunkohlenflöze von bis zu 6,5 Meter Stärke, die bereits vor dem Ersten Weltkrieg bei geologischen Untersuchungen ermittelt wurden. Als Voraussetzungen für einen Abbau nennt Dr. Friedensburg, daß die Lager sich nicht unter bebautem Gelände befinden, nicht durch Wassereinbruch gefährdet sein dürfen und sich ein Abbau wirtschaftlich lohnt. Zwei solcher Bedingungen seien bei Fundstellen in Reinikkendorf erfüllt. Durch Bohrungen soll ab Mitte Januar die Ausdehnung der Lagerstätten ermittelt werden. Friedensburg zeigt sich optimistisch, daß dann ab Mai mit dem Bau von Schächten begonnen werden kann.

Eine Köstlichkeit wartet zu Silvester auf die West-Berliner, denn den Bäkkereien ist von den Militärregierungen das Backen von Pfannkuchen gestattet worden, wenn auch unter strengen Auflagen. Die Pfannkuchen müssen mindestens 75 g wiegen und kosten je nach Qualität zwischen 35 oder 55 Ost-Pfennige. Verschönen können sich die Menschen in den Westsektoren den Jahresausklang auch mit echtem Bohnenkaffee, von denen es für die Inhaber der Kartengruppe I bis III 75 g gibt. Kinder und Jugendliche erhalten 40 Gramm schwarzen Tee. Angekündigt wird für die erste Dekade 1949 wahlweise Büchsenfleisch oder Eipulver auf Fleischmarken, in der zweiten Dekade soll dann zwischen Eipulver und Fisch gewählt werden können.

Freitag, 31. Dezember

Ganz Berlin feiert trotz Blockade in das Neue Jahr. „Walterchen, der Seelentröster" hat zu einem „Ball der reiferen Jugend" eingeladen, wobei in der Annonce ausdrücklich darauf hingewiesen wird, daß es sich bei der Gaststätte, in der „Walterchen" auftritt, um den „Laden mit dem billigen Ostgeld" handelt. „1000 Überraschungen" erwarten die Berliner im „Altberliner Ballsaal", und das RIAS-Tanzorchester spielt im Park-Hotel. Ein unterhaltsamer Abend wird den Besuchern des Marmorhauses am Kurfürstendamm mit der Uraufführung des Filmes „Berliner Ballade“ geboten. In den Hauptrollen sind Stars wie Gert Fröbe, O. E. Hasse, Tatjana Sais, Aribert Wäscher und Eric Ode zu sehen.

Damit die West-Berliner nicht im Dunklen feiern müssen, werden alle Haushalte zwischen 23 Uhr und 00.30 Uhr mit zusätzlichem Strom beliefert. Dieses ist möglich, weil die Kohlen-Sonderkontingente, die zu Weihnachten bewilligt wurden, nicht völlig aufgebraucht wurden. In den Westsektoren haben die Stadtkommandanten die Sperrstunde auf morgens 6 Uhr festgelegt, im Ostsektor müssen die Gaststätten eine Stunde früher schließen.

Aber selbst, wenn der Strom gesperrt ist, wissen sich die Berliner zu helfen, beispielsweise in Frisörläden. So lange das Gaskontingent reicht, werden alte Gasöfen an die Gasleitung angeschlossen und wird durch behelfsmäßige Vorrichtungen die Wärme unter die Trockenhauben geleitet. Eine Variante besteht darin, die Hitze eines einfachen Gasbrenners durch ein Ofenrohr in die Trockenhaube zu führen. Auch wenn diese Prozedur umständlich und zeitraubend ist, kommen die West-Berliner Frauen doch zu ihrer Wasserwelle, auf die sie sonst verzichten müßten.

Nicht vergessen werden darf, daß am Silvestertag der 100.000 Flug über die Luftbrücke registriert werden kann. Bisher sind über 700.000 t Lebensmittel, Kohlen und andere Güter über die Luftbrücke eingeflogen worden. Siebzehn Angehörige der amerikanischen und britischen Luftwaffen haben bei Unfällen bisher ihr Leben lassen müssen.

Dezember 48: Nach nur dreimonatiger Bauzeit wurde am 1. Dezember 1948 der Flugplatz Tegel in Betrieb genommen. (Foto: Gesamtdeutsches Institut, 175/507)

Anflug auf Tempelhof (Foto: BA, Y-1, 1187-79)

Das Entladen der Flugzeuge war zwar schwere Arbeit, dennoch beliebt, weil es zusätzliche Rationen, warmes Essen und auch andere Vorteile für die Beschäftigten auf den Flugplätzen gab. (Foto: USAD)

28. 12. 48

MAGISTRAT VON GROSS-BERLIN

ABTEILUNG FÜR ERNÄHRUNG
Unterabteilung laut Befehl Nr. 80
Ern HB VIII

Anschrift: Magistrat von Groß-Berlin / Abteilung für Ernährung
(1) Berlin C2, Wallstraße 23/24

FERNRUF: 42 00 13
HAUSANSCHLUSS Nr. 354

An die

Deutsche Wirtschaftskommission
für die sowjetische Besatzungszone
Hauptverwaltung Handel und Versorgung
-- Herrn Oberdörster --

B e r l i n W 8

Leipzigerstr. 7

DVW ... 5714 4.12. 40

Zeichen: Ihre Nachricht vom: Unser Zeichen: Rö/Kli. Tag: 3.12.48

Betrifft: Sofort - Aktion und Lieferung III. Quartal 48.

Gelegentlich einer Besprechung zwischen den leitenden Beamten der Landesregierung Sachsen/Anhalt und unserem Stützpunkt bei der SMA Halle wurde von dieser bemängelt, daß sich sowohl Berlin als auch das Land Sachsen/Anhalt nicht an die von der SMA erteilten Auflagen in Bezug auf Lieferungen im III. Quartal gehalten hätten. Man vertritt den Standpunkt, daß nur die Anordnungen der SMAD Geltung haben und nicht die Bestimmungen, die von der Wirtschaftskommission herausgegeben werden.

Es wurde bei dieser Gelegenheit betont, daß bezüglich der Lieferungen im III. Quartal die Auflageziffern, die von der SMAD der SMA Halle gegeben wurden, von denen der Wirtschaftskommission abweichen. Nach den Angaben der Landesregierung Sachsen/Anhalt wurde auf das Narjad 583 der SMA in Halle vom 14.7.48 geliefert:

Auflagesoll	Ist	
5.000 to Mehl (99%ig)	5.000 to	5.000 to
1.500 to Nährmittel	1.550 to	1.550 to

Auf den Plan über 27.000 to Weizen sind angeblich . . 23.425 to Weizen geliefert.

Roggen	4,5	to
Teigwaren 88,4 t = ...	106	to Weiz
Hülsenfrüchte	619,2	to
Mehl 1.836 to = ...	1.854	to "
Mehl 1.500 to (40%ig)	1.515	to "
Nachmehl, das zum Teil noch geliefert werden soll	2.212	to "
	36.285,7	to

Es ergibt sich bei der Art dieser Aufrechnung eine Mehrlieferung von ca. 9.000 t gegenüber den im Plan vorgesehenen 27.000 t Weizen.

Wie Ihnen bekannt ist, teilten Sie uns seinerzeit mit, daß die Lieferungen der Sofort-Aktion auf die Planmenge von 27.000 t Weizen n i c h t angerechnet werden. Die SMA Halle steht jedoch auf dem Standpunkt, daß dies unter allen Umständen zu geschehen hat und daß nachträglich eine Freigabe der Differenz von ca. 9.000 to durch Sie erfolgen muß.

b.w.

Bei Antwort wird um Angabe unseres Geschäftszeichens gebeten

B 60. Mat. 24 214. DinA 4. 40 000. 4. 48

5714

Nach Mitteilung unseres Stützpunktes wurde sogar erwogen, die im III. Quartal zuviel gelieferten 9.000 to auf die z.Zt. laufenden Verladungen von 2.000 t Erbsen aus Sachsen/Anhalt anzurechnen. Hiergegen wurde durch unseren Stützpunktleiter -- Herrn S m u d a -- sofort energisch protestiert und wir schließen uns diesem Protest auf das Entschiedenste an, da die Nährmittel-Situation in Berlin die Streichung der 2.000 to Erbsen keinesfalls zuläßt.

In unserer heutigen Unterredung versprachen Sie uns, sich in dieser Angelegenheit sofort mit der SMA Halle in Verbindung zu setzen, um zu erreichen, daß entweder die Sofort-Aktion nicht in das Plansoll eingerechnet wird, oder daß die mehrgelieferten 9.000 t erst im I. Quartal 49 auf uns. Brotgetreide-Lieferungen Anrechnung finden.

Wir sind augenblicklich noch damit beschäftigt, die auf die Sofort-Aktion und auf die Planlieferungen im III. Quartal eingegangenen Mengen genauestens zu ermitteln und werden Sie von dem Ergebnis schnellstens in Kenntnis setzen.

I.A.:

(M o r a w s k i)

PolPräs.

Polizeisektor-Assistent
für den amerikanischen Sektor

Berlin-Steglitz, den 4.12.48

Zeitgesch. Sammlung
St.-Ort Nr. 11040

FS

D r i n g e n d !

An alle Polizei-Dienststellen im amerikanischen Sektor

Nach hier vorliegenden Informationen ist beabsichtigt, durch SED-Rollkommandos heute um Mitternacht die Stadtverordneten Schwennicke, Neumann, Smolinski, Landsberg, von Wedel-Parlow und verschiedene Jugend-Referenten der drei demokratischen Parteien zu verschleppen.

Wo die Wohnungen der Genannten, oder deren Aufenthalt bekannt sind, sind diese sofort vertraulich zu warnen. Gegebenenfalls treffen die Inspektionen ausreichende Massnahmen zum Schutz dieser Personen. Darüberhinaus sind sämtliche Streifen und Posten, Funkstreifen durch mündliche Anweisung durch die Einsatzreviere zu größter Aufmerksamkeit anzuweisen. Verdächtige Personen sind festzunehmen und Meldung an die Sektor-Leitung zu erstatten.
Die Wohnungen der Gefährdeten oder deren Aufenthalt sind umgehend der Sektor-Leitung zu melden. Desgleichen berichten die Inspektionen über die von ihnen gegebenenfalls getroffenen Massnahmen.

22³⁰ Dachs

[signature]

DC 1 637

Abschrift 478

DWK HV HV
Q IV/A 3-5152

Berlin, den 8.12.1948

Fernschreiben

~~Extra Weihnachtssonderzuteilung~~

an alle
Landesregierungen - Handel und Versorgung -

Betr. Weihnachtssonderzuteilung.

Auf unseren Antrag hat die SMAD, Berlin-Karlshorst, folgende Weihnachtssonderzuteilung genehmigt:

a) an die Empfänger von Gesamtlebensmittelkarten und Grundkarten sowie an die Gemeinschaftsverpflegten einschliessli[ch] der Umsiedler in Lagern, jedoch ohne Teilselbstversorger in Brot und Nährmitteln sowie ohne Strafgefangene und politische Gefangene

500 g Weizenmehl
und 250 g Zucker oder Süsswaren

b$ an Selbstversorger und Teilselbstversorger in Brot und Nährmitteln

250 g Zucker oder Süsswaren.

Soweit möglich, ist 72 %iges Weizenmehl auszugeben. Die Ausgabe hat ab 10.Dezember in jedem Land nach Möglichkeit auf einheitlich festzulegende Kartenabschnitte zu erfolgen.

Zonenversorgung Berlin
Q IV A-3-5152 vom 8.12.48
I.A. gez. Stammler

D: Herrn Ganter über Herrn Krüger
" Freund
nHaupt Abtl. I
" " II
" " III
" " V
" " K

479

Absohrift.

H V H V
uptabteilung IV

An den
Magistrat von Groß-Berlin
Abteilung für Ernährung
Unterabt.lt.Bef. 80

Berlin C 2
Wallstr. 23/24

Q IV/A-3-5152 8.12.48

Betr.: Weihnachtssonderzuteilung

Die SMAD, Berlin-Karlshorst, hat unserem Antrag auf Weihnachtssonderzuteilung stattgegeben. Danach ist ab 10.Dezember 1948

500 g Weizenmehl (72%ig)
und 250 g Zucker oder Süßwaren

an die Einwohner des Ostsektors von Berlin, sowie an die im Ostsektor mit Lebensmittelkarten eingetragenen Einwohner der Berliner Westsektoren auszugeben.

Im Auftrag:
gez. Dr.Stammler.

Abdruck an:
~~Herrn Ganter über Herrn Krüger~~
~~" Freund~~
Hauptabt. I
II
III
V und K

verm. f. Verk.

MAGISTRAT VON GROSS-BERLIN

Z.d.A. 6.012

ABTEILUNG FÜR VERKEHR UND VERSORGUNGSBETRIEBE

- Der Leiter der Abteilung -

7666

GESCH.-Z.: VV VI/T1
(ANGABE BEI ANTWORT ERBETEN)

① BERLIN-CHARLOTTENBURG 2, DEN 14.12.48
FASANENSTR. 7-8
ZIMMER NR:
FERNRUF: 32 51 91 HAUSANSCHLUSS:

An das

Komitee für öffentliche
Betriebe
der Britischen Militärregierung
z.Hd.d.Herrn Oberst Tain

Berlin-Charlottenburg
Kaiserdamm 88

Betr.: Stromversorgung der Westsektoren
Weihnachten 1948 / Jahreswende 1948/49

Mit Rücksicht auf das bevorstehende Weihnachtsfest bittet die Abteilung für Verkehr und Versorgungsbetriebe dem Wunsche des Beirates für Kirchliche Angelegenheiten und der berliner Bevölkerung folgend am 24., 25. und 26.12.1948 zeitlich vermehrte Stromzuteilungen zu genehmigen.

Wir gestatten uns, Ihnen folgenden Vorschlag zu unterbreiten:

Durchführung des normalen Schaltprogrammes am 24., 25. und 26.12.48 während der Tages- und Nachtstunden.

In der Zeit von 16.00 - 24.00 Uhr wird an den genannten Tagen in zweistündigem Wechsel jeweils die Hälfte der Plangruppen ein- bzw. ausgeschaltet, sodass jeder Stromabnehmer an diesen Abenden für zweimal zwei Stunden mit Strom beliefert wird.

Die Terminschaltungen bleiben gegenüber dem normalen Programm unverändert.

Wir schätzen, dass bei einem derartigen Programm ein Mehrverbrauch von rund 200 t Kohle je Tag entsteht.

Ein gleiches Schaltprogramm gestatten wir uns für den 31.12.48 in der Zeit von 18.00 - 24.00 Uhr und am 1.1.49 von 0.00 Uhr - 2.00 Uhr vorzuschlagen. Auch hier würde ein Mehrverbrauch von etwa 200 t Kohle entstehen.

Wir wären Ihnen ausserordentlich dankbar, wenn Sie den von der berliner Bevölkerung vorgetragenen Wunsch erfüllen würden.

(Reuter)

Pol.Präs.

Kommando der Schutzpolizei
S. Org.-Abt. G.B.

Berlin, den 27. Dezember 1948

1 Berichten:

Sofort!

An den
Herrn Polizeipräsidenten in Berlin.

Betr.: Kontrollen der S- und U-Bahn durch Bahnpolizei und Polizei des Ostsektors.

Wie die Pol.-Sektorleitung brit. (Pohl) am 27.12.1948 - 11.3o Uhr - fernmündlich mitteilt, finden auf dem S- und U-Bahnhof Potsdamer Platz ab 1o.oo Uhr Kontrollen der Fahrgäste durch Polizisten des Ostsektors und durch Bahnpolizei statt. Auf dem U-Bahnhof Potsdamer Platz sind 2o Pol.-Angehörige und auf dem S-Bahnhof 8 Pol.-Angehörige des Ostsektors eingesetzt. Die Kontrollen erstrecken sich auf Personalausweise und mitgeführte Gepäckstücke.

Die Reichsbahndirektion Berlin hat an die Bahnhofsvorsteher der S-Bahn folgendes Schreiben gerichtet:

"An die
Bahnhofsvorsteher der S-Bahn.

Mit Genehmigung der Reichsbahndirektion Berlin sind vom 27.12.48 im Bereich der S-Bahn Kontrollen durch Ostzonen- und Bahnpolizei zu erwarten. Die Kontrollen dürfen den Betrieb nicht behindern.
Über eingeteilte Kontrollen ist die zuständige S-Bahn-Zugleitung sofort zu verständigen, die diese an die S-Bahnleitung unverzüglich weiterzumelden hat.

RBD-Berlin und S-Bahnleitung
I.A. gez. Menz. "

Die brit. Militärregierung hat von der Pol.-Sektorleitung brit. hierüber Kenntnis erhalten.

M. d. W. b.

2.) Wvlg. bei der Org.-Abt.

Magistrat v. Groß-Berlin
Abt. f. Ernährung
Hauptamt f. Bedarfsdeckung
Dezernat X

Flüchtlingsfürsorge-Statistik

Anzahl der im 2. Halbjahr 1948 v. d. Berliner Bezirksämtern an durchziehende Flüchtlinge ausgegebenen Verpfl.-Rationen

Gesamtübersicht

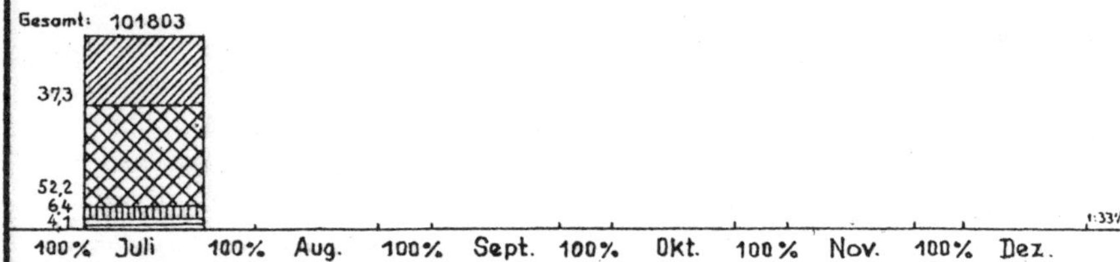

Täglicher Durchschnitt

Juli: 3284 Aug.: Sept.: Okt.: Nov.: Dez.:

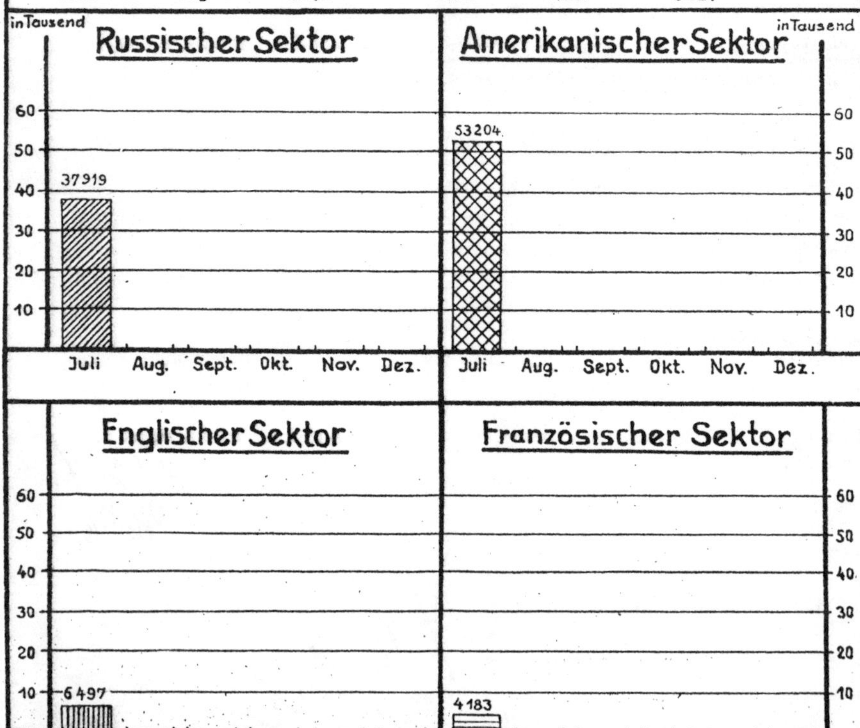

Russischer Sekt. Amerikanischer Sekt. Englischer Sekt. Französischer Sekt.

Maßst. 1:2½

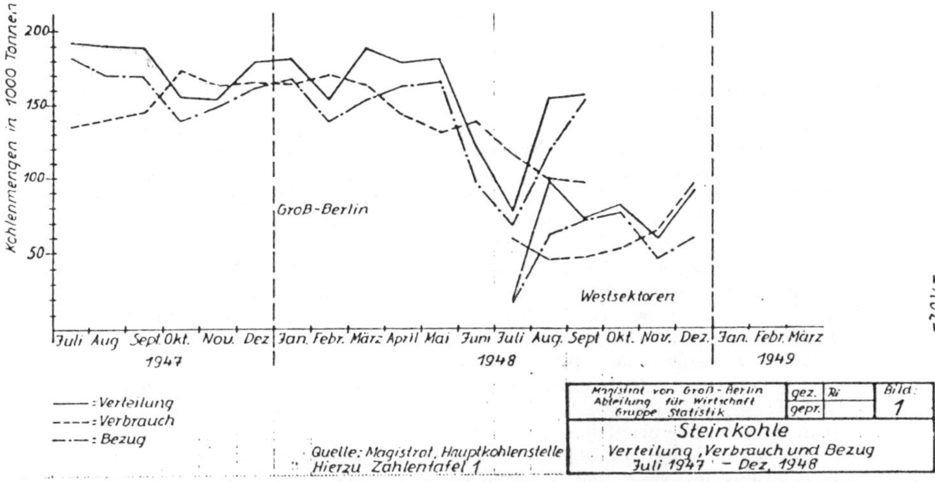
Kohlenmengen in 1000 Tonnen
200
150
100
50
Groß-Berlin
Westsektoren
Juli Aug Sept. Okt. Nov. Dez Jan. Febr. März April Mai Juni Juli Aug. Sept Okt. Nov. Dez. Jan. Febr. März
1947
1948
1949
——— : Verteilung
- - - - : Verbrauch
—·—· : Bezug
Quelle: Magistrat, Hauptkohlenstelle
Hierzu Zahlentafel 1
Magistrat von Groß-Berlin
Abteilung für Wirtschaft
Gruppe Statistik
gez.
gepr.
Bild:
1
Steinkohle
Verteilung, Verbrauch und Bezug
Juli 1947 – Dez. 1948
-102-

A5
0218
A5
B5

1949:

Sonnabend, 1. Januar

Auch Ost-Berliner Polizisten leben in diesen Tagen gefährlich. Zwei von ihnen besteigen am Bahnhof Neanderstraße die U-Bahn und werden sofort nach Abfahrt von Fahrgästen verprügelt, die ihnen zusätzlich auch noch die Waffen abnehmen. Auf dem Bahnhof Moritzplatz werden die beiden 18jährigen Polizisten, die erst vor kurzem von Sachsen nach Berlin kamen, von West-Berliner Polizei in „Schutzhaft" genommen. Aufgrund dieser Erfahrungen beginnen die Kontrollen in den Bahnen jetzt an der jeweils vorletzten Station vor den Sektorengrenzen. Die Leiter der Kommandos nehmen im Triebwagen neben dem Fahrer Platz, damit die Züge nicht ohne Halt durch die „Grenzstationen" fahren.

Alle Verbrauchsgüter, die in den drei westlichen Sektoren eingeführt werden, werden jetzt zusammengelegt und entsprechend der Einwohnerzahl verteilt. Damit soll eine gleichmäßige und gerechte Versorgung der West-Berliner Bevölkerung erreicht werden.

Bei Gesprächen mit der Alliierten Kommandantura und der Industry Branch wird festgelegt, daß Teile für das Kraftwerk West in einer Länge bis zu 9,6 m in einer Breite bis zu 2,28 m und bis zu maximal 5 t Gewicht über die Luftbrücke eingeflogen werden können. Bei diesen Begrenzungen könnten nur 195 t von 310 t der für die Montage eines Kesselgerüstes benötigten Teile in die Stadt gebracht werden Ursprünglich hatte mit der Montage bereits am 1. November begonnen werden sollen. Unsicher ist nun, ob das Kraftwerk, wie vorgesehen, Ende 1949 in Betrieb gehen kann.

Ab sofort sind im Ostteil der Stadt nur noch Fahrzeuge mit dem „GB"-Kennzeichen zugelassen. Lastwagen mit West-Berliner „KB"-Zeichen werden beschlagnahmt. Auch in einem anderen Bereich setzt die SED auf Spaltung. Sie läßt die Post in einer Vielzahl von Straßen, Häusern und Kleingartenkolonien, die auf Ost-Berliner oder ostzonalem Gebiet liegen, die aber bisher von West-Berliner Postämtern versorgt werden, nun durch die Postverwaltung des sowjetischen Sektors verteilen. Vorrangiges Ziel dabei ist es, die Zustellung westlich lizensierter Zeitungen zu verhindern.

Sonntag, 2. Januar

Die West-Berliner erfahren, was sie an Kohlelieferungen im Januar zu erwarten haben. Die westlichen Militärregierungen geben 35.000 t Kohle frei, von denen Krankenhäuser und Kliniken 8.700 t erhalten, Industrie- und Instandhaltungsbetriebe 7.350 t, Bäckereien und Lebensmittelbetriebe 6.800 t, Haushalte ohne Strom und Gas sowie Gaststätten 2.500 t und Polizei und Feuerwehr schließlich 2.300 t. Der Rest ist für die Versorgung von Post, Presse, Rundfunk und für Wohlfahrtszwecke reserviert.

Davon ist den Ost-Berliner Zeitungen nichts zu lesen, doch Stromprobleme gibt es auch im Ostsektor. Seitdem der Fernstrom aus der Ostzone nicht mehr über die Hochspannungsleitungen der Westsektoren, sondern über das Kraftwerk Rummelsburg geschaltet wird, können täglich höchstens noch 36.000 kwh geliefert werden. Vor der Blockade waren es 80.000 kwh.

Nach dem Zwischenfall Anfang Dezember auf dem Teltowkanal, und nachdem die sowjetische Besatzungsmacht mehrere Schlepper beschlagnahmt hat, um deren Fahrt in die Westsektoren zu verhindern, untersagt die amerikanische Militärregierung, daß der Schlepper „Fahrwohl", den die Teltowkanalgesellschaft unter Kontrakt hat, den US-Sektor verläßt. Sie fürchtet, daß die Russen ihn in Ost-Berliner Gewässern ebenfalls festhalten. Die „Fahrwohl“ darf deshalb nur noch für den legalen Magistrat und die amerikanische Militärregierung fahren.

Montag, 3. Januar

Schon 150 politische Flüchtlinge haben sich am ersten Tag des Bestehens der neu eingerichteten „Zentrale für politische Ostzonen-Flüchtlinge“ in der Kantstraße in Charlottenburg gemeldet. Männer, Frauen, Mädchen und selbst Kinder haben im Westteil der Stadt Zuflucht gesucht, um der Zwangsverpflichtung für den Uranbergbau zu entgehen. Auch viele Ost-Berliner, denen wegen ihres Widerstandes gegen die SED-Politik die Verhaftung droht, melden sich als politische Flüchtlinge. Derzeit wird am Flüchtlingslager in Düppel gebaut, das in drei Wochen fertig sein und achtzig Flüchtlinge aufnehmen soll.

Wegen der Kälte und des Ferndampfheizverbotes hat in der 23. Volksschule und in der Schillerschule in Charlottenburg in den letzten Wochen vor den Ferien nur zwei Stunden Unterricht täglich erteilt werden können. Ein Teil der Eltern schickt die Kinder wegen der ungeheizten und kalten Schulklassen überhaupt nicht mehr zum Unterricht. Für Schlüsselkinder stehen bereits seit dem 1. Dezember Wärmestuben zur Verfügung, die bis zum 28. Februar geöffnet bleiben werden. Montags bis freitags von 9 bis 17 Uhr und sonnabends von 9 bis 14 Uhr können sich die Kinder dort aufwärmen. Wo diese Möglichkeit fehlt, sind Öfen und Notbeleuchtung angeschafft worden. Von den etwa 30.000 Schülern im Bezirk nehmen 21.308 an der markenfreien Schulspeisung teil.

Besorgt zeigen sich die in der Stadtverordnetenversammlung vertretenen Parteien wegen des Ausmaßes des befohlenen Holzeinschlages. Versucht werden soll, wenigstens die Baumbestände in der Umgebung der Krankenhäuser zu retten. Die Abgeordnete Jeanette Wolff weist darauf hin, daß über die 84.000 Tuberkulosekranke in der Stadt nicht in die städtischen Erholungsheime geschickt werden können, da diese sich auf ostzonalem Gebiet befinden. Vom Holzeinschlag besonders bedroht sind die neuen Tuberkulosekrankenhäuser Heckeshorn in Wannsee und Havelhöhe in Kladow.

Mit der Ausgabe von Textilspenden beginnt das Schwedische Rote Kreuz. Die Verteilung soll bis zum 28. Januar abgeschlossen sein.

Dienstag, 4. Januar

In Westdeutschland ist eine Hilfsaktion unter dem Motto „Berlin ist ein Opfer wert“ gestartet worden. Der Magistrat begutachtet das entsprechende Plakat, das in den Westzonen für die Stadt werben soll, und beschließt, keinen Gebrauch davon zu machen.

Ältere Personen, Kinder und Kranke können bei Vorlage einer Aufenthaltsgenehmigung aus den Westzonen, die für mindestens sechs Monate gültig ist, mit britischen Flugzeugen zu verbilligten Flugpreisen nach Westdeutschland fliegen. Eine weitere Erleichterung bedeutet die Tatsache, daß aus allen vier Sektoren wieder Paketsendungen bis 4 kg über Luftbrücke nach Westdeutschland geschickt werden können. Diese Pakete können ohne vorherige Legitimation bei allen westlichen Postämtern aufgegeben werden.

Weihnachten ist zwar längst vorbei, doch fordert der SED-gelenkte „Heimkehrerausschuß Groß-Berlin“ alle Heimkehrer, die nicht zur Weihnachtsveranstaltung im Metropol-Theater hatten kommen können, auf, sich in der Geschäftsstelle des Ausschusses am Wilhelmplatz zu melden, um sich dort nachträglich ein Geschenkpaket abzuholen.

Den Bäckern im Ostsektor ist im Hinblick auf niedrigere Gewinnspannen durch gesenkte Preise erlaubt worden, an allen Wochentagen Kuchen zu backen.

Großbäckereien in den Westsektoren, die bereits im Dezember Kuchenbrot gebacken haben, bekommen auch im Januar die erforderlichen Zutaten zugewiesen. Das Kuchenbrot soll vom 10. Januar an verkauft werden

Bestimmungen, unter denen es möglich ist, Fenster zu verglasen, werden in Ost-Berlin festgelegt. Anträge an die Bezirksämter, Amt für Aufbau, können berücksichtigt werden, wenn in den Familien Säuglinge vorhanden sind, wenn es sich um Personen über 70 Jahre oder um TBC-Kranke handelt. Im französischen und im amerikanischen Sektor werden zur Zeit keine derartigen Anträge angenommen, im britischen lediglich unter weitergehenden Vorbehalten.

Russen und SED geht die Spaltung Berlins noch nicht tief genug, und dieses im wahrsten Sinne des Wortes. Südlich von Lichtenrade läßt die sowjetische Kommandatur zwischen dem amerikanischen und dem Ostsektor die Feldwege aufreißen und Gräben ziehen. Als Ziel wird die Bekämpfung des Schmuggels genannt.

Bei einer Schulleitersitzung in Friedrichshain beklagt der Bezirksschulrat, die mangelhaften Leistungen vieler Kinder im Russischunterricht. Er droht damit, daß ein „Ungenügend“ im Russischen zur Nichtversetzung führen wird. Damit wird im Ostsektor eine Entwicklung forciert, die in der sowjetischen Besatzungszone schon fortgeschritten ist, wo Russisch bereits Hauptfach und die englische Sprache als Schulfach weitgehend abgeschafft ist. In Weißensee ist Russisch schon „Pflichtfach A“. Die sowjetische Militärverwaltung droht Eltern Sanktionen wegen „Sabotage“ an, wenn sie sich nicht um die Russisch-Hausarbeiten ihrer Kinder kümmern.

Eine akustische Brücke bauen will Generaldirektor des Nordwestdeutschen Rundfunks - NWDR - Adolf Grimme. In Berlin führt er Gespräche über neue Sendungen mit verstärkter technischer Kapazität. Bei allem gutem Willen kann aber doch nicht übersehen werden, daß die wenigstens Berliner davon profitieren werden, erhalten die West-Berliner doch weiterhin nur zwei Mal täglich zwei Stunden Strom und können ihre Rundfunkgeräte kaum nutzen.

Mittwoch, 5. Januar

Russische Militärpolizei baut ihre Sperrmaßnahmen an den Berliner Grenzen aus. Sie sperrt sämtliche Straßen nach Babelsberg und Potsdam sowie die Feld- und Waldwege zwischen der Chaussee Berlin - Stahnsdorf - Drewitz und dem Teltowkanal, weil auf diesen Wegen angeblich größere Mengen Lebensmittel und Industriegüter geschmuggelt wurden. Eine Reihe von Autos, darunter auch solche mit russischen Kennzeichen, werden angehalten und zur Kommandantur nach Teltow gebracht.

Einen eher absurden Vorschlag macht Berlins SED-Vorsitzender Jendretzky der sowjetischen Zentralkommandantur. Sie soll in den Westsektoren Geschäfte und im Westhafen Lagerräume freimachen, die vom Demokratischen Block kontrolliert werden sollen, um als Ausgabestellen von Lebensmitteln an die West-Berliner zu dienen. Dieses soll dann nach den Weisungen des Ost-Berliner Magistrats geschehen. Außerdem verlangt Jendretzky die ungehinderte Benutzung West-Berliner Straßen und Schienen zu den Lagerräumen. Ergebenheitsadressen richten derweil die acht Ost-Berliner Bezirksbürgermeister an den sowjetischen Garnisonschef Kotikow. Bei einem Empfang danken sie ihm für das „Vertrauen, das die Sowjetunion den neuen Vertretern der Bevölkerung entgegenbringt“.

Mit dem Energiemangel befaßt sich unterdessen der amerikanische Stadtkommandant Oberst Howley. Nach seinen Worten reichen die Kohlenvorräte in den Westsektoren noch für 21 Tage. Gleichzeitig dementiert Howley Gerüchte, nach denen die Westberliner Schulen wegen Kohlemangel geschlossen werden müssen.

100.000 Mark für den Transport Berliner Kinder nach Westdeutschland stellt die rheinland-pfälzische Landesregierung bereit. Die Mittel reichen, um 4.000 Kinder bis zum Ende der Blockade kostenlos in Heimen und bei Pflegeeltern unterzubringen.

In den drei „Freien Restaurants" des Ostsektors werden die Preise gesenkt. Möglich wird dieses durch den Verzicht auf das bisherige zehnprozentige Bedienungsgeld. Die Kellner in den „Freien Restaurants" bekommen jetzt ein festes Gehalt.

Im Bezirk Mitte wird der Weihnachtsmarkt abgebaut. Für den „Frühlingsdom" vom 27. März bis 18. April bleiben jedoch die große Schankbaracke und die Wasserrutschbahn stehen.

Donnerstag, 6. Januar

Ein weiteres Problem ergibt sich in der Betreuung der Tuberkulose-Kranken. Der Ost-Magistrat läßt das Tuberkulose-Krankenhaus „Waldhaus" des Bezirks Charlottenburg, das außerhalb der Stadtgrenzen in Beetz-Sommerfeld liegt, beschlagnahmen. Angeblich sei das Bezirksamt nicht in der Lage gewesen, das Krankenhaus zu führen, wird die Beschlagnahme begründet.

Immer schärfer geht die Ost-Berliner Polizei, nach ihrem Präsidenten auch „Markgraf-Polizei" genannt, gegen „Schmuggler und Schieber" vor. Jetzt blockiert sie innerstädtische Ruinenwege und Schleichpfade mit Stacheldraht. Der Inspektionsleiter des Bezirks Mitte hat zwar zur Abriegelung der Sektorengrenze 150 Mann Verstärkung bekommen, kann aber noch nicht alle Kontrollpunkte besetzen. Unterstützt werden die Ost-Berliner ohnehin immer wieder von sowjetischer Militärpolizei, die am Brandenburger Tor und an der Sandkrugbrücke in Moabit kontrollieren und viele der Passanten, die einen West-Berliner „B"-Ausweis vorzeigen, Leibesvisitationen unterziehen. Am Bahnhof Friedrichstraße werden zwölf Jugendliche festgenommen, weil sie angeblich Tumulte inszenieren und einen Ost-Polizisten entführen wollten.

Macht demonstrieren die Sowjets auch an anderer Stelle: Sie schicken am Fährhafen Saßnitz fünfzehn Waggons mit Liebesgaben aus Amerika zurück, die über Schweden eingeführt werden sollten. Die Amerikaner hatten ausdrücklich diesen Weg gewählt, weil die Russen zunehmend Waggons, die über die Ostzone geleitet werden, beschlagnahmen.

An andere Briefmarken müssen sich die Menschen in West-Berlin gewöhnen. Die Stadtkommandanten genehmigen, die bisherigen Marken mit dem roten Aufdruck „Berlin" zu überdrucken. Dadurch wird die Bezahlung der Marken in Westmark dokumentiert, während die bisherigen Briefmarken, die gegen Ostmark erhältlich waren, einen schwarzen Aufdruck ausweisen.

Freitag, 7. Januar

Einmal mehr wird der Magistrat in seinem Bemühen, Aufträge für die Wirtschaft der Westsektoren in Westdeutschland zu akquirieren, enttäuscht. Die westdeutsche Verwaltung für Wirtschaft teilt mit, daß mit einer Unterstützung der Berliner Elektroindustrie durch Aufträge aus dem westdeutschen Bergbau nicht zu rechnen ist. Der Magistrat hatte gehofft, daß angesichts der leistungsfähigen Berliner Elektroindustrie der westdeutsche Bergbau Großmaschinen wie Fördermaschinen, Großmotoren für Ventilationen und für Wasserhaltung, Turbogeneratoren, Großtransformatoren und Hochleistungsschaltgeräte bestellen würde. Die ablehnende Haltung wird damit begründet, daß die benötigten Maschinen und Geräte für einen Transport über die Luftbrücke zum Teil zu sperrig seien, außerdem sei eine pünktliche Lieferung nicht garantiert. Zudem unterstütze der westdeutsche Bergbau die Berliner Elektrofirmen ohnehin schon durch den Wiederaufbau von Werkkapazitäten in den Westzonen, so durch Baueisen, Baustoffe etc., heißt es abschließend in dem Schreiben aus Frankfurt am Main.

Bei einer Besprechung mit SED-Instrukteuren aus der Zone werden folgende Punkte kritisiert: Im Kreis Treptow gibt es beim Elektrounternehmen Graetz erhebliche Kompensationsschwierigkeiten. Bedeutsamer aber für die SED ist, daß von 800 Belegschaftsmitgliedern nur 70 der SED-Betriebsgruppe angehören. Die meisten Mitarbeiter stammen aus dem Westen und „betreiben eine starke Antisowjethetze", wird in einem internen Papier der SED-Organisationsabteilung festgehalten. Weil Graetz keine Ausnahme, sondern eher die Regel bildet, plant die SED eine Reihe von Veranstaltungen unter dem Motto: „Die Russen und wir".

Auf dem Gelände des Görlitzer Bahnhofes im Bezirk Kreuzberg und damit im amerikanischen Sektor, will die SED vom Demokratischen Block einen Bezirksbürgermeister und eine Bezirksverordnetenversammlung für Kreuzberg wählen lassen. Die amerikanische Militärregierung verbietet diese Farce mit dem Hinweis, sie dulde in ihrem Sektor keine Versuche, „nach kommunistischer Methode einen Operetten-Magistrat" für irgendeinen Bezirk des amerikanischen Sektors zu wählen. Der amerikanische Stadtkommandant bestätigt der Sowjetunion zwar das Recht, die Reichsbahn zu betreiben, weist aber exterritoriale Ansprüche der Sowjetunion zurück.

Sonnabend, 8. Januar

Technische Schwierigkeiten haben drei Wochen lang den Flugverkehr der zivilen Gesellschaft British European Airways zwischen Berlin und Hamburg lahmgelegt. An diesem Wochenende kann er endlich wieder aufgenommen werden.

Wegen des hohen Symbolgehaltes der Humboldt-Universität Unter den Linden legt die Ost-Berliner Verwaltung besonders großen Wert auf deren Wiederaufbau. Bisher sind dafür zehn Millionen Mark ausgegeben worden. Der Wiederaufbau bezieht elf weitere Gebäude ein. Die gesamten Kosten werden mit rund 24 Millionen Mark veranschlagt. An der Universität sind 7.000 Studierende immatrikuliert.

Die ostzonale Deutsche Wirtschaftskommission befiehlt der Landesregierung in Sachsen, Industriewaren, Haushaltsgeschirr Keramik und Textilien im Wert von 3,5 Millionen Mark nach Ost-Berlin zu liefern. In der nächsten Zeit werden diese Waren in Berlin eintreffen, dann allerdings zum größten Teil als Solidaritätsspenden deklariert.

Relativ glimpflich kommt ein Schlachter davon, der vor dem Schöffengericht Berlin-Mitte angeklagt ist, zwei Pfund Fett auf dem Städtischen Zentralviehhof gestohlen zu haben. Der Mann, der seit 30 Jahren auf dem Schlachthof beschäftigt ist, wird zu sechs Monaten Gefängnis und 5.000 Mark Geldstrafe verurteilt.

Ein Unglück, wie es in dieser oder ähnlicher Art fast täglich gemeldet werden muß, ereignet sich in Tempelhof. Beim Versuch, Kohlen zu stehlen, wird ein 40jähriger Straßenhändler zwischen den S-Bahnhöfen Tempelhof und Hermannstraße von einem Triebwagen überfahren und getötet.

Sonntag, 9. Januar

An den öffentlichen Pranger gestellt werden in West-Berliner Zeitungen, so im „Tagesspiegel", Ost-Berliner Polizisten, die auf den S- und U-Bahnhöfen Fahrgäste durchsuchen, schikanieren und Waren beschlagnahmen: „Erwin

Wolf, Hauptwachtmeister im 11. Polizeirevier, Magazinstraße, wohnhaft Berlin N 4, Hamburger Straße, übt Gepäckdiebstahl auf dem U-Bahnhof Neanderstraße aus", heißt es in einer Anzeige, und in einer anderen: „Polizeiassistent Wenniger vom Gewerbeaußendienst der Markgraf-Polizei, Dircksenstraße 14, übt Gepäckdiebstahl auf dem U-Bahnhof Stadtmitte aus". In Leserbriefen wird dieses Vorgehen ausdrücklich begrüßt: „Merkt Euch die Banditenpolizisten. Dankbar empfinden wir es, daß der Tagesspiegel die Namen der Banditenpolizisten der Öffentlichkeit bekanntgeben wird. Es ist ganz bestimmt im Sinne der meisten Berliner. Auch der evangelische Bischof hat in seiner Neujahrspredigt das Nötige gegen die Raubüberfälle der Ostpolizei gesagt. Recht muß Recht bleiben. Inzwischen werden die Westberliner sich jene sogenannten Polizisten merken und mit Geduld auf den Tag der Abrechnung warten."

Montag, 10. Januar

Zum wiederholten Male bittet der Magistrat die Hauptverwaltung für Post- und Fernmeldewesen in Frankfurt, der Staatsdruckerei Briefmarkenaufträge zu erteilen, bei der es sich weiterhin um eine der modernsten in Deutschland und Europa handelt. Benötigt werden dauerhafte Aufträge und nicht nur die für einige Sondermarken, um die hochqualifizierten Spezialisten zu beschäftigen. Immerhin hat die Druckerei bis zur Blockade die Briefmarken nicht nur für die gesamte Sowjetische Besatzungszone und zum Teil für Westdeutschland hergestellt, sondern ist auch für den Banknotendruck bekannt. Aber nicht nur die westdeutsche Post weigert sich, der Staatsdruckerei zu helfen, auch die Bank deutscher Länder lehnt es ab, wenigstens die Geldscheine von 50 Pfennig bis 20 Mark nach Berlin zu vergeben. Dabei lagern 800 t Banknotenpapier bei der Papierfabrik Louis Staffel in Witzenhausen, und für eine vernünftige Auslastung des Personals und der Maschinen brauchten monatlich nur 40 t weiteres Banknotenpapier eingeflogen werden.

Die von der SED eingesetzte „Kommission Bergmann-Borsig", die in Wilhelmsruh ein neues Borsig-Werk als Ersatz für das von den Franzosen in Tegel demontierte aufbauen soll, beklagt den ideologischen Zustand der Betriebsgruppe. In einem Bericht ist zu lesen, „der Genosse Betriebsgruppen-Sekretär Frenz ist ein sehr guter Genosse, der es aber nicht versteht, ein Kollektiv zu schaffen. Neben ihm gibt es vier weitere Genossen. Der Betrieb hat noch keinen Produktionsplan, und es ist noch nicht festgelegt, was er nun eigentlich produzieren soll - Kesselbau, Reparaturen oder Elektromotoren?" Da unklar ist, was aus dem Betrieb werden soll, hat die Parteikommission ihre Arbeit eingestellt.

Erfolgreicher gestaltet sich der Wiederaufbau des Bahnhofes Schlesische Straße. Der erste Bauabschnitt geht seinem Ende entgegen. Entstehen sollen ein Empfangsgebäude mit acht Fahrkartenschaltern und zwei Wartesälen. Verglast sind bisher die Stirnseiten der Fernbahnhalle. Bereits fertiggestellt dagegen ist ein Gebäude in Berlin-Mitte. In der Zentralmarkthalle am Alexanderplatz öffnet der zentrale Blumengroßmarkt. Angeboten werden die Erzeugnisse der Gärtnerbetriebe der Stadtrandgebiete und der sowjetisch besetzten Zone.

Die tiefgehende Spaltung der Stadt symbolisiert dieser Umzug: Nachdem die Stadtverordnetenversammlung aus dem Neuen Stadthaus in der Parochialstraße vertrieben wurde, hatte sie ihr Büro vorübergehend ihren Sitz im Studentenhaus „Taberna Academica" untergebracht. Jetzt zieht es für Jahrzehnte ins Schöneberger Rathaus. Auch diese Meldung zeigt die gegensätzliche Entwicklung in Ost- und West-Berlin: Von zwanzig Schulleitern im Bezirk Mitte weigern sich sechzehn, eine Loyalitätserklärung für den kommunistischen Ost-Magistrat zu unterschreiben und werden umgehend beurlaubt.

Dienstag, 11. Januar

Schon im November 1948 hatte die britische Militärregierung dem Magistrat angeboten, Tuberkulose-Kranke nach Westdeutschland zu fliegen und auch dafür gesorgt, daß dort eine ausreichende Zahl von Krankenhausbetten u.a. in Braunschweig und Goslar zur Verfügung steht. Tatsächlich aber werden wegen des Zögerns des Magistrates und insbesondere des Gesundheitsstadtrates an diesem Tag die ersten sechzig von dann insgesamt 1.500 Kranken über die Luftbrücke in die Westzonen geflogen.

Sehen lassen können sich dagegen die übrigen Leistungen der Luftbrücke. In den ersten zehn Tagen des neuen Jahrs sind in Tempelhof 8.300 t Kohle, in Gatow 7.269 und in Tegel 13.087 t Kohle eingetroffen. 7.304 t Lebensmittel wurden in Tempelhof umgeschlagen, in Gatow 6.917 und in Tegel 143 t. Außerdem finden sich auf den Einfluglisten 495,9 t flüssige Treib- und Brennstoffe, ferner 12 t Papier, 1,5 t Kleider, 10 t Streichhölzer und 3,69 t Zigaretten.

Schwierigkeiten bereitet weiterhin die Beschaffung von Material für den Bau des Kraftwerkes West, das ursprünglich Ende des Jahres seinen Betrieb aufnehmen sollte, mit dessen Bau man aber bereits im Verzug ist. Bei Unternehmen im Saargebiet lagern 8.000 t Material, das dringend für das Kraftwerk West gebraucht wird, von den Franzosen werden aber nur 4.000 t freigegeben wollen. Zudem werden im Saargebiet um 40 Prozent höhere Preise verlangt als in der französischen Zone. Erwogen wird jetzt die Möglichkeit, auf Werke im Ruhrgebiet auszuweichen oder eine Ausnahmebewilligung der französischen Militärregierung für eine Sonderbehandlung des Kraftwerkes West zu beantragen.

Erneut stirbt ein Berliner bei Aufräumungsarbeiten in den Trümmern der Stadt. In der Wilhelmstraße direkt hinter der Ruine des Hotels Adlon detoniert ein Sprengkörper. Ein 49jähriger Arbeiter aus Lichtenberg kommt ums Leben, zwei werden schwer verletzt.

Die britischen Angestellten des Cumberland-Hauses am Fehrbelliner Platz werden angewiesen Apfelsinenschalen zu sammeln. Daraus soll Suppe gekocht werden.

Die Freunde des Eissportes kommen in Pankow zu ihrem Recht. Hier wird eine große Natureisbahn eröffnet, die täglich von 9 bis 20 Uhr geöffnet ist.

Mittwoch, 12. Januar

Viel Geld wird in West-Berlin gebraucht, und zwar physisch in Form von Banknoten, um vor allem Löhne und Arbeitslosenunterstützung auszahlen zu können. Die amerikanische Militärregierung gibt den Transportraum für 4,4 t Banknoten in Luftbrücken-Flugzeugen frei. Der Magistrat wird angewiesen, über seine Dienststelle in Frankfurt die Banknoten sofort für den Flugtransport versandfertig zu machen.

Einmal mehr streut die SED bzw. die Deutsche Wirtschaftskommission der Öffentlichkeit Sand in die Augen. 41 Waggons mit „Spenden" aus Sachsen treffen in Ost-Berlin ein, insgesamt 500.000 Paar Damenstrümpfe, 30.000 Paar Socken, 20.000 Paar Kinderstrümpfe, 15.600 Stück Unterbekleidung. Neben Textilien haben die Sachsen 100.000 Becher, Tassen Teller und andere Haushaltswaren bis hin zum Fleischwolf „gespendet". Die Wahrheit sieht anders aus: Tatsächlich hatte die Deutsche Wirtschaftskommission der Landesregierung in Dresden diese Lieferungen befohlen. Als „Spenden" werden auch Lebensmittel aus Mecklenburg-Vorpommern deklariert, mit denen 20.000 „Werktätige" mit Fleischportionen von je 400 g und 20.000 mit je 250 g versorgt worden sind. An Kranke mit offener Tuberkulose werden zur Zeit im Ostsektor je 125 g Fett verteilt.

Die Errichtung einer wissenschaftlichen Zentralbibliothek und einer Magistratsbibliothek für die Verwaltung beschließt der Magistrat. Dieser Schritt ist nach der Spaltung des Berliner Bibliothekswesens erforderlich geworden. Für die Westsektoren hat diese Spaltung den Verlust von 300.000 Büchern der Berliner Stadtbibliothek und der Ratsbibliothek bedeutet.

Auch und gerade in diesen Blockadezeiten ist Ordnung unabdingbar. Erlassen werden „Richtlinien für den Personenflugverkehr zwischen Berlin und Bückeburg“, den hauptsächlich Geschäftsleute in Anspruch nehmen. Genehmigungen werden in der Regel fünf Tage nach der Antragstellung erteilt. Die Passagiere müssen sich zwei Stunden vor Abflug in der Claus-Groth-Straße 8 einfinden. Dort erhalten sie den Interzonenpaß und Flugpapiere. Erlaubt ist die Mitnahme von 20 kg Reisegepäck und 300 Westmark.

Der Flug nach Bückeburg dauert eine Stunde und 15 Minuten. Dort stehen Busse nach Hannover, Minden mit Anschluß nach Herford und in die Stadt Bückeburg bereit. Empfohlen wird, zunächst zum Travel-Büro in Herford zu fahren, um sich dort den Rückflug zu sichern. Bahnfahrkarten ab Herford können drei Tage vor Abflug in allen Reisebüros des Ostsektors oder im Verkehrsamt in Charlottenburg in Ostmark für alle Strecken der westlichen Zonen gekauft werden.

Viele Westdeutsche haben sich noch nicht daran gewöhnen müssen, daß sie auf alle Postsendungen die 2-Pfennig-Notopfer-Marke kleben müssen. Die Post wird künftig alle nicht in dieser Form freigemachten Sendungen den Empfängern zurückgegeben. Wird dann das Notopfer nachgeklebt, ist die Post so kulant, daß nicht erneut freigemacht werden muß.

Donnerstag, 13. Januar

Die Westzonen müssen ihre finanzielle Hilfe für Berlin drastisch erhöhen. Das Zweimächtekontrollamt in Frankfurt am Main weist den Verwaltungsrat an, den Westsektoren künftig 50 Millionen Mark monatlich zur Verfügung zu stellen.

Das „Notopfer Berlin“ wird in Westdeutschland durchaus nicht überall freiwillig gezahlt. So protestieren die Arbeiter des Essener Krupp-Betriebes „Bergung und Transport“ gegen dieses „Notopfer Berlin“, da der eigene Lohn kaum ausreicht. Der Fall „Berlin“ sei eine „Angelegenheit der Besatzungsmächte und soll von ihnen selbst bezahlt werden“, argumentieren sie.

Eines der Instrumente, mit denen die SED die West-Berliner für sich einvernehmen will, ist der von ihr gelenkte „Demokratische Frauenbund“, der immer wieder versucht, in den Westsektoren Wärmehallen einzurichten. Am gestrigen Tag sollte das in einer Gaststätte in der Otavistraße in Wedding geschehen, nun droht die französische Militärregierung allen Gaststätten-Inhabern mit dem Entzug der Lizenz, wenn sie sich weiterhin den Dienst der SED-Organisation stellen.

Der Stadt den Rücken kehren wollen 200 Mitglieder der Jüdischen Gemeinde zu Berlin. Sie haben sich zur Auswanderung nach Israel entschlossen und sich bereits im Büro der Jewish Agency gemeldet.

In der Mehrzahl der Fälle, die das Schöffengericht Mitte verhandelt, geht es um Schwarzhandel oder um Diebstähle von Lebensmitteln. An diesem Tag verurteilt es einen 51jährigen Kutscher zu sechs Monaten Gefängnis und 5.000 Mark Strafe, weil er aus den Kannen kleine Mengen Milch abgezweigt hat.

Die Zahl der unehelichen Geburten in Berlin geht zurück. 1947 wurden monatlich im Durchschnitt 457 uneheliche Kinder geboren, 1948 391 oder 14 % aller Geburten. Zurückgeführt wird dieses u.a. darauf, daß den sowjetischen Soldaten strengere Vorschriften im Umgang mit Deutschen auferlegt wurden und daß sie weniger Ausgang erhalten als in den unmittelbaren ersten beiden Nachkriegsjahren.

Freitag, 14. Januar

Historisch ist dieser Tag zu nennen, weil die Stadtverordnetenversammlung zum ersten Mal im Schöneberger Rathaus tagt. Das Rathaus wird für die nächsten über 40 Jahre Tagungsort des Stadtparlamentes bleiben.

Im Ostsektor bestehen zwar noch Privatschulen, doch kaum noch allgemeinbildende. Unter den 36 Privatschulen gibt es gerade einmal eine allgemeinbildende, die Theresien-Schule für Mädchen, im übrigen aber zehn Musikschulen, fünf Sprachenschulen, fünf Boxsportschulen, zwölf Tanzschulen und sechs Zuschneideschulen. Der Ost-Berliner Teil-Magistrat läßt keinen Zweifel daran, daß die Schaffung weiterer privater allgemeinbildender Schulen nicht gewollt ist.

Trotz aller Schikanen und trotz aller Kontrollen versorgen sich noch immer zahlreiche West-Berliner im Umland mit Brennstoffen und bringen sie mit der S-Bahn, die im Zwanzig-Minuten-Takt fährt, in die Westsektoren. Die Fahrten lohnen sich, denn in Potsdam kostet ein Zentner Briketts 18 Ostmark, das sind weniger als drei Westmark.

Kohlen gibt es zwar in den Westsektoren, doch nur in geringem Maße für die Haushalte. Statt dessen gibt die Militärregierung Brauereien 170 t Steinkohle frei. Außerdem können die Brauereien weitere 80 t Kohle zur Bierherstellung verwenden, die zwar schon bei ihnen lagerten, aber bisher noch gesperrt waren.

Sonnabend, 15. Januar

Bei Untersuchungen schon vor dem Ersten Weltkrieg war festgestellt worden, daß es in der Berliner Erde auch Braunkohlevorkommen gibt. Bisher hatte keine Notwendigkeit bestanden, die Vorkommen näher zu ergründen. Auf Initiative und Drängen von Bürgermeister Dr. Ferdinand Friedensburg jedoch stellt der Magistrat Mittel zur geologischen Erkundung der in Frage kommenden Gebiete, vor allem im französischen Sektor, zur Verfügung. In Tegel nimmt jetzt Bohrturm Nr. 1 in Anwesenheit von Oberbürgermeister Ernst Reuter und Ferdinand Friedensburg die Arbeit auf.

Eine gewisse Entspannung kann im Postaustausch zwischen West-Berlin und Westdeutschland durch eine zweite tägliche Postverbindung über die Luftbrücke verzeichnet werden. Wünsche des Berliner Magistrats hinsichtlich der Auflieferungen von Auslandspost werden nicht berücksichtigt. Nach Ansicht der Militärregierungen müssen entsprechende Regelungen zwischen der Berliner Post und den Postverwaltungen des Auslands direkt getroffen werden.

Sonntag, 16. Januar

„Die Kräfte des Sozialismus und die Vernichtung des Imperialismus" beschwört der stellvertretende SED-Vorsitzende Ulbricht auf einer Massenkundgebung auf dem Friedhof in Friedrichsfelde. Anlaß ist der 30. Jahrestag der Ermordung von Rosa Luxemburg und Karl Liebknecht. Auch der Berliner Landesverband der SPD hatte an den Gräbern einen Kranz niederlegen lassen, der jedoch von der SED vor Beginn der Kundgebung entfernt wurde.

Montag, 17. Januar

In der Staatsdruckerei müssen 200 Arbeitskräfte entlassen werden, wenn nicht Aufträge aus Westdeutschland eingehen. Vor dem Berlin-Ausschuß, der in Frankfurt am Main tagt, macht Westdeutschlands Postpräsident Zaubitzer jedoch klar, daß die westdeutsche Postverwaltung eine Unterstützung der Staatsdruckerei keinesfalls im Sinn hat. Angeblich, und Zaubitzer weiß, daß dieses nicht stimmt, verfügt die Druckerei nur noch über eine Druckmaschine. Da die westdeutsche Post es sich nicht leisten könne, eine Verzögerung in der Lieferung von auch nur drei Tagen hinzunehmen, könnten in der Staatsdruckerei höchstens Sonderbriefmarken gedruckt werden. Demgegenüber sind die westlichen Militärregierungen durchaus zur Hilfe für die Drukkerei bereit und haben zugesagt, monatlich 40 t Briefmarkenpapier nach Berlin zu transportieren.

Kosten spielen keine Rolle, wenn die SED die Spaltung Berlins vertiefen und die Westsektoren vom Umland abriegeln kann. Jetzt beabsichtigt die Reichsbahndirektion, die aus Mitteldeutschland kommenden Fernzüge, die bisher noch ein Stück durch den amerikanischen Sektor fahren müssen, nach Fertigstellung einer neuen Umgehungsbahn direkt auf die Stadtbahn des Ostsektors zu leiten.

In die Fahrzeug- und Personenkontrollen zwischen dem Ostsektor und West-Berlin sowie zur Ostzone hin, schalten sich verstärkt bewaffnete sowjetische Militärpolizisten ein. Ihr besonderes Interesse gilt den Brieftaschen, die sie auf Westmark kontrollieren

Eine Reihe von Schulen sind bereits aus dem Ost- in die Westsektoren verlegt worden. Weil auch an den noch im Ostteil der Stadt verbliebenen Berufs- und Fachschulen die Arbeitsbedingungen durch den ausgeübten politischen Druck unerträglich geworden sind, beschließt das Hauptschulamt die Verlegung aller noch im Ostsektor verbliebenen derartigen Schulen in den Westen Berlins oder deren Neueinrichtung.

Auch vor dem Internationalen Roten Kreuz machen die Schikanen von Russen und SED nicht halt. Sie blockieren im Ostsektor eine Lebensmittelspende von 200 t, obwohl 120 t davon für die Bevölkerung West-Berlins bestimmt sind.

Wieder einmal gibt es Veränderungen in den Postbestimmungen, und die Westdeutschen und West-Berliner wissen kaum noch, welche Sendungen zulässig sind und welche nicht. Nunmehr dürfen aus den Westzonen Postkarten und Briefe bis 100 g - ausschließlich mit „Schriftgut" - nach Berlin geschickt werden. Drucksachen können bis 500 g wiegen, Blindenschriftensendungen bis 7 kg. Zugelassen sind weiter Wertbriefe mit Wertangaben zwischen 100 und 500 Mark. Ausdrücklich weist die westdeutsche Postverwaltung darauf hin, daß die Sendungen keinerlei Waren enthalten dürfen.

Dienstag, 18. Januar

So reibungslos die Luftbrücke im allgemeinen auch abgewickelt wird, zur Routine geworden ist sie längst nicht. Das wird der Öffentlichkeit erneut vor Augen geführt, als in der Nähe des Flugplatze Faßberg ein viermotoriges Transportflugzeug der amerikanischen Luftwaffe abstürzt und die Besatzung dabei ums Leben kommt. Damit sind seit Beginn der Luftbrücke bereits 34 amerikanische und britische Flieger ums Leben gekommen.

Zu drastischeren Mitteln, die Sowjets zur Aufhebung der Blockade zu bewegen, greifen die westlichen Militärregierungen. Die Alliierte Kommandantura beschließt eine rigorose Beschränkung der Ausfuhren von Waren aus den westlichen Sektoren nach Ost-Berlin und in die Sowjetische Besatzungszone, ohne jedoch den Handel völlig einstellen zu wollen. In den nächsten Tagen sollen Listen mit Gütern bekanntgegeben werden, deren Ausfuhr entweder völlig verboten ist oder einer besonderen Genehmigung bedarf. Eine derartige Gegenblockade war im Rahmen des westdeutschen Handels mit der sowjetisch besetzten Zone bereits im September verhängt, aber immer wieder unter stillschweigender Duldung aller Stellen unterlaufen worden. Besonders in Berlin florierte der Handel zwischen West-Berliner Unternehmen und Betrieben im Ostsektor und in der Ostzone.

Mittwoch, 19. Januar

Bemerkenswert spät beschließt der Magistrat, einen Blockadeausschuß einzusetzen, der jedoch nur beratende Funktionen haben wird. Neben Oberbürgermeister Ernst Reuter gehören dem Gremium Bürgermeister Dr. Ferdinand Friedensburg sowie die Stadträte Paul Fuellsack (Ernährung), Dr. Friedrich Haas (Kämmerer) Dr. Hugo Holthöfer (Post- und Fernmeldewesen) und Gustav Klingelhöfer (Wirtschaft) an.

Zu den Gegenmaßnahmen der westlichen Stadtkommandanten gegen die Pressionen durch Russen und SED gehört, daß die Alliierte Kommandantura der West-Berliner Post die Zustellung sowjetisch lizensierter Zeitungen und anderer Druckerzeugnisse in den Westsektoren verbietet. Diese Anordnung soll so lange Bestand haben, bis auch die Zustellung westlicher Zeitungen im Ostteil der Stadt wieder erlaubt ist.

Donnerstag, 20. Januar

In einer großzügigen Geste gibt der amerikanische Stadtkommandant Oberst Howley der Stadt das sogenannte „Kronprinzensilber“ zurück, das 1945 von amerikanischen Truppen an der Elbe erbeutet und in die USA gebracht worden war. Das Silber hatten die preußischen Städte im Jahr 1905 dem deutschen Kronprinzenpaar zur Hochzeit geschenkt. Nach dem Ende des Ersten Weltkrieges hatte es der Kronprinz der Stadt Berlin verkauft. Zum Zeitpunkt der Rückgabe an Berlin wird der Wert des Silbers auf etwa 800.000 US-Dollar geschätzt.

Mit zwei Entscheidungen wird die Teilung der Stadt zementiert. Zum einen beschließt der Ost-Berliner Teilmagistrat die Errichtung eines eigenen Arbeits- und Landesarbeitsgerichtes in der Inselstraße im Bezirk Mitte, und zum anderen weist der rechtmäßige Magistrat den Leiter des West-Berliner Arbeits- und Landesgerichts an, jeden Vertreter aus dem Ostsektor, der sich in Angelegenheiten der Gerichte einmischt, sofort der Polizei zu übergeben.

Ost-Berlins Oberbürgermeister Ebert will das System der Haus- und Blockleute im Ostsektor massiv ausbauen. Diese Vertrauensleute hatte es nach Ende des Zweiten Weltkrieges schon einmal in Berlin gegeben. Allerdings hatten die westlichen Stadtkommandanten die Wiedereinführung in ihren Sektoren verboten, da die Vertrauensleute sich als Denunzianten empfanden und im Privatleben der Mitbewohner des Hauses oder der Straße schnüffelten. Zudem erinnerten sie in ihrer Funktion zu stark an die Block- und Zellenwarte während des nationalsozialistischen Regimes.

Freitag, 21. Januar

In den Vorratslagern im Ostteil der Stadt ist eine geradezu makabre Situation entstanden: Sie sind überfüllt und quellen über. Die Deutsche Wirtschaftskommission fordert deshalb in einem Fernschreiben die Landesregierung Schwerin auf, die Lieferung von Roggen, Gerste und Hafer sofort einzustellen. Da Berlin darüber hinaus nicht über genügend Säcke verfügt, sollen der Stadt 20.000 bis 30.000 Säcke aus Beständen der Landesregierung leihweise den mecklenburgischen Mühlen zum Transport von Roggenmehl zur Verfügung gestellt werden. Der Magistrat verpflichtet sich schriftlich zur Rückgabe dieser Säcke.

Auch die Landesregierung Brandenburg bekommt ein Telegramm der Deutschen Wirtschaftskommission. Sie wird aufgefordert, ein Zusatzkontingent von 6.000 t Braunkohlebriketts vorrangig in die Randgebiete von Groß-Berlin zu liefern. Unterdessen trifft aus dem Werk Böhlen auf dem Güterbahnhof Schöneweide ein Zug mit 1.000 t Kohlen ein, die Böhlener „Aktivisten“ in Sonderschichten abgebaut haben.

Mit einem Schreiben der SED-Organisationsabteilung wird die Abteilung Wirtschaft der Partei darauf aufmerksam gemacht, daß West-Berliner Polizei an der Autobahn Lastwagen stoppt und für die Ostzone bestimmte Güter beschlagnahmt. Meistens handelt es sich dabei um Maschinenteile, Werkzeuge und hochwertige Ersatzteile für die Industrie, die nach Beschlagnahme zur Lagerung an das Bezirksamt Zehlendorf weitergegeben werden. Die amerikanische Militärregierung behält sich die Freigabe vor und fragt bei West-Berliner Unternehmen an, ob diese die Waren benötigen. Die SED-Organisationsabteilung fordert jetzt Maßnahmen, mit denen die Ost-Berliner und Brandenburger Polizei sicherzustellen hat, daß die Fahrer nicht mehr Abkürzungen durch die Westsektoren nehmen, sondern einen Umweg über den Ostsektor fahren, um das Risiko solcher Beschlagnahmungen zu vermeiden.

Es versteht sich von selbst, daß zahlreiche Institutionen Berlins in beiden Teilen der Stadt vertreten sind. So unterstehen der Deutschen Wirtschaftskommission weiterhin 28 wissenschaftliche Institute und Anstalten, die ihren Sitz in den Westsektoren haben. Eines davon, die Biologische Zentralanstalt für Land- und Forstwirtschaft in Dahlem, erhält nun den Befehl, in den sowjetischen Sektor überzusiedeln. Ein Lastwagen hat bereits Akten und Büromaterial nach Ost-Berlin abtransportiert, bevor die West-Berliner Polizei eingreift und weitere Transporte verhindert.

Besuch bekommen die 33 Arbeiter im Ruinenhaus „Neue Friedrichstraße 106“, in dem für die IG Metall Räume ausgebaut werden. Sie werden mit Zigaretten, Lebensmitteln, Butter Keksen, Brot und Schrippen beschenkt, die Ost-Berliner Polizei kurz zuvor am Potsdamer Platz, in der Lothringer und in der Neuen Schönhauser Straße beschlagnahmt hat.

Sonnabend, 22. Januar

Im Magistratssitzungssaal kommt der neugeschaffene Blockadeausschuß zu seiner konstituierenden Sitzung zusammen. Dieses Gremium ist ausdrücklich als Informations- und Vorbereitungsorgan vorgesehen. Oberbürgermeister Ernst Reuter eröffnet die Sitzung und unterstreicht, daß Einrichtungen auch außerhalb des Magistrates wie die Notgemeinschaft der Berliner Wirtschaft und die Ernährungskommission Reinickendorf in die Arbeit des Ausschusses einbezogen werden sollen. Eine unmißverständliche Mahnung enthält ein Brief der britischen Militärregierung an den Magistrat. Schon im Dezember hatten die Briten Renovierungsarbeiten am Spandauer Kriegsverbrecher-Gefängnis angeordnet, speziell in Räumen der Wachmannschaften. Die Anstricharbeiten stehen noch immer aus, moniert die Militärregierung, während der Warmwasserkessel im Gefängnis noch im Dezember überholt wurde und nun als leistungsfähig akzeptiert wird.

Sonntag, 23. Januar

Ausgebaut wird das Netz der „Freien Läden“ und „Freien Restaurants“ im Ostsektor. Ein weiteres „Freies Restaurant“ entsteht am Rosenthaler Platz, wo auch ein mehrstöckiges Warenhaus für Möbel und Teppiche eingerichtet wird. Über dem Fürstenhof-Restaurant Leipziger Straße wird demnächst ein Café eingerichtet und im enteigneten Teppich-Haus Leipziger Straße im ersten Stock Verkaufsräume. Dazu übernimmt die HO in Berlin fünfzehn Cyliax-Filialen. Nur noch in den HO-Verkaufsstellen sind ab sofort Spielkarten erhältlich. Dadurch soll der Apparat zur Steuerkontrolle und -einziehung reduziert werden, denn auf Spielkarten ist eine besondere Steuer zu zahlen, die nun gleich direkt von den HO-Läden an die Deutsche Wirtschaftskommission abgeführt wird. Auf die Ausgabe von schwarzem russischen Tee können sich die Ost-Berliner einrichten. Außerdem wird die Belieferung mit Ostereiern angekündigt.

Montag, 24. Januar

Sieben Tote fordert ein schweres Unglück im Rahmen der Luftbrücke. Bei Schattin im Kreis Schönberg/Mecklenburg stürzt eine zweimotorige britische „Dakota“ ab und geht in Flammen auf. 22 Fluggäste und die dreiköpfige Besatzung befinden sich an Bord. Neben sechs Passagieren stirbt ein Besatzungsmitglied. Zehn überlebende Männer, vier Frauen und die zwei überlebenden Piloten werden ins Kreiskrankenhaus Schönberg gebracht. An Bord des Flugzeuges, das am späten Nachmittag in Berlin gestartet war und sich auf dem Weg nach Lübeck befunden hatte, waren auch fünf Kinder, die zur Erholung nach Westdeutschland geschickt werden sollten.

Durch das mutige und geistesgegenwärtige Verhalten rettet der Berliner Dipl.-Volkswirt Gerhard Haberland dem britischen Piloten das Leben. Haberland zieht den bewußtlosen Piloten aus der Kanzel des brennenden Flugzeuges, obwohl er selbst verletzt ist und sich bei der Bergungsaktion schwere Verbrennungen zuzieht.

In diesem Bereich war die Stadt bisher noch nicht geteilt, doch auch damit ist nun Schluß: Personen, die im Ostsektor zu Freiheitsstrafen verurteilt werden, haben bisher ihre Strafen zu einem großen Teil in Gefängnissen West-Berlins absitzen müssen. Dieses ist insofern wenig erstaunlich, als neun von den zwölf Hauptgefängnissen in West-Berlin liegen. Auf Befehl der westlichen Stadtkommandanten werden jetzt jedoch alle Häftlinge, die von Ost-Berliner Gerichten verurteilt wurden, in Gefängnisse im Ostteil der Stadt verlegt. Damit reagieren die westlichen Kommandanten auf die Weigerung der sowjetischen Dienststellen, für die Versorgung der Häftlinge aufzukommen.

In den Berliner S-Bahnzügen nimmt die Zahl der Glühlampendiebstähle aus unerfindlichen Gründen zu, denn diese Birnen sind für den Gebrauch in den Haushalten überhaupt nicht geeignet. Auch deshalb wird daran gedacht, die Glühlampen aus den mittleren Waggons der Züge auszuschrauben und sie nur noch an den Zugenden einzusetzen, um wenigstens die Sicherheit der Züge zu gewährleisten. Zur besseren Überwachung der Bahnhöfe und der Strecken wird die Bahnpolizei mit Draisinen ausgestattet.

Überfluß in den „Freien Läden“ gaukelt der Ost-Berliner Wirtschaftsstadtrat Maron der Öffentlichkeit vor. Er besucht die Verkaufsstelle des Bekleidungswerkes „Fortschritt“ bei Peek & Cloppenburg in der Gertraudenstraße, das über einen Bestand von 1.800 Kleidern, 3.000 Hemden, 1.000 Kinderkleidern 350 zweiteiligen Herrenanzügen, 375 Knaben- und Burschenanzügen, 140 Sakkos, 1.500 Herrenhosen und 17.000 Paar Strümpfen verfügt. Textilien im Wert von 80.000 Mark lagern im „Freien Laden“ in der Königstraße, Waren für 260.000 „Punkte“ in der Rosenthaler Straße. Bei seinen Besuchen verschweigt Maron geflissentlich, daß die Textilien unter größten Schwierigkeiten den Ländern der Sowjetischen Besatzungszone entzogen werden und daß sie sich die wenigsten Ost-Berliner auf Grund der hohen Preise leisten können.

Dienstag, 25. Januar

Im Herbst hatte die britische Militärregierung die Einrichtung von Läden für den Verkauf von „freien Lebensmitteln“ in den Westsektoren genehmigt. Ziel war es dabei gewesen, diese Waren, die auf dem Landweg durch die sowjetisch besetzte Zone durch sog. „Blockadebrecher“ in die Stadt kommen, dem schwarzen Markt zu entziehen. Die Lebensmittel wurden außerhalb der festgelegten Rationen verkauft, für sie galten vom Magistrat festgelegte Preise. Jetzt aber ordnet die Alliierte Kommandantura an, daß bewirtschaftete Lebensmittel in den Westsektoren ausschließlich auf Lebensmittelkarten verkauft werden dürfen, mit Ausnahme der Lebensmittel, die in Berlin selbst über das Ablieferungssoll hinaus erzeugt wurden. In Krisensitzungen unter anderem mit Vertretern des Haupternährungsamtes, des Preisamtes und des Finanzstadtrates wird massive Kritik an dieser Entscheidung der Stadtkommandanten geäußert, weil sie nur zu einer Wiederbelebung bzw. Stärkung des Schwarzmarkthandels führen kann. Intern kommen die Magistratsvertreter überein, den Befehl der Militärregierungen so weit wie eben noch vertretbar zu ignorieren.

Unter erheblichen Restriktionen leidet der Zahlungsverkehr zwischen Westdeutschland und West-Berlin. Die Post weist darauf hin, daß nur Eil- und telegraphische Überweisungen für Postscheckkonten beim Postscheckamt Berlin-West und Zahlungsanweisungen an Empfänger in den Westsektoren möglich sind. Die Sendungen nach Berlin müssen per Luftpost an das Postscheckamt in der Berliner Dernburgstraße geschickt werden.

Mittwoch, 26. Januar

Für die SED ist es ein außerordentlich wichtiges politisches Anliegen, eine möglichst große Zahl von West-Berlinern aufführen zu können, die sich im Ostteil der Stadt zur Lebensmittelversorgung haben eintragen lassen. Ein Mittel, die Bevölkerung der Westsektoren zu dieser Eintragung zu zwingen, sind die ständigen Kontrollen und Beschlagnahmen an den Sektorengrenzen. Doch nur eine verschwindend geringe Zahl von West-Berlinern läßt sich von der SED vereinnahmen und mißbrauchen. Die SED nennt zwar die Zahl von 99.246 West-Berlinern, die im Ostsektor einkaufen, doch die Abteilung für Ernährung stellt eine Differenz von 30.000 zwischen den im Osten genannten Lebensmittelbeziehern und den in den Westsektoren abgemeldeten fest. Ursache für diese Diskrepanz ist, daß die Deutsche Wirtschaftskommission Mehrfacheintragungen zuläßt, um die Zahlen künstlich in die Höhe zu treiben. Es reicht schon, wenn Stempelkarten vorgelegt werden, ab einem gewissen Alter sind gar keine Bescheinigungen mehr erforderlich, um sich im Westen und im Osten der Stadt gleichzeitig versorgen zu können.

Der Magistrat muß zur Kenntnis nehmen, daß der Ost-Berliner Teil-Magistrat, den er nur „Stadtsowjet" nennt, ein eigenes Landesarbeitsgericht in der Inselstraße errichten wird. Außerdem muß der Magistrat 200 Verwaltungsangestellte, Ärzte und Krankenschwestern übernehmen, die auf dem Flugplatz Tegel arbeiten und bisher aus Besatzungskosten bezahlt wurden.

In Frankfurt am Main tagt der Berlin-Ausschuß und kommt zu dem Ergebnis, daß angesichts der unsicheren und unübersichtlichen Situation konkrete Summen für die finanzielle Unterstützung Berlins nicht festgelegt werden können. Als Minimum wird eine monatliche Unterstützung von 30 Millionen Mark für weitere drei Monate beschlossen. Einigkeit besteht darüber, daß West-Berlin auf Dauer in das Währungsgebiet Westdeutschlands einbezogen werden muß. Die westlichen Militärregierungen sollen gebeten werden, den Transport von Gütern nach Berlin auf 8.000 t täglich zu steigern. Außerdem wird erneut das Thema der Druckaufträge für die Staatsdruckerei diskutiert. Die Notwendigkeit wird zwar anerkannt, ändert aber nichts an der Zurückhaltung von Post und Bank Deutscher Länder.

Bekanntgegeben wird schließlich, daß pelzgefütterte Kleidung, deren Transport schon am 19. Oktober beschlossen wurde, nun endlich nach Berlin geflogen werden kann.

Donnerstag, 27. Januar

Einen enttäuschenden Brief bekommt Bürgermeister Dr. Ferdinand Friedensburg vom Präsidenten der Bank Deutscher Länder. Das Schreiben enthält die definitive Aussage, daß keinerlei Aufträge an die Staatsdruckerei in Berlin vergeben werden. Keines der Argumente ist stichhaltig: Abgesehen von technischen Schwierigkeiten wird davon gesprochen, die Sicherheit des Notenneudrucks sei nicht gewährleistet. Zur Rechtfertigung der Absage wird auch die Tatsache herangezogen, daß weiterhin Personal aus dem Ostsektor in der Druckerei arbeitet und daß die Druckerei hart an der Grenze zum Ostteil Berlins liegt.

Zum wiederholten Male kommt es zu einem Kabelbrand an den S-Bahnstrecken. Dieses Mal wird der Zugverkehr für über eine Stunde auf der Strecke Ostkreuz - Grünau lahmgelegt. Und wie immer in derartigen Fällen, die eher auf die mangelnde Wartung der Anlagen durch die Reichsbahn und fehlende Ersatzteile zurückzuführen sind, unterstellt die sowjetische Kommandantur den westlichen Stadtkommandanten „Sabotage".

Weil das Hüttenwerk Kaiser Schrott braucht, geht die Ost-Berliner Polizei mit aller Härte gegen Altwaren- und Produktenhändler vor. Ihre Lager werden durchkämmt. Bei den Razzien werden 30,7 t Zink, 25,7 t Messing, 31,8 t Blei, 5,9 t Zinn, 8 t Bleiasche, 14 t Kupfer, 0,2 t Bronze und 66 t Eisenschrott sichergestellt und beschlagnahmt. Ihre Aktion begründen die Ost-Berliner Stellen damit, die Händler hätten die Metalle gegen teures Geld in den Westen verschieben wollen. Ein neues Wort wird in den Sprachgebrauch im Osten Berlins aufgenommen. Die Berliner Zeitungen sprechen zunehmend von der „Volkspolizei", wenn sie über die Polizisten im Ostsektor berichten.

Freitag, 28. Januar

Die Zahl der Todesopfer des Flugzeugabsturzes bei Schattin hat sich auf neun erhöht. Zwei Tote werden aus dem ausgebrannten Wrack geborgen, ein Passagier stirbt im Krankenhaus Schöneberg, ein weiterer schwebt noch in Lebensgefahr.

Mit einer Klarstellung wendet sich die Post an die Öffentlichkeit: In Briefen, die mit der Eisenbahn von Berlin nach Westdeutschland befördert werden, dürfen keine Waren enthalten sein, weil die Gefahr der Beschlagnahme durch die sowjetischen bzw. ostdeutschen Kontrollstellen zu groß ist. Anders sieht es bei Luftpostbriefen aus. Da inzwischen eine Reihe von Postleistungen in den Westsektoren nur noch mit Westmark bezahlt werden dürfen, erhalten die bisherigen Briefmarken eine neue Kennzeichnung. Marken zu 15, 20 und 60 Pfennig werden mit einem roten Aufdruck „Berlin" versehen, um so die DM-Bezahlung zu dokumentieren.

Noch dürfen Ost-Berliner Zeitungen - in Grenzen jedenfalls - über Versorgungsschwierigkeiten auch im Ostsektor berichten. Bei der Schuhverteilung in Pankow gibt es fast ausschließlich Schuhe der Größe 39. Sie müssen von den Bezugsberechtigten abgenommen werden, wenn die Bezugsscheine nicht verfallen sollen, auch wenn ihnen die Schuhe zu klein sind. Seit vier Wochen schon warten die Betroffenen darauf, die Schuhe endlich in passende umtauschen zu können, doch sie warten vergebens.

Viel vorgenommen hat sich die Reichsbahndirektion. Sie beschließt, alle Wagen der Berliner S-Bahn neu zu lackieren. Außerdem soll die Beleuchtung der Züge und die Verglasung wieder hergestellt werden. Schließlich sollen auch die S-Bahnhöfe ausreichend beleuchtet werden.

Mit erzwungenen Sonderschichten müssen die Bergleute in der Ostzone immer wieder zur Versorgung Ost-Berlins mit Kohle beitragen. Regelmäßig werden diese Schichten als freiwillig geleistet dargestellt. So auch beim Eintreffen eines Zuges mit 8.000 t Kohle aus Oberröblingen, auf dem Bahnhof Schöneweide, der zudem noch von sieben „Aktivisten" begleitet wird.

Sonnabend, 29. Januar

Neben dem RIAS gibt es nun einen zweiten demokratischen Sender in West-Berlin. In der Stallupöner Allee im britischen Sektor nimmt der Nordwestdeutsche Rundfunk - NWDR - mit einer 20-Kilowatt-Sendeanlage sein Programm auf. Weiterhin hat der SED-gesteuerte „Berliner Rundfunk" jedoch seinen Sitz in der West-Berliner Masurenallee, wenngleich er sein Programm nach der Sprengung der Sendetürme in Tegel am 16. Dezember 1948 seit kurzem über eine neue Anlage in Königs Wusterhausen ausstrahlt.

Eine Reihe von Lehrlingen, die im Ostsektor wohnen, werden in West-Berliner Betrieben ausgebildet und gehen auch in den Westsektoren zur Berufsschule. Der Ost-Berliner Magistrat fordert nun ein Ende dieser Praxis und verlangt von allen betreffenden Lehrlingen, daß sie unabhängig von ihrer Ausbildungsstelle ausschließlich die Berufsschulen im Ostsektor besuchen.

Sonntag, 30. Januar

Seit Wochen schon bemüht sich der Magistrat darum, die Mengen der eingeflogenen Trockenkartoffeln zu reduzieren. Dieses Vorhaben erweist sich vor allem deshalb als außerordentlich schwierig, weil die entsprechenden Verträge zum Teil auch mit ausländischen Firmen - so in Holland und in Dänemark - ohne deutsche Beteiligung direkt von alliierten Stellen abgeschlossen wurden. Der Wunsch, statt Trocken- mehr Frischkartoffeln zu erhalten, wird so bald nicht erfüllt werden. Das Ernährungs-Komitee der britischen Militärregierung teilt dem Magistrat mit, daß es nicht möglich sein wird, Frischkartoffeln einzufliegen. Dem amerikanisch-britischen Zweimächtekontrollamt in Frankfurt am Main ist jedoch empfohlen worden, „eine möglichst große Menge von Trockenkartoffeln durch geeignete Nährmittel zu ersetzen".

Mit der Verschärfung der Gegenblockade am 18. Januar hatten die drei westlichen Militärregierungen ein deutliches Zeichen setzen und die Sowjetunion zur Aufhebung der Blockade-Maßnahmen bewegen wollen. Tatsächlich aber geht der Handel zwischen West-Berlin und den Ostsektoren bzw. der sowjetisch besetzten Zone auf hohem Niveau weiter. Auf der zweiten Sitzung des Blockadeausschusses bedauert Wirtschaftsstadtrat Klingelhöfer als eine der Ursachen, daß die Gegenblockade nicht in allen Sektoren einheitlich durchgeführt wird.

Montag, 31. Januar

Immer dramatischere Züge nimmt die Flüchtlingswelle aus Ost-Berlin und aus der Ostzone an. Allein im Januar haben sich 2.445 Flüchtlinge in den Westsektoren gemeldet.

Daß sich die Kapazität der Luftbrücke erhöht hat, wird daraus deutlich, daß im Februar 30.189 t Kohle verteilt werden können. In Gesprächen mit dem Magistrat sollen nach den Erfahrungen der Vormonate gerechtere Formen der Verteilung gefunden werden. Seit Beginn der Blockade sind inzwischen über 250.000 t Kohle nach Berlin geflogen worden.

Auch gegenüber den Westzonen hat die Sowjetunion Ansprüche auf Wiedergutmachung, und Restitutionsgüter lagern in Bremen sowie in der französischen Zone. Den Wunsch der sowjetischen Militärverwaltung, diese Güter per Eisenbahn durch die amerikanische Besatzungszone transportieren zu lassen, weist die amerikanische Militärregierung unter Hinweis auf die Blockade Berlins zurück.

Ein erfreuliches Ereignis können die West-Berliner registrieren. Die Amerikaner geben das Jagdschloß Grunewald zurück, das nach notwendigen Reparaturarbeiten wieder zur Besichtigung freigegeben werden soll.

Am 14. Januar 1949 fand die erste Sitzung der neugewählten (West-)Berliner Stadtverordnetenversammlung im Schöneberger Rathaus statt. Stadtverordnetenvorsteher Otto Suhr (rechts) beobachtet den Einzug in das neue Domizil. (Foto: BA, Y-1, 401-68)

Übersetzung

BIPARTITE CONTROL OFFICE
Vereinigtes Sekretariat
FRANKFURT

13. Januar 1949 BICO/Memo (49)3

An den
Vorsitzenden
des Verwaltungsrates

Betreff: Finanzielle Hilfe für Berlin
BICO/Sec (48)628 of 11 October 1948

1. Es wird zur Kenntnis genommen, daß für die finanzielle Hilfe Berlins eine Bereitstellung in dem Entwurf des Nachtragshaushalts einbegriffen ist, der in erster Lesung am 2./3. Dezember 1948 in Übereinstimmung mit den Erfordernissen gemäß BICO/Sec (48)628 vom 11. Oktober 1948 durchgegangen ist.

2. Diese Vorkehrung wird, wenn sie vom Wirtschaftsrat genehmigt wird, nicht die Erfordernisse nach Mitte Januar 1949 decken. Es steht fest, daß die Notwendigkeit der finanziellen Hilfe für Berlin noch für einige Zeit nach diesem Zeitpunkt bestehen wird.

3. Sie werden daher ersucht, die Bereitstellung im Nachtragshaushalt im Betrage von 50 Millionen monatlich zu erhöhen, sodaß der Gesamtbetrag ausreicht, die Anforderungen des Berliner Magistrats bis zum Ende des Rechnungsjahres 1948/49 zu decken.

gez. G.N. MACREADY, Lt.General
British Chairman

gez. C.L. ADCOCK
Major General, US Army
US Chairman

Durchschlag an: Präsident
Wirtschaftsrat

Vorsitzender
Länderrat

A b s c h r i f t

Der Präsident der
Bank Deutscher Länder

Frankfurt a.M.,d.27.Januar 1949
Taunusanlage 4/5

An den

Vizepräsident des Wirtschaftsrats
des Vereinigten Wirtschaftsgebiets
Herrn G. D a h r e n d o r f
Frankfurt a.M.
Börsenstr.2

Sehr geehrter Herr Vizepräsident Dahrendorf !

Der Direktor der ehemaligen Reichsdruckerei, Herr Schrüder, hat vor einigen Tagen auch hier vorgesprochen. In eingehenden Erörterungen wurdenalle Möglichkeiten, die Reichsdruckerei in das Programm der Notenherstellung einzuschalten, erwogen. Wir sind zu der Überzeugung gekommen, dass, ganz abgesehen von erheblichen technischen Schwierigkeiten, die Frage einer ausreichenden Sicherung des Notenneudrucks bei der Zusammensetzung des Personals der Reichsdruckerei, von dem ein Teil im Ostsektor wohnt, und ihrer örtlichen Lage hart an der Grenze des Ostsektors nicht gewährleistet erscheint.

Bei allem Verständnis für das Anliegen der Reichsdruckerei und nach eingehender Prüfung, insbesondere unter dem Gesichtspunkt der Devisenersparnis, bedauert die Bank deutscher Länder, dem Projekt nicht nähertreten zu können.

Mit vorzüglicher Hochachtung

gez. Vocke

Abschrift für Herrn Mag.Dir.Wolf.

Dienstag, 1. Februar

In Frankfurt am Main kommen die westdeutschen Ministerpräsidenten mit den Militärgouverneuren Clay und Robertson zusammen. Im Mittelpunkt der Gespräche stehen Möglichkeiten, die Luftbrücke weiter auszubauen. Der britische Militärgouverneur General Robertson wendet sich an Hamburg, Niedersachsen und Schleswig-Holstein, weil die Einrichtung neuer Flugplätze geplant ist. Erreicht werden soll damit nicht zuletzt eine Verkürzung der Umlaufzeiten der Flugzeuge. Notwendig ist es, ausreichende Unterkünfte für das Luftbrücken-Personal zu schaffen, wobei hier in erster Linie die Deutschen gefragt sind. Auch General Lucius D. Clay kommt auf den Bau neuer Unterkünfte zu sprechen, jedoch nicht wegen der Anlage neuer, sondern wegen der vorgesehenen Erweiterung bestehender Luftbrükken-Flugplätze.

In Berlin, vor allem im französischen Sektor, wird zwar bereits nach Braunkohle gesucht, doch bisher ohne Rechtsgrundlage. Bürgermeister Ferdinand Friedensburg legt der Stadtverordnetenversammlung den Entwurf eines Berliner Bergbaugesetzes vor, um die Eigentumsansprüche zu klären sowie die notwendige Inanspruchnahme von privatem Grund und Boden. Zu seiner Überraschung, so räumt er ein, mußte er feststellen, daß auch Enteignungen notwendig sein werden.

100.000 DM sind bisher für Bohrungen bewilligt worden und werden aus Ersparnissen der Kohlenstelle finanziert. Von sechs Bohrungen berichtet der Bürgermeister. An zwei Stellen auf den Peckwiesen an der Roedernallee sind die Bohrer pünktlich um 11 Uhr in einer Tiefe von 26,7 m in Braunkohlenformationen gelangt. Entsprechende Bohrproben mit Miocän-Braunkohle werden den Stadtverordneten präsentiert. Weitere Bohrungen laufen am Nordrand der Jungfernheide und in Heiligensee zwischen der Zonengrenze und der Siedlung. Ergänzt wird die Suche nach Braunkohle seit dem 31. Januar durch zwei maschinelle Bohrungen der Siemens-Bauunion an der Kienhorstraße und an der Felsener Straße unweit der S-Bahn nach Tegel.

Die Ost-Berliner Polizei berichtet von einer Butterschiebung, der sie auf dem Bahnhof Pankow auf die Spur gekommen ist. So wurde in einem Zug von Eberswalde nach Berlin eine Frau festgenommen, die sechs Pfund Butter in einen Silberfuchs eingenäht hat. Um andere Dimensionen geht es bei einer Razzia in Biesdorf. Dort findet die Polizei bei einem Fuhrunternehmer 1,5 Zentner Schweinefleisch, zwei Zentner Zucker und 5,5 Zentner Mehl.

Mittwoch, 2. Februar

Schon 68 Millionen Mark hat der Magistrat für Arbeitslosengeld und die Lohnkosten bei der Enttrümmerung ausgeben müssen. Finanzstadtrat Dr. Friedrich Haas spricht vor dem Magistrat in diesem Zusammenhang von einer „produktiven Erwerbslosenfürsorge“. Zu den bisher direkt durch die Blockade entstandenen Kosten gehören weiter dreizehn Millionen Mark für den Aus- bzw. Neubau der Flugplätze und 20 Millionen für Preisstützung eingeflogener Lebensmittel. Die unmittelbaren Blockadekosten belaufen sich demnach bereits auf 120 Millionen Mark. Hinzu kommen aber noch eine Reihe indirekter Kosten, die durch die Spaltung der Stadt bedingt sind. Allein für die Neuausrüstung der Polizei werden 7,3 Millionen Mark benötigt, für ein für neues Telegraphen- und Telefonnetz 5 Millionen. Dr. Haas erneuert seine Kritik an der westdeutschen Politik und Wirtschaft, die fast ausschließlich Fertigprodukte liefert. Berlin, so der Stadtrat, braucht jedoch Rohmaterialien, um seine Wirtschaft wieder in Gang zu bringen. In diesen Kontext paßt auch der Beschluß des Wirtsch aftsrates des Vereinigten Wirtschaftsgebietes, in München ein neues Patentamt zu errichten. Demgegenüber fordern die Stadtverordneten den Wiederaufbau des Deutschen Patentamtes in Berlin.

Obwohl sie es in ihrer Presse stets anders darstellt, konnte die SED bisher in den Westsektoren unbehelligt agitieren und Veranstaltungen durchführen. Zumindest in Gebäuden, die dem Magistrat unterstehen, soll das jetzt nicht mehr möglich sein. Er beschließt, der SED so lange keine Schul- oder anderen Räume in öffentlichen Gebäuden mehr zur Verfügung zu stellen, wie eine einheitliche Behandlung aller Parteien im gesamten Stadtgebiet nicht sichergestellt ist.

Energischer umgesetzt werden soll die Gegenblockade innerhalb Berlins. An den Sektorengrenzen und an den Grenzen zur Sowjetischen Besatzungszone beginnt die West-Berliner Polizei mit umfangreichen Kontrollen, um den immer noch florierenden Warenabfluß aus West-Berlin heraus zu unterbinden.

Donnerstag, 3. Februar

Differenzen gibt es zwischen den westlichen Militärregierungen und Westdeutschland einerseits und dem Magistrat andererseits über die Höhe der erforderlichen finanziellen Unterstützung für die Stadt. Der für Berlin zuständige Rechnungshof der britischen Zone in Hamburg ist inzwischen eingeschaltet, und die westlichen Stadtkommandanten sprechen offen davon, daß der Magistrat bei seinen Anforderungen nicht die gebotene Sparsamkeit walten läßt. Der Magistrat soll sparsamer wirtschaften, ist die Forderung, doch der Hauptausschuß der Stadtverordnetenversammlung lehnt die meisten der Empfehlungen der Alliierten Kommandantura, das monatliche Defizit von 30 Millionen Mark zu verringern, ab. Vor allem wendet er sich entschieden gegen Gehaltskürzungen als Weg zur Minderung des Defizits.

Nach einem streng vertraulichen Kassenbericht beträgt der Barbestand des Magistrats an diesem Tag 8.711 Millionen Ost- und 3,6 Millionen Westmark. Die Bankguthaben belaufen sich auf 63, 4 Millionen Ost- und 6,5 Millionen Westmark, die Postscheckguthaben auf 19,87 Millionen Ost- und 2,3 Millionen Westmark.

Große Pläne mit dem Berliner Straßenbahnnetz hat der Ost-Berliner Magistrat. Nach Fertigstellung der Kurfürstenbrücke soll die Linie 72 über Schloßplatz und Französische Straße bis zur Kanonierstraße verlängert werden. Außerdem soll der Lindentunnel wieder in Betrieb und dann die Linie 47, die noch am Kupfergraben endet, bis zum Dönhoffplatz weitergeführt werden.

Die Menschen in der Sowjetischen Besatzungszone hungern und sind unterversorgt, weil sie einen großen, wenn nicht gar den größten Teil der Lebensmittel nach Ost-Berlin liefern müssen. Hier aber quellen die Lager über und Lebensmittel verderben tonnenweise. 173 Behelfsläger sowie 200 kleinere Läger gibt es inzwischen im Ostsektor, aber sie reichen nicht aus. Deshalb wurden in einigen Brauereien behelfsmäßige Lager eingerichtet und in den Bezirken Lichtenberg, Treptow und Pankow Turnhallen für die Einlagerung von Getreide und Sackwaren beschlagnahmt. Auch am Stadtrand müssen Gaststätten und Ausflugslokale als Behelfslager herhalten. Der Ost-Magistrat fordert freien Zugang zum Berliner Westhafen, um auch die dortigen Lagerhallen benutzen zu können.

Ausbauen will der Ost-Magistrat das Netz der „Freien Läden". Er kündigt die Eröffnung von 16 Läden der ehemaligen Cyliax-Filialen als „Freie Läden" an. Für den Wiederaufbau der Kepa sind 250.000 Mark, für Wertheim 150.000 und für Herpich 100.000, für Feder 250.000 und für Jonas am Alexanderplatz 1,8 Millionen Mark ausgegeben worden. Der Tagesumsatz in den HO-Läden hat sich bereits auf eine Millionen Mark erhöht.

Freitag, 4. Februar

Unter Vorsitz von Ernährungsstadtrat Paul Fuellsack findet im Hauptermährungsamt eine Sitzung statt, auf der über den Befehl der westlichen Stadtkommandanten diskutiert wird, die Läden für „freie Lebensmittel" zu schließen. Fuellsack und die übrigen Teilnehmer sind sich einig darüber, daß die Umsetzung des Befehles den Schwarzmarkt beleben würde, die bisher vom Preisamt für freie Waren genehmigten Preise stark ansteigen und dem Finanzamt Steuern entgehen würden. Bis zur endgültigen Klärung des Befehls sollen Kalkulationen für „freie Waren" nicht weitergegeben und Anträge nicht bearbeitet werden

Die Magistratsabteilung für Verkehr spricht von einem durchschnittlichen Monatsverbrauch an Diesel, Benzin und Petroleum von 1.300,9 t. Seit Beginn der Blockade wurden monatlich 1.260 t flüssige Brenn- und Treibstoffe eingeflogen und für den zivilen Verbrauch davon jeweils knapp 500 t freigegeben. Unter der Voraussetzung daß täglich 8.000 t Güter nach Berlin geflogen und die Wirtschaft sich beleben würde, werden nach Berechnungen der Abteilung monatlich 1.883 t Treibstoff benötigt.

Die Zahl der von der Abteilung für Gesundheitswesen ausgegebenen Flugkarten nach Westdeutschland hat ein Ausmaß angenommen, das die Militärregierungen nicht länger hinnehmen wollen. Strenge Richtlinien werden deshalb erlassen, um den unnötige Flüge zu unterbinden. Nur noch für offizielle und geschäftliche Reisen erhalten Mitarbeiter des Landesgesundheitsamtes, Krankenhauspersonal und Vertreter der pharmazeutischen Industrie die unabdingbaren Prioritätsbescheinigungen. Kranken, die die Flugkosten von 200 Mark für den Hin- und Rückflug selbst bezahlen können, wird Priorität dann eingeräumt, wenn sie an Tuberkulose oder an einer anderen ernstlichen, Krankheit leiden, die eine in Berlin nicht mögliche Spezialbehandlung erfordert. Generell ist die Benutzung von Militärflugzeugen nur mit Fahrbefehlen möglich. Sie sind kostenlos und können durch den Generaladjutanten der amerikanischen Militärregierung erteilt werden.

Geschäftsreisen sind gewöhnlich nur mit zivilen Flugzeugen möglich. In der Regel werden die Passagiere mit britischen Flugzeugen aus Berlin herausgeflogen und kehren dann mit Maschinen der American Overseas Airlines zurück.

Willkürakte sind im Ostsektor seit langem keine Ausnahme mehr. Nun wird die Familie des Berliner Landesvorsitzenden Carl-Hubert Schwennicke aus ihrer Wohnung im Ortsteil Buchholz vertrieben. Das Bezirksamt Pankow will die Wohnung zu einem Jugendheim der kommunistischen FDJ ausbauen.

Sonnabend, 5. Februar

Im Berliner „Postkrieg" gibt es beinahe täglich neue Entwicklungen. Der Leiter des Postamtes O 17 im Ostsektor verweigert die Annahme von Paketen, die in den Westsektoren für Empfänger in der Sowjetischen Besatzungszone aufgegeben wurden. Die West-Berliner Postverwaltung weist deshalb alle Postämter in den Westsektoren an, vorerst keine für die Ostzone bestimmte Pakete mehr anzunehmen.

Enteignungen und Verstaatlichungen in großem Umfang kündigt Ost-Berlins Oberbürgermeister Ebert im Admiralspalast an. Auf dem ersten großen „Aktivisten-Kongreß" für die gesamte sowjetisch besetzte Zone spricht er davon, daß weitere 440 Betriebe „in die Hände des Volkes" überführt werden sollen.

Ungeachtet der politischen Situation gibt es dennoch ein außerordentlich fruchtbares kulturelles Leben in der Stadt. Bestes Beispiel ist die Premiere von Puccinis „La Bohème". In der Städtischen Oper singen unter der musikalischen Leitung von Hans Lenzer Irma Beilke, Rudolf Schock, Herbert Brauer und Wilhelm Lang.

Sonntag, 6. Februar

Die Deutsche Wirtschaftskommission will noch mehr Menschen in die staatlichen Läden der Handelsorganisation - HO - locken. In den HO-Verkaufsstellen und -Gaststätten sollen daher zusätzlich Imbißräume eingerichtet werden. Ausdrücklich bestimmt die Wirtschaftskommission, daß in den Potsdamer HO-Läden Waren ausschließlich an Einwohner des Landes Brandenburg ausgegeben werden dürfen, um West-Berliner auszuschließen bzw. sie zu zwingen, im Ostsektor einzukaufen. Auch in einem weiteren Bereich will die SED die West-Berliner endlich zur Eintragung in den Kartenstellen des Ostsektors bewegen. In neuen Einzelhandels-Verkaufsstellen der HO sollen Baumaterialien angeboten werden, die jedoch nur an Ost- und an eingetragene West-Berliner abgegeben werden dürfen.

Glück haben die Kaninchen, die im Neuköllner Kaufhaus Josef ausgestellt sind. Es handelt sich um 1.400 Rassekaninchen, deren Überleben somit weitgehend gesichert ist.

Montag, 7. Februar

Zu einer Geldstrafe von 200 Mark und damit außerordentlich mild wird vom Unteren amerikanischen Militärgericht ein auf dem Flugplatz Tempelhof beschäftigter Arbeiter verurteilt, der von einem Piloten Schokolade gekauft hat. Bekannt ist, daß über die Luftbrücke eingeflogene Güter häufig auf dem West-Berliner Schwarzmarkt wiederzufinden sind.

Immer schwieriger wird in den Westsektoren die Versorgung mit Brillengläsern. Ursache hierfür ist die Spaltung der Versicherungsanstalt Berlin - VAB. West-Berlins Optiker hatten bisher Brillengläser von der VAB zugeteilt bekommen und sind von diesen Lieferungen jetzt ausgeschlossen. Die Folge für die Berliner besteht u.a. darin, daß der Preis für ein Paar Brillengläser in den Westsektoren auf 24 B-Mark gestiegen ist.

Ein eigenes Justizwesen muß nach der Verlegung von Kammergericht und Generalstaatsanwaltschaft aus dem Ostsektor in West-Berlin aufgebaut werden. In dem von der britischen Militärregierung zur Verfügung gestellten York-Haus melden sich von neun Senatspräsidenten acht zum Dienst. Auch der Generalsstaatsanwalt sowie fast alle Staatsanwälte haben sich zur Arbeit in den Westsektoren entschieden.

Obwohl das Ende des Winters absehbar ist, wollen die Westmächte die Kapazität der Luftbrücke u.a. durch den Ausbau der westdeutschen Flugplätze erhöhen. Auf dem Luftbrückenstützpunkt Celle-Wietzenbruch wird mit der Planierung von zwölf Hektar Land begonnen, um die Ladeflächen zu vergrößern.

Dienstag, 8. Februar

Mit viel Sprengstoff sollen die Ruinen der Reichskanzlei in der Voß- und in der Wilhelmstraße beseitigt werden. Abgesehen davon, daß damit ein Relikt der Nazi-Zeit beseitigt wird, werden die anfallenden Baumaterialien dringend benötigt. Zum einen für den Wiederaufbau des U-Bahnhofes Kaiserhof im Bezirk Mitte, vor allem aber und symbolträchtiger zum Bau des sowjetischen Ehrenmales im Bezirk Treptow.

An der Blockade wollen Unternehmen in allen Zonen häufig über Gebühr verdienen. Die Deutsche Großtransport GmbH in Frankfurt beklagt sich, daß die Firma Brömme es ablehnt, Sendungen des Unternehmens mit eigenen

Fahrzeugen zum Flugplatz Erbenheim bringen zu lassen. Angeblich lehnen die Amerikaner es ab, fremde Fahrzeuge auf den Flugplatz fahren zu lassen. Dieser Grund ist allerdings nur vorgeschoben. So verlangt Brömme 4,90 Mark für die Fracht zum Flughafen Erbenheim, muß aber nur eine Mark bezahlen. Daß Brömme bei dieser Verdienstspanne sein Monopol behalten will, liegt auf der Hand.

Die frühere Friedrich-Wilhelms-Universität Unter den Linden erhält auch offiziell ihren neuen Namen. Der Präsident der ostzonalen Zentralverwaltung für Volksbildung entspricht einem schon im November gestellten Antrag des Senates und verleiht der Hochschule den Namen „Humboldt-Universität".

Mittwoch, 9. Februar

Während Oberbürgermeister Ernst Reuter erst London und dann Paris besucht, tritt in Berlin der Blockadeausschuß zusammen. Er wird bei den Alliierten eine Zuteilung von 20 kg Steinkohle je Haushalt beantragen und hält vor allem eine gleichmäßige Berücksichtigung aller Haushalte für wichtig.

Mehrere tausend politische Flüchtlinge haben seit August des vergangenen Jahres in West-Berlin Zuflucht gesucht. Zum einen sind die Westsektoren angesichts der eigenen schwierigen Lage überfordert, diese Flüchtlinge aufzunehmen, zum anderen ist es fast unmöglich, sie nach Westdeutschland weiterzuleiten. Der Magistrat setzt eine Kommission ein, die unter Vorsitz von Sozialstadträtin Dr. Marie-Elisabeth Lüders Fragen der Aufnahme, der Betreuung, des Arbeitseinsatzes und der Weiterleitung der Flüchtlinge klären soll. Die britische Militärregierung sagt zwar zu, wöchentlich 150 politische Flüchtlinge aus Berlin herauszufliegen, doch werden es in der nächsten Zeit nur etwa 80 pro Monat sein.

Abzusehen ist, daß die Flüchtlingsströme weiter anschwellen werden, denn in der Sowjetischen Besatzungszone wie in Ost-Berlin gehen Russen und SED rigoros gegen Andersdenkende vor. Als ein Instrument dafür mißbraucht der Ost-Berliner Magistrat u.a. das „Gesetz zur Einziehung der Vermögenswerte der Kriegsverbrecher und Naziaktivisten". Kurzerhand werden im Ostsektor zahlreiche Unternehmer und Inhaber von Geschäften, die die Deutsche Wirtschaftskommission sich aneignen will, zu Kriegsverbrechern oder Nazis erklärt, um eine Handhabe für die Einziehung der Vermögen zu besitzen. So kommt es, daß statt der vom Ost-Oberbürgermeister Ebert angekündigten 400 einzuziehenden Betriebe jetzt eine Liste veröffentlicht wird, auf der sich 712 Unternehmen finden, die entschädigungslos in das „Eigentum des Volkes" überführt werden.

Schwieriger als erwartet gestalten sich die Abrißarbeiten am Gebäude der ehemaligen Reichskanzlei: Zwar legen Arbeiter einer Enttrümmerungsfirma mit Sprengungen die gesamte Vorderfront nieder, doch zwei Portale bleiben stehen: Der Balkon, auf dem Hitler die Huldigungen entgegennahm, ist von innen mit starken Stahlplatten verstärkt. Die letzten Sprengungen sollen noch in diesen Tagen vorgenommen werden.

Donnerstag, 10. Februar

600 gesundheitlich gefährdete und unterernährte Studenten der TU in Charlottenburg erhalten vier Wochen lang zusätzlich zur Studentenspeisung ein tägliches warmes Essen. Nach Einschätzung des Sozialreferates der TU gelten 30 Prozent aller Studenten als krank, tbc-verdächtig und unterernährt.

In diesem Blockade-Jahr wird die Schulzeit für alle Berliner Schüler von acht auf neun Jahre erhöht. Das Hauptschulamt gibt bekannt, daß aus diesem Grund die Schüler des 8. Schuljahres nicht entlassen werden können.

Dr. Siegfried Löwenthal, Chefpräsident des Landgerichts Berlin, weigert sich, das Kammergericht im Ostsektor als für ganz Berlin zuständig anzuerkennen. Als Folge wird er von den Behörden des sowjetischen Sektors aus seinem Amt entlassen und durch die SED-Funktionärin Hilde Benjamin ersetzt.

Freitag, 11. Februar

Vor Wochen schon hatten die westlichen Stadtkommandanten im Zuge der Verschärfung der Gegenblockade jeglichen Möbeltransport von West- nach Ost-Berlin verboten. Nun sind sie bereit, eine Ausnahme zu machen. Sie wollen dem zweiten stellvertretenden Bürgermeister im Ost-Magistrat, Geske, den Umzug von Neukölln in den Ostsektor unter der Voraussetzung gestatten, daß gleichzeitig die in Ost-Berlin beschlagnahmten Möbel des West-Berliner Stadtrates Walter May freigegeben werden.

Die Spaltung des Berliner Justizwesens vertieft sich weiter. „Volksstaatsanwalt" Berger vom Amtsgericht Mitte wird vom Ost-Magistrat als neuer Generalstaatsanwalt bestätigt, während gleichzeitig der bisherige amtierende Generalstaatsanwalt Loerbroks entlassen wird, weil er sich weigerte, den Anweisungen der Generalstaatsanwaltschaft des Ostsektors zu folgen.

Einen schweren Schlag müssen die Schwarzmarkthändler im britischen Sektor hinnehmen. Bei einer Razzia beschlagnahmt die Polizei neben Care-Paketen u.a. 500.000 Zigaretten, zehn Zentner Kaffee und 20 Zentner Schokolade. Die Waren haben einen Wert von rund 500.0000 Mark und stammen zum größten Teil aus dem Ostteil der Stadt.

Die Amerikaner begehen den 140. Geburtstag Abraham Lincolns. Für sie ist es Anlaß, den West-Berlinern in Steglitz die „Lincoln-Bibliothek" als Außenstelle des Amerika-Hauses zu übergeben.

Sonnabend, 12. Februar

Eine Reihe von West-Berliner Unternehmen haben sich an den Leipziger Messen der Nachkriegsjahre beteiligt, dieses Mal werden sie darauf verzichten müssen. Die westlichen Militärregierungen untersagen ihnen im Rahmen der Gegenblockade die Teilnahme an der bevorstehenden Leipziger Frühjahrsmesse.

Auf eine neue Grundlage wollen die Stadtkommandanten in West-Berlin die Organisation der Parteien und des Vereinslebens stellen. Inzwischen haben 40 politische Parteien und Organisationen die Zulassung beantragt, außerdem 535 unpolitische Verbände.

Schon im November hatten die sowjetische Zentralkommandantur in Ost-Berlin eine dem Schwedischen Roten Kreuz erteilte Erlaubnis zurückgezogen, Lebensmittel, Kleidung und Medikamente durch die Sowjetische Besatzungszone nach West-Berlin zu bringen. Jetzt beschließen die drei westlichen Militärregierungen, 21 Tonnen dieser schwedischen Spende über die Luftbrücke nach Berlin fliegen zu lassen. Ermöglicht wird damit die Speisung von 24.000 Kindern im Alter von drei bis sechs Jahren.

Im Friedrichshagen wird das neue Zweigwerk der Engelbrecht-Werft offiziell seiner Bestimmung übergeben. Gearbeitet wird in diesem Werk allerdings schon seit längerer Zeit, und so wird die Eröffnung mit dem Stapellauf des „Hochseefischkutters 16" verbunden.

Sonntag, 13. Februar

Ein Ende der Trockenkartoffel-Zeit kündigt sich für die Bevölkerung in den Westsektoren an. Die britische Militärregierung ist einverstanden damit, daß künftig nur noch 90 t Kartoffeln täglich, also 50 Prozent des Bedarfes, getrocknet werden sollen, bis die Kartoffeln aufgebraucht oder zu schlecht für die Verarbeitung sind. Die Differenz soll mit Nährmitteln und Reis guter Qualität gedeckt werden. Verträge mit kleineren Firmen und solchen, mit denen man nicht zufrieden war, sollen gekündigt werden. Wert legt die britische Militärregierung jedoch darauf, daß die Produktion wieder aufgenommen werden kann, wenn sich dieses als notwendig erweisen sollte. Die Briten haben damit einem langgehegten Wunsch des Haupternährungsamtes wenigstens teilweise nachgegeben. Das Amt hatte darum gebeten, keinerlei Verträge zur Herstellung von Trockenkartoffelschnitzeln mehr mit dem Ausland abzuschließen. Außerdem hatte es beantragt, daß nach dem 28. Februar keine deutschen Kartoffeln getrocknet werden und daß schließlich vom 10. März an die Lieferung von Trockenkartoffeln nach Berlin völlig eingestellt wird.

Montag, 14. Februar

Unaufhaltsam geht die Teilung der Stadt voran. Jetzt ordnet der Ost-Magistrat den Umzug des Landgerichtes aus Zehlendorf und Alt-Moabit sowie der Geschäftsräume der Register- und Konkursabteilungen des Amtsgerichtes Charlottenburg in die Neue Friedrichstraße in Mitte an.

Daß Berlin auf lange Zeit gespalten sein wird, ist auch aus dem Bericht von Oberbürgermeister Ernst Reuter abzulesen, der in einer außerordentlichen Stadtverordnetenversammlung Auskunft über seine Besuche in London und Paris gibt. So habe ihm der britische Außenminister Bevin auf die Frage nach der Einführung der Deutschen Mark als in den Westsektoren allein gültiger Währung noch kein Datum genannt, aber eine Entscheidung in absehbarer Zeit angekündigt.

Am 20. September des Vorjahres war die Verschickung Berliner Kinder, die es das erste Mal schon 1946 gegeben hatte, wieder aufgenommen worden. Seitdem sind 12.692 Kinder in den Westen geflogen worden, davon 6.523 in die britische Zone, und zwar 2.967 nach Nordrhein-Westfalen, 1.696 nach Niedersachsen, 1.309 nach Schleswig-Holstein und 551 nach Hamburg. In der amerikanischen Zone erholen sich in Bayern 1.750, in Hessen 1.438, in Württemberger 598 und in Bremen 725 Kinder. Die französische Zone hat dagegen gerade 658 Berliner Kinder aufgenommen, die sich in Baden erholen.

Dienstag, 15. Februar

Von diesem Tag an müssen alle Bewohner des Ostsektors den neuen „Deutschen Personalausweis" mit sich führen. Der Ost-Berliner Polizeipräsident empfiehlt zudem, daß die Ost-Berliner auch ihre Arbeitsbücher bei sich tragen, da Kontrollen auf die Arbeitspapiere ausgeweitet würden. Die West-Berliner Ausweise, die mit einem „B" gekennzeichnet sind, reichen im Ostsektor vorläufig noch zur Legitimation aus.

Das Berliner Rohrpostnetz ist zu einem großen Teil im Krieg zerstört worden und noch nicht wieder einsatzbereit. Als Ersatz richtet die West-Berliner Post einen Postschnelldienst ein. Sie verspricht, daß Briefe und Päckchen innerhalb der drei Westsektoren in drei bis vier Stunden ihre Empfänger erreichen. Rückkehr zu einem Stück Normalität bedeutet es, daß die Post auch die zweite tägliche Postzustellung wieder aufnimmt. Sie war zu Beginn des Winters wegen der unzureichenden Beheizung und Beleuchtung der Diensträume eingestellt worden.

Im französischen Sektor drehen sich die Bohrer auf der Suche nach Braunkohle, und jetzt scheinen sich die Investitionen des Magistrats gelohnt zu haben. In 41 m Tiefe wird ein Flöz angetroffen, das eine Mächtigkeit von drei bis vier Metern verspricht. Nach diesem erfolgversprechenden Ergebnis sollen die Bohrschächte um die Roedernallee in Reinickendorf konzentriert werden.

Mittwoch, 16. Februar

Für Bürgermeister Ferdinand Friedensburg ist Berlin auf dem Weg zu einer Stadt mit einer wirtschaftlichen Braunkohleförderung. Er berichtet dem Blokkadeausschuß über die jüngste Braunkohlenfunde und meint, die „stückige Kohle" könne die BVG mit der Straßenbahn abtransportieren. Inzwischen haben sich bereits Braunkohlearbeiter aus West- und Ostdeutschland angeboten. Vorgesehen ist, Spezialarbeiter aus den Westzonen zwei bis drei Monate beurlauben zu lassen und sie zum Anlernen Berliner Bergbauarbeiter einzusetzen. Bei einer Förderung von 2.000 bis 3.000 t täglich rechnet Dr. Friedensburg mit einem Bedarf von 1.000 bis 1.500 Bergarbeitern. Die Abteilung Wirtschaft soll für die Bekleidung und Versorgung mit Schuhen sorgen. Eine Tonne Braunkohle wird zehn bis zwölf Mark kosten und damit rentabel sein. In anderthalb Jahren, so die Rechnung, können die Anlagekosten abgeschrieben werden.

Spätestens am 1. Oktober soll die Förderung aufgenommen werden. Die „stückige Kohle", die 60 Prozent des Abbaus ausmachen wird, ist für Haushalte vorgesehen, die abgesiebte für die Spezialkesselfeuerung. Bei aller Euphorie übersieht Bürgermeister Friedensburg nicht die mangelnde Qualität der erhofften Braunkohle, deren Wasseranteil mit 50 Prozent sehr hoch ist. Eine große Menge Material wird deshalb erforderlich sein, um die Kohle überhaupt zum Brennen zu bringen.

Geklärt ist für Ferdinand Friedensburg auch bereits schon die Frage des sicheren Ausbaus der Schächte, für den bis zu 300 t Holz benötigt werden. In den Wäldern Berlins gibt es insbesondere nach den Einschlagaktionen nicht mehr genügend junges Holz. Es wird daher eingeflogen werden müssen. Obwohl die Westsektoren von der Aufnahme des Braunkohle-Abbaus noch weit entfernt sind, macht sich der Bürgermeister doch auch Gedanken um die Eröffnung des ersten Schachtes. Für ihn steht fest, daß er den Traditionen im Bergbau entsprechend in „hergebrachter feierlicher Form" stattfinden muß. Über seine Erfahrungen bei den Bemühungen, die Bank Deutscher Länder zur Erteilung von Druckaufträgen für Banknoten zu bewegen, erstattet Stadtrat Dr. Holthöfer dem Magistrat Bericht. Seine Aussagen sind wenig optimistisch. Sämtliche Abteilungen des Magistrats sollen sich in Westdeutschland verstärkt um eine Revision der Haltung der Bank Deutscher Länder bemühen. Nicht einverstanden zeigt sich der Magistrat mit dem Befehl der britischen Militärregierung, den bislang von der Abteilung für Post- und Fernmeldewesen betriebenen Sender in der Stallupöner Allee dem Nordwestdeutschen Rundfunk zu übertragen. Der Magistrat hält es in dieser politischen Situation nicht für zweckmäßig, das Rundfunksystem in Berlin derart grundlegend umzugestalten.

Nicht in die Zukunft gerichtet, sondern ganz alltäglich sind indessen die Sorgen der West-Berliner Post. Sie klagt darüber, daß sie wöchentlich 6.000 bis 7.000 Postbeutel braucht, aber nur ein geringer Teil aus dem Westen zurückkommt.

Nach monatelangen Enttrümmerungsarbeiten beginnt Unter den Linden der Neubau der Sowjetischen Botschaft. Das Gelände des früheren Hotels „Bristol" hatte die Sowjetunion noch vor der Währungsreform für fünf Millionen Reichsmark gekauft.

Auf der Lohmühlenbrücke forciert die sowjetische Besatzungsmacht die physische Teilung der Stadt. An der Grenze zwischen den Bezirken Treptow und Neukölln läßt sie Eisenpfähle einrammen und die Brücke somit für den Fahrzeugverkehr unpassierbar machen.

Donnerstag, 17. Februar

Die Justiz im Ostsektor wird vollständig politisiert und in den Dienst der Russen und der SED gestellt. Stadtkommandant Kotikow genehmigt den Befehl Nr. 16 zur Ernennung von Personen zu Richtern und Staatsanwälten. Einzige Voraussetzung ist, daß „diese Personen nach ihren Kenntnissen, moralischen und politischen Eigenschaften befähigt sind, die Funktionen im Interessen des Volkes auszuüben". Diese „Interessen" aber definieren ausschließlich die sowjetische Besatzungsmacht und die SED.

Weil mehr Arbeitslose beschäftigt werden sollen, beschließt der Magistrat, das Enttrümmerungsprogramm wesentlich auszuweiten. Bei den in den Westsektoren im Baubereich tätigen Facharbeitern soll der Anteil des Westgeldes am Lohn auf 20 Prozent gesenkt werden. Damit ist es möglich, die Zahl der bei der Enttrümmerung Beschäftigten auf 28.000 zu erhöhen.

Beunruhigt sind die Stadtverordneten, weil durch einen Einspruch der amerikanischen Militärregierung Schwierigkeiten in der Versorgung der Bewohner der Exklave Steinstücken entstanden sind. Die Siedlung gehörte schon immer zu Wannsee und wurde damit 1920 Bestandteil Groß-Berlins. Nachdem die Franzosen im Dezember die Gemeinde Stolpe an die sowjetische Besatzungsmacht zurückgegeben hatten, soll den Steinstückenern nun ein ähnliches Schicksal erspart bleiben. Der Magistrat soll deshalb schnellstens Verhandlungen mit der Militärregierung aufnehmen, um die Zugehörigkeit Steinstückens zu den Westsektoren sicherzustellen.

Richtlinien für die Arbeit der Haus- und Vertrauensleute im Ostsektor verabschiedet am selben Tag der Ost-Berliner Magistrat. Für 20 bis 30 Haushalte soll ein Hausvertrauensmann und für zehn bis 15 Hausvertrauensleute ein Straßenvertrauensobmann eingesetzt werden. Den Obleuten werden wichtige Aufgaben zugewiesen: Sie sind zuständig für die Ausgabe von Bezugsrechten wie Lebensmittelkarten, Hilfeleistungen bei der Erfassung und zweckmäßigen Ausnutzung von freiem oder unterbelegtem Wohnraum, Hilfeleistung bei der Verbesserung der Wohnverhältnisse und bei der Durchführung sozialer Maßnahmen und für die Ausführung von Anordnungen der Verwaltungsorgane. Vor allem aber werden den „Vertrauensleuten" Spitzelaufgaben zugewiesen. Das System erinnert in vielen Bereichen dem, das die Nationalsozialisten mit den „Haus- und Blockwarten" installiert hatten.

Freitag, 18. Februar

In den Berliner Wechselstuben und bei den Geldschiebern herrscht Panikstimmung. Auslöser sind Gerüchte, nach denen die Sowjetunion einen zweiten Währungsschnitt plant, bei dem die in den Westsektoren vorhandenen Ostmarkbestände jedoch vom Umtausch ausgeschlossen bleiben sollen. In den Wechselstuben ist der Andrang so stark, daß teilweise nur noch Stammkunden bedient werden. Auf dem „freien" Schwarzmarkt sinkt der Ostmark-Kurs auf 6,20 zu einer Westmark.

Um viel Geld geht es auch in Westdeutschland. Gegen den erbitterten Widerstand des Länderrates verabschiedet der Wirtschaftsrat einen Nachtragshaushalt, der Hilfen für Berlin in Höhe von 215 Millionen Mark vorsieht, die weitgehend aus den Erträgen der Kaffee- und Teesteuer finanziert werden sollen. Die Kaffeesteuer war jedoch eingeführt worden, um Verluste der westdeutschen Länder aus einer Senkung der Einkommensteuer auszugleichen.

Jeden Tag gehen in Ost- wie in West-Berlin einfache „Hamsterer" der Polizei ins Netz, aber auch gewerbsmäßige Schwarzmarkthändler, wie auf dem Bahnhof Mahlsdorf. Bei einer Verkehrskontrolle werden ein 51jähriger und ein 30jähriger festgenommen, weil sie 60 kg Sirup bei sich haben. Sie geben zu, seit Weihnachten 60 Zentner Sirup aus der Süßmosterei Kaulsdorf für 5,80 B-Mark pro Kilo im Westen verkauft zu haben. Zehn Zentner Tabak hat angeblich ein 36jähriger aus der Bornholmer Straße verschoben, und für B-Mark zu Schwarzmarktpreisen verkauft.

Fertiggestellt ist die Eisenbahnbrücke über die Spree bei Sindlersfeld im Zuge des Güteraußenringes. Es handelt sich um eine 151 lange Stahlkonstruktion.

Das Ost-Berliner Volksbildungsamt bereitet sich auf das Goethe-Jahr vor. Es beruft einen Ausschuß zur Vorbereitung der Feierlichkeiten, dem Vertreter des Ost-Magistrats, des Kulturbundes und der „demokratischen" Massenorganisationen angehören.

Im Titania-Palast geht eine dreitägige Veranstaltung zu Ende, die wesentlich von Paul Hindemith beeinflußt wird. Zum ersten Mal nach den Krieg besucht der von den Nationalsozialisten zur Emigration gezwungene Komponist die Stadt und spricht vor Studenten und Lehrern der Hochschule für Musik u.a. über „Lebendige Musikgeschichte als Hilfsmittel in der Erziehung der Komponisten". Als Höhepunkt dirigiert er in zwei Konzerten mit den Berliner Philharmonikern neben eigenen Kompositionen Werke von Mozart und Cherubini.

Eine Meldung, die keinesfalls übersehen werden darf: Auf dem Flugplatz Gatow landet ein britisches Flugzeug vom Typ „York" mit der einmillionsten Tonne Fracht im Rahmen der Luftbrücke.

Sonnabend, 19. Februar

Noch haben die Sowjets von dieser Möglichkeit keinen Gebrauch gemacht, aber technisch wären sie durchaus in der Lage, die Kommunikationswege zwischen West-Berlin und Westdeutschland empfindlich zu stören. Diese Abhängigkeit will die amerikanische Militärregierung zumindest verringern. Sie weist die Post- und Fernmeldeverwaltung an, die notwendigen Einrichtungen für den Betrieb einer Funkstation im US-Sektor vorzubereiten und die entsprechenden Materialien zu kaufen und zu installieren. Die Wichtigkeit dieses Befehls wird aus dem Zusatz deutlich: „Diese Anordnung ist eine Zwangsauflage". Damit hat der Magistrat auch die Möglichkeit, Devisen für die Realisierung des Projektes auszugeben.

Eine empfindliche Niederlage muß der kommunistische FDGB hinnehmen, denn die Alliierte Kommandantura weist den Oberbürgermeister an, der Unabhängigen Gewerkschaftsorganisation - UGO - mitzuteilen, daß sie und alle selbständigen angegliederten Verbände von den Westmächten als einzig rechtmäßige anerkannt werden.

Nach neuen Übersichten sind in Berlin insgesamt 3,1 Millionen benutzbare Wohnräume vorhanden. 3,043 Millionen und damit 96,7 Prozent befinden sich in Gebäuden, 104.850 in Lauben oder Behelfswohnungen. Den Hauptanteil machen Wohnungen mit zwei oder drei Räumen aus, fünf Prozent verfügen über vier Zimmer, 4,6 Prozent nur über ein einziges Zimmer.

Sonntag, 20. Februar

Vierzehn Stunden lang wird die Luftbrücke lahmgelegt. Wegen ungewöhnlich starken Nebels können Flugzeuge weder landen noch starten. Entsprechend gering ist auch die Menge der eingeflogenen Güter: Lediglich 86 t können in die Westsektoren eingeflogen werden.

Während die Versorgung der Stadt durch diese Unterbrechung nicht gefährdet ist, machen sich die West-Berliner Kleingärtner Sorgen, weil sie nicht ausreichend Jungpflanzen für das Frühjahr bekommen können. Die Gartenbaubetriebe in Britz, Mariendorf und Lichtenrade hatten vor allem

Blumen gezogen, weil sie nicht genug Kohlen hatten, um die Gewächshäuser im erforderlichen Maße zu beheizen. Die geringen Kohlereserven, über die sie verfügten, waren zudem noch weiter geschmolzen, weil die meisten Bestände abgeholt und Bäckereien zur Verfügung gestellt wurden.

Erhebliche Mühen sind in beiden Teilen der Stadt noch erforderlich, um alle Schulen wieder zu reparieren und die Kriegsschäden zu beseitigen. Von den 238 Schulgebäuden im Ostsektor sind 147 mit 2.670 Klassenräumen in einem Zustand, der einen Unterricht erlaubt. Etliche Schulen werden noch als Krankenhäuser genutzt, bei anderen fehlt die Ausstattung. Schließlich wird eine Reihe von Turnhallen als Lagerräume benutzt. Von den 22 Jugendherbergen, die sich im Ostteil der Stadt befinden, sind nur noch vier funktionsfähig. Die Jugendherbergen in Lehnitz und Borgsdorf sollen wieder aufgebaut werden.

Auch wenn es beinahe täglich zu Todesopfern kommt, weil baufällige Häuser einstürzen, gibt es doch auch so etwas wie Wunder. So überleben zwei Schüler, die am Donnerstag beim Einsturz einer Hausruine in der Perleberger Straße verschüttet wurden. Nach drei Tagen können sie nahezu unverletzt geborgen werden.

In Lebensgefahr dagegen schwebt eine 50jährige Frau aus Neukölln. Sie war beim Kohlesammeln auf dem Gelände der Mittenwalder Eisenbahn von einem Kohlezug angefahren und schwer verletzt worden.

Montag, 21. Februar

Der Bau des Kraftwerkes West war zwar vor der Blockade beschlossen worden, und Richtfest hatte schon vor einigen Monaten gefeiert werden können, doch mit dem Bau geht es nur schleppend voran. Die Errichtung des Kraftwerkes hat nun eine Phase erreicht, in der außerordentlich sperrige Güter benötigt werden, die nur über die Luftbrücke eingeflogen werden können. Mit fast viermonatiger Verspätung werden die ersten dieser Großteile mit einem britischen Transportflugzeug in Gatow eingeflogen. Zusätzlich stationiert die britische Luftwaffe in Wunstorf zwei Flugzeuge, die vorwiegend für den Transport von Maschinen für das Kraftwerk eingesetzt werden sollen.

Nachdem bereits in den Westsektoren ein Postschnelldienst eingerichtet wurde, zieht der Ostsektor jetzt nach. Zwischen den Postämtern der Bezirke Mitte, Friedrichshain, Prenzlauer Berg und Pankow werden der Rohrpostdienst und die Eilzustellung von Karten und Briefen bis 100 g aufgenommen. Bei normalen Sendungen wie Briefen oder Postkarten wird ein Zuschlag 20 Pfennig erhoben, bei Ortsbriefsendungen bis 1.000 g ein Zuschlag von 80 Pfennig. Von den 160 km Rohrpostleitungen aus der Vorkriegs- und Kriegszeit sind im Ostsektor elf Linien in einer Länge von 30 km wieder nutzbar. Mit Hochdruck wird an der Wiederherstellung der Linien um Schlesischen Bahnhof gearbeitet. Von der Zentrale des Haupttelegrafenamtes im Ostsektor werden schon seit einiger Zeit täglich rund 3.000 Telegramme durch das unterirdische Netz befördert. Ziel der Ost-Berliner Postverwaltung ist es, daß keine Sendung länger als 24 Stunden bis zur Auslieferung braucht.

Dienstag, 22. Februar

Vertreter des Hauptemährungsamtes, der Berliner Ernährungsmeinschaft und Stadtrat Paul Fuellsack beraten über die Wiederaufnahme der Margarineproduktion in West-Berlin. In Frage kommen die Fabriken Dr. Hans Stolze und die Bolle-Meierei in Alt-Moabit. Beide Firmen verfügen nach Einschätzung der britischen Militärregierung über die notwendigen Einrichtungen und Voraussetzungen. Es wäre wirtschaftlich ungesund, so die Briten, wenn die Märkische Margarine Union die einzige Fabrik bliebe, die aus Rohstoffen, die aus der Bizone geliefert werden, Margarine herstellt. Die Militärregierung überläßt es dem Magistrat zu entscheiden, welche der beiden Firmen schließlich zur zusätzlichen Margarine-Herstellung ausgewählt wird.

Die Reisebüros in West-Berlin stehen am Rande des Ruines, weil ihnen die Reichsbahndirektion schon seit längerem den Verkauf von Fahrkarten verboten hat. Ab sofort aber können sie in neun Bezirken der Westsektoren „Fahrscheinhefte von und nach allen Stationen der westlichen Besatzungszonen gegen Bezahlung in Ostmark" verkaufen. Voraussetzung ist, daß die Fahrgäste Interzonenpässe, Pässe und Flugscheine vorlegen. Die in den West-Berliner Reisebüros gekauften Fahrscheinhefte haben eine Gültigkeitsdauer von zwei Monaten und können bereits für die Rückfahrt gelöst werden. Außerdem sind in den Westzonen beliebige Fahrtunterbrechungen erlaubt.

Die Hennecke-Bewegung hat alle Bereiche des Ost-Berliner und ostzonalen Wirtschaftslebens erfaßt. Jetzt jubelt die Ost-Berliner Presse darüber, daß in nur vier Stunden ein über zwei Kilometer langer Zug mit 154 Waggons 4.610 t Kohle von Cottbus nach Berlin gebracht hat. Entsprechend werden der Lokomotivführer Richard Wolf und sein Heizer Werner Rasche gefeiert. Auf der Fahrt wurden acht Tonnen Braunkohlenbriketts verbraucht.

Zu einer „freiwilligen" Aktivistenschicht werden die Mitarbeiter des Reichsbahnausbesserungswerkes Revaler Straße aufgefordert. Sie haben die Halle 2 von Schutt zu räumen. In Kürze soll mit dem Aufbau einer neuen Tischlerei begonnen werden, natürlich auch „freiwillig".

Mittwoch, 23. Februar

Überhaupt nicht zu verhindern ist, daß zahlreiche Menschen versuchen, sich in den Westsektoren und im Ostsektor zugleich mit Lebensmitteln und anderen Gütern einzudecken. Die Deutsche Wirtschaftskommission und damit die SED unterstützt dieses Vorgehen, kann sie doch nur auf diese Weise eine einigermaßen politisch ausschlachtbare Zahl von West-Berlinern, die sich im Osten eintragen, vorweisen. Von der Magistratsabteilung für Wirtschaft erfährt Bürgermeisterin Louise Schroeder, daß sich in den vergangenen Monaten eine größere Zahl von Haushalten in beiden Teilen der Stadt auch mit Haushaltswaren eingedeckt hat. Das sei zwar unerfreulich, so heißt es, aber im Vergleich zum Mehrfachbezug von Lebensmitteln erträglich, weil in den letzten Monaten in den Westsektoren keine allzu wertvollen Waren aufgerufen worden waren.

Während die Siegermächte hinter den Kulissen über die Lösung der Berlin-Frage verhandeln, verschärft die SED mit Zustimmung der sowjetischen Zentralkommandantur ihr Vorgehen in Berlin. Die Ost-Berliner Polizei errichtet neue Straßensperren an der Sektorengrenze zu Neukölln, hebt Straßengräben aus und errichtet Betonsperren. Damit ist der Übergang nach Neukölln für Fahrzeuge nur noch an zwei Stellen möglich. Gleichzeitig wird der Übergang Oebisfelde gesperrt, Reisende werden auf Helmstedt verwiesen.

Donnerstag, 24. Februar

Zu einer erheblichen Auseinandersetzung um die Qualität holländischer Trokkenkartoffeln kommt es an diesem Tag. Am holländisch-deutschen Grenzübergang Kaldenkirchen stellt ein Sachverständiger festgestellt, daß sechs Prozent der Trockenkartoffeln minderwertig sind. Trotzdem werden sie nach Wunstorf gebracht, wo allerdings ein Vertreter des Magistrats den Transport nach Berlin ablehnt. Anschließende Prüfungen ergeben, daß mit Ausnahme der Lieferungen einer einzigen Firma die holländischen Kartoffeln besser sind als die deutschen und dänischen.

Eine bedeutsame Entscheidung trifft die Alliierte Kommandantura. Patienten, die sich in Krankenhäusern der Westsektoren aufhalten und im Ostsektor oder in der Sowjetischen Besatzungszone wohnen, sollen - je nach Gesundheitszustand - nach und nach entlassen werden. Desgleichen dürfen Kranken aus dem sowjetischen Besatzungsgebiet nur noch bei Unfällen oder in besonderen Notfällen in West-Berliner Krankenhäusern aufgenommen werden. Begründet wird das Vorgehen damit, daß in West-Berlin genügend Krankenhausbetten zur Verfügung stehen müßten, sollte es zu einer plötzlichen Zunahme von Erkrankungen kommen. Die Anordnung gilt für städtische, kirchliche und private Krankenanstalten.

Am selben Tag genehmigt die Alliierte Kommandantura wichtigen Industrie- und Instandhaltungsbetrieben für den Monat Februar ein Gesamtkontingent von 11.200 Kohle. Das sind 6.636 t mehr als im Vormonat.

Auf Freizeit müssen Arbeiter aus Weißenseer Betrieben verzichten. Sie haben sich auf dem Weißenseer Betriebsbahnhof zu melden, um bei der Verglasung von Straßenbahnwagen zu helfen. 73 von 107 reparaturbedürftigen Wagen werden fertiggestellt. An dieser „freiwilligen“ Schicht nehmen die SED-Betriebsgruppe sowie die dienstfreien Straßenbahner, Postler und Angestellten des Bezirksamtes teil.

Ein Mittel der Korruption der Arbeiter ist das Ferienprogramm des kommunistischen FDGB. Er wird vom 1. Mai an 35.000 Ferienplätze in den Bädern an der Ostsee und im Harz zur Verfügung stellen. Berechtigungsscheine werden ab Mitte März durch die Betriebsgewerkschaftsleitungen ausgegeben.

Freitag, 25. Februar

2.470 Flüchtlinge aus der Sowjetischen Besatzungszone und aus Ost-Berlin haben sich bisher im Februar in den Westsektoren gemeldet. Sozialstadträtin Marie-Elisabeth Lüders erklärt vor dem Rat der Bezirksbürgermeister, daß die zentrale Unterbringung dieser Flüchtlinge in Lagern möglich ist. Auf seine Eignung überprüft werden soll jetzt das Personal der Lager, nicht zuletzt deshalb, weil die Vermutung aufkommt, daß sich unter den Beschäftigten auch von der SED eingeschleuste befinden könnten.

Ein endgültiger Trennstrich wird im Bereich der Krankenversicherung gezogen. Die Versicherungsanstalt Berlin West wird künftig bei Neuerkrankungen Leistungen nur noch übernehmen, wenn die Versicherten in den westlichen Sektoren beschäftigt sind. Damit reagiert die Anstalt auf die Haltung der Versicherungsanstalt im Ostsektor, die einen Zahlungsausgleich für Patienten, die im Ostsektor arbeiten und sich im Westteil behandeln lassen, ablehnt. Etwa 75.000 Versicherte, die im Ostsektor arbeiten, aber im Westteil Berlins wohnen, müssen sich in Zukunft im Ostsektor behandeln lassen, weil ihre Versicherungsbeiträge der Ost-Berliner Versicherungsanstalt zufließen.

Sonnabend, 26. Februar

Bisher gilt die Regelung, daß Stipendienempfänger mit Wohnsitz in West-Berlin 25 Prozent ihres Stipendiums in Westgeld ausgezahlt bekommen, im Ostsektor wohnende Studenten dagegen ausschließlich Ostmark. In der Finanzabteilung herrscht nun die Auffassung vor, Stipendienempfänger Sozialhilfempfängern gleichzustellen und ihnen in Zukunft gleichmäßig zehn Prozent der Stipendien in Westmark zu geben. Gegen eine solche Regelung erhebt die Abteilung für Volksbildung Einspruch, weil übersehen wird, daß Hochschüler und Fachschüler in erheblichem Maß für Lehrmittel und Bücher Westmark zahlen müssen. Es sollen deshalb alle Stipendienempfänger, die in den Westsektoren studieren, unabhängig vom Wohnsitz 25 Prozent Westmark erhalten, schlägt die Abteilung für Volksbildung vor.

Für den Personenflugverkehr Berlin - Frankfurt werden neue Richtlinien herausgegeben. Fliegen dürfen danach Personen nur im Auftrag der Berliner Wirtschaft, des Landesgesundheitsamtes, des Hauptemährungsamtes und der Verwaltung. 94 Mark sind für den einfachen Flug zu zahlen, 168 für Hin- und Rückflug. Den Reisenden wird empfohlen, sich einen Tag vor dem vorgesehenen Abflug bei der American Overseas Airlines zu erkundigen, ob der Flug tatsächlich stattfinden kann.

Sonnabend, 27. Februar

Immer wieder wird - auch vom Magistrat - gefordert, die tägliche Transportleistung der Luftbrücke zu erhöhen. Der Blockadeausschuß allerdings stellt jetzt die Frage, ob die West-Berliner Industrie angesichts der finanziellen Schwierigkeiten und ihrer reduzierten Kapazitäten überhaupt noch die avisierten täglich einzufliegenden 8.000 t Kohle verarbeiten kann. Das größte Problem sei das Fehlen von Rohstoffen, für die kein ausreichender Transportraum zur Verfügung gestellt werde. Die feste Relation zwischen Rohstoffen und Stromverbrauch muß nach Ansicht des Blockadeausschusses aufrechterhalten werden. Deshalb ist eine höhere Stromausnützung zur Zeit überhaupt nicht erwünscht. Ins Visier des Ausschusses sind zudem die besonders hohe Transportkosten in Tegel geraten. Ein Beauftragter der Abteilung Wirtschaft wird deshalb überprüfen, ob in Tegel eine Monopolstellung mißbraucht wird.

Auch im übrigen Verlauf der Sitzung geht es um Fragen der Luftbrücke. So soll der Magistrat dafür sorgen, daß 50 t Zement, Mörtel, Holz, Glas, Dachpappe und andere Baumaterialien eingeflogen werden. Außerdem wird die Abteilung für Verkehr beauftragt, mit den Militärregierungen über ein größeres Personenkontingent zu verhandeln.

Montag, 28. Februar

Schneller als erwartet, greift die Alliierte Kommandantura eine Bitte von Oberbürgermeister Ernst Reuter auf, mehr Transportraum für die Beförderung der Post bereitzustellen. Das Komitee für Post- und Fernmeldewesen genehmigt eine Erhöhung des Paketgewichtes von vier auf sieben Kilogramm. Außerdem dürfen vom 10. März an Briefe und Geschäftspapiere bis zu einem Gewicht von zwei Kilogramm sowie Päckchen mit einem Gewicht bis zu 1.000 g wieder ins Ausland geschickt werden.

In West- wie in Ost-Berlin wurden beschlagnahmte Schwarzmarktwaren häufig zur Motivation der Arbeiter verteilt. Hier werden 30.000 beschlagnahmte Zigaretten an Flughafenarbeiter in Gatow ausgegeben. (Foto: Berliner Zeitung, 25/5/2/4)

Stabsquartier auf dem britischen Luftbrückenflugplatz Gatow. (Foto: Royal Air Force)

gistrat von Groß-Berlin
ilung für Verkehr und Betriebe
— Verkehrsamt —

Berlin, den 25. Februar 1949
Charlottenburg 2, Fasanenstr. 7/8
Tel.: 32 51 91

Richtlinien

für den Personen-Flugverkehr zwischen Berlin und Frankfurt/Main

1. Anträge auf Flugkarten für die Fluglinie Berlin—Frankfurt sind bei den zuständigen Fachabteilungen des Magistrats von Groß-Berlin zur Befürwortung einzureichen.
2. Die befürworteten Anträge sind von dem Antragsteller anschließend der zuständigen Fachabteilung der Amerikanischen Militärregierung zur Genehmigung vorzulegen, z. B.

   Personen, die im Auftrage der Berliner Wirtschaft reisen, wenden sich an die Economic Branch der Amerikanischen Militärregierung, Berlin-Steglitz, Brentanostr. 52,

   Personen, die im Auftrage des Landesgesundheitsamtes reisen, wenden sich an die Public Health Branch der Amerikanischen Militärregierung, Berlin-Steglitz, Grunewaldstraße 35,

   Personen, die im Auftrage des Haupternährungsamtes reisen, wenden sich an die Food and Agriculture Branch der Amerikanischen Militärregierung, Berlin-Steglitz, Brentanostr. 52,

   Dienstreisende der Verwaltung wenden sich an die Civil Administration, Berlin-Steglitz, Grunewaldstr. 35.
3. Die genehmigten Anträge erhalten von der zuständigen Fachabteilung der Amerikanischen Militärregierung eine Befürwortung zur Erlangung einer Priorität.
4. Die genehmigten Anträge müssen nach Erhalt von den zuständigen Fachabteilungen der Amerikanischen Militärregierung vom Antragsteller persönlich der Amerikanischen Militärregierung, Kronprinzenallee 138, Zimmer 224, vorgelegt werden.
5. 72 Stunden vor Beginn des Fluges wird dem Antragsteller von der Amerikanischen Militärregierung, Zimmer 224, Büro Mr. Katz, die Fluganweisung und die Flugkarte ausgehändigt. Der Flugpreis für den Hin- und Rückflug beträgt 168,— DM West; für den Hinflug ohne Rückflug 94,— DM West.
6. Es empfiehlt sich, daß der Flugreisende einen Tag vor Abflug bei der A.O.A (American Overseas Airlines) unter Tel. 66 69 33 nachfragt, ob der Flug zum genannten Termin durchgeführt wird.
7. Personen, die bereits für einen Flug registriert sind und trotzdem für sich eine andere Flugmöglichkeit in Anspruch nehmen, verlieren für die Zukunft ein Anrecht auf Erteilung einer Fluggenehmigung bei der A.O.A.
8. Mehr als 20 kg Freigepäck dürfen nicht mitgenommen werden.
9. Jeder Reisende darf außerdem nur 300,— DM West aus Berlin ausführen. Ausnahmegenehmigungen erteilt die Währungskommission, Berlin-Charlottenburg, Bismarckstraße 48—52.
10. Für den Rückflug ab Frankfurt hat sich der Flugreisende in Frankfurt 72 Stunden vor dem festgesetzten Rückflugdatum bei Miss Scelsi, Room D 060, AG Travel Section, Bipartite Control Office (IG Farben Bldg., Frankfurt) zur Bestätigung und Rückreiseberechtigung zu melden.

1729. Din A 4. 500. 3. 49

Taschendiebe und Hochstapler sind am Werk

und plündern mit ihrem Westmarkschwindel erbarmungslos West-Berlin und die Berliner aus.

Wieder sind ihnen Tausende Berliner zum Opfer gefallen. Die Gerüchte von einem angeblich bevorstehenden Geldumtausch in der sowjetischen Besatzungszone haben sich als ein großangelegter Schwindel herausgestellt. Und Ihr Betrogenen und Bestohlenen? Wollt Ihr das tatenlos hinnehmen? Das hieße, diese Betrüger zu weiteren und noch schlimmeren Schandtaten ermuntern.

Diesem schmutzigen Spekulantengeschäft politischer Hochstapler mit den Nöten der Berliner Bevölkerung muß schnellstens ein Ende bereitet werden. Alles Hoffen und Warten ist sinnlos!

Der Volksausschuß für Einheit und gerechten Frieden,

.... **ruft auf zur**

Kundgebung der nationalen Selbsthilfe

gegen die fortgesetzten Verbrechen an unserer Hauptstadt und seiner werktätigen Bevölkerung

am .... **um** ....

in ....

Die Spalter in Ketten — heißt Berlin retten

Volksausschuß für Einheit und gerechten Frieden

....

(73, 562. 2. 49 B—057150

Westberliner Taschendiebe und Hochstapler plündern die Berliner!

Nicht genug, daß die westlichen Militärregierungen und ihre deutschen Lakaien im Spaltermagistrat mit dem Luftbrückenmanöver Westberlin ausplündern, die Produktion nach dem Westen verschleppen, zehntausende Werktätige um ihre Arbeitsplätze bringen, haben sie mit einem großangelegten Börsencoup, mit Taschendieberei und politischer Gaunerei im wahrsten Sinne des Wortes versucht, ihre bankrotte Mißwirtschaft auf Kosten der arbeitenden Bevölkerung zu sanieren. Die Pleite des Reuter-Magistrats wuchs ins Unheimliche. Die Gelder der Unternehmungen für die Auszahlung von Löhnen und Gehältern versiegten immer mehr, wie auch die Kassen der Westberliner Parteiführer. Der Bittgang zur Bizone für die Bewilligung von Kredithilfe verlief ergebnislos. So entschlossen sich die Bankrotteure zu einer tollen Kursspekulation, um wieder flüssige Gelder in ihre schmutzigen Finger zu bekommen.

Panikmache bringt fette Gewinne

Falschmeldungen über angeblich neue Währungsmaßnahmen in der Ostzone wurden zuerst von der britischen Zeitung „Die Welt" und dann von allen westlichen Blättern verbreitet. Ganze Kolonnen fragwürdiger Gestalten setzte man auf den Schwarzmarktplätzen als Anreißer für Angstverkäufe der Ostmark ein. Und nun begann das große Geschäft. Der Kurs der Spekulationsmark stieg auf 1:4, 1:5, 1:6 bis 1:10. Der RIAS-Sender dirigierte die Aktion über den Aether und suchte den Kurs auf 1:12 bis 1:15 zu treiben. Man hatte natürlich den Freitag für den Höhepunkt des Geschäfts gewählt, um die Lohnempfänger kräftig zu schröpfen. Als man genug abgeschöpft hatte, fiel der Kurs schnell ab und erreichte schon am Sonnabend nachmittag den Stand von 1:4 und 1:3,5. Die Geldmacher in der Zietenstraße und die ganze übrige Sippschaft von Spekulanten haben rund 50—70 Millionen dabei eingeheimst. Die Berliner aber, die diesen notorischen Lügnern und Schwindlern immer noch Glauben schenken, sind die Betrogenen. Und die Ostmark? Sie ist trotz aller Machinationen stabil und unerschütterlich und die Berliner, die auf die Ostmark vertrauten, sind vor Schaden bewahrt geblieben. Das ist die Bilanz.

Nun urteilt selbst, Berliner!

Haben die Reuter, Suhr, Mattick und Konsorten nicht wie ganz gemeine Verbrecher an den Berlinern gehandelt? Und seid überzeugt und gewarnt: das ist gewiß nicht ihre letzte Schandtat, wenn Ihr es jetzt verabsäumt, sie zur Rechenschaft zu ziehen.

Greift zur Selbsthilfe!
Hinaus mit dem Gesindel!
Prangert sie an!
Fordert, daß die Urheber dieses Raubzuges unter Anklage gestellt werden!
Verfahrt mit ihnen, wie jede menschliche Gemeinschaft mit Verbrechern zu verfahren pflegt!

STÄNDIGER BERLINER AUSSCHUSS
FÜR EINHEIT UND GERECHTEN FRIEDEN

(73) 601. 2. 49 B - 057 150

Dienstag, 1. März

Erneut befaßt sich der Ernährungsausschuß der Stadtverordnetenversammlung mit dem Problem „Trockenkartoffeln“ und fordert Verhandlungen mit dem Ziel, diese ungeliebten Erzeugnisse durch Nudeln, Mehl und eiweißhaltige Nahrungsmittel zu ersetzen. Die weiblichen Abgeordneten hätten nun die Pflicht, auf die Einstellung der Trockenkartoffel-Lieferungen zu drängen, wenn das Haupternährungsamt dazu nicht in der Lage sei, heißt es. Die Stadtverordnete Frau Dr. Klingelhöfer fordert, daß statt Kindernährmittel wie „Aromax“, „Haika“ oder „Hansa“ lieber Reis, Hafer- und Gerstengrütze, „Gustin“, „Maizena“ und „Mondamin“ eingeflogen werden sollten, die für Kinder unentbehrliche Aufbaustoffe enthielten. Immerhin nehme die Tuberkulose bei Kindern zwischen 10 und 14 Jahren erheblich zu, weil die Zusammensetzung der Lebensmittel nicht die richtige sei.

Außerdem wird in der Sitzung verlangt, daß endlich Getreide statt nur Mehl geliefert wird, zum einen, um die Mühlen der Stadt zu beschäftigen, zum anderen aber auch, weil das Mehl aus Westdeutschland zum Teil „abscheulich“ sei.

„Richtlinien für die Gewährung eines vorläufigen Blockade-Ausgleiches“ stellt die Notgemeinschaft der Berliner Wirtschaft auf. Angestrebt wird, daß die Unternehmen West-Berlins, „die infolge nachweisbarer Auswirkungen der Blockade Schäden erlitten haben und deren Aufrechterhaltung wirtschaftlich notwendig ist“, einen finanziellen Ausgleich bekommen. Kriterien bei der Mittelvergabe sind u.a. Transport-, Lager- und Verpackungskosten sowie Mehrkosten, die dadurch bedingt sind, daß Produktion und Absatz sich nicht in der vor der Blockade vorgesehenen Form verwirklichen lassen. Für stillgelegte Firmen sind Ausgleichszahlungen vorgesehen, falls Ausgaben notwendig sind, um Gebäude, Maschinen und Einrichtungen instand zu halten und vor Zerstörung zu schützen. Ebenso sollen Zuschüsse gewährt werden, falls Mieten und Pachten weiterlaufen. Gefördert werden sollen schließlich Unternehmen, die durch diese Zahlungen ihre Arbeit sofort wieder aufnehmen können oder deren Bestand sonst gefährdet wäre. Die Entscheidungen über die Gewährung der Ausgleichszahlungen soll einem Ausschuß aus Mitgliedern des Magistrats, der gewerblichen Wirtschaft und UGO vorbehalten sein.

Mittwoch, 2. März

Zu einer gemeinsamen Sitzung kommt die Verwaltung des Bezirks Prenzlauer Berg mit Vertretern des Demokratischen Blocks zusammen. Vorbereitet wird u.a. die Wahl der Haus- und Straßenvertrauensleute. Außerdem werden die Weichen für den „freiwilligen“ Arbeitseinsatz der Einwohner gestellt. So sollen u.a. öffentliche Plätze von Mitgliedern der Massenorganisationen wiederhergerichtet werden. Generell einigen sich Bezirksamt und Demokratischer Block darauf, daß alle Arbeiten, für die nicht unbedingt Fachleute benötigt werden, durch „ehrenamtliche“ Kräfte erledigt werden sollen. Dazu zählten z.B. das Umgraben und die Anlage von Grünflächen.

Besonders skrupellos sind Schwarzschlächter vorgegangen, die sich vor der Großen Strafkammer in Moabit zu verantworten haben. Die Angeklagten waren mit gestohlenen Lastwagen ins Berliner Umland gefahren und hatten dort grasendes Vieh von der Weide gestohlen, geschlachtet und in die Westsektoren verschoben. Sie werden zu Zuchthaus- und Gefängnisstrafen verurteilt.

Ein Kontingent von 500.000 m^2 Dachpappe wird im Ostsektor freigegeben. Sie wird über die Bezirke verteilt.

Eine umfangreiche Tagesordnung hat der Magistrat abzuarbeiten. Er befaßt sich mit der Frage des Umganges mit der Presse, wobei Oberbürgermeister Ernst Reuter zu der Überzeugung gekommen ist, daß ein Mittelweg gefunden werden muß zwischen Mitteilungen, die sich zur Veröffentlichung eignen und solchen, die im Interesse der Verwaltung nicht publiziert werden dürfen. Die französische Militärregierung hat mitgeteilt, daß etwa 250 auf dem Flugplatz Tegel beschäftigte Personen entlassen werden. Sie sollen nach Möglichkeit von der Berliner Flughafen GmbH übernommen werden. Zugleich soll geprüft werden, ob nicht auch für den Flugplatz Tegel eine Verwaltungsform als GmbH gefunden werden kann.

Auch wenn es um die West-Berliner Finanzen schlecht bestellt ist, soll die Kultur darunter so wenig wie möglich leiden. Der Magistrat bildet eine Ankaufskommission zur gutachterlichen Stellungnahme beim Ankauf von Kunstgegenständen. Ihr gehören der Oberbürgermeister, der Leiter der Abteilung für Volksbildung, der Stadtkämmerer sowie als Vertreter des Kunstlebens die Professoren Carl Hofer, Karl Schmidt-Rottluff, Edwin Redslob und die Bildhauerin Renée Sentenis an. Ergänzt wird die Kommission durch weitere je drei Vertreter der Stadtverordnetenversammlung und der Abteilung für Volksbildung.

Weiter beschließt der Magistrat, für die Dauer von fünf Jahren das Grundstück Am Kleinen Wannsee Nr. 19 und das Gebäude als Gästehaus des Magistrates zu nutzen. Die Bewirtschaftung wird dem Hotelier Gehrhus übertragen.

Zum Stand der Braunkohlebohrungen berichtet Bürgermeister Ferdinand Friedensburg, daß an den meisten Stellen in 35 bis 45 Meter Tiefe gute Kohle gefunden worden sei. Für den Magistrat ist dieses Anlaß, den Kredit für die Bohrarbeiten von 100.000 auf 160.000 Mark zu erhöhen.

Weniger erfreulich sind einige weitere Themen dieser Sitzung. So kann der Magistrat lediglich zur Kenntnis nehmen, daß die westlichen Stadtkommandanten vorerst keine politischen Flüchtlinge nach Westdeutschland mehr ausfliegen lassen. Das zentrale Flüchtlingslager in Düppel soll daher beschleunigt ausgebaut werden.

Auch der Bericht von Bürgermeister Friedensburg über Gespräche mit Vertretern der Bank Deutscher Länder kann nicht hoffnungsvoll stimmen. Anstatt Banknoten in der Staatsdruckerei Berlin drucken zu lassen, hat die Bank Deutscher Länder jetzt den Druckauftrag für Fünf-Mark-Scheine nach London vergeben. Dafür werden zwanzig Millionen Mark gezahlt werden müssen.

Einen düsteren Zustandsbericht über die Situation in der Staatsdruckerei gibt auch die Hauptverwaltung für Post- und Fernmeldewesen dem Oberbürgermeister. Alle Bemühungen bei der westdeutschen Post bzw. der Bank Deutscher Länder sind vergeblich gewesen. Dieses hat dazu geführt, daß nur noch vier Tage in der Woche gearbeitet werden kann und weitere 200 Mitarbeiter entlassen werden müssen. Um die Fachkräfte nicht zu verlieren, werden sie inzwischen mit dem Kopieren der Werke alter Meister beschäftigt

Donnerstag, 3. März

Nach einem Beschluß des federführenden Ernährungsausschusses der Militärregierungen sollen im März täglich 1.320 t Nahrungsmittel eingeflogen werden, und zwar 646 t Mehl, 125 t Nährmittel, 64 t Fett, 109 t frisches Fleisch, 180 t Trockenkartoffeln, 85 t Zucker, 11 t Kaffee-Ersatz, 19 t Trockenmagermilch, 5 t Trockenvollmilch, 3 t frische Hefe, 38 t Salz, 18 t Trockengemüse, 10 t Käse und eine Tonne Gemüsesamen.

Mit dem Gesundheitszustand der Kinder in den Westsektoren befassen sich die Stadtverordneten und müssen hören, daß bei Kindern im Alter von neun bis fünfzehn Jahren besonders häufig Mangelerscheinungen festzustellen sind. Der Magistrat soll bei den Alliierten vorstellig werden, um für diese Kinder Zusatznahrung einzufliegen zu lassen. 150.000 Kinder in West-Berlin erhalten nach Kartengruppe IV c täglich 50 g Brot und 10 g Nährmittel weniger als nach Kartengruppe III und weisen einen beängstigenden Gesundheitszustand auf. Gefordert werden in erster Linie eiweiß- und fetthaltige Nährmittel sowie eine Erhöhung der Brotration

Optimistisch gibt sich Bürgermeister Friedensburg gegenüber den Stadtverordneten hinsichtlich der Suche nach Braunkohle. Die Bohrungen 5 und 6 in der Reinickendorfer Kienhorststraße haben eine Tiefe von 60 m erreicht und sind noch nicht fündig geworden. Dafür aber ist die Bohrung 7 mit dem Namen „Louise" auf Kohle „in edler Beschaffung" gestoßen. Auch die Bohrung „Ferdinand" stimmt hoffnungsvoll, ist doch ein Flöz von einer Mächtigkeit von 4,2 m ermittelt worden gegenüber einer Mächtigkeit von „Louise" von 4,3 m. Angesichts dieser Ergebnisse hofft der Bürgermeister auf einen Tagesabbau von 50 t.

Neue Wege im Wiederaufbau der Stadt will der Bezirk Charlottenburg gehen. Eigentümer, Verwaltung und Bauleute wollen gemeinsam Wohnungen und Geschäftsräume errichten. Dabei geht es jedoch nicht um Neubauten, sondern um die Wiederherstellung zerstörter Gebäude. 2.4 Millionen Ostmark stehen hierfür schon bereit. Versucht wird nun, 50 Prozent der Summe in Westmark umzutauschen. Denn Löhne müssen zu 25 Prozent und Baumaterialien sogar bis zu 70 Prozent in Westmark gezahlt werden. Die Genehmigung zum Umtausch würde 300.000 Tagewerke für 700 Arbeiter, davon 500 Facharbeiter, bedeuten. Die Bezirksverordneten wollen jedoch nicht nur Wohn- und Geschäftsräume schaffen, sondern auch die kulturellen Einrichtungen restaurieren. Dazu gehören das Schillertheater, die Musikakademie, das Opernhaus und das Charlottenburger Schloß. Unverzüglich wieder aufgenommen werden soll die Enttrümmerung des Schillertheaters, die schon weit vorangeschritten war, aber zu Beginn der Blockade eingestellt werden mußte.

Zu einem brennenden Problem äußert sich Bezirksbürgermeister Horlitz: In den Reichssportfeld-Baracken sind augenblicklich 120 bis 150 politische Flüchtlinge aus der sowjetisch besetzten Zone untergebracht. Horlitz fordert, daß diese Flüchtlinge täglich vier Stunden arbeiten sollten, viele von ihnen sich aber weigerten, dieses zu tun. Außerdem argwöhnt er, daß sich unter den Flüchtlingen viele Spitzel der SED befinden. Ausdrücklich würdigt der Bezirksbürgermeister die Bemühungen der britischen Militärregierung, politische Flüchtlinge auszufliegen. Es werden zwar nicht die ursprünglich versprochenen wöchentlich 150 Flüchtlinge ausgeflogen, doch immerhin monatlich achtzig. Schwierigkeiten bereitet die Aufnahme der Flüchtlinge in Westdeutschland, weil diese dort wegen der zunehmenden Arbeitslosigkeit in den Westzonen immer weniger willkommen sind. Die Bezirksverordneten müssen nach umfangreichem Arbeitsprogramm die Sitzung schließlich wegen der unerträglichen Kälte vorzeitig abbrechen.

Auch im Bezirk Tiergarten geht die Enttrümmerung zügig voran. In Kürze soll eine Groß-Enttrümmerungsanlage auf dem Sportplatz Tiergarten am Bahnhof Zoo ihren Betrieb aufnehmen. Abgetragen werden sollen die Trümmer der Gedächtniskirche, weil sie durch den drohenden Einsturz eine erhebliche Gefahr darstellen. Wenn monatlich drei Millionen Mark bereitgestellt werden, können täglich 3.000 cbm Trümmer bewegt werden.

74 Landwirte gibt es im Bezirk Reinickendorf, die bisher rund 100 Hektar Pachtflächen auf ostzonalem Gebiet bewirtschaftet haben. Dieses ist ihnen von der sowjetischen Besatzungsmacht verboten worden. Die Bezirksverordneten stellen ihnen jetzt Ackerland zur Verfügung, das im Bezirk liegt und Bewohnern des Ostsektors gehört.

Terror und Entführungen gehören in der geteilten Stadt weiterhin zum Alltag. Unter dem Vorwand, sein ihm gestohlenes Fahrrad zurückzugeben, wird ein 37jähriger aus Neukölln durch angebliche Kriminalbeamte nach Groß-Ziethen gelockt und ist bisher noch nicht zurückgekehrt.

Freitag, 4. März

Wiederum wird die Luftbrücke von einem schweren Unglück betroffen. Über dem Gebiet der sowjetisch besetzten Zone, bei Langensalza in Thüringen, stürzt ein amerikanisches Transportflugzeug ab, das sich auf dem Weg von Wiesbaden nach Berlin befindet. Ein Besatzungsmitglied stirbt, vier weitere können sich mit dem Fallschirm retten. Erst nach mühseligen Verhandlungen mit der russischen Kommandantur gelingt es den Amerikanern, die Überlebenden freizubekommen und nach Berlin zu bringen

Mit Gewalt geht die Ost-Berliner Polizei gegen einen Fuhrunternehmer vor. Gegen 19.45 Uhr wird der Fuhrunternehmer in der Kiefholzstraße in Treptow aufgefordert, mit seinem Fahrzeug zu halten und zur sowjetischen Kommandantur zu fahren. Als er weiterfährt, springt ein Ost-Berliner Polizist ins Fahrerhaus und schießt fünf Mal in das Getriebe des Wagens. Erst auf West-Berliner Gebiet springt der Polizist aus dem Lastwagen und läuft achtzig Meter zurück in den Ostsektor.

Mehrere Erleichterungen können auf dem Gebiet der Kommunikation zwischen West-Berlin und Westdeutschland gemeldet werden. Um 11.15 Uhr wird als neues Bindeglied zwischen Berliner Wirtschaft und der Wirtschaft der Bizone der Fernschreibverkehr zwischen den Dienststellen des Magistrats und den Westzonen eröffnet. Einen Schritt hin zur Normalisierung stellt auch die Entscheidung der Alliierten Kommandantura dar, im Interzonenpostverkehr Postwurfsendungen im selben Umfang zu befördern, wie vor der Blockade.

Immense Lebensmittelmengen haben die Länder der sowjetisch besetzten Zone nach Berlin zu schicken, und es versteht sich, daß diese nicht immer bester Qualität sein können. So beschwert sich der Ost-Berliner Magistrat darüber, daß das Weizenmehl aus Sachsen-Anhalt bis zu 16 Prozent und damit zu viel Feuchtigkeit enthält. Dem Backgewerbe ist es mit diesem Mehl nicht möglich, den von der Zentralkommandantur vorgeschriebenen Ausback von 140 Prozent für Weißbrot zu erreichen. Neben der geldlichen Erstattung fordert der Ost-Berliner Magistrat von Sachsen-Anhalt die Nachlieferung von vier Tonnen Weizenmehl.

In den Westsektoren geben immer mehr SED-Mitglieder ihr Parteibuch zurück und sind auch nicht bereit, sich in Betriebsgruppen zu engagieren. Die Organisationsabteilung der SED fordert einen Bericht an, weil ihr berichtet worden ist, daß sich in Wilmersdorf zahlreiche Betriebsgruppen aufgelöst haben. Diesem Bild entspricht auch eine Betriebsversammlung des Siemens-Gerätewerkes mit 3.400 Beschäftigten. Bei nur zwölf Gegenstimmen wird eine Resolution angenommen, mit der die Entlassung aller Betriebsangehörigen gefordert wird, die Mitglied der SED oder des kommunistischen FDGB sind. An ihrer Stelle sollen Arbeiter und Angestellte beschäftigt werden, die aus politischen Gründen in der Sowjetischen Besatzungszone oder in Ost-Berlin ihren Arbeitsplatz verloren haben.

Sonnabend, 5. März

Auf das Feiern wollen die Berliner, das haben sie in den vergangenen Monaten oft genug gezeigt, auch in diesen Notzeiten nicht verzichten. Im Thefi-Haus findet der erste Berliner Presseball der Nachkriegszeit statt.

Mit den alltäglichen Problemen befaßt sich derweil die Hauptabteilung Aufbau des Magistrats und berät über das monatlich erforderliche Baustoff-Einflug-Programm. Um die Bauwirtschaft einigermaßen zu beschäftigen und die wichtigsten Arbeiten erledigen zu können, müssen pro Monat 1.500 t Baustoffe eingeflogen werden, und zwar je 300 t Zement und Zementklinker, 150 t Gips, dazu 210 t Glas und Kitt, 210 t Bitumen, Asbest und Magnesit,

150 t Sanitärmaterial, 90 t Holzfaserplatten und Sperrholz und schließlich 60 t Kleingerät und Werkzeug. Die Materialien sollen zu 45 Prozent dem amerikanischen, zu 35 Prozent dem britischen und zu 25 Prozent dem französischen Sektor zur Verfügung gestellt werden.

Erneut moniert der Blockadeausschuß, daß kein Getreide nach Berlin geliefert wird, sondern ausschließlich fertiges Mehl. Die westdeutsche Mühlenindustrie soll gefragt werden, ob sie bereit ist, die zusätzlichen Gewinne, die sie aus dem Mahlen des Getreides für Berlin erzielt, den Westsektoren zu überlassen.

Sonntag, 6. März

Mit einer Neuregelung soll verhindert werden, daß kommunistisch beeinflußte Druckerzeugnisse die Westsektoren überschwemmen, während gleichzeitig die Presse des Westens im Ostteil der Stadt verboten ist. Vertrieb, Verkauf und die gewerbsmäßige Verleihung von Zeitungen und Zeitschriften in West-Berlin müssen deshalb neu lizensiert werden.

In Frankfurt am Main gehen die Auseinandersetzungen um die Lieferung von Trockenkartoffeln in eine neue Runde. Auf Anweisung des Zweimächtekontrollamtes sind die zuständigen Länderministerien darüber zu informieren, daß der Trockenkartoffelbedarf für Berlin ab 1. März auf monatlich 3.000 t festgesetzt ist. In der Stadt lagern zur Zeit noch 9.000 t, auf den Einflugplätzen 4.500 t. Außerdem werden noch weitere 4.800 t Trockenkartoffeln auf Grund schon geschlossener Verträge geliefert werden. Bis August sollen die Bestände auf 3.600 t reduziert werden

Noch immer hat es die Politik der SED nicht völlig zuwege gebracht, die letzten Gemeinsamkeiten zwischen der Sowjetischen Besatzungszone und Ost-Berlin einerseits und den Westsektoren andererseits zu zerstören. In Dresden tritt die Berliner Fußball-Stadtmannschaft an und gewinnt gegen die sächsische Elf mit 3:2 Toren.

Montag, 7. März

Die Einführung der D-Mark als in West-Berlin alleingültiger Währung zeichnet sich ab, auch wenn offiziell darüber noch nicht gesprochen wird. In Berlin treffen Millionenbeträge von D-Mark ein, um die bisherige B-Mark zu ersetzen. Unter starkem Polizeischutz fahren amerikanische und britische Lastwagen die Kisten mit den Banknoten in die Preußenallee, wo rund 30 Frauen mit dem Zählen und Sortieren der Geldscheine beschäftigt sind.

Weiterhin versuchen Firmen in Westdeutschland, minderwertige Güter nach Berlin zu schicken und damit Geld zu machen. Das Zweimächtekontrollamt fordert die Vertreter des Magistrats auf, unmittelbar auf den westdeutschen Luftbrücken-Flugplätzen verstärkt Warenproben zu nehmen und die Güter an Ort und Stelle auf ihre Qualität hin zu überprüfen.

Dienstag, 8. März

Beinahe seit neun Monaten schon werden die Westsektoren blockiert, doch erst jetzt wird eine Reihe von Notstandsprogrammen erarbeitet, um die Wirtschaft anzukurbeln, die Arbeitslosenzahlen zu senken und die Steuereinnahmen zu erhöhen. In einem „Blockade-Notstandprogramm für die Nahrungsmittelindustrie“ wird darauf hingewiesen, daß in den Fabriken die Maschinen verrotten und die Zahl der Arbeitslosen ständig steigt. Erforderlich ist es nach dem Programm, allein für die Mühlen täglich 77 t Kohle einzufliegen. Daneben werden pro Tag 9.5 t Kohle für die Teigwaren- und 25 t Kohle für die Nährmittelindustrie benötigt. Zur Herstellung vitaminreicher Marmelade braucht die West-Berliner Wirtschaft ein Tageskontingent von 13 t Kohle, und die Brauereien wären mit der Lieferung von 20 t Kohle wieder, voll arbeitsbereit. Welchen Effekt diese zusätzlichen Kohlelieferungen hätten, wird am Beispiel der Brauereien verdeutlicht. Könnten sie wieder arbeiten, würden über 300 Arbeitsplätze und könnten allein durch Biersteuer monatliche Steuereinnahmen von 3,2 Millionen Mark erzielt werden.

Tatsächlich aber macht das Wetter den Luftbrücken-Verantwortlichen immer wieder einen Strich durch die Rechnung, wenn auch die zivilen Fluggesellschaften eher betroffen sind als die militärische Organisation. Durch die schlechten Wetterbedingungen wurden nahezu 500 Passagiere in Bückeburg festgehalten, etwa 200 in Herford, die jetzt mit Sonderflugzeugen nach Berlin zurückgebracht werden.

Auf Distanz zu den Westsektoren legt das Politbüro der SED Wert. Es bestimmt, daß beim 150. Geburtstag der Technischen Universität Charlottenburg, der am 9. März gefeiert werden soll, nur Professoren, aber keine „Regierungsvertreter“ der Ostzone teilnehmen dürfen. Als Vertreter der Ostzone soll ein Professor der TU Dresden auf der Feierstunde sprechen

Mittwoch, 9. März

Weiterhin unternimmt die SED Versuche, ihre Stellung in den Westsektoren wenn nicht schon zu halten, sie jedoch nicht allzusehr sich verschlechtern zu lassen. Parteiarbeit und Partnerschaften sollen verstärkt werden. AEG Turbine in West-Berlin, wo die SED noch relativ stark ist, hat eine Partnerschaft mit der Maximilianshütte Unterwellenborn einzugehen, Siemens, Spandau, mit dem Funkwerk Erfurt, die AEG Ackerstraße mit dem Formstahlwerk Riesa und das Unternehmen Steffens & Nölle in Tempelhof mit der Volkswerft Stralsund. Zur Kenntnis nehmen muß die SED, daß es in West-Berlin kaum noch von ihr gesteuerte Betriebsgruppen gibt. Das gilt für die Wasserwerke ebenso wie für die Müllabfuhr, bei denen der Einfluß der SED praktisch nicht mehr vorhanden ist.

Auch die „freiwillige“ Sonderschichten, die Arbeiter in der gesamten sowjetischen Besatzungszone einlegen müssen, um Material für die Versorgung Ost-Berlins zu produzieren, sind nicht eben angetan, das Ansehen der SED zu steigern. Das gilt auch für die Ziegeleiarbeiter des Ernst-Thälmann-Werkes im thüringischen Sömmerda, die 15.000 Tonfalzziegel auf den Weg nach Berlin schicken. Eingedeckt werden sollen damit zwei schwer beschädigte „Arbeiter-Wohnblöcke“ in Lichtenberg und Weißensee.

Donnerstag, 10. März

Zu Schlägereien kommt es, als der Personaldirektor der BVG, SED-Mitglied Knapp, das Verwaltungsgebäude der BVG betreten will. Am Vortag hatte der sog. „Vierziger-Ausschuß“ der BVG Knapp aufgefordert, seine Arbeit unverzüglich einzustellen und das Haus zu verlassen. Statt wie üblicherweise um 9 Uhr den Dienst anzutreten, will Knapp an diesem Donnerstag schon um 6.20 in sein Büro, wird aber von Belegschaftsangehörigen daran gehindert. Zwei Stunden später unternimmt Knapp, nun mit Unterstützung von SED-Mitgliedern, einen weiteren Versuch, in dessen Verlauf es zu handfesten Auseinandersetzungen kommt. Knapp wird ebenso wie seine Helfer von der Polizei festgenommen, aber schon bald wieder freigelassen. Wider besseres Wissen spricht der Dezernent für Verkehr und Versorgung des Ost-Berliner Magistrats kurz darauf davon, es sei nicht beabsichtigt, eine eigene BVG-Verwaltung für den Ostteil der Stadt aufzubauen.

Daß der Ost-Magistrat die Teilung der Stadt auch auf weiteren Gebieten anstrebt, wird daraus deutlich, daß er die Bindung des Sports an die städtische Verwaltung aufhebt, den von FDJ und FGB gebildeten Sportausschuß als Körperschaft des öffentlichen Rechts anerkennt und ihm eine sofortige Starthilfe von 200.000 Ostmark zukommen läßt.

Einen erneuten Versuch, mehr Baustoffe in die Westsektoren einfliegen zu lassen, unternimmt das Hauptamt für Aufbau. Wenn täglich nur 20 t Zement und je 2,5 t Zementklinker und Gips über die Luftbrücke nach Berlin gebracht würden, könnten damit 24.000 Dachsteine oder 640 qm Wandplatten, 372 cbm Mauerwerk, sieben cbm Beton und 150 qm Gipsplatten hergestellt und über 1.900 Arbeitskräfte beschäftigt werden. Einen ähnlichen Effekt würde auch der Einflug von fünf Tonnen Rohpappe und sieben Tonnen Glas erzeugen, deren Verarbeitung zu 15.000 qm Dachpappe und 100 m^2 Verglasung 600 Dachdeckern und 160 Glasern zumindest für kurze Zeit Beschäftigung sicherte.

Freitag, 11. März

Den Rückzug aus dem Bezirk Tiergarten hat die SED antreten müssen, nachdem die Bezirksverordneten beschlossen hatten, daß von den 13 SED-Lokalen im Bezirk höchstens sechs bestehen bleiben dürfen. Der SED bleiben damit sechs Räume in der Ottostraße, einer in der Lützowstraße sowie in der Turmstraße ein Raum für den Zeitungsvertrieb. Der FDGB muß sich mit einer Etage in einem Haus in der Rathenower Straße begnügen. Da SED und FDGB die übrigen Gebäude rechtzeitig geräumt hatten, waren Zwangsmaßnahmen nicht erforderlich geworden. Die gewonnenen freien Räume werden jetzt als Kindertagesstätten und als Wohnungen vorrangig für Tbc-Kranke hergerichtet.

Um Unterstützung vor allem der Studenten aus Ost-Berlin und der Sowjetischen Besatzungszone bittet das Kuratorium der Freien Universität Oberbürgermeister Ernst Reuter. Zur Zeit sind 530 Studenten aus der Ostzone an der FU eingetragen. Fragebogen für das kommende Semester haben bisher 3.500 Studienanwärter abgeholt, von denen die Hälfte aus der Ostzone kommt. Zum Sommersemester kann die FU 1.100 Studenten aufnehmen, wobei das Kuratorium davon ausgeht, daß von diesen 500 bis 700 ihren Wohnsitz in Ost-Berlin oder in der Ostzone haben. Diese Studenten aus der Ostzone werden nach erwarteten Einführung der Westmark als alleingültigem Zahlungsmittel in den Westsektoren aus finanziellen Gründen nicht mehr weiterstudieren können und zurückkehren müssen, ist die Befürchtung. Es ist davon auszugehen, daß diese Studenten im Ostteil der Stadt erheblichen Repressalien ausgesetzt sein werden, „um ihnen zu zeigen, welche Konsequenzen ihr Studium im Westen hatte“. Das Sozialreferat der FU rechnet damit, daß nach der Währungsumstellung 300 Studenten für Lebensmittel und die April-Mieten Westgeld brauchen werden. Der Magistrat wird gebeten, die Baracken an der Argentinischen Allee, die eigentlich abgerissen werden sollen, als Wohnraum für Ostzonen-Studenten unentgeltlich zur Verfügung zu stellen. Außerdem solle das Sozialreferat am Tag nach der Währungsreform bis zu 50.000 Mark erhalten, um die erste und größte Not der FU-Studenten lindern zu können.

Sonnabend, 12. März

Die Zeitungs- und Buchhändler, die Kioske auf den S-Bahnhöfen betreiben, sind schon häufiger der Willkür der SED ausgesetzt gewesen. Nun kündigt die Reichsbahndirektion, der die S-Bahn verwaltungsmäßig untersteht, sämtliche Pachtverträge auf den Bahnhöfen in den Westsektoren mit Wirkung zum 31. März. Im Gegenzug und um die Händler zu schützen, ordnet die Alliierte Kommandantura an, daß für alle derzeit gültigen und künftigen

Pachtverträge von Kiosken und Buchhandlungen auf reichsbahneigenem Gelände die Zustimmung der Militärregierung des jeweiligen Sektors erforderlich ist.

Terror übt die SED auch auf anderem Gebiet aus. An der Grenze zwischen der britischen und der sowjetischen Zone wird bei Hötensleben ein West-Berliner Polizeianwärter festgenommen, obwohl er einen gültigen Interzonenpaß vorweisen kann.

Feierlich gestaltet sich die erste Semester-Abschlußfeier der Freien Universität im Renaissance-Theater. Der Ordinarius für Philosophie, Prof. Dr. Hans Leisegang, spricht über Goethes Verhältnis zu den Wissenschaften. Damit sind gleichzeitig die West-Berliner Feiern zum Goethe-Jahr eröffnet.

Philatelisten kommen im Schöneberger Rathaus zu ihrem Recht. Hier eröffnet Stadtrat Dr. Hugo Holthöfer die „Luftpostausstellung Berlin 1949" mit Exponaten aus der Luftfahrtphilatelie seit 1919.

Sonntag, 13. März

Wieder aufgenommen wird die Tradition der Schinkel-Feste des Architekten- und Ingenieurvereins zu Berlin. Im Studentenhaus am Steinplatz in Charlottenburg findet das 94. Fest, zugleich das erste nach dem Krieg, statt. Festgelegt wird die Ausschreibung der Schinkel-Wettbewerbe für das Jahr 1950. Als Aufgaben werden der Entwurf eines Güterbahnhofes am S-Bahnhof Jungfernheide, die Lösung des Problems einer modernen Wasserkraftanlage mit Wärmekraft-Überlandzentrale und eine Wohnblockgestaltung am Prenzlauer Berg „in neuzeitlicher Nachbarschaftsform" gestellt.

Grund zur Zufriedenheit haben die Verantwortlichen der Luftbrücke. In den vergangenen Tagen konnte das bisher beste Wochenergebnis erzielt werden: 34.938 t Lebensmittel, Kohle und andere Güter wurden eingeflogen.

Zufrieden sind auch die Freunde der Musik und des Tanztheaters. Nach der Choreographie von Jens Keith tanzen in der Städtischen Oper Liselotte Köster, Lilo Herbeth und Jockel Stahl die Pantomime „Der Dämon" von Paul Hindemith. Als Sänger im Oratorium „Der Totentanz" von Arthur Honneger wirken Dietrich Fischer-Dieskau, Traute Richter und Charlotte Schäblen mit, und im Titania-Palast dirigiert Wilhelm Furtwängler in einem Konzert mit den Berliner Philharmonikern Bruckners „Achte Symphonie". Schließlich tritt die Grotesktänzerin Valeska Gert zehn Jahre nach ihrer Emigration nach Amerika erstmals nach dem Krieg wieder in einer Matinee im Berliner Renaissance-Theater auf.

Montag, 14. März

Nachdem der Flugplatz Tegel ohnehin bereits in einer Rekordzeit aus dem Boden gestampft worden war, wird er jetzt erneut zur Baustelle. Begonnen wird mit der Anlage einer zweiten Landebahn. Die Bahn mit einer Länge von 1.800 m wird parallel zur ersten verlaufen. Sechs Wochen sind bis zur Fertigstellung veranschlagt. Damit der Termin eingehalten werden kann, werden die Bauarbeiter durch eine zusätzlich aus Hanau eingeflogene amerikanische Pionierkompanie unterstützt.

Ebenfalls im französischen Sektor geht die Suche nach Braunkohle zügig voran. Das Elektroamt des Magistrats hat für die Bohrstellen auf der Peckwiese an der Roedernallee in Reinickendorf den Auftrag zur Installation einer Baubeleuchtung bekommen.

In der Praxis eher von untergeordneter Bedeutung, aber psychologisch wichtig ist diese Entscheidung: Das Komitee für Post- und Fernmeldewesen der Alliierten Kommandantura genehmigt die Wiederaufnahme des Postverkehrs mit Japan und Spanien.

Dienstag, 15. März

Einen schweren Zwischenfall provozieren sowjetische Soldaten. Um 11.30 Uhr verschaffen sie sich Zugang zu dem Schlepper „Gundel", der im Westhafen liegt. Die Russen haben den Auftrag, einen Kahn, der bei der Fahrt durch den Hafen das Verbindungsseil zu dem Schlepper abgeworfen hatte, zurückzuholen. Der Kahn „4/796 b" gehört zur Magistratsflotte und war widerrechtlich in der Ostzone festgehalten worden. Britische Militärpolizei greift schließlich ein, nimmt die Russen fest und führt sie der britischen Kommandantur zu.

Vorbereitet wird die Berliner Frühjahrsmesse auf dem Gelände unter dem Funkturm. Auch mehrere Ost-Berliner Firmen haben ihre Teilnahme angemeldet, dürfen allerdings wegen der Gegenblockade nicht zugelassen werden. Die Ausstellungsleitung will nun vom Magistrat wissen, ob sie das in dieser Offenheit in der Ablehnung sagen darf und erhält die Anweisung, einen anderen Grund zu nennen.

Am Nachmittag wird der Hochbahnverkehr zwischen den U-Bahnhöfen Bülowstraße und Gleisdreieck in beiden Richtungen unterbrochen, weil die Ruinenwand des Hauses Bülowstraße 68 auf die Gleise zu stürzen droht. Die Feuerwehr beseitigt die Gefahr.

Die SED hat die Bezirke des Ostsektors mit einem inzwischen engen Netz von sog. „Hausvertrauensleuten" überzogen. Gewählt sind bis zu diesem Tag 18.110 dieser „Vertrauensleute", darunter 11.941 Frauen. Kann sich die SED im Ostteil der Stadt auf die sowjetische Besatzungsmacht verlassen, nimmt ihr Einfluß in den Westsektoren weiter ab. Zwar will an diesem Tag die vom FDGB beherrschte IG Metall in der Siemens Tischlerei gegen die Absetzung des kommunistischen Betriebsrates demonstrieren, doch acht Polizisten, dazu Angehörige der Kriminalpolizei, verhindern diese kommunistische Veranstaltung.

Nur etwa 300 Meter ostwärts des Flugplatzes Gatow ereignet sich um 21.10 Uhr ein schwerer Flugunfall. Eine viermotorige Maschine stürzt ab. Die dreiköpfige Besatzung stirbt, obwohl deutsche Feuerwehr und Rettungskräfte der britischen Luftwaffe umgehend an der Unglücksstelle eintreffen.

Mittwoch, 16. März

Schwarzmarkthandel ist auch in den Westsektoren eher ein alltägliches Geschehen, wie dieses Beispiel zeigt: 30.000 amerikanische Zigaretten, 70 Pfund Margarine, anderthalb Zentner Schokolade und Kakao beschlagnahmt die Polizei in Tempelhof, bei einer 51jährigen Krankenschwester. Ein amerikanisches Militärgericht behandelt sie dennoch relativ milde. Sie wird wegen unbefugten Besitzes alliierten Eigentums zu einer Geldstrafe von 2.000 Mark, ersatzweise zu vier Monaten Gefängnis verurteilt.

Die amerikanische und die britische Regierung lassen erstmals öffentlich erkennen, daß die Westmark in Kürze alleingültige Währung in West-Berlin sein wird. Die ständige Verschärfung der politischen Gegensätze in Berlin und ihre Förderung durch die Sowjetunion hätten die Bemühungen des vom UN-Sicherheitsrates eingesetzten neutralen Sachverständigenausschusses zur Lösung der Berliner Währungsfrage scheitern lassen.

Unter Druck sieht sich der Magistrat in der Frage der Ansiedlung des Nordwestdeutschen Rundfunks in Berlin gesetzt. Der stellvertretende britische Stadtkommandant, Brigadier Benson, setzt eine Frist bis zum 28. März zur Klärung des Problems. Bis dahin soll der Magistrat eine Vereinbarung über die Nutzung der Sendeeinrichtungen in der Stallupöner Allee getroffen haben, andernfalls werden die Einrichtungen nach dem Kontrollratsgesetz Nr. 52 dem NWDR übergeben.

Obwohl die Kassen der Westsektoren leer sind, beschließt der Magistrat dennoch ein umfangreiches Programm, um den 200. Geburtstag Goethes am 28. August in angemessener Form zu begehen. 156.000 Mark werden bewilligt, um mit einer Vielzahl von Veranstaltungen und Publikationen die Beziehungen Goethes zum Berliner Kultur- und Geistesleben zu würdigen.

Ein Jahr besteht die „Gesellschaft zum Studium der Kultur der Sowjetunion“, die spätere Gesellschaft der deutsch-sowjetischen Freundschaft. Sie zählt 8.000 Mitglieder. 40 bis 50 Veranstaltungen finden monatlich in den Betrieben des Ostsektors statt. Dazu gibt es in den Schulen eine Serie von Elternabenden: „Warum lernen unsere Kinder russisch“. Bisheriger Höhepunkt der Aktivitäten war ein Konzert des Alexandrow-Ensembles auf dem Gendarmenmarkt mit 30.000 Besuchern.

Das ändert nichts daran, daß es der SED nicht gelingt, verlorenes Terrain zurückzugewinnen. Zur SED-Betriebsgruppenarbeit in Wilmersdorf heißt es in einem internen Bericht, daß ein „starker Rückgang“ zu verzeichnen sei, bedingt „durch ein Zurückweichen unserer Genossen in den verschiedensten Bereichen“. Zahlreiche SED-Mitglieder geben zudem ihr Parteibuch zurück

Donnerstag, 17. März

Heftige Kritik an der westdeutschen Wirtschaft üben CDU-Mitglieder in der 7. Sitzung der Stadtverordnetenversammlung. Sie fordern mehr Warenbestellungen westdeutscher Unternehmen bei Berliner Firmen. Außerdem müsse dem Westen begreiflich gemacht werden, daß es kein politisches Risiko darstellt, in Berlin zu kaufen. Kritisiert wird auch das Verhalten westdeutscher Unternehmen, die bei Lieferungen nach Berlin Kassenzahlungen verlangen und sich umgekehrt mit der Bezahlung in einem Maß Zeit lassen, das die Lebensfähigkeit vieler Betriebe gefährdet. Außerdem fordert die CDU die verstärkte Bereitstellung von Vitamin-C-Marmelade. Diese war zwar schon 1945 (!) beschlossen worden, doch wurde dieser Beschluß niemals realisiert. Monatlich 80 t Trockenfrüchte und 130 t Kohle werden benötigt, um eine solche Marmelade in ausreichenden Mengen für die Bevölkerung in West-Berlin herzustellen. Nach den Vorstellungen der CDU-Abgeordneten könnten die West-Berliner nach Annahme und Umsetzung des Antrages ein billiges Aufstrichmittel erhalten, wobei zunächst an zehn Gramm pro Tag gedacht ist. Tatsächlich aber werden die Dringlichkeitsanträge nicht beschlossen, sondern an Ausschüsse überwiesen, weil sie vor der Sitzung nicht abgesprochen waren.

Einstimmig beschließt die Stadtverordnetenversammlung demgegenüber ein Gesetz zur Erhöhung der Säumniszuschläge bei Steuerrückständen. Die Steuerrückstände der West-Berliner summieren sich inzwischen auf 91 Millionen Mark, gehen allerdings teilweise noch bis in die Kriegszeit zurück.

Daß die Einführung der Westmark als allein gültige Währung kurz bevorsteht, zeigt dieser Beschluß: Der Stadtverordnetenversteher wird ermächtigt, eine Sitzung des Parlamentes innerhalb von 24 Stunden einzuberufen, falls die Stadtkommandanten die Währungsreform vor der nächsten ordentlichen Sitzung anordnen sollten.

West-Berlin sieht in diesen Tagen voller Zuversicht dem Wiederaufbau entgegen. Symbolhaft dafür kann gelten, daß Oberbürgermeister Ernst Reuter in dem durch Kriegseinwirkungen und Einschlagaktionen völlig verwüsteten Tiergarten eine erste junge Linde pflanzt. Außerdem gestattet die britische Militärregierung dem Magistrat, in den Baumschulen Schleswig-Holsteins 250.000 Baumschößlinge zu kaufen und mit der Wiederaufforstung der Berliner Wälder zu beginnen.

Freitag, 18. März

Für den Handel zwischen Westdeutschland und der sowjetisch besetzten Zone ist zwar schon im September 1948 die Gegenblockade verhängt worden, und die westlichen Alliierten haben sie im Januar auch auf den Warenaustausch zwischen West- und Ost-Berlin ausgedehnt, doch laufen die Geschäfte unter den Augen der Westmächte und der sowjetischen Besatzungsmacht in großem Stil weiter. Der Magistrat formuliert ein Schreiben an die Alliierte Kommandantura, in dem er auf diese Praxis aufmerksam macht und zugleich das Vorgehen von Unternehmen beschreibt, die Gegenblockade zu unterlaufen. Zahlreiche westdeutsche Firmen verladen demnach ihre Waren in Hamburg auf ausländische, hauptsächlich tschechische Schiffe, die von der Sperre auf den Interzonen-Wasserstraßen nicht betroffen sind, und können so ihre Frachten nach Berlin oder in die sowjetisch besetzte Zone transportieren. Häufig sind sowjetische Aktiengesellschaften die Empfänger, von den Russen beschlagnahmte deutsche Firmen also.

Nur in geringem Maße werden private Frachten im Rahmen der Luftbrücke von Westdeutschland nach Berlin geflogen, diese Aufgabe haben bisher zivile Fluggesellschaften übernommen. Nachdem der Luftfrachtverkehr durch die Gesellschaften eingestellt wurde, weist das Zweimächtekontrollamt darauf hin, daß eine Wiederaufnahme dieses zivilen Frachtverkehrs gegen D-Mark allein Sache der Fluggesellschaften sei. Auf keinen Fall könnten Privatfrachten mit Flugzeugen der Armee befördert werden.

Sonnabend, 19. März

Auf der Suche nach neuen Steuereinnahmenquellen zur Finanzierung der Berlin-Hilfe ist der Verwaltungsrat des Vereinigten Wirtschaftsgebietes fündig geworden. Er erwägt, eine Treibstoffsteuer einzuführen, deren Erlös für Berlin bestimmt ist. Zwar wird in dem jetzt vorgelegten Gesetzentwurf auch davon gesprochen, daß damit aus energiepolitischen Gründen die Zahl der Privatfahrten eingeschränkt werden soll, doch in der Begründung des Entwurfes wird die Finanzierung der Berlin-Hilfe als tatsächlicher und einziger Zweck definiert. Ebenso ausdrücklich heißt es in der Begründung, daß die Treibstoffsteuer nur so lange erhoben werden soll, wie die blockadebedingte finanzielle Unterstützung Berlins notwendig ist.

Schon häufig hat der Magistrat Versuche unternommen, speziell die Berliner Brauereien zu unterstützen. Dieses geschieht auch im Blockadeausschuß, in dem Stadtrat Klingelhöfer fordert, wenn ein angemeldetes Einflugprogramm von 3.650 t Industriegüter realisiert wird, dann sollten als erstes 20 t Güter für die West-Berliner Brauereiindustrie berücksichtigt werden. Klingelhöfer verspricht sich von einer funktionierenden Brauereiwirtschaft höhere Steuereinnahmen. Außerdem könnten die Abfallprodukte bei der Bierherstellung der Futtermittelindustrie zur Verfügung gestellt werden.

Eine empfindliche Niederlage muß die SED bei den Betriebsrätewahlen in den Siemens-Röhren-Werken im britischen Sektor hinnehmen. Obwohl die SED über den FDGB massiven Einfluß genommen hatte, stellt sie keinen einzigen Betriebsrat mehr. Dagegen konnten die Kandidaten der Unabhängigen Gewerkschaftsorganisation – UGO – einen triumphalen Erfolg erringen.

Sonntag, 20. März

Hinter der nüchternen Bezeichnung „Dritte Verordnung zur Neuordnung des Geldwesens", die die drei westlichen Stadtkommandanten an diesem Tag erlassen, verbirgt sich nichts anderes, als daß nun endlich mit sofortiger Wirkung die Westmark das einzig gültige Zahlungsmittel im Westteil der Stadt ist. Ausschließlich die von der Bank Deutscher Länder herausgegebenen Münzen und Banknoten haben damit in den Westsektoren Gültigkeit als Zahlungsmittel. Gleichzeitig ordnen die Stadtkommandanten die Errichtung einer Berliner Zentralbank an, über die der Geschäftsverkehr mit den drei Zonen Westdeutschlands abgewickelt werden soll. Der gesamte Zahlungsverkehr zwischen den Westsektoren und Westdeutschland läuft künftig über das Girokonto der Berliner Zentralbank.

In diesem Zusammenhang ist die Anweisung an Postämter in den Westsektoren zu sehen, nach der sie keine Postwertzeichen mit dem Schwarzüberdruck „Berlin" mehr ausgegeben dürfen, da diese auch in Ostmark bezahlt werden können. Diese Marken behalten ihre Gültigkeit noch bis zum 31. März, ein Umtausch ist jedoch nicht möglich.

Am 16. Dezember des Vorjahres waren die Tegeler Sendetürme des „Berliner Rundfunks" gesprengt worden, an diesem Sonntag geht die neue Sendeanlage in Königs Wusterhausen offiziell in Betrieb. Da Unternehmen wie Siemens, Telefunken oder Lorenz von den westlichen Stadtkommandanten eine Beteiligung verboten worden war, haben zwanzig kleinere Firmen in nur zweieinhalb Monaten die Anlage errichtet. Zeitweise waren bis zu 400 Arbeiter auf der Baustelle beschäftigt. Die Kosten belaufen sich auf 700.000 Mark.

Die SED will jetzt auch Kinder zwischen zehn und vierzehn Jahren verstärkt für sich gewinnen bzw. auch außerhalb der Schule in ihrem Sinne erziehen. Vehikel hierfür ist die Organisation der „Jungen Pioniere", deren Gründungsfeier im Friedrichstadt-Palast stattfindet. Parallel dazu wird das „Haus der Kinder" in Lichtenberg eröffnet. Für dieses Haus war die Ruine Ryphiusstraße / Ecke Simplonstraße enttrümmert worden. Entstanden ist dort auch ein „Platz der Jugend". Die Kinder und Jugendlichen, die an der Feier teilnehmen, sollen ihr Eßgeschirr für ein warmes Mittagessen mitbringen.

Montag, 21. März

Eine „Halton" der Fluggesellschaft Lancashire Aircraft Corp. verunglückt in der Nähe von Schleswig-Land. Die drei Besatzungsmitglieder kommen dabei ums Leben.

Vorerst beendet wird die Verschickung erholungsbedürftiger Berliner nach Westdeutschland. Seit dem Beginn am 20. September 1948 hatten 15.426 Kinder zu Pflegeeltern, zu Verwandten oder in Kinderheime der Westzonen geflogen werden können. Anfangs hatte die britische Militärregierung in ihren Flugzeugen wöchentlich 400 Plätze, vom 1. November an 480 und ab dem 17. November sogar 3.126 Plätze bereitgestellt. Diese Zahlen wurden aber wegen häufig ungünstigen Flugwetters nie erreicht. Vom 21. November bis zum 4. Dezember wurden die Kinder nicht nur nach Lübeck, sondern zusätzlich nach Hamburg gebracht. Bei Verwandten kamen 8.634, in Heimen 3.605 und in Pflegestellen 3.187 Kinder unter. Das aufnahmefreudigste Land der britischen Zone war Nordrhein-Westfalen mit 3.686 Kindern, in Niedersachsen fanden und finden weiterhin 2.153 Kinder, in Schleswig-Holstein 1.472 und in Hamburg 612 Kinder Erholung. Für die amerikanische Zone werden diese Zahlen genannt: Hessen beteiligt sich mit der Aufnahme von 2.721 Kindern, in Bayern wurden 2.090, in Württemberg 931 und in Bremen 793 Berliner Kinder aufgenommen. In der französischen Zone beteiligt sich lediglich Baden / Süd-Württemberg mit 968 Plätzen für erholungsbedürftige Kinder an der Aktion. Den Hauptanteil an der gesamten Aktion hatte das Berliner Hauptjugendamt zu leisten, das allein für die Organisation von 507 Flügen verantwortlich zeichnet. Die Versicherungsanstalt Berlin beanspruchte ein Flugzeug, das Deutsche Rote Kreuz zwei, das Landesgesundheitsamt drei, die Innere Mission elf, die Caritas 76 und die Arbeiterwohlfahrt schließlich 125 Flugzeuge.

Die Berliner aber beschäftigt an diesem Tag vorrangig die Währungsumstellung. Obwohl die Westmark offiziell alleingültiges Zahlungsmittel ist, beschließt die Stadtverordnetenversammlung, daß bis zum 31. März Lebensmittel noch gegen Ostmark verkauft werden. Löhne und Gehälter müssen ab dem 27. März in Westmark gezahlt werden. Das gilt jedoch nur für die West-Berliner, die durch eine Bescheinigung der Kartenstelle ihres Bezirks nachweisen können, daß sie zur Lebensmittelversorgung in den Westsektoren eingetragen sind. Vom 1. April müssen auch Wasser-, Gas- und Stromkosten in Westmark beglichen werden. Um Härtefälle zu vermeiden, können Fahrkarten der BVG bis zum 27. März noch in Ostmark - allerdings nur in Papiergeld - bezahlt werden, Steuern noch bis 30. April.

Für den Schwarzmarkt hat die Währungsreform erhebliche Konsequenzen. Bis zu zehn Ostmark werden für eine Westmark geboten, und viele Schwarzmarkthändler weigern sich, ihre Waren noch gegen Ostmark abzugeben. Verlierer sind auch jene, die in Erwartung einer hohen Kopfquote große Ostmarkbestände gehortet haben. Sie müssen in den Wechselstuben einen Rücktauschkurs von 5:1 akzeptieren.

Lange Schlangen von West-Berlinern bilden sich vor den „Freien Läden" im Ostsektor. Viele wollen ihre letzten Ostmark-Bestände ausgeben. So sind in den „Freien Restaurants" bereits zur Mittagszeit die teuersten Speisen ausverkauft.

Für Post nach Ost-Berlin und in die Ostzone dürfen nur noch West-Berliner Marken verwendet werden, die jedoch von der Ostzonen-Post nicht anerkannt werden. Umgekehrt akzeptiert die Post in West-Berlin nicht die Briefmarken der Sowjetischen Besatzungszone, die auch in den Ost-Berliner Postämtern verkauft werden. Im Wege der Kulanz werden im Westteil der Stadt dennoch alle Sendungen gegen Zahlung der einfachen Nachgebühr in Westgeld ausgehändigt werden. Fast geht in diesem Wirrwarr unter, daß das Höchstgewicht für Pakete nach Westdeutschland von vier auf sieben Kilogramm heraufgesetzt wird.

Russen und SED wissen, daß sie mit der Währungsreform den Kampf um die West-Berliner endgültig verloren haben. Sie reagieren auf diese Erkenntnis u.a. mit dem Ausbau der Straßensperren zwischen Neukölln und Treptow. Mit Betonpfeilern und Eisengittern werden Straßensperren im Bezirk Mitte erweitert, viele Bahnhöfe um Berlin von schwer bewaffneter Ostpolizei besetzt.

Dienstag, 22. März

In den Bahnhöfen der Reichsbahn und in deren Reisebüros werden weiterhin Fahrkarten für die Westzonen verkauft, obwohl der interzonale Verkehr eingestellt ist. Das Zweimächtekontrollamt in Frankfurt am Main ordnet an, daß derartige Fahrkarten in den Zügen der amerikanischen und britischen Zone nicht mehr anerkannt werden. Außerdem sind die Eisenbahnen darüber zu unterrichten, daß Karten für Reisen in die Sowjetische Besatzungszone im Vereinigten Wirtschaftsgebiet nicht verkauft werden dürfen.

Demgegenüber gibt es im deutsch-deutschen Telefonverkehr einige Erleichterungen. Im Amtsblatt der westdeutschen Post wird bekanntgegeben, daß die Beschränkungen im Telefonverkehr mit Berlin und der Sowjetischen Besatzungszone aufgehoben sind. Alle Teilnehmer des Vereinigten Wirtschaftsgebietes können nun wieder uneingeschränkt telefonieren.

Mit den künftigen Grenzen Deutschlands beschäftigt sich die Hauptschulamtskonferenz. Es wird moniert, daß im britischen Sektor Globen verteilt werden, auf denen die Oder-Neisse-Linie als deutsche Ost-Grenze eingezeichnet ist. Stadtrat May soll über dieses Problem mit der englischen Erziehungsabteilung sprechen. Außerdem hat sich herausgestellt, daß in der Rheingau-Schule in Wilmersdorf englische Sprachbücher ausgegeben werden, die offensichtlich für die Armee gedacht sind. Auch diese Frage soll mit der britischen Militärregierung geklärt werden.

Der Blockadeausschuß versucht zu ermitteln, in welcher Höhe ein Blockadeausgleich an die Berliner Industrie gezahlt werden muß, um die Wirtschaft wieder zum Laufen zu bringen. Der Ausschuß geht von fünf Millionen Mark monatlich aus, wobei diese Gelder als Subvention und nicht als Kredit gezahlt werden sollen.

Trotz der permanenten Niederlagen will die SED ihren Kampf um die Beeinflussung West-Berlins und der Westzonen nicht aufgeben. Das Politbüro beschließt eine „Kampagne zur Frage Einheit und gerechter Friede". Aufschlußreich ist die detaillierte Festlegung aller Schritte im Rahmen dieser Kampagne:

„a) Eine Mutter wendet sich in einem Brief an die Redaktion der Berliner Zeitung.
b) Der Brief wird nach Ausarbeitung der entsprechenden Argumentation von der Berliner Zeitung beantwortet.
c) Der Brief soll vom Präsidium des Deutschen Volksrates (Genossen Wilhelm Pieck) grundlegend in längerem Artikel beantwortet werden.
d) Zeitungen, Zeitschriften, Rundfunk veröffentlichen die Antwort auf beide Artikel und entwickeln zu den einzelnen Argumenten eine breite Diskussion mit dem Publikum.
e) Die Antworten werden in Massenauflage als Traktat veröffentlicht."

Mittwoch, 23. März

Die ersten Luftbrückenflugzeuge werden wegen Abnutzung verschrottet. Gezeigt hat sich bei den bisherigen Unglücken, daß in den meisten Fällen Verschleiß die Ursache war.

Post aus Westdeutschland und aus dem Ausland soll nach Meinung der amerikanischen Militärregierung mit der Handelsluftflotte nach Berlin gebracht werden. Jetzt ist es so, daß nur die bezahlte Luftpost über die Luftbrücke eingeht und somit nicht der russischen Zensur unterliegt. Die gesamte übrige Post wird über die Schiene ausnahmslos zum Schlesischen Bahnhof befördert und dann kontrolliert. Ein großer Teil der Sendungen, vor allem an Exportfirmen, wird einbehalten. Viele Geschäfte werden dadurch unmöglich gemacht oder stark behindert.

Schwierigkeiten gibt es in der Abwicklung des Geschenkpaket-Verkehrs, der in letzter Zeit über den Hafen Gdingen lief. Der letzte Transport umfaßte 270.000 Pakete, jetzt lehnt Polen die weitere Beförderung ab. Der Geschenkpaket-Verkehr wird daher eingestellt. Seit Dezember hat die Post der Sowjetischen Besatzungszone monatlich 90.000 Goldfranken an Devisen für Paketgebühren verlangt.

Stadtrat Holthöfer bereitet in seinen Forderungen an die Militärregierungen bereits ein Stück „Normalität" vor. Er wünscht einen täglichen zusätzlichen Transportraum von einer Tonne für Auslandsbriefpost, fünf Tonnen für Briefpost bis 100 g aus den Westzonen ohne Flugzuschlag und sieben Tonnen für Geschenkpakete aus dem Ausland. 50 t Frachtraum sind bei einer Erhöhung des Gewichts für Briefe von 100 auf 1.000 g erforderlich. Außerdem rechnet er mit einem zusätzlichen Bedarf von drei Tonnen auf sechs Monate wegen eines zu erwartenden verstärkten Postaufkommens. Handelslinien werden nichtrationierte Lebensmittel für 160 DM/kg nach Berlin bringen. Könnte eine solche Regelung auch für die Post erreicht werden, wären keine Devisen mehr nötig.

Die Aufbruchstimmung nach der Währungsreform ist in den Westsektoren mit den Händen zu greifen. So stellt der Magistrat 95.000 Mark zur Verfügung, damit sich Berlin auf der bevorstehenden Frühjahrsmesse in Hannover in angemessener Form präsentieren kann.

Ab sofort entfällt die Bewirtschaftung von mit Holzsohlen versehenen Schuhen, Sandalen, Sandaletten, von Hausschuhen und Pantoffeln mit Stoff- oder Filzsohlen und Babyschuhen ohne feste Laufsohle. Außerdem werden auf dem Tempelhofer Flugplatz in Anwesenheit von Bürgermeister Dr. Ferdinand Friedensburg die ersten Exportgüter verladen, die mit dem neuen Warenzeichen „Hergestellt im blockierten Berlin“ versehen sind. Der Magistrat erhofft sich davon eine Belebung der Warenausfuhr in die Westzonen.

Die SED schottet derweil den Ostsektor immer mehr gegen den Westteil der Stadt ab und läßt am Reichstagsufer/ Ecke Neue Wilhelmstraße und auf der Kronprinzenbrücke Straßensperren zwischen dem sowjetischen und dem britischen Sektor errichten.

Donnerstag, 24. März

Beunruhigt zeigt sich Stadtrat Gustav Klingelhöfer darüber, daß in Frankfurt 2.000 t für Berlin bestimmte Wirtschaftsgüter lagern, weitere 6.000 t auf Abruf bei Lieferanten. Der amerikanischen Militärregierung schreibt der Stadtrat, daß nach der erfolgten Währungsreform die Lieferung dieser Güter zur Belebung der Wirtschaft Vorrang haben muß. Er bittet, daß täglich zusätzlich 250 t Wirtschaftsgüter eingeflogen und die Gesamtmenge auf 450 t erhöht wird.

In Anbetracht der Währungsumstellung in West-Berlin wechselt die BVG ihre Schaffner an den Sektorengrenzen aus. In den Westsektoren dürfen die Schaffner kein Hartgeld mehr annehmen, sondern Fahrkarten nur noch gegen Ostmark-Noten ausgeben. Sammelfahrscheine, die in einem Sektor gelöst wurden, gelten nur noch bis zum kommenden Sonntag in allen vier Sektoren.

Zur Erleichterung der Währungs-Überleitung können eine Reihe von Außenständen, wie Verwaltungsgebühren, Mieten für Markthallen, Müllbeseitigung, Entwässerung und Wochenmarkt-Standgelder sowie die Gebühren für Licht, Gas und Wasser vorläufig noch in Ostmark beglichen werden, sofern sie vor dem 20. März fällig geworden sind.

Für den Fahrzeugverkehr gesperrt werden muß die Leipziger Straße, weil eine Reihe von Ruinen in dem Teilstück zwischen Friedrichstraße und Mauerstraße einzustürzen drohen. Auch die Straßenbahnlinien 74 und 174 müssen umgeleitet werden.

Freitag, 25. März

Im Ostsektor ist es strikt verboten, Westmark bei sich zu tragen oder gar damit zu bezahlen. Der Ost-Berliner Magistrat versucht, mit verstärkten Kontrollen die Einfuhr der „ungesetzlichen und spekulativen Währung“ zu verhindern und befiehlt, alle Westmark-Beträge, derer die Polizei habhaft werden kann, ohne Ausnahme zu beschlagnahmen.

Auch das SED-Politbüro beschäftigt sich mit der neuen Währungssituation, wobei der stellvertretende SED-Chef Ulbricht direkte Verträge zwischen Betrieben der Ostzone und Betrieben in allen Sektoren zum unmittelbaren Warenaustausch anbietet. Mieten im Ostsektor für Hausbesitzer, die in den Westsektoren wohnen, sollen künftig beim Stadtkontor eingezahlt und damit unter Kontrolle gebracht werden. Ferner ordnet das Politbüro den Umzug einer Anzahl führender Mitglieder, die im Ostsektor arbeiten und in den Westsektoren wohnen, an. Sie sollen in den Ostteil der Stadt umgesiedelt werden. Für eine geringe Zahl von Künstlern und Spezialisten die im Ostsektor arbeiten, sollen Westmark besorgt werden. Die SED-Funktionäre beschließen ferner den Ausbau der „Freien Läden“ und überlassen es der

Deutschen Wirtschaftskommission zu bestimmen, welche Mangelwaren nur in bestimmten Mengen pro Kopf verkauft werden dürfen. Die Einrichtung von HO-Zweigstellen ist ebenso geplant wie die von speziellen Verkaufsstellen von Kohlen.

Eindeutig stellt die Deutsche Wirtschaftskommission klar, daß die D-Mark in Ost-Berlin keinesfalls anerkannt wird. Die Meldungen über den Druck neuer Banknoten für die Sowjetische Besatzungszone und Ost-Berlin werden strikt zurückgewiesen.

Zwei weitere bisher noch gemeinsame städtische Betrieben werden gespalten. Der Ost-Magistrat richtet für den Ostsektor eigene Verwaltungen der GASAG und der Berliner Wasserwerke ein. Für die Gaserzeugung stehen damit in den Westsektoren die Gaswerke Tegel, Neukölln, Mariendorf und Charlottenburg zur Verfügung, im Ostsektor die Werke Lichtenberg und Prenzlauer Berg. Vom Gasspeicherraum in der Größenordnung von 744.800 cbm entfallen auf den Westteil der Stadt 568.000 cmb. Anders sind die Relationen bei den Wasserwerken. Hier liegen nur sieben von 16 auf West-Berliner Gebiet, die weniger als eine halbe Million Kubikmeter Wasser pro Tag fördern.

Sonnabend, 26. März

Rigoros geht die SED gegen die letzten noch im Ost-Berliner Teil-Magistrat verbliebenen Nicht-SED-Mitglieder oder -Sympathisanten vor. Fristlos werden der Technische Direktor der Berliner Wasserwerke und der Technische Direktor der GASAG entlassen, zynischerweise mit der Begründung, sie hätten versucht, die Gas- und Wasserversorgung zu spalten.

In bekannter Weise mobilisiert die SED zusätzlich die Straße. Vor der Humboldt-Universität organisiert sie eine Massenkundgebung „gegen Verwirrungsversuche“ und gegen einen „neuen Raubzug auf die Taschen der Lohn- und Gehaltsempfänger“. Sie polemisiert gegen das „Währungsverbrechen der Spalter Berlins“, und fordert eine „einheitliche Währung und Versorgung der Hauptstadt“.

Geklärt ist nun, daß West-Berlin bis zum 31. März 1950 aus Westdeutschland monatlich 50 Mio D-Mark erhalten wird, aus denen der Blockadeausgleich mitfinanziert werden muß. Im Blockadeausschuß wird erwogen, den Blockadeausgleich erst ab 1.April 1949 ohne Rücksicht auf zuvor entstandene Blockadeschäden zu gewähren.

Als zu niedrig bezeichnet der Ausschuß das zivile Flugkartenkontingent von täglich 100 Plätzen. Allein der Industrieausschuß West sieht einen Bedarf von täglich 500 Plätzen. Als Kompromiß sollen bei den Alliierten jetzt 200 Karten für Hin- und Rückflug beantragt werden.

Vorgelegt werden Entwürfe für neue Briefmarken für die Westsektoren, die Motive von Sehenswürdigkeiten und bedeutenden Gebäuden der Stadt zeigen.

Sonntag, 27. März

Eher unerwartet trifft in Berlin ein Eisenbahnzug mit 58 Waggons ein. Er enthält über 100.000 Auslandspakete, die über Gdingen und Frankfurt/Oder zum Ost-Berliner Postamt O 17 gebracht werden. Weitere 40.000 Pakete in 25 Waggons sind auf dem Weg. Die Pakete sind weitgehend für Empfänger in den Westsektoren bestimmt, werden aber vor der Auslieferung kontrolliert und zu einem großen Teil auch beschlagnahmt.

Als ein kultureller Höhepunkt kann das erste Auftreten des Dresdner Kreuzchores nach dem Krieg bezeichnet werden. Unter Leitung von Kreuzkantor Professor Rudolf Mauersberger gibt der Chor zwei Konzerte in der Marienkirche und im Titania-Palast.

Montag, 28. März

Weil ab heute in U- und Straßenbahnen sowie in Omnibussen in den Westsektoren ausschließlich mit Westmark bezahlt werden muß, befürchtet die BVG erhebliche Störmanöver durch die SED. Reviervorsteher mehrerer Polizeireviere werden gebeten, auf den U-Bahnhöfen polizeilichen Schutz zu gewährleisten. Auf den Umsteigebahnhöfen Kottbusser Tor und Hallesches Tor ziehen Posten zum Schutz des Umsteigeverkehrs auf. Als schnelles Eingreifkommando steht ein Überfallkommando bereit.

Der größte Teil der GASAG-Mitarbeiter ist nicht bereit, unter dem kommunistischen Ost-Magistrat zu arbeiten. Vor zwei Tagen ist die GASAG verwaltungsmäßig durch die SED gespalten worden, doch 500 von 700 Angehörigen treten jetzt ihren Dienst im neuen Hauptverwaltungsgebäude in der Lietzenburger Straße im Westen an. Das Haus hat eine bewegte Geschichte. Ursprünglich beherbergte es die sowjetische Handelskommission, während des Zweiten Weltkrieges das „Ost-Ministerium" und anschließend eine sowjetische staatliche Handelsorganisation.

Zumindest indirekt muß Bürgermeister Ferdinand Friedensburg das Scheitern der Suche nach Braunkohle einräumen. Er erklärt, daß die gefundene Kohle ca. 40 Prozent Asche enthält. Wenig tröstlich ist, daß es sich damit im mineralogischen Sinn um Kohle handelt, diese aber wirtschaftlich nicht zu nutzen ist. Dennoch sollen die Probebohrungen nicht aufgegeben werden.

Mit einem völlig unrealistischen Vorschlag wenden sich die Berliner FDGB-Vorsitzenden an den Ost-Magistrat. Sie regen an, in den Westsektoren „Ostmark-Läden" einzurichten und verlangen eine Verstärkung des Handels zwischen West-Berlin und dem sowjetisch besetzten Gebiet. Dieser Handel sollte von den Sektoren- und Zonengrenzen nicht berührt werden. Hintergrund ist, daß die Wirtschaft Ost-Berlins und der Sowjetischen Besatzungszone erheblich unter der Gegenblockade leidet, und allein deshalb schon die wirtschaftliche Zusammenarbeit mit den trotz der ungünstigen Umstände weiterhin leistungsfähigen West-Berliner Wirtschaft für den Ostteil der Stadt unentbehrlich ist.

Dienstag, 29. März

Wer sich nicht voll in den Dienst des Sozialismus stellt, soll in Ost-Berlin bestraft werden. Die Deutsche Wirtschaftskommission ordnet die Ausgabe monatlicher Zusatzrationen von 5.000 g Kartoffeln, 1.500 g Mehl, 500 g Nährmittel, 100 g Fett, 300 g Zucker und 250 g Waschpulver in den Betrieben an, die ohnehin schon zusätzliche Verpflegung erhalten. Ausdrücklich werden die Zusatzkarten aber nur an Arbeiter mit „guter Arbeitsleistung" ausgegeben. „Bummelanten" und Arbeiter, die „aus eigenem Verschulden" ihr Arbeitssoll nicht erfüllen, gehen leer aus.

Gleichzeitig beschließt die Deutsche Wirtschaftskommission eine Verkaufsordnung für Kartoffeln: Die HO-Zweigstelle Berlin erhält die Anweisung, mit dem Verkauf von Kartoffeln in Ost-Berlin am 1. April zu beginnen Außerdem startet der freie Verkauf von zehn Millionen Zigaretten zu dem extrem niedrigen Preis von 15 Pfennig pro Stück.

Aus einem internen Vermerk der HO an die Deutsche Wirtschaftskommission geht hervor, daß sie in einigen Bereichen von der Wirtschaft West-Berlins bzw. der Westdeutschlands abhängig ist. Sie fordert Materialien für den Eigenbedarf an, die in der Sowjetischen Besatzungszone nicht zu beschaffen sind. Dazu gehören u.a. 98 Registrierkassen, 45 Kellnerkassen, 74 Buchungsmaschinen, 63 Rechenmaschinen, dazu Rotaprint-Drucker oder Lederlappen und Wachsplatten. 880.000 Westmark sollen für die Anschaffung bereitgestellt werden.

Mittwoch, 30. März

In einer streng vertraulichen Anweisung ordnet die amerikanische Militärregierung an, daß für alle Angehörigen der Polizei, die zur Versorgung im Ostsektor angemeldet sind, von den zuständigen Dienststellen Anträge auf fristlose Entlassung einzureichen sind. Diese Anträge müssen bis zum 4. April vorliegen. Gesondert sind Listen über die Polizisten aufzustellen, von denen angenommen werden kann, daß sie der SED angehören oder mit ihr sympathisieren.

Die beiden Teile der Stadt gehen immer mehr getrennte Wege. So genehmigt die Alliierte Kommandantura die Wiederaufnahme des Telefonverkehrs mit über zwanzig ausländischen Städten und die Wiederaufnahme des Nachnahme- und Postauftragsdienstes innerhalb der Stadt.

Auf der anderen Seite aber dürfen ab sofort alle städtischen Bühnen in den Westsektoren Theaterkarten nur noch gegen Westmark verkaufen. Ebenso beschließt der Magistrat, im ehemaligen UNRRA-Lager Düppel ein Durchgangsheim für die ständig wachsende Zahl von politischen Flüchtlingen aus dem sowjetischen Herrschaftsbereich einzurichten. Allein im März suchen 3.435 politische Flüchtlinge in den Westsektoren Zuflucht.

Die Sowjetische Militärverwaltung genehmigt den Umtausch der alten Münzen zu fünf und zehn Reichspfennig gegen neue Münzen der ostzonalen Deutschen Notenbank. Das bisherige Hartgeld verliert am 1. April in der sowjetischen Besatzungszone und am 3. April im Ostsektor seine Gültigkeit.

Um viel Geld geht es auf einer Sitzung der ostzonalen Deutschen Wirtschaftskommission. Mit einer Reihe von Sonderzuwendungen sollen für das Regime wichtige Professoren, Ingenieure, Lehrer, Schriftsteller, Ärzte und Künstler unterstützt werden. Außerdem werden jährlich zu vergebende Nationalpreise für wissenschaftliche Arbeiten, bedeutende technische Erfindungen und die Einführung neuer Arbeits- und Produktionsmethoden beschlossen, die mit 100.000, 50.000 und 25.000 Ostmark dotiert sind. Für Arbeiten in Literatur, Malerei, Graphik, Skulptur, Musik und Filmkunst sowie für die besten Opern- und Theateraufführungen werden 18 Goethe-Preise in gleicher Höhe vergeben.

Auf das Jahr 1950 bereitet sich schließlich der West-Berliner Magistrat ein. Er stellt insgesamt 150.000 Mark für die Vorbereitung einer Volkszählung bereit, die dann realisiert werden soll, wenn die für dasselbe Jahr geplante Weltzählung stattfindet.

Donnerstag, 31. März

Einmal mehr geht es um eine bevorzugte Belieferung West-Berliner Brauereien mit Malz. Das Landesfinanzamt weist darauf hin, daß bis Mitte April Gerste und Bier verbraucht sind und bittet zur Deckung des Bierbedarfs um monatlich 300 t Malz aus der Bizone. Ansonsten, so die Argumentation gegenüber den westlichen Militärregierungen, würden sich die Berliner dem „reichlich zur Verfügung stehenden guten Bier aus dem Osten zuwenden". Dieses Bier sei zwar teurer, aber durch den günstigen Umtausch von 1: ca. 5 dann doch wieder billiger. Die Einstellung der Bierproduktion in West-Berlin wegen fehlender Rohstoffe würde monatlich eine Million Mark an Steuerausfällen mit sich bringen.

Zu mehr Sparsamkeit haben die Stadtkommandanten die West-Berliner Dienststellen schon mehrfach aufgefordert. So beschäftigen die Bezirksämter 1.300 Hilfskräfte zur Ausgabe von Lebensmittelkarten, was monatlich 130.000 Mark an zusätzlichen Kosten – bezogen auf zehn Arbeitstage pro Hilfskraft – kostet. Die Alliierte Kommandantura fordert, diese Arbeiten künftig durch reguläres Personal erledigen zu lassen.

Viele West-Berliner, die sich im Ostsektor zur Versorgung hatten eintragen lassen, möchten sich nun - nach Einführung der D-Mark im Westteil der Stadt - wieder in den Westsektoren anmelden. Die Stadtverordnetenversammlung will dieses zwar zugestehen, aber zugleich verhindern, daß weiterhin Doppelversorgungen in Ost- und West-Berlin vorkommen können. Alle Rückkehrwilligen sollen deshalb eine förmliche Abmeldebescheinigung der zuständigen Kartenstelle des sowjetischen Sektors vorlegen.

Nicht zuletzt auch wegen der Währungsreform und des für West-Berliner äußerst günstigen Umtauschkurses blüht der Schwarzmarkt. Allein im März hat die West-Berliner Polizei 2.226 Schwarzhändler festgenommen, davon übrigens 185 durch tatkräftige Unterstützung der Polizeihunde.

SED und Russen treiben die physische Teilung der Stadt durch weitere Sperrmaßnahmen voran. Neue Straßensperren werden von der Ost-Berliner Polizei an der Grenze zum französischen Sektor in der Provinzstraße, der Klemkestraße, der Behmstraße, im Gleimtunnel, / Ecke Schwedter Straße, der Bernauer Straße / Ecke Swinemünder Straße und Ecke Ruppiner Straße und in der Wilhelm-Kuhr-Straße errichtet. Zum amerikanischen Sektor hin werden im Bereich des Bezirks Neukölln Sperren auf dem Legiendamm, an der Sonnenallee / Ecke Baumschulenstraße und in der Buckower Straße gebaut.

Schlangestehen vor einer Wechselstube am Wittenberger Platz (Foto: BA, Y-1, 792-88)

Wichtigstes politisches Ereignis im März 1949: die Bekanntgabe der „Dritten Verordnung zur Neuordnung des Geldwesens durch die drei westlichen Stadtkommandanten, mit der die D-Mark zur alleingültigen Währung im Westteil der Stadt wurde. (Foto: BA, Y-1, 696/71)

Zu Protestkundgebungen gegen die Alleingültigkeit der Westmark in den Westsektoren mobilisierte die SED die Belegschaften der Ost-Berliner Betriebe und ließ sie, wie hier vor der Humboldt-Universität, demonstrieren. (Foto: Kühne, BA, Y-1, 998/76)

Weniger an Lebensmittel-, als vielmehr an Brennstoffmangel litten die West-Berliner. Glücklich waren die, die sich mit Heizmaterial versorgen konnten. Das Bild entstand im März 1949 auf dem Hausvogteiplatz. (Foto: BA, M 1203/346)

PP3

Preise im Osten

	Ostmark	in Westmark umgerechnet zum Kurse von 5,40
je 500 g Mehl	4,--	-,74
" Erdbeer-Marmelade	7,25	1,35
" Orange-Marmelade	7,80	1,45
" Maccaroni	4,50	-,83
" Nudeln	4,50	-,83
1000 g Glas gezuckerte Kirschen	6,--	1,11
je 500 g RingÄpfel	7,50	1,40
" Zucker	7,50	1,40
" Aal)a/Eis,	12,--	2,22
" Zander, Schlei)lebend, + 1,--/2,-- Aufschlag	9,--	1,66
" Hecht)schlag	7,50	1,38
" Teewurst	34,--	6,30
" Mettwurst	28,--	5,18
" Leberwurst	22,--	4,07
1 Ei	2,--	-,37
" Butter	35,--	6,48
" Käse (Tils.Art)	10,--	1,85
" Margarine	25,--	4,65
" Kaffee	40,--	7,40
" Himbeeren	2,60	-,48
300 g Glas Schweinefl.	18,--	3,35
800 g " "	48,--	8,88
300 g " Kalbfleisch	15,75	2,80
300 g " Rindfleisch	13,75	2,42
800 g " "	36,--	6,66
1 Fl. 38% Likör	40,--	7,45
14% Exportbier pro Flasche	2,--	-,37
12% Weissbier "	2,--	-,37

<u>Leipziger Strasse</u>

1 lederne Aktentasche	200,--	37,--
1 P.braune Lederschuhe	180,--	33,35
1 Herrenoberhemd	50,--	9,26

LAB Rep 280 F73

16 VII 49 HW

Abschrift

Handelsorganisation HO
Zentrale Leitung
G.Z.: GB I/1 Wi/Dr

Berlin W 8, den 29.März 1949
Leipziger Str.123a
Fernsprecher: 42 00 17/18 4707
Telegramm-Anschrift: "Handelorga"

An die
Deutsche Wirtschaftskommission
für die sowjetische Besatzungszone
Hauptverwaltung Handel und Versorgung
z.Hd. von Herrn S c h m i d t
(1) B e r l i n W 8
Leipziger Str.5/7

Betrifft: Materialien für den Eigenbedarf, die nicht in der sowjetisch besetzten Zone zu beschaffen sind.

Nachfolgend aufgeführte Aufstellung stellt den Bedarf der HO Zentrale Leitung und der Zweigstellen der Länder im Augenblick dar.

1.) Registrierkassen — 98 Stück
Es bestehen 180 Verkaufsstellen und nur 56 Verkaufsstellen haben eigene Registrierkassen.

2.) Buchungsmaschinen — 74 "

3.) Rechenmaschinen (4 Rechenarten) — 63 "

4.) Telefon-Hausapparate — 54 "

5.) Sekretärstationen — 16 "

6.) Penaudi-Mithörer — 13 "
Die Positionen 2 - 6 werden in der sowjetischen Besatzungszone hergestellt, es besteht jedoch für uns keine Möglichkeit, diese Materialien zu erhalten, da die Fabrikation für Export und Reparationszwecke Verwendung findet.

7.) Druckapparat "Rotaprint" — 6 "

8.) Frankotyp-Maschine — 1 "

9.) Lederlappen — 120 "

10.) Wachsplatten — 3500 "

Der Gesamtwert der oben aufgeführten Materialien für den Eigenbedarf stellt sich auf ca. 650 000,- DM (West).

Handelsorganisation HO
gez. Streit

Abschrift

Handelsorganisation HO
Zentrale Leitung
Allgemeine Verwaltung
G.Z.: GB. I/1

Berlin W 8, den 28.März 1949
Leipziger Str.123a
Fernsprecher: 42 00 17/18
App.4703 Wi/Schw.
Telegramm-Anschrift: "Handelorga"

An die
Deutsche Wirtschaftskommission
für die sowjetische Besatzungszone,
Hauptverwaltung Handel und Versorgung,
z.Hd. von Herrn S c h m i d t,

B e r l i n W 8,
Leipziger Str.5/7

Betr.: Materialien für den Eigenbedarf, die nicht in der sowjetisch besetzten Zone zu beschaffen sind.

Nachfolgend aufgeführte Aufstellung stellt den Bedarf der HO Zentrale Leitung und der Zweigstellen der Länder im Augenblick dar.

Registrierkassen	98	Stck.
Kellnerkassen	45	"
Buchungsmaschinen	74	"
Rechenmaschinen (4 Rechenarten)	63	"
Druckapparat "Rotaprint"	6	"
Frankotyp-Maschinen	6	"
Telefonhausapparate	50	"
Sekretärstationen	16	"
Penaudi-Mithörer	16	"
Lederlappen	120	"
Wachsplatten	2500	"

Der Gesamtwert der oben aufgeführten Materialien für den Eigenbedarf stellt sich auf ca DM 880.000,-- (West).

Handelsorganisation HO

gez. Unterschrift

Freitag, 1. April

Der Verwaltungsbezirk Neukölln kann auf 50 Jahre Stadtrechte zurückblicken, und das wird gebührend gefeiert. In der Keimzelle, dem früheren Dorf Rixdorf, hält Oberbürgermeister Ernst Reuter im „Wintergarten" die Festrede. Insgesamt feiert Neukölln das Jubiläum acht Tage lang.

Wenig erfreut ist der Magistrat über Nachrichten aus Westdeutschland. Dort lagern auf den Flugplätzen noch 10.600 t Trockenkartoffeln, die vor der Lieferung von Kartoffeln aus der neuen Ernte abgenommen werden sollen.

Zwar gibt es kaum neue Schuhe im Ostsektor, dafür aber einen großen Posten Material für Reparaturen. Dem Sektor sind jetzt 17.000 kg Sohlengummi, 70.000 Kilogramm des Lederersatzes Tekse, 8.000 kg Holznagelstifte sowie Kunstleder für Schuhunterteile, Oberleder, Knöpfe und Gummiabsätze zugewiesen worden.

Nach der Räumung des Dorfes Stolpe durch die französische Besatzungsmacht im Dezember des vergangenen Jahres, hatte der Magistrat befürchtet, daß ähnliches auch an anderen Teilen der Grenzen zur Sowjetischen Besatzungszone hin geschehen könne. Diese Sorge scheint begründet gewesen zu sein, denn ein Polizeikommando aus dem Land Brandenburg besetzt das Postamt auf dem Nennhauser Damm im Ortsteil Weststaaken im Bezirk Spandau. Bisher wurde das Postamt von der Abteilung für Post- und Fernmeldewesen des Magistrats verwaltet. Das West-Berliner Personal wird nun durch Postler aus der Sowjetischen Besatzungszone ersetzt.

Rechtlich gehört Weststaaken zur britischen Besatzungszone, wurde aber nach einer 1945 zwischen Briten und Russen getroffenen Vereinbarung zum sowjetischen Interessensgebiet erklärt, damit die sowjetische Besatzungsmacht den Flugplatz Staaken-Dallgow polizeilich sichern konnte. An der Zugehörigkeit zum britischen Sektor und damit zu West-Berlin hatte sich jedoch durch die Übereinkunft nichts geändert.

Sonnabend, 2. April

Die Währungsumstellung in West-Berlin auf die D-Mark war zwar unumgänglich, hat aber erhebliche Probleme mit sich gebracht. Stadtkämmerer Haas berichtet im Blockadeausschuß, daß in den ersten Tagen lediglich 28 Millionen Mark umgetauscht wurden. Damit verfügt noch immer nicht jeder West-Berliner über die fünfzehn Westmark, die er im Verhältnis 1:1 gegen Ostmark hätte umtauschen können. Handel und Industrie haben bisher 50 Millionen Mark umgetauscht. Die Stadt hat eine Bürgschaft über einen Kredit von 42 Millionen Mark übernommen, der der Zahlung von zwei Wochenlöhnen der West-Berliner Wirtschaft entspricht. Schwierigkeiten bestehen im Bauwesen, das zu 60 Prozent auf Ostmark-Basis gearbeitet hat.

Noch keine Lösung ist für die 20.000 im Westen wohnenden Eisenbahner der Reichsbahn gefunden, für die bei hundertprozentiger Zahlung in Westgeld vier Millionen Mark bereitgestellt werden müßten. Einen Vorschlag, das in den Westsektoren kassierte Fahrgeld in D-Mark für die Gehaltszahlungen zu verwenden, hat die Reichsbahn nicht akzeptiert.

Berge von Ostmark-Scheinen türmen sich inzwischen in der Staatsdruckerei, wohin alle umgetauschten Ost-Banknoten gebracht und dort erst einmal deponiert werden.

Äußerst beunruhigt ist die Bevölkerung in Weststaaken. Nachdem am Vortag ostzonale Polizei bereits das Postamt besetzt hatte, fordert die SED nun mit Flugblättern die Bevölkerung auf, sich schriftlich für eine Versorgung durch die Ost-Berliner Stellen auszusprechen. Die britische Militärregierung sieht sich genötigt, die Sachlage klarzustellen und Gerüchte über eine bevorstehende Grenzänderung zurückzuweisen: Das Übereinkommen von 1945 gestatte den sowjetischen Behörden die Benutzung des Flugplatzes Staaken und den britischen die Benutzung des Flugplatzes Gatow. In Staaken sei deshalb eine unter sowjetischer Kontrolle stehende Enklave innerhalb der Berliner Verwaltungsgrenze gebildet worden, während sich in Groß-Glienicke der britische Sektor über die Berliner Verwaltungsgrenze hinaus in das Land Brandenburg erstrecke. Der sowjetisch kontrollierte Teil Staakens könne kein zweites Stolpe werden, nur weil die britische Militärregierung die Kontrolle darüber abgegeben habe.

Sonntag, 3. April

Seit März 1946 sind in Berlin 55.549 Heimkehrer aus sowjetischer Kriegsgefangenschaft eingetroffen. Die meisten davon sind in den Ostsektor entlassen worden. Voraussetzung für die Freilassung war für viele von ihnen gewesen, sich noch in der Gefangenschaft zum Dienst in der ostzonalen oder in der Ost-Berliner Polizei zu verpflichten. In Fürstenwalde hat die ostzonale Verwaltung ein großes Durchgangslager eingerichtet, in dem die Heimkehrer eingekleidet und dann auf die Länder der Sowjetischen Besatzungszone und auf die jeweiligen Polizeidienststellen aufgeteilt werden.

Die Feiern zum 50. Geburtstag der Neuköllner Stadtrechte erreichen an diesem Wochenende ihren Höhepunkt: Mit einer Varieté-Aufführung im „Stern“, Ausstellungen und Konzerten, mit Sportveranstaltungen in der „Werner-Seelenbinder-Kampfbahn“ und vor allem mit einem Straßenrennen quer durch Neukölln.

Montag, 4. April

Im „Kampf gegen die Verbreitung der Kriegshetzer- und Spalterpresse“ beschließt das Politbüro der SED, westliche Presseerzeugnisse auch in den Büros der Partei, der Gewerkschaften und der Massenorganisationen als „sekretes“, als geheimes Material also, zu behandeln. Westzeitungen dürfen nur noch bestimmten Mitarbeitern zugänglich gemacht werden. Ebenso ist der Bezug westlich lizensierter Presse sofort weitestgehend einzuschränken. „Diese Erzeugnisse dürfen nur den Landesvorsitzenden, den Mitgliedern des engeren Sekretariates, den Leitern der wichtigsten Abteilungen, den Mitgliedern der Landes-Parteikontrollkommissionen und den Kreisvorständen zugänglich gemacht werden“, wird festgelegt. Gelesene Exemplare sind einzusammeln und unter Kontrolle zu vernichten.

Auf eine harte Linie gegenüber den Eisenbahnern, die Bezahlung in Westmark verlangen, hat sich die Reichsbahndirektion festgelegt. Sie teilt dem Magistrat mit, daß sie sich keinesfalls zur Zahlung der Löhne und Gehälter in Westmark an die in den Westsektoren lebenden Reichsbahner bereiterklären wird.

Dienstag, 5. April

Oberbürgermeister Ernst Reuter hat erklärt, „Wer die Währung hat, hat auch die Stadt“, und diese Erkenntnis ist auch bei der SED vorhanden. Die SED versucht die West-Berliner aufzuwiegeln, die D-Mark zu boykottieren und nur in Ostgeld zu zahlen. Einer der SED-Slogans lautet: „Wie der Lohn, so die Miete.“ Ebenso werden Fahrgäste der öffentlichen Nahverkehrsmittel aufgefordert, die Bezahlung der Fahrkarten in D-Mark zu verweigern. Nur begrenzt hat die SED Erfolg, den sie dafür aber um so ausgiebiger in den Ost-Berliner Zeitungen darstellen läßt. So berichtet die „Berliner Zeitung“ von einem Mieterstreik in der Prüßstraße in Mariendorf, aus einer Tempelhofer Laubenkolonie und aus einer Siedlung in Neukölln. Auch die Tatsache, daß West-Berliner Frisöre noch zu 50:50 oder zu nur einem Drittel Westgeld ihre Kunden bedienen, wird in den Ost-Berliner Zeitungen als Erfolg gefeiert.

Nicht zufrieden geben wollen sich die Reichsbahnmitarbeiter mit der ablehnenden Haltung der Direktion in der Frage der Zahlung von West-Gehältern und -Löhnen. Vorstand und Beirat des Gesamtverbandes der Eisenbahner in der UGO sehen in der Haltung der Reichsbahndirektion eine Verletzung der „Dritten Verordnung zur Neuordnung des Geldwesens" und lehnen deshalb jede Verantwortung für die sich daraus ergebenden Auswirkungen ab. Der Eisenbahner-Streik, der nach Ende der Blockade aufgenommen wird, deutet sich damit bereits an.

Mittwoch, 6. April

Fast zehn Monate nach Beginn der Blockade setzt der Magistrat jetzt einen „Beauftragten für Lufttransportfragen" ein, der ihm und dem Blockadeausschuß laufend über die Transportlage und auftretende Mängel zu berichten hat.

Als ein gewisses Entgegenkommen wird die Anordnung der Reichsbahndirektion betrachtet, nach der vom 7. April auf den in den Westsektoren gelegenen S-Bahnhöfen Fahrtkarten wahlweise in Ost- oder in Westmark bezahlt werden können. Dasselbe gilt für Gebühren für Güter- und Eilabfertigungen sowie für Pachten und Mieten. Die Reichsbahn reagiert mit ihrer Entscheidung darauf, daß viele West-Berliner überhaupt nicht mehr über Ostmark verfügen und vor Reiseantritt erst Geld tauschen müssen.

Donnerstag, 7. April

Von hochpolitischer Natur ist der Befehl der britischen Militärregierung, das Siemens-Blockwerk in Siemensstadt stillzulegen. Von ihren Arbeitsstellen zurückgezogen werden 150 Außenmonteure, die im Signalwesen der Reichsbahn arbeiten und deren Anlagen warten. Mit der Stillegung wird das Eisenbahnwesen der Reichsbahn empfindlich getroffen. Auf der anderen Seite jedoch verlieren durch die Schließung des Werkes etwa 300 Arbeiter ihre Beschäftigung.

Um ein weiteres Ansteigen der Arbeitslosigkeit zu verhindern – über 140.000 West-Berliner sind inzwischen ohne Beschäftigung -, nehmen die Stadtverordneten einen Antrag an, in dem die britische Regierung dringend gebeten wird, ihren Plan aufzugeben, Deutschland die Produktion von Radioröhren mit mehr als zehn Watt Stärke zu verbieten. Ein Festhalten an diesem Beschluß würde allein in West-Berlin mit seinen zahlreichen Unternehmen der Elektrobranche zu weiteren acht- bis zehntausend Arbeitslosen führen.

Die Westsektoren leiden zwar unter der Blockade, doch haben sich die Lebensbedingungen u.a. durch den ständigen Ausbau der Luftbrücke gebessert. Dieses ist Anlaß für die Stadtverordneten, für Verhandlungen mit den Stadtkommandanten zu plädieren, damit in West-Berlin zumindest in dringenden Fällen Auto-Taxen wieder fahren dürfen.

Auch der Ost-Berliner Magistrat tritt an diesem Tag zusammen und bewilligt 300.000 Mark für den Ausbau des Stadions Berlin-Mitte, des früheren Polizeistadions. Der Ausbau ist erforderlich, weil es im Ostteil der Stadt kein geeignetes Stadion gibt, in dem Großveranstaltungen durchgeführt werden könnten.

Vor allem aber befaßt sich der Ost-Magistrat mit der Enteignung von Unternehmen und der Schaffung „volkseigener Betriebe". Geschaffen werden nun sieben Vereinigungen „volkseigener Betriebe", und zwar für Metallurgie und Maschinenbau, Chemie, Elektroindustrie, Leichtindustrie, Nahrungs- und Genußmittel, Bauwesen und Baustoffe sowie Druck und Papierverarbeitung. Jede Vereinigung erhält einen Direktor sowie einen Beirat aus Vertretern der Blockparteien und des FDGB.

Freitag, 8. April

Die Alliierten wollen - auch gegen den Willen der Berliner Bevölkerung und des Magistrats - von der Belieferung der Westsektoren mit Trockenkartoffeln nicht lassen. Jetzt fordert der Ernährungsausschuß der britischen Militärregierung das Hauptenährungsamt auf, dafür zu sorgen, daß die Dehydration von Kartoffeln in Westdeutschland so rechtzeitig beginnt, daß eine Belieferung aus der 49er Ernte sichergestellt ist. Das Amt soll bis zum 15. April einen Plan über Bedarf und Verteilung für das laufende Jahr vorlegen.

Zu einem schweren Unglück kommt es am Kaiserplatz in West-Berlin. In den Räumen einer Hausruine hat ein Lebensmittelhändler sein Feinkostgeschäft betrieben. Bei starkem Weststurm stürzt die Brandmauer ein, Trümmer durchschlagen den Wohnraum und zerstören den Laden. Einige Kunden können sich retten, nach Stunden können jedoch zwei Frauen nur noch tot, ein Mann schwerverletzt geborgen werden. Es wird damit gerechnet, daß sich die Zahl der Todesopfer noch erhöhen wird.

Jeden Tag wird in den Ost-Berliner Zeitungen darüber berichtet, welche neuen Rekorde bei der Beschlagnahme von Schwarzmarktware aufgestellt werden. Heute ist zu lesen, daß an den Sektorengrenzen sowie bei der Durchsuchung von Lagern und Wohnungen derart viele Güter sichergestellt wurden, daß ein Güterzug kaum reichen würde, sie abzutransportieren. Aufgeführt werden u.a. 30.000 kg Zucker, 38 t Kaffee, 3 t Tabak, 1,3 Mio Zigaretten, 200 t Kohle, 6.000 l Benzin, 72.000 m Därme, aber auch Metalle und die komplette Einrichtung einer Schuhmacherwerkstatt

Gleichzeitig beginnt im Osten der „freie Verkauf“ von Kartoffeln. Sie kosten 100 DM pro 50 kg. Für 50 kg Kohlen werden 12,50 Mark verlangt. Bezugsgutscheine werden in den HO-Verkaufsstellen Prenzlauer Allee, Frankfurter Allee und Berliner Allee, Weißensee, ausgegeben und von allen Kartoffel- und Kohlenhändlern im Ostsektor eingelöst.

In welchem Maß die West-Berliner Industrie den Folgen der Blockade getrotzt hat, wird in den Messehallen unter dem Funkturm sichtbar. Dort eröffnet Oberbürgermeister Ernst Reuter die Berliner Frühjahrsmesse. Auf 9.000 m^2 Ausstellungsfläche können sich die Besucher einen Überblick über die Industrieproduktion West-Berlins verschaffen.

Sonnabend, 9. April

Unter den in der Unabhängigen Gewerkschaftsorganisation - UGO - zusammengeschlossenen Eisenbahnern gärt es. Der Gewerkschaftsvorstand hat am Vortag alle in den Westsektoren wohnenden oder arbeitenden Eisenbahner aufgefordert, vom 11. April an nicht mehr zur Arbeit zu gehen, bis die Reichsbahndirektion sich bereiterklärt, ihre Löhne und Gehälter in Westmark auszuzahlen. Nach intensiven Gesprächen erklärt sich der Magistrat bereit, Löhne und Gehälter in Höhe von zwei Netto-Wochenlöhnen oder eines halben Netto-Monatsgehaltes im Verhältnis 1:1 umzutauschen. Die Gewerkschaftsleitung setzt den geplanten Streik daher vorerst aus.

Sonntag, 10. April

Freunden der Kultur werden an diesem Wochenende zwei Premieren geboten. In der Städtischen Oper wird Paul Hindemiths „Cardillac“ in der Inszenierung von Fritz Dittgen und unter der musikalischen Leitung von Arthur Rother uraufgeführt. In den Hauptpartien singen Martha Musial, Hanns Heinz Nissen, Erich Witte, Karina Kutz und Wilhelm Schirp.

Werner Hinz, Ehmi Bessel, Käthe Beraun, Gerda Müller und Hannsgeorg Laubenthal sind in der Premiere von Lessings „Emilia Galotti“ im Deutschen Theater zu sehen. Als dritte Premiere schließlich wird die Aufführung des Schauspiels „Unsere kleine Stadt“ von Thornton Wilder gefeiert. Im Hebbel-Theater spielen Reva Holsey, Berta Drews, Paul Edwin und Herbert Büttner.

Den Opern- und Theaterfreunden ist dabei egal, daß der Tag für sie eine Stunde kürzer ist, denn in der Nacht zum Sonntag mußten wegen des Beginnes der Sommerzeit die Uhren eine Stunde vorgestellt werden.

Montag, 11. April

Die Politik der Sowjetunion gegenüber West-Berlin ist zwiespältig. Einerseits hat sie massive Blockademaßnahmen verhängt, andererseits duldet sie deren Unterlaufen nicht nur, sondern fördert es sogar teilweise. Ähnlich sieht es in den Luftkorridoren aus. Die Russen arbeiten in der Alliierten Flugsicherheitszentrale mit und sorgen so für einen weitgehend reibungslosen Verlauf der Luftbrücke, auf der anderen Seite unternehmen sie immer wieder Störversuche. In den vergangenen Tagen haben z.B. umfangreiche Gefechtsübungen sowjetischer Jagd- und Kampfverbände in den Luftkorridoren stattgefunden, gegen die die Vertreter der westlichen Militärregierungen jetzt entschieden protestieren.

Während Oberbürgermeister Ernst Reuter in der Frankfurter Paulskirche Vertreter der Industrie- und Handelskammer davon zu überzeugen versucht, daß die kaufmännische Sicherheit in West-Berlin ebenso gegeben ist, wie in Westdeutschland, erstattet der Ost-Berliner Oberbürgermeister Ebert im Friedrichstadt-Palast Bericht über die vom Ost-Magistrat bisher geleistete Arbeit.

Für das Jahr 1949 hat der Ost-Berliner Magistrat sich ein umfangreiches Wiederaufbau-Programm vorgenommen. 240 Millionen Mark sind für die Wieder- bzw. Neuerrichtung von Werkanlagen und Wohnungen veranschlagt. Benötigt werden für die Umsetzung des Programmes im laufenden Jahr 30.000 t Zement, 20 Millionen Dachziegel und bis zu drei Millionen Quadratmeter Dachpappe. Zusagen über die Lieferung von einer Million Quadratmeter Glas liegen von der Deutschen Wirtschaftskommission bereits vor. Mit dem Programm können 38.000 Ost-Berliner Bauarbeiter beschäftigt werden. Es wird damit gerechnet, daß auch einige tausend West-Berliner sich zur Arbeit melden werden.

Neben Wohnungsprojekten insbesondere in Mitte, Prenzlauer Berg und Treptow, dem Neubau von Werkanlagen sowie einem Generalreparaturplan ist der Neubau einer Reihe von Verwaltungsgebäuden geplant. So sollen neue Gebäude sowohl für die BVG wie auch für das Landgericht errichtet werden. Vorgesehen ist zudem, den Bahnhof Friedrichstraße zum Hauptbahnhof Ost-Berlins auszubauen.

Dienstag, 12. April

Die Chancen, daß in Berlin der Braunkohlenabbau tatsächlich einmal aufgenommen werden kann, schwinden immer mehr. Auf einer Sachverständigenkonferenz muß Bürgermeister Ferdinand Friedensburg einräumen, daß die bisherigen Bohrungen noch keine schlüssigen Ergebnisse gebracht haben. Aufgeben will er seine Hoffnungen dennoch nicht. Die Ergebnisse der vor dem Ersten Weltkrieg angestellten Untersuchungen seien irreführend gewesen, erklärt er. Deshalb müßten weitere sechs Bohrungen niedergebracht werden. Erst dann könnten endgültige Aussagen gemacht werden. Frühestens im Juni könne mit der Abteufung begonnen werden, weitere vier bis fünf Monate seien dann für das Niederbringen der Schächte erforderlich. Was mancher inzwischen denkt, spricht Stadtrat Klingelhöfer offen an. Er fragt, ob es nicht sinnvoll sei, die Probebohrungen einzustellen. Sie hätten ohnehin nur Sinn, wenn vor dem Einbruch des nächsten Winters mit dem Kohleabbau begonnen werden könne. Trotz des Einwandes beschließt die Konferenz, unverzüglich mit weiteren Bohrungen zu beginnen.

Eine Sonderregelung für Veranstaltungen der SED hat die französische Militärregierung in ihrem Sektor eingeführt: Den „Sektorenredner". Auf öffentlichen Veranstaltungen der SED dürfen künftig nur noch solche Redner auftreten, die auch ihren Wohnsitz im französischen Sektor haben. Auch mit einem weiteren Beschluß wird Härte gegenüber SED-Mitgliedern und -Sympathisanten demonstriert. Im Bezirksamt Wedding werden 70 Mitarbeiter entlassen, weil sie ihre Lebensmittel im Ostsektor beziehen.

Mittwoch, 13. April

Glimpflich verläuft ein Unfall, in den ein amerikanisches Flugzeug vom Typ „Skymaster" verwickelt ist. Mit zehn Tonne Kohle an Bord, kann es trotz technischer Schwierigkeiten bei Dannenberg in der sowjetisch besetzten Zone notlanden. Die Besatzung kommt mit dem Schrecken davon.

Schon die achte Lokomotive wird im „volkseigenen" Betrieb Gebbers & Co. generalüberholt. Das Werk in Niederschönhausen hat erst im Oktober 1948 diesen Betriebszweig aufgenommen.

Um den Menschen im Ostsektor die vermeintliche Generösität der Russen einzutrichtern, werden Sonderverpflegungen nach dem sowjetischen Stadtkommandanten benannt: Kotikow-Essen. Als um so schändlicher betrachtet es das Schöffengericht Mitte, daß zwei Ost-Berliner 1.000 Brote, die im Rahmen dieses Kotikow-Essens an „Werktätige" ausgegeben werden sollten, gestohlen hatten. Sie werden empfindlich bestraft: mit zwei bzw. anderthalb Jahren Gefängnis. Außerdem müssen sie Geldbußen von je 5.000 Mark zahlen.

Donnerstag, 14. April

Erneut wird im Ostsektor der Lagerraum für Lebensmittel knapp, weil die Länder der sowjetisch besetzten Zone ohne Rücksicht auf die Versorgungslage der eigenen Bevölkerung Nahrungsmittel in ungeheuren Mengen an Ost-Berlin abzugeben haben. Um die Lager zu räumen, werden deshalb schon jetzt die Kartoffelzuteilungen für Juni und Juli freigegeben. Den Karteninhabern wird empfohlen, die Kartoffeln so schnell wie möglich abzuholen.

Verlockend – eher für die West- als für die Ost-Berliner – lesen sich die Anzeigenteile der Zeitungen im Ostsektor. So werben die Elektro-Apparate-Werke – ehemals AEG-Treptow – in großformatigen Inseraten für „Rundfunkgeräte ohne Bezugscheine". Das „4-Röhren – 6-Kreis-Super-Gerät" kostet 495, das „2-Röhren-Kreis-Gerät mit Trocken-Gleichrichter" 220 Ostmark.

Sozialistisches Leben wird in dem Film „Das große Leben", der im Filmtheater Babylon seine Uraufführung erlebt, dargestellt und verherrlicht. In der Regie von Leonid Lukow wird der Streifen als ein „realistischer Film aus dem Leben der Bergarbeiter" angepriesen.

Mit immer neuen Angeboten versucht die SED, West-Berliner Unternehmen zum Unterlaufen der Gegenblockade zu bewegen. Nachdem bereits die Deutsche Wirtschaftskommission den Firmen in der sowjetisch besetzten Zone offiziell erlaubt hat, in Handelsbeziehungen mit der West-Berliner Unternehmen zu treten, will der Ost-Berliner Magistrat solchen Betrieben

„organisierte Gemüseeinkäufe" im Berliner Umland gestatten. Oberbürgermeister Ernst Reuter weist das Angebot zurück und verweist darauf, daß die Voraussetzungen für solche Handelsbeziehungen erst dann gegeben seien, wenn durch die Aufhebung der Blockade wieder normale Verhältnisse hergestellt seien. Außerdem müsse der Bevölkerung des Ostsektors zunächst die Möglichkeit bekommen, wieder unbeeinflußt ihre Meinung sagen zu dürfen.

Karfreitag, 15. April

Um die 900 Kühe, die noch in West-Berliner Ställen stehen, ist es nach Ansicht des „Tagesspiegel" schlecht bestellt. Da die Westalliierten den Einflug von Heu über die Luftbrücke ablehnen, werden die Halter gezwungen sein, die Tiere zu schlachten, wenn sich die Versorgungslage nicht bald bessert, prophezeit das Blatt. Betroffen würden vor allem Säuglinge sein, für die in erster Linie die Frischmilch benötigt wird.

Die Ost-Berliner Postverwaltung kappt 89 Fernsprechleitungen des Hauptfernsprechamtes in der Winterfeldtstraße im Bezirk Schöneberg, die in die Sowjetische Besatzungszone führen. Die Leitungen werden auf das am 12. April in Betrieb genommene neue Fernamt in der Dottistraße im Bezirk Lichtenberg geschaltet. Begründet wird die Maßnahme damit, daß die Verbindungen der Bevölkerung und der Organisationen Ost-Berlins mit der sowjetisch besetzten Zone erleichtert werden sollen. Unabhängig davon aber werden auch weiterhin von der Winterfeldtstraße aus Gespräche in die sowjetisch besetzte Zone vermittelt, wenn auch nur noch in einem sehr begrenztem Umfang. Diese Gespräche müssen den Umweg über Westdeutschland nehmen, um dann über eine der 20 direkten Fernsprechverbindungen aus den Westzonen ihren Bestimmungsort in der Ostzone zu erreichen.

Wenig harmonisch geht es auf den Berliner Flüssen und Seen an diesem Tag zu. So hat zwar die Potsdamer Stern-Schiffahrtsgesellschaft ihren Ausflugsverkehr wieder aufgenommen, doch da sich ihre Schiffe ohne Genehmigung in West-Berliner Gewässern aufhalten, werden drei der Ausflugsdampfer von der West-Berliner Wasserschutzpolizei beschlagnahmt.

Sonnabend, 16. April

Eine Demonstration des politischen Willens und der Leistungsfähigkeit bieten die Westmächte der Sowjetunion und zugleich den Berliner. In einem 24stündigen Leistungstest werden mit 1.364 Flügen 11.654 t Güter der verschiedensten Art über die Luftbrücke nach Berlin gebracht. 9.933,3 t sind dabei für die Versorgung der West-Berliner bestimmt.

Eine bessere Verpflegung sollen die entlassenen Kriegsgefangenen bekommen, die in den Westsektoren aufgenommen werden. Die Alliierte Kommandantura stimmt zu, daß diese ehemaligen Kriegsgefangenen für drei Monate die höhere Rationen der Kartengruppe II erhalten. Sollte der gesundheitliche Zustand auch nach zwei Monaten die Aufnahme einer Beschäftigung nicht zulassen, kann die Gültigkeitsdauer der Lebensmittelkarten auf ein Jahr ausgedehnt werden.

Ungeachtet aller Verbote stellen sich mehrere Angestellte des Bezirksamtes Neukölln mit Handwagen an den HO-Abgabestellen im Ostsektor an und bringen die Kohlen an der Wildenbruchstraße über die Sektorengrenze. Mit bereitstehenden Lastwagen werden etwa 150 Zentner Kohlen zum Bezirksamt gefahren

Der teilweise neugestaltete Schlesische Bahnhof wird seiner Bestimmung übergeben. Er enthält getrennte Warteräume für deutsche bzw. sowjetische Fahrgäste, acht Fahrkartenschalter und eine neue Handgepäckausgabe.

Ostersonntag, 17. April

Bei schönem Osterwetter sind die Ausflugslokale an der Oberspree und an der Havel überfüllt. Viele West-Berliner Hausfrauen sind in den Ostteil der Stadt gekommen, um hier ihre Osterkuchen abbacken zu lassen. Im Ostteil werden dafür zwanzig Ost-Pfennige genommen - das sind nur etwa fünf West-Pfennige. In den Westsektoren werden dagegen für das Abbacken 30 Pfennig verlangt.

Montag, 18. April

Die IG Eisenbahn innerhalb des FDGB wendet sich in einem Schreiben an den Ost-Berliner Magistrat, um die Bezahlung der in den Westsektoren lebenden Arbeiter und Angestellten der Reichsbahn zu klären. Betroffen sind 18.000 Beschäftigte, denen die Reichsbahndirektion weiterhin eine Bezahlung ihrer Löhne und Gehälter in Westmark verweigert. Vorgeschlagen wird die Einrichtung einer „Abteilung für Belegschaftsversorgung", die zusammen mit dem Ost-Berliner Magistrat die Versorgung des betroffenen Personenkreises mit Lebensmitteln, Brennmaterial und Textilien sichern soll. Anwendung finden sollen dabei die Bestimmungen, die auch für die übrigen West-Berliner gelten, die sich im Ostsektor versorgen.

Zu einem „Fröhlichen Ostermontag" lädt der Ost-Berliner Rundfunk ein. Stars dieser Veranstaltung sind u.a. Brigitte Mira und Bruno Fritz.

Viele Berliner, auch aus den Westsektoren, nutzen die Ostertage, um für wenig Geld in den HO-Gaststätten in Ost-Berlin ausgiebig zu speisen. Die HO wirbt unter dem Motto „Speisen in der HO. Jedes Mal ein kleines Fest". Gaststätten der HO gibt es inzwischen in der Leipziger Straße, in der Französischen Straße, Unter den Linden, am Alexanderplatz und in der Königstraße. HO-Cafes und Konditoreien finden sich in der Friedrichstraße, in der Rosenthaler Straße und in der Weißenseer Berliner Allee, eine Imbißstube gleichfalls in der Rosenthaler Straße.

Treffpunkt der Pferdefreunde ist das Rennen um den „Großen Osterpreis" auf der Rennbahn Karlshorst. Geboten wird auch ein Konzert der Kapelle der Polizei des Ostsektors, von der in den Ost-Berliner Zeitungen nur noch als „Volkspolizei" gesprochen wird.

Dienstag, 19. April

Das Netz der Straßensperren zwischen Ost- und West-Berlin wird zunehmend dichter. Nachdem in den zurückliegenden Wochen zahlreiche solcher Sperren errichtet wurden, stehen für den Fahrzeugverkehr nur noch vier Straßenübergänge zur Verfügung: in der Köpenicker Straße, der Brunnenstraße, der Leipziger Straße und Unter den Linden.

Ein Motorradrennen erlaubt die amerikanische Militärregierung, stellt aber einige Bedingungen. Es dürfen keine bewirtschafteten Güter wie Reifen, Kraftstoffe und Schmieröle, die über die Luftbrücke nach Berlin gebracht wurden, bei dem Rennen verbraucht werden.

Mittwoch, 20. April

In den Westsektoren kann von einem Einfluß der SED inzwischen kaum noch gesprochen werden, und dieses wird intern auch eingeräumt. In einem Bericht über den „Zustand des Funktionärskörpers der Kreise in den Westsektoren" heißt es, daß es in den 111 West-Berliner Stadtbezirken nur noch zwölf Stadtbezirkssekretäre gibt und zwei Betriebsgruppen-Sekretäre: beim „Berliner Rundfunk" und bei Siemens. Von rund 35.600 SED-Mitgliedern, die im Westteil der Stadt leben, rechnen 27.800 im Westen ab, 8.000 im Ostsektor. Nach einer Statistik der Partei sind inzwischen 1.266 Mitarbeiter des Magistrats und der Bezirksämter in den Westsektoren wegen ihrer SED-Mitgliedschaft entlassen worden und mußten im Ostsektor untergebracht werden.

In Staaken werden Lebensmittel aus Spandau gegen Westmark verkauft, und dieses will die SED ändern. Der Berliner Parteivorsitzende Jendretzky regt deshalb an, durch einen erweiterten Verkauf in Konsumfilialen „ein gewisses Gegengewicht“ zu schaffen. Läden sind vorhanden, um zwei bis drei neue Filialen einzurichten. Fleischer haben sich nach Jendretzky schon bereiterklärt, ebenfalls Konsumwaren zu verkaufen. Abgegeben werden sollen die Waren gegen Ostmark.

Erneut befaßt sich der Magistrat mit der Suche nach Braunkohle in den Westsektoren. Obwohl die Chancen, auf wirklich brauchbare Kohle zu stoßen, äußerst gering sind, erhöht er die Mittel für Braunkohlebohrungen auf nunmehr 220.000 Mark.

Donnerstag, 21. April„

„Berlin lebt - Berlin leistet“ - Unter diesem Motto präsentieren sich die Westsektoren auf der Exportmesse in Hannover. Berlin ist mit einem 300 m^2 großen Pavillon vertreten, in dem mit graphischen Darstellungen, Photomontagen und Diagrammen die Leistungsfähigkeit der Berliner Wirtschaft demonstriert wird.

Wichtigstes Anliegen der Aussteller ist es, der westdeutschen Politik und Wirtschaft klarzumachen, daß die Berliner Industrie trotz Blockade leistungsfähig ist und es keinerlei „politisches Risiko“ darstellt, Aufträge an West-Berliner Firmen zu vergeben. Nach der Exportmesse soll der Pavillon auch in anderen westdeutschen Großstädten für eine verstärkte Auftragsvergabe werben.

Die britische und die französische Militärregierung haben dem FDGB die Erlaubnis erteilt, in ihren Sektoren Mai-Kundgebungen zu veranstalten, doch die Hauptkundgebung des FDGB findet im Ostsektor statt. Zur Teilnahme an dieser zentralen Kundgebung im Lustgarten ruft der kommunistische Gewerkschaftsbund unter diesem Motto auf:

> „Alle Berliner, die ihren Arbeitsplatz behalten wollen, die für eine großzügiges Bauprogramm zur Bekämpfung der Arbeitslosigkeit sind,
> alle Berliner, die dem Währungsverbrechen in West-Berlin ein Ende bereiten wollen,
> alle Berliner, die ausreichend Ernährung, Strom, Gas und Heizmaterial durch eine einheitliche Währung und Verwaltung sichern wollen,
> alle Berliner, die den Frieden neuen Bombennächten vorziehen,
> alle Berliner, die für den Abzug der Besatzungstruppen und den Abschluß eines Friedensvertrages sind:
> demonstrieren am 1. Mai mit dem FDGB Groß-Berlin im Lustgarten.“

Freitag, 22. April

Weil die Reichsbahndirektion nicht gewillt ist, den in den Westsektoren lebenden Eisenbahnern Löhne und Gehälter in Westmark auszuzahlen, sollen diese Eisenbahner eine gewisse Kompensation dadurch erhalten, daß sie in den Lebensmittel-Ausgabestellen auf den S-Bahnhöfen gegen Ostmark billig Lebensmittel und andere Güter einkaufen können. Auf Befehl der amerikanischen Militärregierung müssen diese Verkaufsstellen auf den S-Bahnhöfen im US-Sektor geschlossen werden.

Anläßlich des Goethe-Jahres hat der Bezirk Tiergarten das Goethe-Denkmal in seinem Bezirk restaurieren wollen und deshalb beim Magistrat einen Zuschuß von 50.000 Mark beantragt. Auf der Sitzung des Rates der Bezirksbürgermeister gibt Tiergartens Bürgermeister Dr. Schloß bekannt, daß der Magistrat dieses Geld für die Restaurierung des einzigen Goethe-Denkmals in Berlin wegen der prekären Finanzlage der Stadt nicht zur Verfügung stellen wird.

Die Deutsche Wirtschaftskommission kündigt eine Verbesserung des Angebotes in den HO-Gaststätten im Ostteil der Stadt an. In Kürze soll es 14%iges dunkles Exportbier, 12%iges Weißbier und 12%iges Pilsner geben. Kaviar soll in 50- und 100-g-Gläsern in zwei Qualitäten erhältlich sein. Den Preis für das 50-g-Glas bester Qualität hat die Deutsche Wirtschaftskommission auf elf Mark festgesetzt.

Sonnabend, 23. April

Experten gehen davon aus, daß die Enttrümmerung Berlins noch etwa zehn Jahre dauern und ca. 1,6 Milliarden Mark kosten wird. Im Stadtgebiet lagern 46 Millionen Kubikmeter Schutt und Trümmer. 73 Millionen Tagwerke sind zur Beseitigung erforderlich. Nach Schätzungen werden 26,6 Milliarden Steine noch zu verwenden sein sowie 316.000 t Nutzeisen und 80.000 t Schrott. Auf die Westsektoren entfallen von diesen gewaltigen Trümmermengen etwa 28 Millionen Kubikmeter und Kosten von 980 Millionen Mark.

Der Strom politischer Flüchtlinge aus dem Ostsektor und aus der Sowjetischen Besatzungszone steigt immer mehr an und stellt das „Ostflüchtlings-Hilfskomitee“ in Charlottenburg vor erhebliche Probleme. Jetzt erhält es vom Bau- und Wohnungskomitee der Alliierten Kommandantura die Anweisung, monatlich höchstens 750 politischen Flüchtlingen eine Zuzugsgenehmigung zu erteilen und sie dann auf die drei westlichen Sektoren zu verteilen.

Sonntag, 24. April

In den letzten Tagen sind 462 West-Berliner Polizisten entlassen worden, weil sie Mitglied der SED sind oder mit ihr sympathisieren und sich zur Lebensversorgung im Ostsektor eingetragen haben. Einen entsprechenden Befehl hatten die westlichen Stadtkommandanten erlassen.

Betriebsversuche werden bei der S-Bahn durchgeführt. Statt der üblichen Glühbirnen sollen Leuchtstoffröhren in den Waggons erprobt werden, wie sie sich bereits auf den Bahnhöfen der Strecke Spandau West – Grünau finden. Neben Energieeinsparungen erhofft sich die Reichsbahndirektion von einer Umstellung vor allem weniger Glühbirnen-Diebstähle.

Montag, 25. April

In einer Geste des guten Willens überträgt die amerikanische Militärregierung alle in ihrem Sektor gelegenen wissenschaftlichen Institute einschließlich sämtlicher Vermögenswerte dem Magistrat. Ausdrücklich Wert legt die Militärregierung darauf, daß die wissenschaftlichen Forschungsarbeiten an der Biologischen Zentralanstalt und an der Landwirtschaftlichen Fakultät der Technischen Universität fortgeführt werden.

Massive Kritik wird in der „Berliner Zeitung“ an dem schleppenden Wiederaufbau der Humboldt-Universität geübt. Nachdem mit propagandistischen Echo der Ost-Berliner Magistrat die Wiederherrichtung beschlossen hatte, tut sich kaum noch etwas. Die Bauleitung spricht von 160 Handwerkern, die am Hauptgebäude der Universität sowie in allen Instituten und sämtlichen Kliniken, die zur Universität gehören, eingesetzt sind. Der „Berliner Rundfunk“ hatte „Studenten, Werktätige und Jugendliche“ zu Sonderschichten aufgerufen, in denen die Trümmer beseitigt, Baumaterialien hergestellt und Einrichtungsgegenstände beschafft werden sollten, und zu Jahresbeginn hatte der Ost-Berliner Magistrat den Wiederaufbau als eine „nationale Aufgabe, die unseren ernsten Willen zu neuer kultureller Arbeit bekunden soll", bezeichnet. Angesichts durch Treppenhäuser und Korridoren pfeifenden Windes kommt die „Berliner Zeitung" zu dem Ergebnis, daß alle Appelle ungehört verhallt sind.

Dienstag, 26. April

Immer mehr verdichten sich die Hinweise auf ein mögliches Ende der Blockade. Am Sonntag bereits hatte Oberbürgermeister Ernst Reuter im RIAS davon gesprochen, daß die Blockade angesichts der Leistungen der Luftbrücke begonnen hat, ihren Sinn zu verlieren. Erstmals nehmen das amerikanische Außenministerium und die sowjetische Nachrichtenagentur TASS Stellung zu den seit Wochen laufenden amerikanisch-sowjetischen Besprechungen über eine Aufhebung der Blockade. Die TASS deutet sogar Moskaus Bereitschaft an, die Blockade vor dem Zusammentritt des Rates der Außenminister der vier Siegermächte zu beenden, falls eine Einigung über den Termin zustande kommt. Die ostzonale Nachrichtenagentur ADN zitiert den sowjetischen Delegierten beim Sicherheitsrat, Malik, mit der Bemerkung, es gebe keine Berliner Frage, keine Verkehrsbeschränkungen und kein ernsthaftes Währungsproblem in dem Augenblick, in dem die Westmächte zur gemeinsamen Regelung aller Fragen im Außenministerrat zurückkehrten.

Unabhängig aber von aller „Weltpolitik" geht die Teilung Berlins voran. Sichtbarer Ausdruck hierfür ist die Herausgabe erste Sondermarke durch die West-Berliner Postverwaltung. Aus Anlaß des 75. Jubiläums des Weltpostvereins erscheinen Sondermarken, die den Gründer des Weltpostvereines, Heinrich Stephan, zeigen, in Werten zu 12, 16, 24, 50, und 60 Pfennig sowie zu einer und zwei Mark. Die Marken sind bis 31. Juli gültig.

Mittwoch, 27. April

Der Annäherung auf der Ebene der Regierungen in Moskau und Washington stehen in und um Berlin massive Maßnahmen zur besseren Kontrolle aller Zufahrtswege nach West-Berlin gegenüber. So erläßt der Präsident der ostzonalen Deutschen Verwaltung des Innern den Befehl Nr. 31/49 über die Übernahme der Grenzbereitschaft „Ring um Berlin" durch die „Hauptabteilung Grenzpolizei und der Bereitschaften". Für den Aufbau dieses Überwachungssystems werden aus der Berliner Polizei 346 Polizisten übernommen. 600 Angehörige der Brandenburger Polizei machen vorerst den Stamm aus und sollen so bald wie möglich ausgewechselt werden. Für den „Ring um Berlin" werden vier Kommandanturen des „Inneren Ringes" und 48 Kommandos aufgebaut. Dem „Inneren Ring" werden 1.007 Polizisten zugewiesen, dem äußeren 512.

Von „Annäherung" ist auch in ein weiteren Fall wenig zu spüren. Mit der Begründung, sämtliche Berliner Wasserwege gehörten zum sowjetischen Besatzungsgebiet, besetzen sowjetische Soldaten die in den westlichen Sektoren gelegenen Schleusen Plötzensee, Charlottenburg und Spandau. Nach sofortigen britischen Protesten erteilt die sowjetische Militärverwaltung ihren Soldaten die Anweisung, alle Wassertransporte ungehindert passieren zu lassen. Erst nachdem britische Militärpolizei eintrifft, ziehen sich die sowjetischen Soldaten zurück.

Alltagsprobleme beschäftigen den Magistrat auf dessen 19. Sitzung. So geht es um die Frage, ob in den Westsektoren Glücksspielunternehmen zugelassen werden sollen. Der Magistrat lehnt dieses vorerst ab. Demgegenüber beschließt er die Gründung der Berliner Sport-Toto-GmbH und überträgt ihr das alleinige Recht zur Durchführung des Sporttotos.

Die Braunkohlebohrungen in Reinickendorf scheinen zu keinem wirtschaftlichen Ergebnis zu führen. Auf der Bezirksverordnetenversammlung berichtet Bezirksrat Schley, daß bisher zwölf Bohrungen niedergebracht wurden. Wenn im Herbst einige Bohrungen Erfolg versprochen hätten, dann sei das wohl eher dem Zufall zuzuschreiben.

Für Berliner Ausflügler will die Magistratsabteilung für Verkehr und Betriebe etwas tun und bittet deshalb die Alliierte Kommandantura um die Genehmigung, monatlich 25 t Dieselöl, 2,5 t Benzin und 1,3 t Öl an die Eigner von Passagierschiffen auszugeben. Damit sollen den Berliner an den Wochenenden Dampferfahrten ermöglicht und somit zusätzliche Erholungsmöglichkeiten geschaffen werden.

Generalstabsmäßig bereitet das Sekretariat der SED die Feiern zum 1. Mai vor und will dabei nichts dem Zufall überlassen. Angeordnet wird, daß in jedem Kreis des Ostsektors „an einer dafür besonders geeigneten Stelle eine kleine Tribüne errichtet“ wird, „von der herab die vorbeimarschierenden Betriebe und Kolonnen durch die verantwortlichsten Funktionäre der Partei und Gewerkschaft begrüßt werden“. Bei der zentralen Kundgebung am Lustgarten sind auf Anweisung der SED „sogenannte Kurzreferate von 18 IG-Vorsitzenden auf jeden Fall zu verhindern“.

Donnerstag, 28. April

Es gibt für die Stadtverordneten zwar eine Reihe anderer wichtigerer Punkte zu behandeln, doch machen sie sich auch Gedanken um das Image West-Berlins. Es ist für eine Großstadt wie Berlin unerträglich, daß die Gaststätten um 22 Uhr schließen müssen, ist ihre Überzeugung. Beschlossen wird daher eine Verlängerung der polizeilichen Sperrstunde auf 24 Uhr.

Wenig Erfreuliches kann Post-Stadtrat Dr. Holthöfer über das Ergebnis der Bemühungen berichten, nicht nur die frankierte Luftpost, sondern die gesamten Postsendungen über die Luftbrücke nach Westdeutschland zu schikken. Dafür müßten die westlichen Militärregierungen einen zusätzlichen Frachtraum von fünf Tonnen täglich bereitstellen, haben sich aber dazu noch nicht durchringen können. Weiterhin wird also ein Teil der Post über das Ost-Berliner Postamt O 17 geleitet werden müssen und unterliegt dort sowjetischer Kontrolle.

Darauf haben die Kraftwerksbauer in Berlin lange warten müssen: Auf dem Flugplatz Tempelhof trifft das erste Flugzeug mit Trägern und Kesselteilen für das Kraftwerk West ein. Ursprünglich hatte mit der Montage bereits im November des vergangenen Jahres begonnen werden sollen.

Ein Ende der Auseinandersetzungen um die Bezahlung der in den Westsektoren lebenden Eisenbahner ist nicht absehbar. Die Reichsbahndirektion weigert sich weiterhin, Gehälter und Löhne in Westmark auszuzahlen, doch der Ost-Berliner Magistrat beschließt eine Reihe von Maßnahmen, um diesem Personenkreis einige Erleichterungen zu verschaffen. Abgesehen davon, daß diese Eisenbahner und ihre Angehörigen in die Gesundheitsfürsorge des Ostsektors einbezogen werden sollen, erhalten die Arbeiter und Angestellten als Ausgleich für den Monat April und in Angleichung an die im Ostsektor zu Ostern ausgeteilte Sonderzuteilung 400 g Weizenmehl, 500 g Zucker und 25 kg Kartoffeln. Darüber hinaus werden an jeden Arbeiter und Angestellten der Reichsbahn Bezugsscheine über drei Zentner Braunkohle, und ein Stück Oberbekleidung oder Stoff für einen Mantel, einen Anzug oder ein Frauenkleid ausgegeben.

Unterdessen wird ein Streik der Eisenbahner immer wahrscheinlicher, nachdem dieser schon einmal beschlossen und dann wieder ausgesetzt worden war. Die Führung der Gewerkschaft der Eisenbahner - UGO - beschließt eine Urabstimmung für den 5. und 6. Mai. Gewerkschaftsziele sind die Koalitionsfreiheit, die Wiedereinstellung der inzwischen von der Reichsbahndirektion entlassenen Eisenbahner und die Auszahlung der Löhne und Gehälter in Westmark.

Nicht unerwähnt bleiben darf, daß an den Sektorengrenzen weiter geschossen wird. Volkspolizisten eröffnen das Feuer auf einen holzbeladenen Lastwagen, dessen Fahrer ohne Halt die Grenze zwischen sowjetischem und dem britischen Sektor überquert. Mit einer Halsverletzung muß der 27jährige Fahrer in das Moabiter Krankenhaus gebracht werden.

Freitag, 29. April

Einem permanenten Wechselbad der Gefühle ist die Bevölkerung West-Berlins ausgesetzt. Gegenüber den westdeutschen Ministerpräsidenten spricht der amerikanische Militärgouverneur General Lucius D. Clay bereits von der „Nach-Blockade-Zeit“ und kündigt an, daß die Amerikaner und Briten die Luftbrücke auch nach Aufhebung der Blockade fortführen werden.

Gleichzeitig aber übt die ostzonale Deutsche Verwaltung des Innern mit Duldung der sowjetischen Kommandantur blanken Terror aus. Eine halbe Hundertschaft der ostzonalen Polizei überfällt das Berliner Stadtgut Karolinenhöhe, das zum Bezirk Spandau gehört. Die Polizisten besetzen sämtliche Zugänge zum Gut, kappen die Telefonverbindungen und zwingen die Arbeiter, bei der Verschleppung des gesamten Viehbestandes auf ostzonales Gebiet zu helfen. Nach zwanzig Minuten verschwinden die Volkspolizisten.

Kaum eine Woche vergeht, in der der Ost-Berliner Magistrat nicht große Aufbauprogramme verspricht, wenn auch - wie im Fall der Humboldt-Universität - nicht immer Taten folgen. Nun verkündet der Ost-Berliner Magistrat ein Wohnungsbauprogramm mit den Schwerpunkten Rosa-Luxemburg-Platz, Landsberger Straße, Frankfurter Allee, Elisabethstraße und Frankfurter Straße im Bezirk Mitte, dazu in Prenzlauer Berg und Treptow. Unter dem Motto „Wiederaufbau der Hauptstadt Deutschlands, Berlin“ wird zur Finanzierung der Vorhaben eine 100-Millionen-Mark-Anleihe aufgenommen. Bescheidener nimmt sich die Ankündigung aus, zu Beginn des nächsten Schuljahres jedem Schüler im Ostsektor 15 Schulhefte zur Verfügung zu stellen.

Die Aufhebung der Stromkontingentierung im Ostsektor für die nächsten beiden Monate verspricht der Direktor der BEWAG im Ostteil der Stadt. Aus dem Kraftwerk Klingenberg einschließlich seiner Nebenwerke und durch Fernstromlieferungen aus der Sowjetischen Besatzungszone stehen 235.000 kwh zur Verfügung. Der BEWAG-Direktor läßt es sich nicht nehmen, 15 „Aktivisten“ auszuzeichnen und ihnen ein „Radio - Super“ oder entsprechende Gegenwerte in Höhe von 350 DM zu übergeben. Wie weitere 182 Belegschaftsmitglieder haben sie sich durch besondere Leistungen beim Ausbau des Kraftwerkes Klingenberg hervorgetan.

Sonnabend, 30. April

Erneut stürzt ein Luftbrücken-Flugzeug ab und reißt vier Besatzungsmitglieder mit in den Tod. Es handelt sich um ein britisches Transportflugzeug, das sich auf dem Rückflug nach Westdeutschland befindet und in der Höhe von Nauen auf sowjetischem Besatzungsgebiet zerschellt.

Eigentlich Selbstverständliches vereinbaren der stellvertretende britische Stadtkommandant, Brigadier Benson, und der Leiter der Transportabteilung der sowjetischen Militäradministration, Generalmajor Kwaschin. Nach den Zwischenfällen an den West-Berliner Schleusen, die kurzzeitig von sowjetischen Soldaten besetzt waren, kommen sie überein, daß Wasserfahrzeuge der

Westsektoren auf den Wasserstraßen im britischen Sektor nicht mehr behindert werden dürfen.

Öffentlich belobigt und befördert wird ein Ost-Berliner Polizei-Wachtmeister, der in den letzten Wochen bereits fünfzehn Kraftfahrzeuge mit doppelten Boden, mit denen Waren von Ost- nach West-Berlin geschmuggelt werden sollten, ausfindig gemacht und beschlagnahmt hat. Ost-Berlins Polizeipräsident Markgraf selbst nimmt die Auszeichnung im Theater am Schiffbauerdamm vor.

Einen traurigen Rekord hat mittlerweile die Zahl der Arbeitslosen in den Westsektoren erreicht. Gemeldet sind 156.320 Personen ohne Beschäftigung.

Vor allem Frauen sind es, die bei der „Enttrümmerung" der Stadt schwere Arbeit geleistet und durch ihren oft fast übermenschlichen Einsatz das Bild der „Trümmerfrauen" geprägt haben. (Foto: Bundesbildstelle, Bonn)

Gesetz über eine Blockadehilfe in den Westsektoren von Groß-Berlin

vom 7. April 1949.

Die Blockadehilfe dient dem Ziele, die Wettbewerbsfähigkeit der Berliner Wirtschaft zu fördern, der Bevölkerung eine möglichst große Zahl von Arbeitsplätzen zu sichern und einer Minderung des Reallohnes vorzubeugen.

§ 1

(1) Ein Betrieb der gewerblichen Wirtschaft, der
   a) seine Betriebsstätte in den Westsektoren Berlins hat,
   b) zur Erhaltung des wirtschaftlichen Lebens von Berlin notwendig ist und
   c) infolge der Blockade, insbesondere durch die Unterbindung der üblichen Verkehrswege mit den Gebieten außerhalb der Westsektoren, Mehrkosten (Blockademehrkosten) hat,

   kann im Rahmen dieses Gesetzes zum Ausgleich seiner Mehrkosten eine besondere Hilfe (Blockadehilfe) erhalten, damit er bei Ausnutzung aller kostensparenden Möglichkeiten weiterarbeiten und ohne Rücksicht auf Gewinne seine Beschäftigtenzahl erhalten oder vermehren kann.

(2) Die Blockadehilfe wird nicht gewährt, wenn die Mehrkosten verhältnismäßig gering sind, den Absatz des Betriebes nicht gefährden, oder im Betriebsergebnis einen Ausgleich finden.

§ 2

(1) Als Blockademehrkosten gelten die Mehrkosten, die durch die Blockade entstanden sind, insbesondere erhöhte Transport-, Lager- und Verpackungskosten durch die Luftbrücke und Mehrkosten, die dadurch entstanden sind, daß durch Strom-, Kohle- und Gaseinschränkung und Rohstoff- oder Warenmangel Produktion oder Absatz nicht mehr in einer für den Betrieb tragbaren Weise durchgeführt werden können.

(2) Blockademehrkosten können nur soweit anerkannt werden, als sie nach Art und Umfang als Folge der Blockade in geeigneter Weise nachgewiesen werden.

§ 3

(1) Die Blockadehilfe wird als zinsloses unbefristetes Darlehen einmalig oder laufend gewährt.

(2) Das Darlehen kann ganz oder teilweise in einen verlorenen Zuschuß umgewandelt werden, wenn die abschließende Prüfung ergibt, daß
   a) der als Blockadehilfe gewährte Betrag die tatsächlich entstandenen Blockademehrkosten nicht übersteigt und
   b) eine Zurückzahlung die Entwicklung des Betriebes in volkswirtschaftlich unerwünschter Weise, z. B. durch Minderung seiner Wettbewerbs- oder Kreditfähigkeit, nachteilig beeinflussen würde.

(3) Die Umwandlung darf nicht erfolgen, wenn die Blockadehilfe nicht in vollem Umfang dem Betriebe nutzbar gemacht worden ist oder erworbene Forderungen und Rechte den Betrieben nicht zugeführt oder erhalten worden sind, insbesondere durch die Verlagerung von Sach- und Vemögenswerten außerhalb von West-Berlin. In diesem Falle wird das Darlehen sofort fällig.

(4) Die Entscheidung zu Abs. 2 soll sobald wie möglich nach Gewährung des Darlehens, spätestens jedoch innerhalb eines Jahres erfolgen.

§ 4

(1) Ein Betrieb, der infolge der Blockade stillgelegt worden ist, kann ebenfalls eine Blockadehilfe nach § 3 erhalten, wenn
   a) die Voraussetzungen nach § 1a und b erfüllt sind und
   b) der Betrieb durch Gewährung der Hilfe unverzüglich wieder aufgenommen werden kann und dadurch der Arbeitsmarkt entlastet wird.

(2) Ist eine Wiederaufnahme des Betriebes nicht möglich, so kann eine Blockadehilfe bei Erfüllung der übrigen Voraussetzungen dennoch gewährt werden, soweit dadurch der Verfall einer wirtschaftlich oder technisch wertvollen Betriebsanlage verhindert wird.

§ 5

Eine Blockadehilfe wird nur auf Antrag gewährt. Der Vertretung der Arbeitnehmer des Betriebes ist vom Antrag Kenntnis zu geben.

§ 6

(1) Über die Gewährung der Blockadehilfe entscheidet ein besonderer Ausschuß (Spruchausschuß). Der Ausschuß kann seine Entscheidung mit Auflagen für den Antragsteller versehen. Der Ausschuß besteht aus drei Vertretern des Magistrats und sechs Vertretern der gewerblichen Wirtschaft, davon drei Vertreter der Betriebsleitungen und drei Vertreter der Arbeitnehmer.

(2) Zur Prüfung der Anträge können in jedem Verwaltungsbezirk für Handel, Handwerk und Industrie besondere Ausschüsse (Prüfungsausschüsse) gebildet werden. Diese Ausschüsse bestehen aus drei Mitgliedern, und zwar einem Vertreter des Magistrats (Abteilung für Wirtschaft) und je einem Vertreter der Betriebsleitungen und der Arbeitnehmer.

(3) Die Vertreter der Betriebsleitungen werden von den in der Notgemeinschaft der Berliner Wirtschaft zusammengefaßten Betrieben vorgeschlagen, und zwar je ein Vertreter von Handel, Handwerk und Industrie. Die Vertreter der Arbeitnehmer werden von der Unabhängigen Gewerkschaftsorganisation (UGO) vorgeschlagen. Der Magistrat beruft alle Mitglieder des Ausschusses.

(4) Den Vorsitz in den Ausschüssen führt der Vertreter des Magistrats. Entscheidungen werden mit Stimmenmehrheit getroffen. Bei Stimmengleichheit entscheidet die Stimme des Vorsitzenden. Die Mitglieder der Ausschüsse sind an Weisungen nicht gebunden.

§ 7

(1) Wird die Gewährung einer Blockadehilfe ganz oder teilweise vom Spruchausschuß abgelehnt, so hat der Antragsteller das Recht, innerhalb einer Woche nach Mitteilung der Entscheidung zu verlangen, daß sein Antrag unverzüglich noch einmal in seiner Gegenwart geprüft und entschieden wird. Hierbei ist die Vertretung der Arbeitnehmer des Betriebes zu hören.

(2) Die Entscheidung des Spruchausschusses ist endgültig. Ein Rechtsanspruch auf Gewährung einer Blockadehilfe besteht nicht.

(3) Die Auszahlung der Blockadehilfe kann nur mit Zustimmung der Finanzabteilung des Magistrats erfolgen. Die Zustimmung kann nur versagt werden, wenn Mittel nicht zur Verfügung stehen.

(4) Die Entscheidungen des Spruchausschusses ergehen schriftlich.

§ 8

Die Ausschüsse können sich der Hilfe von Wirtschaftsprüfern, Treuhandgesellschaften u. ä. Prüfungseinrichtungen bedienen. Der Antragsteller hat diesen alle für die Entscheidungen erforderlichen Einsichtnahmen zu gewähren und Aufklärung zu geben.

§ 9

Die Entscheidung nach § 3 Abs. 2 erfolgt durch den Spruchausschuß. Hierbei ist die Vertretung der Arbeitnehmer des Betriebes zu hören. Die Umwandlung des Darlehens bedarf der Genehmigung des Magistrats.

§ 10

Die Kosten des Verfahrens sind zur Hälfte von der Blockadehilfe und zur anderen Hälfte vom Antragsteller zu tragen.

§ 11

(1) Die Mittel für die Gewährung der Blockadehilfe sind in den Haushaltsplan für das Rechnungsjahr 1949 einzustellen.

(2) Die Mittel dürfen die der Abteilung Wirtschaft für produktive Erwerbslosenfürsorge im Haushaltsplan zur Verfügung gestellten Beträge nicht überschreiten. Die Mittel sind gegenseitig deckungsfähig.

§ 12

(1) Die Durchführungsbestimmungen erläßt der Magistrat.

(2) Die Bestimmungen über das Antragsverfahren, die Berechnung und Bemessung der Höhe der Blockadehilfe und über die Umwandlung des Darlehens in einen verlorenen Zuschuß bedürfen der Zustimmung der Stadtverordnetenversammlung.

§ 13

Das Gesetz tritt mit der Verkündung im Verordnungsblatt für Groß-Berlin in Kraft und gilt für die Dauer der Blockade.

Erste Durchführungsverordnung vom 28. April 1949 zum Gesetz über eine Blockadehilfe in den Westsektoren von Groß-Berlin

Auf Grund des § 12 des Gesetzes über eine Blockadehilfe in den Westsektoren von Groß-Berlin vom 7. April 1949 wird mit Zustimmung der Stadtverordnetenversammlung angeordnet:

Begriffsbestimmungen

§ 1

Bei Anträgen auf Gewährung einer Blockadehilfe sind zu unterscheiden:

1. Unmittelbare Blockademehrkosten, das sind:
   a) zusätzliche Transport- und Umschlagskosten, soweit sie durch das vereinfachte Verfahren (§§ 2 u. 3) vergütet werden,
   b) sonstige unmittelbare Blockademehrkosten (z. B. zusätzliche Kosten für Verpackung, Anfuhr, Versicherung, erforderlichen Auseinander- und Zusammenbau),
   c) zusätzliche Aufwendungen, die unmittelbar nachgewiesen werden können (z. B. verteuerter Rohstoffeinkauf durch blockadebedingten Wechsel der Bezugsquellen).
2. Mittelbare Blockademehrkosten, das sind zusätzliche Kosten als Folge der Blockade, die nur mittelbar nachgewiesen werden können, z. B. durch Beschäftigungsrückgang oder Produktionserschwerungen (Strom-, Kohle-, Gaseinschränkung, Rohstoff- oder sonstigen Warenmangel) verursachte Mehrkosten.

Vereinfachtes Verfahren

§ 2

(1) Für unmittelbare Blockademehrkosten im Sinne des § 1 Ziff. 1a kann eine Blockadehilfe auf Grund eines Globalantrages der Notgemeinschaft der Berliner Wirtschaft in einem vereinfachten Verfahren gewährt werden.

(2) Bei den zugelassenen Berliner Flugplatzspediteuren (Vertragsspediteure) werden Tarifbüros eingerichtet, die für ein- und ausgehende Luftfrachtgüter die Mehrkosten gegenüber den bei normalen Transportverhältnissen entstehenden Aufwendungen ermitteln. Zur Kontrolle der Durchführung der Bestimmungen über die Blockadehilfe werden in diesen Taifbüros Beauftragte des Spruchausschusses eingesetzt.

(3) Bei eingehenden Gütern werden von den Beauftragten des Spruchausschusses die bei den Tarifbüros ermittelten Mehrkosten dem Empfänger der Ware aus der Blockadehilfe erstattet.

(4) Bei ausgehenden Gütern wird eine Blockadehilfe im vereinfachten Verfahren nur gewährt,
wenn die Lieferung
a) franko Bahnstation des Empfängers
oder bei Preisstellung ab Werk
b) franko Bahnstation des Empfängers gegen normale Transportkosten
erfolgt.
Die Mehrkosten gegenüber den normalen Transportkosten werden den Vertragsspediteuren zugunsten des Versenders von den Beauftragten des Spruchausschusses bei den Tarifbüros aus der Blockadehilfe erstattet.

§ 3

(1) Im Wege des vereinfachten Verfahrens erstattete Blockademehrkosten nach § 2 Abs. 3 u. 4 gelten grundsätzlich als Darlehen, werden jedoch auf Grund des Globalantrages der Notgemeinschaft der Berliner Wirtschaft ohne besonderen Antrag in einen verlorenen Zuschuß umgewandelt.

(2) Auf Grund des vereinfachten Verfahrens gegebene Darlehen sowie als verlorener Zuschuß gegebene Vergütungen sind zurückzuzahlen, sofern die Voraussetzungen der §§ 1 und 3 des Gesetzes nicht erfüllt sind.

(3) Die Vorschriften über das vereinfachte Verfahren gelten nicht für Mehrkosten, die entstanden sind durch Inanspruchnahme von privaten Flugzeugen oder Privatlinien, für die Devisenzahlung vorgeschrieben ist, oder ähnliche Sondertarife bestehen.

(4) Die Abteilung für Wirtschaft des Magistrats kann bei bestimmten Gruppen von Waren die Anwendung des vereinfachten Verfahrens ausschließen.

Antragsverfahren

§ 4

(1) Für alle nicht unter § 2 dieser Verordnung fallenden Blockademehrkosten können Anträge auf Gewährung einer Blockadehilfe für den Zeitraum eines Kalendervierteljahres bis zum 15. des zweiten Monats dieses Kalendervierteljahres, erstmalig für das zweite Vierteljahr 1949 gestellt werden.

(2) Die Anträge sind unter Verwendung der vorgeschriebenen Vordrucke bei der Annahmestelle des Spruchausschusses einzureichen.

(3) Zur fachlichen Beurteilung der Anträge werden beim Spruchausschuß Sachverständigenausschüsse der verschiedenen Wirtschaftszweige von der Abteilung für Wirtschaft des Magistrats gebildet.

(4) Die Annahmestelle leitet die Anträge mit der Beurteilung des Sachverständigenausschusses an den für den Antragsteller zuständigen bezirklichen Prüfungsausschuß (§ 6 Abs. 2 des Gesetzes) weiter.

(5) Die vom bezirklichen Prüfungsausschuß bearbeiteten Anträge werden dem Spruchausschuß zur Entscheidung vorgelegt.

(6) Über die Umwandlung des Darlehns in einen verlorenen Zuschuß gemäß § 3 des Gesetzes wird auf Grund eines Nachweises der im Antragsvierteljahr tatsächlich entstandenen Mehrkosten entschieden. Dieser Nachweis kann zusammen mit dem Antrag auf eine Blockadehilfe für das folgende Vierteljahr erbracht werden.

Antragsberechtigung

§ 5

Für mittelbare Blockademehrkosten gemäß § 1 Ziffer 2 kann eine Blockadehilfe nur Betrieben gewährt werden, soweit sie Güter herstellen, verarbeiten oder instand setzen.

Ausführungsbestimmungen

§ 6

Der Magistrat Abteilung für Wirtschaft erläßt die erforderlichen Ausführungsvorschriften.

862

BIPARTITE CONTROL OFFICE
Vereinigtes Sekretariat
FRANKFURT

22. April 1949

BI CO/Memo(49)45

An den Vorsitzer
des Verwaltungsrates

<u>Betrifft:</u> LUFTBRÜCKE BERLIN.

1. Die neuesten Leistungen der Vereinigten Luftbrücke-Einheiten bei der Beförderung von Versorgungsgütern nach Berlin haben zu Recht bei allen freien Völkern starken Beifall gefunden.

2. Daher möchten wir sowohl im Namen des Bipartite Control Office als auch der belagerten Bevölkerung der Berliner Westsektoren unserer aufrichtigen Anerkennung für die einsatzbereite Mitarbeit der beteiligten deutschen bizonalen Stellen Ausdruck geben, die durch ihre Arbeit so viel zur Ermöglichung dieser Leistungen beigetragen haben.

3. Die Vereinigten Luftbrücke-Einheiten und die deutschen Hilfsorganisationen werden fortfahren, der Welt zu zeigen, was geleistet werden kann, wenn das Streben aller Beteiligten sich auf ein einziges Ziel richtet - den Willen zum Erfolg.

gez. D.L. ANDERSON
Acting British
Chairman

gez. C.L. ADCOCK
Major General
US Army
US Chairman

Als Material Nr. 168 vervielfältigt. R.

Sonntag, 1. Mai

Ausgesprochen „freigiebig" gibt sich der sowjetische Garnisonschef gegenüber den Betrieben, die im Anschluß an die zentrale Kundgebung des FDGB zum 1. Mai ihre Mitarbeiter noch zu eigenen Mai-Feiern verpflichten. Ihnen werden zusätzliche Lebensmittel für warme Mahlzeiten zur Verfügung stellt. Auf der von der SED organisierten Kundgebung des FDGB im Lustgarten paradieren unter Führung des Ost-Berliner Polizeipräsidenten Markgraf zum ersten Mal bewaffnete Einheiten der Ost-Berliner Polizei. Auf Transparenten fordern die von der SED in Bewegung gesetzten Marschkolonnen: „Wir wollen keinen Krieg - Schluß mit dem Währungsverbrechen". Schon in den letzten Tagen hat die SED, auch in West-Berlin, zahlreiche Kundgebungen gesteuert, so auf dem Wittenbergplatz in West-Berlin, wo Studenten vor allem gegen den Umtausch von 1:4 protestierten.

Zur selben Zeit veranstalten die UGO, SPD, CDU und FDP in West-Berlin ihre Mai-Feier vor der Ruine des Hauptgebäudes der Technischen Universität an der Charlottenburger Chaussee. Alle Redner bekräftigen das Recht der Berliner und aller Deutschen auf Freiheit, Selbstbestimmung und soziale Gerechtigkeit.

Montag, 2. Mai

Fahrpreiserhöhungen bei der S-Bahn kündigt der Generaldirektor der Reichsbahn an. Künftig wird das Berliner S-Bahn-Netz in fünf Zonen mit acht Preisstufen unterteilt sein. Innerhalb des alten Stadtbahnringes bleiben die Fahrpreise von 20 Pfennig unverändert. Darüber hinaus erhöht sich der Fahrpreis dann von Zone zu Zone um jeweils zehn Pfennig.

Dienstag, 3. Mai

Einer der engagiertesten Freunde Berlins, der amerikanische General Lucius D. Clay, wird Deutschland verlassen. Der amerikanische Präsident Truman teilt mit, daß er sich damit einverstanden erklärt hat, Clay mit Wirkung vom 15. Mai von seinem Amt zu entbinden.

Quasi in letzter Minute wird die Kaiser-Wilhelm-Gedächtniskirche gerettet und ihre Ruine für die Nachwelt erhalten. Lange Zeit war erwogen worden, die stark beschädigte Gedächtniskirche am Bahnhof Zoo zu sprengen. Jetzt haben sich kirchliche Vertreter und der Magistrat darauf geeinigt, die Kirche wiederaufzubauen. Noch aber hält der Magistrat an einer Verlegung der Kirche auf einen in der Nähe gelegenen Platz fest.

Nicht nur Flugabstürze haben bereits zu vielen Opfern der Luftbrücke geführt, auch am Boden ist es zu zahlreichen Unfällen gekommen. Seit Juli des vergangenen Jahres sind dabei auf den drei West-Berliner Flugplätzen 281 Arbeiter verletzt worden, 20 von ihnen schwer.

Mittwoch, 4. Mai

As Ende der Blockade ist beschlossene Sache. Die Außenminister der vier Siegermächte einigen sich in New York auf die Aufhebung der Blockade und setzen als Termin den 12. Mai, 00.00 Uhr, fest. Auffällig ist, daß davon gesprochen wird, alle seit bereits dem 1. März 1948 eingeführten Beschränkungen der Nachrichtenverbindungen, des Verkehrs und des Handels zwischen Berlin und den westlichen Besatzungszonen und der sowjetischen Besatzungszone aufzuheben.

Unabhängig jedoch von dem bevorstehenden Ende der Blockade landet in Tempelhof der erste Boeing „Stratosphärenkreuzer" der amerikanischen

Luftwaffe vom Typ „C 97 - Stratofreighter“. Dieses Flugzeug kann 25 t Fracht befördern und ist damit erheblich leistungsfähiger als die Flugzeuge der Typen „Dakota“ oder „Skymaster“, die lediglich 2,5 bzw. 10 t Fracht befördern können. Der amerikanische Luftwaffenminister Symington kündigt an, daß das neue Flugzeug bis Ende des Jahres die „Skymaster“ als Standardflugzeug der Luftbrücke ersetzt haben soll. Vorerst sollen in den kommenden 30 Tagen Versuchsflüge mit täglich wechselnden Ladungen durchgeführt werden, um Erfahrungen mit der „C 97“ zu sammeln.

Eines der wenige Relikte aus der Zeit des ungeteilten Berlins sind die Kinderverschickungen in die Schweiz. Obwohl sie schon mehrfach gefährdet waren, konnten doch noch lange nach der Spaltung der Stadt durch die SED im November des Vorjahres Kinder aus allen vier Sektoren zur Erholung zu Schweizer Pflegeeltern geschickt werden. 450 dieser Kinder kehren per Eisenbahn nach Berlin zurück und treffen nach dreimonatigem Aufenthalt in der Schweiz auf dem Bahnhof Grunewald ein.

Donnerstag, 5. Mai

Zwar ist formell die Mark der Bank Deutscher Länder das in West-Berlin allein gültige Zahlungsmittel, doch müssen - nicht zuletzt auch aus sozialen Gründen - immer wieder Ausnahmen gemacht werden. So weist der Magistrat die städtischen Bühnen in den Westsektoren an, vom 8. Mai an Besuchern aus Ost-Berlin gegen Vorlage des Personalausweises Eintrittskarten auch gegen Ostgeld zu verkaufen. Diese Regelung gilt vorläufig für einen Monat.

Die Gewerkschaft der Eisenbahner - UGO - beginnt in den Westsektoren mit der angekündigten Urabstimmung, bei der es um die Fragen der Bezahlung der Löhne und Gehälter in Westmark, des uneingeschränkten Koalitionsrechtes und der Wiedereinstellung entlassener Eisenbahner geht. Wahlberechtigt sind etwa 15.000 in den Westsektoren lebende Reichsbahner.

350 Postbedienstete der ostzonalen Deutschen Post nehmen im Großen Festsaal im Gebäude der Deutschen Wirtschaftskommission an der ersten Aktivistenkonferenz teil. Auf der zweitägigen Konferenz hält der stellvertretende SED-Vorsitzende Ulbricht das Hauptreferat.

Freitag, 6. Mai

Mit überwältigender Mehrheit haben sich die Angehörigen der Reichsbahn, die in West-Berlin wohnen, für einen Streik ausgesprochen. Rund 13.000 Eisenbahner haben sich an der Urabstimmung beteiligen können, und 11.522 votierten für eine Arbeitsniederlegung. Lediglich 549 Reichsbahner sprachen sich gegen einen Streik aus.

Wiederholt hatte Oberbürgermeister Ernst Reuter bei den Stadtkommandanten interveniert, um eine höhere Zahl der von Flugkarten für Geschäftsreisende zu erwirken. Angesichts des bevorstehenden Endes der Blockade teilt ihm der stellvertretende amerikanische Stadtkommandant, Oberst Babcock, mit, daß dieses Thema vorerst zurückgestellt ist. Zweifellos werde der zivile Reiseverkehr wiederhergestellt werden können. Sollte sich in den nächsten Monaten weiterhin die Notwendigkeit von mehr Transportmöglichkeiten für Geschäftsleute ergeben, würden die Stadtkommandanten sich bemühen, eine befriedigende Lösung zu finden.

Wenig hilfreich ist für den Magistrat die Erlaubnis der Alliierten Kommandantura, für Studenten, die im Ostteil leben, aber an West-Berliner Hochschulen studieren, Ost- gegen Westmark im Verhältnis 1:1 umzutauschen. Denn die Alliierten weisen darauf hin, daß es ihnen unmöglich ist, zusätzliche Mittel zur Verfügung zu stellen. Der Magistrat müsse entsprechend die Verantwortung für ein eventuelles Defizit übernehmen.

Sonnabend, 7. Mai

Die Westmächte bereiten sich auf die Aufhebung der Blockade vor, sind zugleich aber entschlossen, die Luftbrücke vorerst weiterzuführen. Militärgouverneur Clay hat bereits erklärt, ein Ende der Luftbrücke komme erst dann in Frage, wenn mindestens 200.000 t Vorräte an Lebensmitteln und Kohlen angelegt sind.

Sonntag, 8. Mai

Am Jahrestag der Kapitulation der deutschen Wehrmacht weiht der sowjetische Stadtkommandant Kotikow im Treptower Park das Ehrenmal für die im Zweiten Weltkrieg gefallenen sowjetischen Soldaten ein. Das Ehrenmal wurde von dem sowjetischen Bildhauer E. W. Wutschatitsch, dem Architekten J. B. Bjelopolskiy und der Ingenieurin S. S. Walerius gemeinsam entworfen. Die dreizehn Meter hohe Hauptfigur stellt einen sowjetischen Soldaten mit einem Kind auf dem Arm und dem Schwert in der rechten Hand dar, der die „Macht der Sowjetunion" symbolisieren soll, und wurde in Leningrad gegossen. Für das Denkmal wurden zahlreiche Baumaterialien aus der Ruine der zerstörten Reichskanzlei aus Berlin-Mitte verwendet. Im Mausoleum des Ehrenmales wird ein Buch mit den Namen aller in Berlin gefallenen und in Treptow beigesetzten sowjetischen Soldaten eingemauert.

Montag, 9. Mai

Mit dem Befehl Nr. 56 ordnet der sowjetische Oberkommandierende das Ende der Verkehrsbeschränkungen an, „die ab 1. März 1948 für die Verbindung, den Verkehr und den Handel zwischen Berlin und den westlichen Zonen sowie zwischen der östlichen Zone und den westlichen Zonen festgesetzt wurden" für den 12. Mai, 00.01 Uhr an. Die für die West-Berliner wichtigsten Punkte des Befehles sind, daß von diesem Zeitpunkt an der Eisenbahnverkehr zwischen Helmstedt und Berlin ebenso wieder aufgenommen wird wie der Kraftwagenverkehr auf der entsprechenden Autobahn. Gleiches gilt für die Interzonenschiffahrt. Innerhalb Berlins werden die Überwachung und Kontrolle der Grenze zwischen dem Ostsektor und den Westsektoren aufgehoben.

Angesichts des eindeutigen Ergebnisses der Urabstimmung und der Bereitschaft der Eisenbahner zum Streik lenkt die Reichsbahndirektion ein. Sie verpflichtet sich, ihre gesamten Westmark-Einnahmen dem Magistrat zur Verfügung zu stellen. Im Gegenzug wird der Magistrat den in West-Berlin wohnenden Mitarbeitern der Reichsbahn ihre weiterhin in Ostmark gezahlten Löhne und Gehälter im Verhältnis 1:1 umtauschen.

Bürgermeister Ferdinand Friedenburg kündigt unterdessen an, daß auch nach dem 12. Mai die Suche nach Braunkohle in West-Berlin fortgesetzt werden sollen. West-Berlin, so argumentiert er, könne eine eigene Kohleförderung gut vertragen. Bisher hat der Magistrat rund 350.000 DM für Probebohrungen ausgegeben.

Dienstag, 10. Mai

Konsequenterweise wird am 12. Mai nicht nur die Blockade aufgehoben, die Alliierte Kommandantura ordnet an, daß zum selben Zeitpunkt auch alle als Gegenblockade eingeleiteten Maßnahmen unwirksam werden.

Eine Schlappe muß die Reichsbahndirektion hinnehmen. Erst hatte sie wochenlang Spekulationen über eine Erhöhung der Tarife zurückgewiesen, dann höhere Fahrpreise angekündigt, doch muß sie jetzt bereits am Tag der Einführung der neuen Tarife eine Rückzieher machen. Der Grund: Das Politbüro der SED hat Einspruch gegen die Fahrpreiserhöhung erhoben. Offiziell begründet die Reichsbahn die Beibehaltung des alten Systems mit „technischen Schwierigkeiten“.

Mit schweren Verletzungen müssen die vier Besatzungsmitglieder eines viermotorigen britischen Transportflugzeuges vom Typ „Lancaster“ in einer Schweriner Krankenhaus gebracht werden. Sie hatten mit ihrer Maschine in der Nähe Schwerins notlanden müssen.

Mittwoch 11. Mai

Bis zum Ende der Blockade hat das Problem des Transportes von Spenden aus Westdeutschland nach Berlin nicht befriedigend gelöst werden können. Tausende von Tonnen für Berlin bestimmte Lebensmittel und andere Güter lagern noch in den Westzonen. Der Magistrat will jetzt bei den Militärregierungen den bevorzugten Transport vor allem der Lebensmittelspenden des Hilfswerkes Berlin und von CRALOG beantragen.

Außerdem stimmt er dem Vorschlag der Tempelhofer Bezirksverordneten zu, daß „der runde Platz vor dem Haupteingang des Flughafens in ‚Platz der Luftbrücke‘ umbenannt wird“. Grundsätzlich erklärt er sich auch mit der Errichtung eines Denkmales für die Opfer der Luftbrücke einverstanden und beauftragt die Abteilung für Bau- und Wohnungswesen, entsprechende Vorschläge auszuarbeiten.

Einen „Grauen Markt“ wird es künftig im Bezirk Kreuzberg geben. Nach Bezirksbürgermeister Kressmann sollen damit der Schwarzmarkt zurückgedrängt und die Berliner Wirtschaft belebt werden. Grundidee des „Grauen Marktes“ ist, daß alle frei beschafften Waren in offenen Ladengeschäften angeboten und ihre Preise sich nach Angebot und Nachfrage regeln sollen. Alle bewirtschafteten Konsumgüter, die durch den Magistrat oder von ihm beauftragte Stellen nach Berlin eingeführt werden, sollen weiterhin zu amtlich festgesetzten Preisen verkauft werden.

Donnerstag, 12. Mai

Um 00.01 Uhr gehört die Blockade der Vergangenheit an. Die Polizeiposten an den Sektorengrenzen werden auf Befehl der sowjetischen Militärverwaltung zurückgezogen. Auch in den U- und S-Bahnhöfen gibt es keine Kontrollen mehr.

In einer ersten Lastwagenkolonne machen sich zehn britische Fahrzeuge auf der Autobahn von Helmstedt nach Berlin auf den Weg, in umgekehrter Richtung amerikanische und britische Militärfahrzeuge.

Pünktlich um 00.01 Uhr starten in Marienborn amerikanische und britische Fahrzeuge unkontrolliert, die deutschen Fahrzeuge dagegen werden registriert und vom Zoll überprüft. Innerhalb der ersten 40 Minuten nach Aufhebung der Blockade sind bereits 27 amerikanische, englische und französische Kraftfahrzeuge auf dem Weg nach Berlin. Die Reparaturwerkstätten an der Autobahn sind wieder betriebsbereit. Die Tankstellen wurden mit Treibstoff und Schmieröl versorgt.

Um 1.43 Uhr läuft der erst Militärzug in Marienborn ein, um 2.43 Uhr der erste Güterzug. Während der erste Zug der britischen Militärregierung um 5.35 Uhr, und damit eine Stunde zu früh, auf dem Bahnhof Charlottenburg eintrifft, verspätet sich der erste Lastkraftwagen erheblich und kommt um 14.35 Uhr mit Gurken beladen am Kontrollpunkt Drewitz an. Zu diesem Zeitpunkt sind bereits auch die ersten 350 Zentner Kartoffeln aus der Sowjetischen Besatzungszone in der Bergmannstraße in Tempelhof angeliefert worden und werden für zehn Mark pro Zentner verkauft.

Im zivilen Eisenbahnverkehr verläßt der Fern-D-Zug 112 um 14 Uhr den Bahnhof Friedrichstraße und fährt um 14.28 Uhr ab Bahnhof Zoo in Richtung

Helmstedt. Auf dem Führerstand der Lokomotive mit der Nr. 41 420 ist Lokomotivführer Vahldink.

In umgekehrter Richtung erreicht der FD 111 aus Helmstedt um 15.32 Uhr Bahnhof Zoo und Bahnhof Friedrichstraße um 16 Uhr.

Die Generaldirektion für den Kraftverkehr der Sowjetischen Besatzungszone teilt mit, daß zwischen Berlin und Hannover ein Autobus mit Anhänger und somit 83 Plätzen und zwischen Berlin und Hamburg ein Bus mit 32 Plätzen verkehren wird.

Plötzlich befinden sich auch die Schleusen und Schiffshebewerke auf den Interzonen-Schiffahrtsstrecken der Sowjetischen Besatzungszone in einem Zustand, der einen reibungslosen Verkehr ermöglicht.

Von „Normalisierung" kann an diesem Tag noch keine Rede sein, auch wenn seit 00.01 Uhr das Kraftwerk Klingenberg die Westsektoren wieder mit Strom versorgt. Allerdings machen die zugestandenen 33.000 kwh lediglich die Hälfte der Lieferungen der Vor-Blockadezeit aus.

Es ist verständlich, daß ganz Berlin - auch die Menschen im Ostsektor - diesen Tag feiern, wobei sich die Feiern in Ost und West zum Teil erheblich unterscheiden. Die West-Berliner begrüßen jedes Fahrzeug, das in der Stadt eintrifft, die Schüler in den Westsektoren haben schulfrei, doch die SED will auch diesen Tag nutzen, um ihn für sich propagandistisch zu mißbrauchen.

Um 14 Uhr ertönen im Ostsektor in allen Betrieben die Sirenen. In den Schulen finden Feiern statt, anschließend gibt es auch hier schulfrei. Auf dem Platz vor der Humboldt-Universität reklamiert der „Demokratische Block" das Ende der Blockade als „Triumph der Verständigungspolitik" und als Ergebnis der „beharrlichen und ständigen Friedensbemühungen der Sowjetunion und aller friedliebenden Menschen der Welt".

In einer außerordentlichen Sitzung der Stadtverordneten, an der auch der Präsident des Parlamentarischen Rates, Konrad Adenauer, teilnimmt, verabschiedet sich General Lucius D. Clay von Berlin, und jeder der Anweisenden weiß, daß es ohne ihn erheblich schwerer, wenn nicht gar unmöglich gewesen wäre, die Freiheit Berlins zu bewahren. Daß mit der Aufhebung der Blockade die Gefahr für die Freiheit West-Berlins noch nicht beseitigt ist, machen viele der Redner an diesem Tag deutlich. Auf einer Kundgebung vor dem Rathaus Schöneberg richtet denn Oberbürgermeister Ernst Reuter auch die dringende Bitte an die Außenminister der Westmächte, bei der anstehenden Konferenz in Paris, „diese tapfere Stadt niemals zu verkaufen". Es dürfe keine Verständigung geben, „für die nicht unsere Freiheit und unser Recht die Basis ist".

Warten auf die ersten Fahrzeuge aus Richtung Westen nach Aufhebung der Blockade: die Autoübergangsstelle Helmstedt - Marienborn in den frühen Morgenstunden des 12. Mai 1949, von der sowjetischen Seite aus gesehen. (Foto: BA, Y-1, 1239-75)

Nach Aufhebung der Blockade brachten britische Militärpolizisten Hinweisschilder an der Autobahn Helmstedt - Berlin an. (Foto: Illus/Heilig, BA, Y-1, S 85162)

Abschrift

B e f e h l

des Obersten Chefs der sowjetischen Militärverwaltung und Oberbefehlshaber der Gruppe der sowjetischen Besatzungstruppen in Deutschlands

Nr. 56

9. Mai 1949 B e r l i n

Ueber die Aufhebung der Beschränkungen für die Verbindung, den Verkehr und den Handel zwischen Berlin und den westlichen Zonen sowie der östlichen Zone und den westlichen Zonen Deutschlands.

In Ausführung der Anweisungen der Regierung der Union der Sozialistischen Sowjetrepubliken über die Aufhebung der Beschränkungen, die ab 1. März 1948 für die Verbindung, den Verkehr und den Handel zwischen Berlin und den westlichen Zonen sowie zwischen der östlichen Zone und den westlichen Zonen Deutschlands festgesetzt wurden,

b e f e h l e i c h :

1. Die bis zum 1. März 1948 für die Verbindung, den Verkehr und den Handel zwischen Berlin und den westlichen Zonen sowie zwischen der östlichen Zone und den westlichen Zonen Deutschlands gültige Regelung ist wiederherzustellen.

2. Für die Versorgung der Bevölkerung der Westsektoren Berlins sowie der Besatzungstruppen der USA, Englands und Frankreichs, die sich in Berlin befinden, ist der Verkehr über die Eisenbahnstrecke Berlin-Magdeburg-Helmstedt mit 16 Zügen - gemäß dem Kontrollratsbeschluß vom 10. September 1945 - wiederherzustellen.

3. Für die Verbindung der englischen, amerikanischen und französischen Besatzungstruppen, die sich in Berlin befinden, mit den westlichen Zonen Deutschlands ist der Kraftwagenverkehr auf der Autobahn Berlin-Nichendorf-Magdeburg (Brücke 8 kmnördlich von Magdeburg)-Helmstedt wiederherzustellen.

4. Das vor dem 1. März 1948 für Militär- und Zivilpersonal englischer, amerikanischer und französischer Besatzungstruppen gültige Verfahren, wonach die Demarkationslinie an den Kontrollpassierpunkten Marienborn und Nowawes ohne Passierschein und an anderen Kontrollpassierpunkten mit Passierscheinen des Stabes der SMV überschritten werden kann, ist wiederherzustellen.

5. Das vor dem 1. März 1948 für die Einfuhr von Waren nach der sowjetischen Besatzungszone Deutschlands und nach Berlin sowie für die Ausfuhr von Waren aus der sowjetischen Zone und aus Berlin nach den westlichen Zonen Deutschlands auf Grund von Handelsabkommen und Abmachungen mit festgesetzten Passierscheinen gültige Verfahren ist wiederherzustellen.

Militärfrachten, die der Englischen, Französischen und Amerikanischen Militärverwaltung oder den Besatzungstruppen gehören, sowie das Gepäck und die persönlichen Sachen des Militär- und Zivilpersonals der erwähnten Verwaltungen und der Besatzungstruppen sind nach Berlin und aus Berlin ohne Kontrolle und Durchsicht über den Kontrollpassierpunkt Marienborn durchzulassen.

6. Personen und Frachten haben die Demarkationslinie der sowjetischen Besatzungszone Deutschlands durch folgende Kontrollpassierpunkte (Kpp) zu passieren:

a) Für Eisenbahn - und Landstraßenverkehr:

Herrnburg, Station Schwanheide (8 km nördlich von Boizenburg), Bergen (10 km westlich von Salzwedel), Oebisfelde, Marienborn, Ellrich, Arendshausen (Kirchgandern), Warta, Vacha, Sonneberg, Probstzella, Gutenfürst;

b) Kpp für Wasserverkehr:

Wittenberge (an der Elbe), Kolonie Buchhorst (Ems-Weser-Elbe-Kanal).

7. Bis zur Lösung der Währungsfrage in Berlin ist für die Mitnahme der Mark der Deutschen Notenbank, der Westmark und ausländische Valuta sowie anderer Zahlungsmittel über die Demarkationslinie das bestehende Verfahren aufrechtzuerhalten.

8. Im Raum von Groß-Berlin ist der intersektorale Polizeischutz aufzuheben.

9. Die Beförderung von Post zwischen Berlin und der sowjetischen Zone einerseits und den westlichen Zonen andererseits über die Eisenbahnstrecken Berlin-Helmstedt-Hannover, Berlin-Leipzig-Hof und Schwerin-Lübeck ist wiederaufzunehmen.

Gleichzeitig sind die Beförderung aller Postsendungen , die vom Kontrollrat zwischen Berlin und den westlichen Zonen sowie zwischen der sowjetischen Besatzungszone und den westlichen Zonen zugelassen wurden, und die Ausnahme von Paketen, Päckchen und Post, die aus Berlin nach den westlichen Zonen versandt werden, auf allen Postämtern und Bahnhöfen aller Berliner Sektoren wiederaufzunehmen.

10. Der Leiter der Transportverwaltung der SMV hat die Reparatur- und Tankstellen an der Autostraße Berlin-Helmstedt zu verstärken.

11. Die Leiter der Verwaltungen für Fernmeldewesen, Verkehr, Außenhandel und Finanzen sowie der Militärkommandant des sowjetischen Sektors von Berlin werden angewiesen:

a) gemäß diesem Befehl bis zum 12. Mai 1949 technische Instruktionen herauszugeben, die die Ausführung der Anweisungen der Regierung der UdSSR über die Aufhebung von Beschränkungen für die Verbindung, den Verkehr und den Handel zwischen Berlin und den westlichen Zonen sowie zwischen der östlichen Zone und den westlichen Zonen Deutschlands gewährleisten;

b) eine Kontrolle über die praktische Durchführung der Aufhebung der Beschränkungen für die Verbindung, den Verkehr und den Handel zwischen Berlin und den westlichen Zonen und zwischen der östlichen Zone und den westlichen Zonen

Deutschlands sowie eine Kontrolle über die Aufhebung aller Beschränkungen zu errichten, die ab 1. März 1948 von den Besatzungsbehörden Frankreichs, Englands und der Vereinigten Staaten von Amerika oder von irgend einer von ihnen für die Verbindung, den Verkehr und den Handel zwischen Berlin und der östlichen Zone und zwischen den westlichen Zonen und der östlichen Deutschlands festgesetzt wurden.

12. Dieser Befehl tritt am 12. Mai 1949 o.ol in Kraft.

Der Oberste Chef der Sowjetischen Militärverwaltung und Oberbefehlshaber der Gruppe der sowjetischen Besatzungstruppen in Deutschland, Armeegeneral W.I.Tschujkow.

Chef des Stabes der Sowjetischen Militär. verwaltung in Deutschland
Generalleutnant G.S. Lukjantschenko

F.d.R.d.A.
Roberz
Pol-Anwärter

In Anspruch genommene Archive und Quellen

Archive:

Parlamentsarchiv Bonn: Akten zur Vorgeschichte der Bundesrepublik Deutschland, Bestand 2, Akten des Wirtschaftsrates des Vereinigten Wirtschaftsgebietes

BA, Bundesarchiv Koblenz:

Bestand Z: Akten des Länderrates des amerikanischen Besatzungsbietes, des Zonenbeirates der britisch besetzten Zone, des Wirtschaftsrates, der Verwaltungen und des Länderrates des Vereinigten Wirtschaftsgebietes; Bestand B: Akten der Bank deutscher Länder

BA, Bundesarchiv Berlin-Lichterfelde, Dahlwitz:

Akten zur Geschichte der SBZ und der DDR;
SAPMO-BA: Akten zur Geschichte KPD/SED, DWK, FDGB u.a.

LAB, Landesarchiv Berlin:

LAZ-Sammlung

Akten der KPD/SED Landesleitung, FDGB-Landesleitung, Akten der Stadtverordnetenversammlung, des Magistrats, der Behörden und Bezirke

Tageszeitungen

Berliner Zeitung, Jahrgänge 1948/49
Der Morgen, Jahrgänge 1948/49
Der Sozialdemokrat, Jahrgänge 1948/49
Der Tagesspiegel, Jahrgänge 1948/49
Der Tempelhofer, Jahrgang 1948
Neues Deutschland, Jahrgänge 1948/49
Tribüne, Jahrgänge 1948/49

Chroniken:

Berlin, Behauptung von Freiheit und Selbstverwaltung, Schriftenreihe zur Berliner Zeitgeschichte 1946–1948, Band 2, Herausgegeben im Auftrag des Senats von Berlin, Heinz Spitzing Verlag, Berlin 1959

Berlin, Ringen um Einheit und Wiederaufbau, 1948–1951, Schriftenreihe zur Berliner Zeitgeschichte, Band 3, Herausgegeben im Auftrag des Senats von Berlin, Heinz Spitzing Verlag, Berlin 1962